Luhmann
R für Einsteiger

Maike Luhmann

R für Einsteiger

Einführung in die Statistiksoftware
für die Sozialwissenschaften

Mit Online-Materialien

3. Auflage

Anschrift der Autorin:
Dr. Maike Luhmann, Dipl.-Psych.
Visiting Assistant Professor
University of Illinois at Chicago
Department of Psychology
1007 W. Harrison Street
Chicago, IL 60607
USA
E-Mail: luhmann@uic.edu

Das Werk und seine Teile sind urheberrechtlich geschützt. Jede Nutzung in anderen als den gesetzlich zugelassenen Fällen bedarf der vorherigen schriftlichen Einwilligung des Verlages. Hinweis zu § 52 a UrhG: Weder das Werk noch seine Teile dürfen ohne eine solche Einwilligung eingescannt und in ein Netzwerk eingestellt werden. Dies gilt auch für Intranets von Schulen und sonstigen Bildungseinrichtungen.

Haftungshinweis: Trotz sorgfältiger inhaltlicher Kontrolle übernehmen wir keine Haftung für die Inhalte externer Links. Für den Inhalt der verlinkten Seiten sind ausschließlich deren Betreiber verantwortlich.

3. Auflage 2013

2. Auflage 2011 Beltz Verlag, Weinheim, Basel
1. Auflage 2010 Beltz Verlag, Weinheim, Basel

© Beltz Verlag, Weinheim, Basel 2013
Programm PVU Psychologie Verlags Union
http://www.beltz.de

Herstellung: Sonja Frank
Reihengestaltung: Federico Luci, Odenthal
Satz: Reproduktionsfähige Vorlagen der Autorin
Druck und Bindung: Beltz Druckpartner GmbH & Co. KG, Hemsbach

Printed in Germany

ISBN 978-3-621-28090-7

Inhaltsübersicht

	Vorwort zur dritten Auflage	11
1	Einleitung	13
2	Installation	16
3	Ein erster Überblick	24
4	Einführung in die Programmiersprache	34
5	Objekte	41
6	Dateneingabe und -management	58
7	Variablen bearbeiten	77
8	Fälle sortieren und auswählen	97
9	Univariate deskriptive Statistiken	104
10	Bivariate deskriptive Statistiken	127
11	Graphiken	141
12	Grundlagen der Inferenzstatistik in R	178
13	Mittelwertsvergleiche mit t-Tests	190
14	Varianzanalyse ohne Messwiederholung	207
15	Varianzanalyse mit Messwiederholung	224
16	Grundlagen der Regressionsanalyse	236
17	Spezielle Regressionsmodelle	258
18	Nonparametrische Verfahren	277
19	Verfahren für die Testkonstruktion	287
20	Crash-Kurs für SPSS-Umsteiger	300
	Anhang A: Datensätze	303
	Anhang B: Pakete	306
	Hinweise zu den Online-Materialien	307
	Literatur	308
	Sachwortverzeichnis	311

Inhalt

Vorwort zur dritten Auflage   11

1 Einleitung   13
- 1.1 Warum R?   13
- 1.2 Für wen ist dieses Buch?   14
- 1.3 Wie benutzt man dieses Buch?   14
- 1.4 Weiterentwicklungen und Aktualität des Buchs   15
- 1.5 Verwendete Schriftarten   15

2 Installation   16
- 2.1 Download   16
- 2.2 Installation   16
- 2.3 Zusätzliche Pakete   18
- 2.4 Funktionen im Überblick   23

3 Ein erster Überblick   24
- 3.1 Aufbau der Basisversion   24
- 3.2 Zusätzliche Benutzeroberflächen   26
- 3.3 Hilfe zu R   30

4 Einführung in die Programmiersprache   34
- 4.1 Eingabe und Ausführen von Befehlen   34
- 4.2 R als Taschenrechner   36
- 4.3 Logische Abfragen   37
- 4.4 Funktionen   38
- 4.5 Kommentare   40
- 4.6 Übungen   40

5 Objekte   41
- 5.1 Neue Objekte anlegen   41
- 5.2 Objekttypen   43
- 5.3 Der Workspace   48
- 5.4 Dateien speichern und öffnen   49
- 5.5 Funktionen im Überblick   56
- 5.6 Übungen   57

6	**Dateneingabe und -management**	**58**
	6.1 Der R Dateneditor	58
	6.2 Daten importieren	62
	6.3 Daten zusammenfügen	68
	6.4 Daten speichern	71
	6.5 Daten aus R exportieren	71
	6.6 Datenmanagement im R Commander	73
	6.7 Funktionen im Überblick	75
	6.8 Übungen	76
7	**Variablen bearbeiten**	**77**
	7.1 Variablen auswählen	77
	7.2 Objekteigenschaften verändern	83
	7.3 Neue Variablen erstellen	86
	7.4 Variablen bearbeiten im R Commander	94
	7.5 Funktionen im Überblick	94
	7.6 Übungen	95
8	**Fälle sortieren und auswählen**	**97**
	8.1 Fälle sortieren	97
	8.2 Untergruppen auswählen	99
	8.3 Personen mit fehlenden Werten entfernen	101
	8.4 Fälle auswählen im R Commander	102
	8.5 Funktionen im Überblick	103
	8.6 Übungen	103
9	**Univariate deskriptive Statistiken**	**104**
	9.1 Häufigkeitstabellen	104
	9.2 Beschreibung von Nominaldaten	109
	9.3 Beschreibung von Ordinaldaten	112
	9.4 Beschreibung von Intervalldaten	116
	9.5 Die summary-Funktion	119
	9.6 Gruppenvergleiche	120
	9.7 Univariate deskriptive Statistiken im R Commander	123
	9.8 Statistische Funktionen im Überblick	124
	9.9 Weitere Funktionen	125
	9.10 Übungen	125

10 Bivariate deskriptive Statistiken — 127
- 10.1 Kontingenztabellen — 127
- 10.2 Zusammenhangsmaße für metrische Variablen — 131
- 10.3 Zusammenhangsmaße für nicht-metrische Variablen — 137
- 10.4 Bivariate deskriptive Statistiken im R Commander — 138
- 10.5 Funktionen im Überblick — 139
- 10.6 Übungen — 140

11 Graphiken — 141
- 11.1 Diagramme für kategoriale Variablen — 141
- 11.2 Diagramme für metrische Variablen — 145
- 11.3 Streudiagramm — 163
- 11.4 Die plot-Funktion — 166
- 11.5 Graphiken bearbeiten — 167
- 11.6 Graphiken speichern — 173
- 11.7 Graphiken für Fortgeschrittene — 174
- 11.8 Graphiken im R Commander — 174
- 11.9 Graphik-Funktionen im Überblick — 174
- 11.10 Zusätzliche Argumente für Graphik-Funktionen — 176
- 11.11 Übungen — 177

12 Grundlagen der Inferenzstatistik in R — 178
- 12.1 Verteilungen — 178
- 12.2 Stichprobenumfangsplanung — 183
- 12.3 Weitere Poweranalysen — 188
- 12.4 Funktionen im Überblick — 188
- 12.5 Übungen — 189

13 Mittelwertsvergleiche mit *t*-Tests — 190
- 13.1 *t*-Test für eine Stichprobe — 190
- 13.2 *t*-Test für unabhängige Stichproben — 195
- 13.3 *t*-Test für abhängige Stichproben — 201
- 13.4 *t*-Tests im R Commander — 204
- 13.5 Funktionen im Überblick — 205
- 13.6 Übungen — 205

14 Varianzanalyse ohne Messwiederholung — 207

- 14.1 Einfaktorielle Varianzanalyse ohne Messwiederholung — 207
- 14.2 Mehrfaktorielle Varianzanalyse ohne Messwiederholung — 211
- 14.3 Multiple Paarvergleiche mit Post-hoc-Verfahren — 216
- 14.4 Kontraste — 218
- 14.5 Effektgrößen — 219
- 14.6 Varianzanalyse ohne Messwiederholung im R Commander — 221
- 14.7 Funktionen im Überblick — 221
- 14.8 Übungen — 223

15 Varianzanalyse mit Messwiederholung — 224

- 15.1 Vorbereitung der Daten — 224
- 15.2 Einfaktorielle Varianzanalyse mit Messwiederholung — 226
- 15.3 Mehrfaktorielle gemischte Varianzanalyse — 231
- 15.4 Effektgrößen — 234
- 15.5 Varianzanalyse mit Messwiederholung im R Commander — 235
- 15.6 Funktionen im Überblick — 235
- 15.7 Übungen — 235

16 Grundlagen der Regressionsanalyse — 236

- 16.1 Bivariate lineare Regression — 236
- 16.2 Multiple Regression und multiple Korrelation — 241
- 16.3 Effektgrößen — 248
- 16.4 Modellannahmen prüfen — 248
- 16.5 Partial- und Semipartialkorrelation — 253
- 16.6 Regressionsanalyse im R Commander — 255
- 16.7 Funktionen im Überblick — 256
- 16.8 Übungen — 257

17 Spezielle Regressionsmodelle — 258

- 17.1 Kategoriale Prädiktoren — 258
- 17.2 Moderierte Regression — 260
- 17.3 Nicht-lineare Regression — 265
- 17.4 Kovarianzanalyse — 267
- 17.5 Logistische Regression — 270
- 17.6 Spezielle Regressionsmodelle im R Commander — 275
- 17.7 Funktionen im Überblick — 275
- 17.8 Übungen — 276

18 Nonparametrische Verfahren — 277
- 18.1 Der *chi²*-Test — 277
- 18.2 Der Wilcoxon-Test — 280
- 18.3 Der Kruskal-Wallis-Test — 283
- 18.4 Nonparametrische Verfahren im R Commander — 285
- 18.5 Funktionen im Überblick — 285
- 18.6 Übungen — 286

19 Verfahren für die Testkonstruktion — 287
- 19.1 Itemanalyse und interne Konsistenz — 287
- 19.2 Exploratorische Faktorenanalyse — 289
- 19.3 Hauptkomponentenanalyse — 297
- 19.4 Verfahren für die Testkonstruktion im R Commander — 298
- 19.5 Funktionen im Überblick — 298
- 19.6 Übungen — 298

20 Crash-Kurs für SPSS-Umsteiger — 300
- 20.1 Grundlegende Unterschiede zwischen R und SPSS — 300
- 20.2 Arbeiten mit dem R Commander — 301
- 20.3 Zentrale Funktionen in R und SPSS — 302

Anhang A: Datensätze — 303

Anhang B: Pakete — 306

Hinweise zu den Online-Materialien — 307

Literatur — 308

Sachwortverzeichnis — 311

Vorwort zur dritten Auflage

Als die erste Auflage dieses Buchs 2010 erschien, hatten zwar viele Sozialwissenschaftler schon von R gehört, aber nur wenige benutzten es. Seitdem hat sich einiges getan. R wird mittlerweile an vielen Hochschulen in der Lehre eingesetzt, als Ergänzung oder sogar als Alternative zu kommerziellen Statistikprogrammen. Die Anzahl der zusätzlichen Pakete hat sich in den letzten drei Jahren mehr als verdoppelt. Mittlerweile stehen schon mehr als 4000 Pakete zur Verfügung, und ein Ende dieses exponentiellen Wachstums ist nicht abzusehen. Auch in Artikeln in methodisch orientierten Fachzeitschriften wird immer häufiger R-Code zur Verfügung gestellt. Es gab also nie einen besseren Zeitpunkt, um in R einzusteigen!

Dieses Buch richtet sich an Leute ohne Vorerfahrungen und ohne Programmierkenntnisse – eben echte Einsteiger. Ich war selbst so eine Einsteigerin, als ich die erste Version dieses Buchs schrieb. Ich hoffe, dass dadurch einige Fallen, in die ich beim Einarbeiten getappt bin, für die Leserinnen und Leser vermieden werden.

Auch diese dritte Auflage hat den Anspruch, eine verständliche Einführung in R zu liefern. Struktur und Stil sind daher gleich geblieben. Hinzugekommen sind eine ganze Menge neuer Funktionen, zum Beispiel die Funktionen `describe` und `describeBy` zur Erstellung von Tabellen mit deskriptiven Statistiken oder die Funktionen `plotSlopes` und `testSlopes` zur Berechnung, Darstellung und inferenzstatistischen Prüfung von bedingten Regressionsgleichungen. Darüber hinaus wurden alle vorgestellten Funktionen überprüft und ggf. aktualisiert. Und schließlich wurden einige Kapitel grundlegend überarbeitet, vorneweg die beiden Kapitel zu Datenmanagement und Datenaufbereitung.

Anlässlich der 3. Auflage möchte ich bei all denjenigen bedanken, durch die ich auf neue Funktionen oder effizientere Befehle aufmerksam wurde: meine Studierenden, Workshop-Teilnehmerinnen und Teilnehmer, Kolleginnen und Kollegen und die R-Community. Vor allem aber bedanke ich mich herzlich bei allen Leserinnen und Lesern, deren Fehlermeldungen, konstruktive Verbesserungsvorschläge und positive Rückmeldungen diese neue Auflage möglich gemacht haben.

Für alle verbleibenden Unklarheiten und Fehler bin ich natürlich allein verantwortlich. Bitte kontaktieren Sie mich, wenn Sie Fehler entdecken sollten oder Vorschläge zur Verbesserung des Buches machen möchten.

Chicago, im März 2013   Maike Luhmann

1 Einleitung

Seit einiger Zeit macht die Statistiksoftware R auch außerhalb eingeweihter Statistiker-Kreise von sich reden. Aussagen wie „R macht so tolle Graphiken" und „R kann sogar Strukturgleichungsmodelle" hört man immer häufiger. Allerdings halten sich einige ungerechtfertigte Gerüchte hartnäckig, zum Beispiel „In R kann man seine Daten nicht sehen" oder „R ist nur was für Programmierer".

Diese und andere Vorurteile sollen mit diesem Buch aus der Welt geschafft werden. R ist viel leichter und schneller zu erlernen, als häufig geglaubt wird. Das spricht sich mittlerweile herum. R wird zunehmend auch von ganz normalen Anwendern benutzt. Jedes Jahr gibt es zudem mehr Fachbereiche, an denen nicht mehr kommerzielle Statistikprogramme gelehrt werden, sondern R. Mit Ihrer Entscheidung, R eine Chance zu geben, liegen Sie daher voll im Trend. Ich wünsche Ihnen dabei viel Erfolg und hoffentlich auch etwas Spaß!

Ach ja: In R kann man seine Daten sehen. Und Programmieren muss man nicht unbedingt können.

1.1 Warum R?

Es gibt viele Gründe, die für R sprechen. Hier sind die wichtigsten:

- **R kann mehr.** Die Software enthält viele Funktionen, die man bei kommerziellen Statistik-Programmen wie zum Beispiel SPSS vergeblich sucht.
- **R ist schnell.** Das Programm wird ständig weiterentwickelt, sodass viele neue statistische Methoden zuerst in R und erst Jahre später in anderen Programmen implementiert sind.
- **R ist ansprechbar.** Die Programmierer der einzelnen Pakete sind über E-Mail erreichbar und reagieren meiner Erfahrung nach innerhalb weniger Tage. So können Fragen schnell geklärt und eventuelle Programmierfehler behoben werden.
- **R schläft nicht.** R-Nutzer gibt es auf der ganzen Welt, und viele von ihnen sind in der Mailingliste eingetragen. So kann man seine Fragen rund um die Uhr klären.
- **R ist kostenlos!**

1.2 Für wen ist dieses Buch?

Dieses Buch richtet sich sowohl an Einsteiger, die zum ersten Mal mit einer Statistiksoftware arbeiten, als auch an Umsteiger, die R als eine Alternative zu anderen Statistikprogrammen ausprobieren möchten. Besondere Computer- oder gar Programmierkenntnisse brauchen Sie nicht. Da dieses Buch aber keine Statistik-Einführung ist, sollten Sie die Grundlagen der hier behandelten statistischen Tests kennen. Dafür empfehle ich das Lehrbuch von Eid, Gollwitzer und Schmitt (2013), an dem auch die Gliederung dieses Buchs orientiert ist.

Ich bin selbst Psychologin und habe daher Datenbeispiele aus psychologischen Studien gewählt. Darüber hinaus behandle ich einige Funktionen und statistische Verfahren, die besonders für Psychologinnen und Psychologen von Interesse sind, z. B. die Berechnung von Skalenwerten (Kap. 7) oder Verfahren für die Testkonstruktion wie Itemanalysen und Faktorenanalysen (Kap. 19). Grundsätzlich richtet sich das Buch jedoch an Interessierte aus allen Fachrichtungen der Sozialwissenschaften.

Leider ist in diesem Einführungsbuch kein Platz, um komplexere Verfahren wie Strukturgleichungsmodelle oder Modelle der Item Response Theorie detailliert zu besprechen. Sie werden jedoch in der Lage sein, sich in die Funktionen und Pakete, die Sie für solche Verfahren brauchen, selbst einzuarbeiten. Weitere Hinweise dazu finden Sie im Anhang B: Pakete.

1.3 Wie benutzt man dieses Buch?

Den Umgang mit einer Statistiksoftware lernt man am besten durch Ausprobieren. Daher empfehle ich, bei der Lektüre dieses Buchs immer einen Computer mit R dabeizuhaben. So können Sie die beschriebenen Funktionen direkt ausprobieren. Die Datensätze dafür können Sie von der Website zu diesem Buch herunterladen: **http://www.beltz.de/r-fuer-einsteiger**. Dort finden Sie auch zahlreiche Zusatzmaterialien.

Hinweise für Einsteiger
Ich habe mich bemüht, dieses Buch so zu schreiben, dass auch Einsteiger ohne jegliche Erfahrung mit Statistik-Software mit R zurechtkommen können. In diesem Buch stelle ich die statistischen Verfahren in der Reihenfolge vor, in der sie typischerweise gelehrt werden. Wenn Sie dieses Buch also in Begleitung zu einer Statistik-Vorlesung in Psychologie oder anderen sozialwissenschaftlichen Fächern lesen, können Sie die Kapitel einfach von vorne nach hinten durcharbeiten.

Hinweise für Umsteiger
Als Umsteiger haben Sie bereits Erfahrung mit anderen kommerziellen Statistik-Programmen und interessieren sich möglicherweise nur für bestimmte Funktionen

in R. In diesem Fall brauchen Sie natürlich nicht das Buch von vorne bis hinten durchzuarbeiten. Beginnen Sie stattdessen mit Kapitel 20. Dieses Kapitel ist ein Crash-Kurs für Umsteiger und dient als Wegweiser durch das Buch. In diesem Kapitel werden auch die wesentlichen Unterschiede zwischen R und SPSS vorgestellt.

1.4 Weiterentwicklungen und Aktualität des Buchs

R wird ständig weiterentwickelt. Sowohl die Basisversion als auch die zusätzlichen Pakete werden regelmäßig aktualisiert, und fast wöchentlich werden neue Pakete zur Verfügung gestellt. Wenn Sie regelmäßig mit R arbeiten, werden Sie vermutlich immer wieder neue Pakete entdecken, die Ihnen die statistischen Analysen noch leichter machen. Für die Erstellung dieses Buchs habe ich mich bemüht, immer die aktuellsten Versionen zu verwenden (Stand Februar 2013). Dieses Buch verwendet die R Version 2.15.2. Für Frühsommer 2013 wurde die Veröffentlichung der R Version 3.0.0 angekündigt. Die hier vorgestellten Funktionen und Pakete sollten jedoch weiterhin einwandfrei funktionieren. Wenn Sie trotzdem veraltete Funktionen oder gar Fehler finden, lassen Sie mich dies bitte wissen. Und noch ein Tipp: Die aktuellsten Hinweise zu den Funktionen und den entsprechenden Argumenten finden Sie in der dazugehörigen Hilfedatei (s. Abschn. 3.3).

1.5 Verwendete Schriftarten

Um die Übersichtlichkeit des Texts zu erhöhen, werden in diesem Buch verschiedene Schriftarten verwendet (s. Tab. 1.1).

Tabelle 1.1 Verwendung von Schriftarten im Buch

Text	Beispiel
Menübefehle	DATEI → SPEICHERN
Namen von Paketen	psych-Paket
Namen von Funktionen	mean-Funktion
Befehle	> c(1, 2, 3)

2 Installation

R ist als kostenlose Software im Internet verfügbar. Alles was wir brauchen, um loszulegen, ist also ein Internetzugang. Um R zu installieren, muss man Schreibrechte für das Laufwerk haben, auf dem R installiert werden soll. Auch für die Arbeit mit R sollte man Schreibrechte für das Laufwerk haben, da man so weitere Pakete herunterladen und installieren kann (zur Rolle von Paketen s. Abschn. 2.3).

2.1 Download

Die Internetseite cran.r-project.org ist der Ausgangspunkt für die Arbeit mit R. Die Abkürzung CRAN steht für Comprehensive R Archive Network. Hier werden sowohl die Software als auch verschiedene Zusatzdateien (so genannte Pakete, s. Abschn. 2.3) und Dokumente zur Verfügung gestellt. Direkt auf der Startseite dieser Website befindet sich die Option *Download and Install R*. Hier kann man R für die Betriebssysteme Linux, MacOS X und Windows herunterladen.

Zum Download der **Windows-Version** gelangt man über den Link *Download R for Windows*. Auf der neuen Seite wählen wir den Link *base*. Auf der folgenden Seite klicken wir auf den Link *Download R X.X.X for Windows*. Damit laden wir die Setup-Datei herunter. (Das *X* steht für die aktuelle Versionsnummer. Auf der CRAN-Seite wird immer nur die neueste R-Version angeboten.)

Zum Download der **Mac-Version** gelangt man über den Link *MacOS X*. Wir gelangen nun auf die Seite *Download R for MacOS X*, wo wir die Datei R-X.X.X.pkg auswählen und herunterladen.

2.2 Installation

Die Installationsschritte unterscheiden sich etwas zwischen Windows und MacOS. Daher besprechen wir die Installation für die beiden Betriebssysteme getrennt.

2.2.1 Installation unter Windows

Wir starten die Installation von R, indem wir die heruntergeladene Setup-Datei öffnen. Als erstes müssen wir die Sprache für den Setup auswählen. Danach öffnet sich der Setup-Assistent. Dieser Assistent führt uns Schritt für Schritt durch die Installation. Wenn wir einen Schritt abgeschlossen haben, klicken wir auf WEITER. Wenn wir einen Schritt rückgängig machen möchten, klicken wir auf ZURÜCK und

ändern die Einstellungen. Die Installation kann jederzeit durch die Option ABBRE-CHEN beendet werden. Folgende Schritte werden bei der Installation durchlaufen:
(1) Der Lizenztext wird angezeigt und sollte durchgelesen werden.
(2) ZIELORDNER AUSWÄHLEN. Wir wählen den Ordner, in dem das Programm installiert wird. Standardmäßig wird der Ordner C:\Programme\R\R-X.X.X vorgeschlagen.
(3) AUSWAHL VON KOMPONENTEN. Hier wählen wir die Dateien aus, die installiert werden sollen. Für die meisten Leser wird die Option Benutzerinstallation geeignet sein.
(4) STARTOPTIONEN ANPASSEN. Wählen wir die Option JA, können wir im Folgenden bestimmte Einstellungen von R bei der Installation festlegen. Dazu zählen der Anzeigemodus (Darstellung der einzelnen Fenster), der Hilfestil (Hilfedateien als PDF oder im Windows-Format) sowie der Internetzugang. Wählen wir NEIN, werden die einzelnen Schritte übersprungen und die Standardeinstellungen für R übernommen. Wir wählen die letztere Option.
(5) STARTMENÜORDNER AUSWÄHLEN. Hier kann man den Namen im Startmenü ändern und entscheiden, ob ein Ordner im Startmenü erstellt werden soll.
(6) ZUSÄTZLICHE AUFGABEN AUSWÄHLEN. Wir entscheiden nun, ob zusätzliche Symbole auf dem Desktop oder in der Schnellstartleiste angelegt werden sollen. Außerdem legen wir hier die Art der Verknüpfung von R mit Windows fest (Speicherung der Versionsnummer, R mit .RData-Dateien verknüpfen). Für die meisten Leser sind die Standardeinstellungen ausreichend.
(7) Wir haben es geschafft: Das Programm wird installiert!

2.2.2 Installation auf MacOS

Um R auf dem Mac zu installieren, öffnen wir die Setup-Datei, die wir von der CRAN-Seite heruntergeladen haben (s. Abschn. 2.1). Dadurch öffnet sich der Setup-Assistent. Dieser Assistent führt uns Schritt für Schritt durch die Installation. Bei der Installation werden die folgenden Schritte durchlaufen:
(1) Wichtige Informationen lesen und zustimmen.
(2) Software-Lizenzvereinbarungen lesen und zustimmen.
(3) Zielvolume wählen: Soll die Software für alle Benutzer oder nur auf einem bestimmten Laufwerk installiert werden?
(4) Installationstyp: Hier kann der Ort der Installation verändert werden.
(5) Durchführung der Installation.
(6) Fertig!

An dieser Stelle noch ein allgemeiner Hinweis: Dieses Lehrbuch wurde mit Windows erstellt. Die Benutzeroberfläche sieht auf dem Mac manchmal etwas anders aus. Grundsätzlich lassen sich aber alle Funktionen an denselben Stellen wiederfinden. Alle Pakete lassen sich auch auf MacOS verwenden.

2.3 Zusätzliche Pakete

Bisher haben wir nur die Basisversion von R installiert. Mit dieser Version können wir schon ganz nette Graphiken erstellen und die wichtigsten statistischen Tests durchführen. Für komplexere statistische Analysen ist die Basisversion jedoch nur bedingt geeignet. Hier kommen die zusätzlichen Pakete ins Spiel: Pakete sind Dateien, die man gesondert installieren und laden muss. Sie enthalten Zusatzfunktionen, die die Basisfunktionen von R ergänzen. Manche dieser Pakete erleichtern uns den Umgang mit R, wie zum Beispiel der R Commander (Paket Rcmdr ; Fox, 2005), den wir im nächsten Kapitel kennen lernen werden. Andere Pakete enthalten Funktionen für statistische Analysen, die mit der Basisfunktion nicht durchgeführt werden können, zum Beispiel Strukturgleichungsmodelle (Paket sem ; Fox, Nie & Byrnes, 2013).

Die Pakete werden von hunderten Personen auf der ganzen Welt programmiert und zur Verfügung gestellt. Mittlerweile sind schon über 4000 Pakete verfügbar! Durch dieses Prinzip sind neu entwickelte statistische Methoden meistens als erstes in R verfügbar, Jahre bevor sie in kommerziellen Statistikprogrammen implementiert werden. Auf der Website cran.r-project.org sind alle verfügbaren Pakete aufgelistet und beschrieben. Um Pakete nutzen zu können, müssen zwei Schritte durchgeführt werden: Die Pakete müssen einmalig installiert werden (Abschn. 2.3.1) und die Pakete müssen in jeder Sitzung neu geladen werden (Abschn. 2.3.2).

2.3.1 Pakete installieren

Die Installation von Paketen unterscheidet sich zwischen den Betriebssystemen Windows und MacOS, daher zeigen wir hier die Installation für beide Betriebssysteme. Zur Veranschaulichung installieren wir auf beiden Betriebssystemen das Paket psych (Revelle, 2012). Dieses Paket wurde von dem Persönlichkeitspsychologen William Revelle programmiert und enthält eine Reihe nützlicher Funktionen, die den Umgang mit R erleichtern, zum Beispiel die Funktion corr.test, die die Erstellung von Korrelationsmatrizen vereinfacht (s. Kap. 10). Zur Erinnerung: Um Pakete installieren zu können, müssen wir Schreibrechte auf dem entsprechenden Laufwerk haben.

Windows

Um Pakete zu installieren, öffnen wir R und wählen in der Menüleiste die Option PAKETE → INSTALLIERE PAKET(E) aus. Es öffnet sich ein Fenster, in dem wir einen CRAN-Mirror auswählen. Dabei handelt es sich um einen Server, auf dem die Dateien gespeichert sind. Im deutschsprachigen Bereich stehen zurzeit sechs Mirrors zur Verfügung: Austria, Germany (Berlin), Germany (Bonn), Germany (Falkenstein), Germany (Göttingen) und Switzerland. Allgemein wird empfohlen, einen Mirror in der Nähe zu wählen.

Nachdem wir einen Mirror gewählt haben, erscheint ein weiteres Fenster mit einer alphabetisch sortierten Liste aller Pakete. Hier wählen wir das gewünschte Paket aus und klicken auf OK. Das Paket wird nun heruntergeladen und installiert.

Wir installieren nun das Paket psych. Sobald wir das Paket in der Liste ausgewählt und auf OK geklickt haben, erscheint der folgende Text in der R Console:

```
--- Bitte einen CRAN Spiegel für diese Sitzung auswählen ---
versuche URL 'http://cran.mtu.edu/bin/windows/contrib/2.15/
psych_1.2.12.zip'
Content type 'application/zip' length 2560790 bytes (2.4 Mb)
URL geöffnet
downloaded 2.4 Mb

Paket 'psych' erfolgreich ausgepackt und MD5 Summen
abgeglichen

Die heruntergeladenen Binärpakete sind in
        C:\Ordner1\Ordner2\downloaded_packages
```

> **Tipp**
>
> Wenn das gesuchte Paket nicht in der Liste aufgeführt wird, kann man es sich auch direkt von der CRAN-Homepage herunterladen. Auf dieser Seite gibt es links den Link PACKAGES. Für jedes Paket ist hier eine eigene Seite angelegt, auf der man u. a. die Installationsdateien und das Manual herunterladen kann. Windows-Nutzer laden die Zip-Datei herunter und gehen anschließend in R auf die Option PAKETE → INSTALLIERE PAKETE AUS LOKALEN ZIP-DATEIEN. Jetzt nur noch die Zip-Datei auswählen und die Installation wird durchgeführt.

MacOS

Wir öffnen die R Console und gehen auf PAKETE UND DATENSÄTZE → PAKETINSTALLATION. In dem Menüfenster sollte oben die Option CRAN (BINARIES) eingestellt sein. Wir geben nun den Namen des gesuchten Pakets ein und klicken dann auf LISTE HOLEN. Jetzt wird uns eine Liste mit allen Paketen angezeigt, die diesen Namen enthalten. Wir wählen das gewünschte Paket aus und klicken auf INSTALLIEREN.

Zur Veranschaulichung installieren wir nun das Paket psych. Wir geben den Namen psych oben rechts ein und erhalten dann eine Liste mit mehreren Paketen (Abb. 2.1). Wir wählen das Paket psych aus und klicken auf INSTALLIEREN. Das Fenster R PAKETINSTALLATION bleibt auch nach der Installation des Pakets geöffnet. Wir können jetzt noch weitere Pakete suchen und installieren. Wenn alle gewünschten Pakete installiert sind, schließen wir das Fenster, indem wir auf das rote Kreuz oben links klicken.

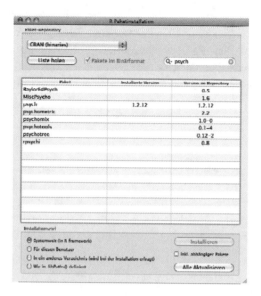

Abbildung 2.1 Das Menüfenster zur Paketinstallation auf MacOS. Hier wurde das Paket `psych` gesucht

Funktion

Pakete können auch über die folgende Funktion installiert werden:

> install.packages("Name.des.Pakets")

Der entsprechende Befehl für die Installation des `psych`-Pakets lautet:

> install.packages("psych")

Tipp

R unterscheidet zwischen Groß- und Kleinschreibung. Das muss bei der Eingabe des Namens des Pakets beachtet werden. Folgende Pakete gibt es nicht: `PSYCH`, `Psych`, `psYch` und so weiter.

2.3.2 Pakete laden

Wenn wir R öffnen, werden die installierten Pakete nicht automatisch geladen. Das heißt, wir müssen ein Paket jedes Mal laden, wenn wir es in einer neuen Sitzung verwenden möchten. Es ist allerdings nicht notwendig, das Paket jedes Mal neu zu installieren. Mit dem folgenden Befehl fordern wir eine Auflistung aller bereits installierten Pakete an:

```
> library()
```

Windows
Um das Paket zu laden, gehen wir im Menü auf PAKETE → LADE PAKET. Es öffnet sich eine Liste mit allen Paketen, die wir bisher installiert haben. In dieser Liste wählen wir das gewünschte Paket aus und klicken auf OK.

MacOS
Wir gehen im Menü auf PAKETE UND DATEN → PAKETVERWALTUNG. Es öffnet sich ein Fenster mit einer Liste aller installierten Pakete (Abb. 2.2). In der Spalte STATUS kann man sehen, welche Pakete bereits geladen sind. Um ein Paket zu laden, aktivieren wir das entsprechende Kästchen in dieser Spalte.

Manche Pakete funktionieren auf Mac nur, wenn bestimmte zusätzliche Dateien installiert sind. Dabei handelt es sich zum einen um X11, eine Erweiterung des Mac Betriebsystems. X11 kann von der Apple-Homepage heruntergeladen werden. Zum anderen sollte die Tcl/Tk-Erweiterung installiert sein. Nur mit dieser Erweiterung kann das tcltk-Paket verwenden zu können, auf das wiederum viele andere Pakete zugreifen. Die Tcl/Tk-Erweiterung steht unter http://cran.r-project.org/bin/macosx/tools/ zum Download zur Verfügung.

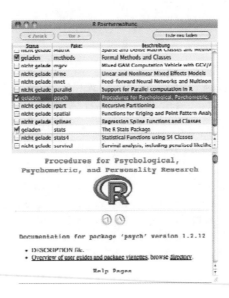

Abbildung 2.2 Das Menüfenster zur Paketverwaltung auf MacOS

Funktion

Auch für das Laden von Paketen gibt es eine Funktion:

```
> library(Name.des.Pakets)
```

Zur Veranschaulichung laden wir nun das Paket `psych`:

```
> library(psych)
```

Normalerweise wird das Paket ohne Probleme geladen, was man daran erkennen kann, dass nur der Befehl, jedoch keine zusätzlichen Meldungen in der Konsole erscheinen. Unter Umständen gibt es jedoch zusätzliche Meldungen. Eine häufige Meldung ist die folgende:

```
Warning message:
package 'psych' was built under R version 2.15.2
```

Eine solche Meldung erscheint, wenn wir eine ältere R-Version verwenden. In diesem Fall wurde das Paket in R 2.15.1 geladen. Das Paket selbst wurde jedoch für die Version R 2.15.2 optimiert. In den meisten Fällen stellt dies kein Problem dar, da sich die Pakete von einer Version zur nächsten meistens nur wenig ändern. Um möglichen Kompatibilitätsproblemen vorzubeugen, empfiehlt es sich jedoch, stets die aktuellste R-Version installiert zu haben.

Mit dem folgenden Befehl erhalten wir eine Liste aller bereits geladenen Pakete.

```
search()
```

Wir werden im Laufe des Buches eine Reihe von Paketen kennenlernen. Die Pakete können jeweils dann installiert und geladen werden, wenn sie gebraucht werden.

2.3.3 Pakete aktualisieren

Viele Pakete werden immer weiter verbessert und erweitert. Es ist daher sinnvoll, die bereits installierten Pakete von Zeit zu Zeit zu aktualisieren. Dazu wählt man in der R Console das Menü PAKETE → AKTUALISIERE PAKETE. Man muss nun wieder einen CRAN-Mirror auswählen. Anschließend kann man die Pakete auswählen, die man aktualisieren möchte. Wenn man auf OK klickt, werden die Aktualisierungen gestartet. Mit der folgenden Funktion werden alle installierten Pakete auf einmal aktualisiert:

```
> update.packages()
```

2.4 Funktionen im Überblick

Funktion	Beschreibung
`install.packages("Paket")`	Lädt ein Paket im Internet herunter und installiert es.
`library(Paket)`	Lädt ein Paket in R. Dieser Vorgang muss in jeder Sitzung neu durchgeführt werden.
`library()`	Zeigt eine Liste mit allen installierten Paketen an.
`search()`	Zeigt eine Liste mit allen aktuell geladenen Paketen an.
`update.packages()`	Aktualisiert alle installierten Pakete.

3 Ein erster Überblick

Wenn wir R öffnen, erscheint ein Fenster mit dem Titel R Gui (Abb. 3.1). Die Abkürzung Gui steht für Graphical User Interface. Die Menüleiste enthält sieben Menüfunktionen. Unter jedem Menü lassen sich nur eine Handvoll Optionen auswählen. Keine davon erscheint auf den ersten Blick hilfreich. Es gibt weder eine Option „Daten einlesen" noch irgendetwas, das auf statistische Analysen hinweist. Wir sehen außerdem ein kleineres Fenster mit dem Titel R Console. Hier steht ein blauer Begrüßungstext, in dem die aktuelle R Version genannt wird. Darunter sehen wir das rote Symbol > und dahinter den erwartungsvollen Cursor. Und nun?

Auch wenn es erstmal seltsam klingt: Mit der R Console kann man schon alles machen, was das Programm bietet, sofern man sich mit der Programmiersprache auskennt. In diesem Kapitel verschaffen wir uns einen ersten Überblick über das Programm (Abschn. 3.1) und lernen zusätzliche Benutzeroberflächen kennen, die das Arbeiten mit R vereinfachen und den Einstieg in R erleichtern (Abschn. 3.2). Wenn man mal nicht weiterweiß, kann man sich an verschiedenen Stellen Hilfe zu R holen (Abschn. 3.3).

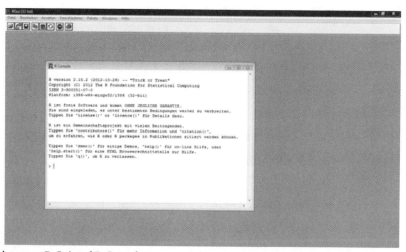

Abbildung 3.1 R Gui und R Console

3.1 Aufbau der Basisversion

In der Basisversion von R können wir mit zwei verschiedenen Fenstern arbeiten: der R Console und dem R Editor. Die R Console ist bereits geöffnet, wenn wir R starten.

Den R Editor müssen wir selbst öffnen, wenn wir ihn brauchen. Diese beiden Fenster schauen wir uns nun etwas detaillierter an.

3.1.1 R Console

Die R Console bietet eigentlich alles, was wir für die Arbeit mit R brauchen. Hier können wir sowohl Befehle eingeben als auch Ausgaben betrachten. Wenn die R Console gerade nichts zu tun hat und bereit für Input ist, erscheint am unteren Ende das folgende rote Symbol:

>

Bei diesem Symbol handelt es sich um ein Eingabesymbol, das heißt, dahinter können wir einen Befehl schreiben. In der R-Sprache wird dieses Symbol als Prompt (englisch für Eingabeaufforderung) bezeichnet.

Um einen Befehl in der R Console auszuführen, drücken wir die Enter-Taste. Die Ausgabe erscheint dann direkt unter dem Befehl in einer anderen Farbe (in Windows: rot für Eingaben, blau für Ausgaben). Wenn alles gut gegangen ist, erwartet uns darunter schon wieder das nächste Eingabesymbol. Sehen wir statt des Eingabesymbols jedoch das Plus-Zeichen + , so ist dies ein Zeichen, dass der aktuelle Befehl noch nicht vollständig eingegeben wurde.

In Kapitel 4 geben wir eine erste Einführung in die Programmiersprache von R. In allen weiteren Kapiteln werden wir immer wieder Funktionen für bestimmte statistische Verfahren kennen lernen.

3.1.2 R Editor

Viele SPSS-Nutzer verwenden die SPSS-Syntax. Hier werden die Befehle in ein Syntaxfenster eingegeben. Die Ausgaben werden in ein separates Ausgabefenster geschrieben. Diese Trennung zwischen Eingaben und Ausgaben hat vor allem den Vorteil, dass man alte Syntaxen jederzeit wieder aufrufen und erneut ausführen kann, sogar mit anderen Datensätzen.

In R gibt es etwas Vergleichbares. Hier lassen sich Befehle separat in ein so genanntes Skript schreiben. Um ein Skript zu erstellen, gehen wir in der R Console auf DATEI → NEUES SKRIPT (Windows) bzw. auf ABLAGE → NEUES DOKUMENT (Mac). Dadurch öffnen wir den R Editor in einem neuen Fenster (Abb. 3.2). Der R Editor ist noch schlichter als die R Console. In Kapitel 4 besprechen wir, wie man Befehle im R Editor eingibt und ausführt.

Abbildung 3.2 Der R Editor

> **Tipp**
>
> Über das Menü WINDOWS → KACHELAUSRICHTUNG VERTIKAL / HORIZONTAL im R GUI lassen sich R Console und R Editor schön nebeneinander bzw. übereinander anordnen.

3.2 Zusätzliche Benutzeroberflächen

Hartgesottene R-Nutzer der ersten Stunde mögen die Schlichtheit der R Console und des R Editors bevorzugen. Die meisten Nutzer bevorzugen jedoch Benutzeroberflächen mit einem schöneren Layout und möglicherweise sogar nützlicheren Menüoptionen. Solche Benutzeroberflächen stehen für R zur Verfügung, und zwei von ihnen werden in diesem Abschnitt vorgestellt: R Studio und der R Commander.

3.2.1 R Studio

Wie wir bereits gesehen haben, arbeiten wir in R meistens mit mindestens zwei Fenstern, die zugleich geöffnet sind: die R Console und der R Editor. Wenn wir eine Graphik erstellen oder eine Hilfedatei öffnen, kommen sogar noch weitere Fenster dazu. Es kann also manchmal ganz schön unübersichtlich werden.

R Studio ist eine Benutzeroberfläche, die diese verschiedenen Fenster organisiert (Abb. 3.3) und auch anderweitig das Arbeiten erleichtert. So werden beispielsweise Befehle farblich dargestellt, eingegebene Klammern oder Anführungszeichen werden automatisch wieder geschlossen (wie übrigens auch in der Mac-Version) und Befehle können automatisch vervollständigt werden. Darüber hinaus verfügt R Studio über einen so genannten Workspace Browser. Wie wir in Kapitel 5 sehen werden, arbeitet R mit Objekten, die im Workspace (eine Art Arbeitsspeicher) gespeichert werden. Der Workspace Browser erleichtert es dem Nutzer, den Überblick über die verfügbaren Objekte zu behalten.

R Studio kann von der Website http://www.rstudio.com/ide/ heruntergeladen werden. Nach der Installation steht R Studio als eigenes Programm zur Verfügung. R muss zwar installiert sein, aber nicht gestartet werden, um R Studio zu nutzen.

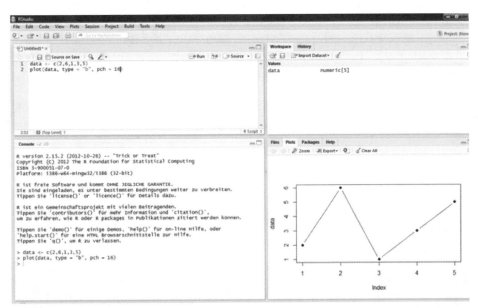

Abbildung 3.3 R Studio

R Studio kann also das Arbeiten mit R wesentlich erleichtern. Jedoch müssen wir immer noch selbst Befehle programmieren und ausführen. Wer sich diese Arbeit (zumindest beim Einstieg in R) ersparen möchte, der sollte sich den als nächstes vorgestellten R Commander anschauen.

3.2.2 Der R Commander

Der R Commander ist eine Benutzeroberfläche, die speziell für Personen entwickelt wurde, die einfache statistische Analysen in R durchführen möchten, ohne sich mühselig die Programmsprache anzueignen. Sowohl für Statistik-Einsteiger als auch für SPSS-Umsteiger ist der R Commander eine große Erleichterung.

Wenn man den R Commander verwendet, braucht man die R Console nicht mehr. Die R Console muss zwar immer noch geöffnet sein, bleibt aber weitgehend im Hintergrund. Alle Befehle funktionieren im R Commander genauso wie in der R Console. Zusätzlich hat man den Vorteil, dass die Funktionen für die häufigsten Verfahren nicht bekannt sein müssen, sondern über das Menü ausgewählt werden können. Ähnlich wie in SPSS wird der Befehl dann durch das Programm selbst erzeugt und ausgeführt.

R Commander installieren und laden

Um den R Commander nutzen zu können, müssen wir das Paket `Rcmdr` (Fox, 2005) herunterladen, installieren und in jeder Sitzung laden (s. Abschn. 2.3). Wichtig für Mac-Nutzer: Diese Paket funktioniert nur, wenn die Tcl/Tk-Erweiterung installiert wurde (s. Abschn. 2.3.1). Wenn wir den R Commander laden, werden eine ganze Reihe weiterer Pakete heruntergeladen werden, denn der R Commander umfasst relativ viele Funktionen, die nicht in den Basispaketen von R enthalten sind. Merke: Der R Commander ist nur die Benutzeroberfläche, die Operationen werden von anderen Paketen durchgeführt.

Das Fenster des R Commanders setzt sich aus verschiedenen Teilen zusammen, die wir im Einzelnen besprechen wollen (Abb. 3.4).

Menüleiste

Verglichen mit der sparsamen R Console ist die Menüleiste des R Commanders der größte Fortschritt. Hier erscheinen nicht nur wesentlich mehr Optionen als in der R Console, der SPSS-Umsteiger wird auch mit vielen dieser Optionen intuitiv etwas anfangen können. So finden wir zum Beispiel ein Menü STATISTIK, in dem Optionen wie DESKRIPTIVE STATISTIK oder MITTELWERTE VERGLEICHEN auftauchen.

Datenmatrix und Modell

Unter der Menüleiste befinden sich einige Schalter und Anzeigen zu DATENMATRIZEN, die wir nun von links nach rechts durchgehen:

- ▶ Wenn wir eine Datendatei geöffnet haben, erscheint der Name dieser Datenmatrix in dem Feld DATENMATRIX. Im Moment haben wir noch keine Daten geöffnet, daher steht hier ‹KEINE AKTUELLE DATENMATRIX›. In R können mehrere Datendateien gleichzeitig geöffnet und bearbeitet werden. Damit der R Commander nicht durcheinander kommt, definiert er immer eine Datenmatrix als aktive oder aktuelle Datenmatrix. Alle Operationen werden immer auf die aktuelle Datenmatrix angewandt. Klickt man auf das Feld, in dem der Name der aktiven Datenmatrix angezeigt wird, erscheint eine Liste mit allen verfügbaren Datenmatrizen. Hier können wir auswählen, welche Datenmatrix aktiviert werden soll.
- ▶ Daneben sehen wir die zwei Schalter DATENMATRIX BEARBEITEN und DATENMATRIX BETRACHTEN. Diese Funktionen werden in Kapitel 6 besprochen.
- ▶ Ganz rechts in dieser Leiste befindet sich eine Anzeige mit dem Titel MODELL und der Auskunft ‹KEIN AKTUELLES MODELL›. Für manche statistische Analysen ist es interessant, mehrere Modelle miteinander zu vergleichen. In R legt man dazu mehrere Modelle an. Diese Anzeige gibt an, welches Modell aktuell aktiv ist.

3.2 Zusätzliche Benutzeroberflächen | 29

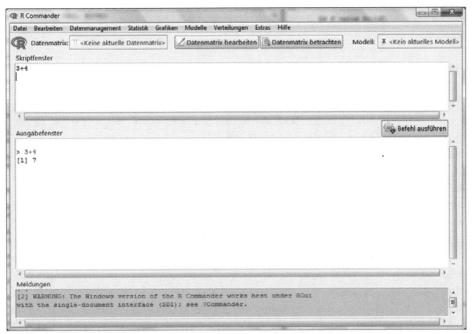

Abbildung 3.4 Der R Commander

Skriptfenster
Unter den Menüleisten sehen wir drei Fenster: das Skriptfenster, das Ausgabefenster sowie ein Fenster mit Meldungen. Das Skriptfenster entspricht dem R Editor (s. Abschn. 3.1.2), während das Ausgabefenster der R Console entspricht (s. Abschn. 3.1.1). Der R Commander integriert also beide Ansichten in einem einzigen Fenster.

Im Skriptfenster können wir Befehle eingeben. Genau wie im R Editor beginnen diese Befehle nicht mit dem Eingabesymbol > . Um einen Befehl auszuführen, setzen wir den Cursor in die entsprechende Zeile(n) und klicken auf den Schalter BEFEHL AUSFÜHREN rechts unterhalb des Skriptfensters. Alternativ können wir auch die Tastenkombination STRG + R (Windows) bzw. CMD + ENTER (Mac) verwenden. In dem in Abbildung 3.4 gezeigten Beispiel wurde der Befehl 3+4 eingegeben.

Ausgabefenster
Wenn ein Befehl ausgeführt wurde, erscheint das Ergebnis im Ausgabefenster. Genau wie in der R Console wird auch hier der Befehl noch einmal hingeschrieben. Im Ausgabefenster beginnen Befehle immer mit dem Symbol > und sind in rot geschrieben. Die eigentlichen Ausgaben werden mit [1] , [2] , [3] usw. durchnummeriert und in blau dargestellt. In dem Beispiel in der Abbildung sehen wir die Ausgabe für den Befehl > 3+4 . Die Ausgabe hat eine Zeile mit der Nummer [1] , die das Ergebnis des Befehls enthält, also 7 . Anders als in der R Console können wir keine Befehle im Ausgabefenster eingeben und ausführen. Im R Commander müs-

sen Befehle immer in das Skriptfenster eingegeben werden und von dort ausgeführt werden.

Meldungen
Ganz unten im R Commander finden wir ein grau unterlegtes Fenster mit Meldungen. Hier erscheinen Fehlermeldungen und allgemeine Hinweise. Fehlermeldungen werden rot dargestellt, allgemeine Hinweise blau oder grün. Alte Hinweise werden nicht von neuen überschrieben, sondern neue Hinweise werden unten angefügt. Mit Hilfe der Scroll-Leiste rechts können wir zu den älteren Hinweisen zurückgehen.

R Commander beenden
Am leichtesten lässt sich der R Commander über das Kreuz-Symbol oben rechts beenden. Wir können aber auch das Menü nutzen, indem wir auf DATEI → BEENDEN gehen. Wir haben nun zwei Optionen: Wir können entweder nur den R Commander beenden oder das gesamte Programm, also auch die R Console. In beiden Fällen werden wir gefragt, ob wir die Skriptdatei und die Ausgabedatei speichern möchten. In Kapitel 5 beschäftigen wir uns damit, wie man Dateien in R speichern kann. Der R Commander kann nur erneut geöffnet werden, wenn R vorher vollständig geschlossen wurde.

Darstellung des R Commanders in diesem Buch
Obwohl der R Commander den Einstieg in R sehr erleichtern kann, wird er in diesem Buch nicht vertiefend dargestellt. Der Hauptgrund ist, dass der R Commander nicht gut geeignet ist, um die R-Programmiersprache zu lernen. Ähnlich wie in SPSS sind die vom R Commander erzeugten Befehle häufig komplizierter als nötig. Wenn man schon R nutzt, sollte man sich jedoch die Mühe machen, die Programmiersprache zu verstehen, denn nur dann kann man die vielfältigen Möglichkeiten von R voll ausschöpfen. Darüber hinaus ist die Zahl der im Menü des R Commanders zur Verfügung gestellten Funktionen begrenzt. Spätestens wenn man andere Funktionen nutzen möchte, muss man sich mit der Programmiersprache auseinandersetzen.

In diesem Buch liegt der Fokus daher auf der Einführung in die Programmiersprache. In den meisten Kapiteln gibt es jedoch einen Abschnitt am Ende, in dem die entsprechenden Menüoptionen im R Commander kurz besprochen werden.

3.3 Hilfe zu R

R ist ein unglaublich vielseitiges Programm, und wohl kaum jemand ist in der Lage, alle möglichen Funktionen auswendig zu kennen. Glücklicherweise ist Hilfe nicht schwer zu bekommen.

3.3.1 Hilfedateien in R

Bei der Installation von R wird eine ganze Bandbreite von Hilfedateien mitinstalliert. Zudem enthalten die meisten Pakete zusätzliche Hilfedateien, sodass man viele Probleme auch ohne Internetanschluss lösen kann.

Handbücher
Die R-Handbücher bzw. Manuale sind als globale Einführungstexte gedacht. Das Handbuch „An Introduction to R" (Venables, Smith & R Core Team, 2013) bietet einen ersten Überblick über das Programm. Die anderen verfügbaren Handbücher sind etwas spezifischer. So hilft zum Beispiel das Handbuch „R Installation and Administration" (R Core Team, 2013) bei der Installation weiter. Wer selbst Pakete programmieren und der Öffentlichkeit verfügbar machen möchte, findet im Handbuch „Writing R Extensions" (R Core Team, 2013) erste Anleitungen.

Die Handbücher kann man in der R Console unter HILFE → HANDBÜCHER (PDF) als pdf-Dokumente abrufen. Sie stehen außerdem auf der R Website zur Verfügung (s. Abschn. 3.3.2).

Hilfe zu bestimmten Paketen und Funktionen
Die meisten Pakete enthalten Hilfe-Dateien, die direkt mitinstalliert werden. Um nähere Informationen zu einem bestimmten Paket zu bekommen, muss das Paket zunächst geladen werden:

```
> library(paket)
```

Mit der `help`-Funktion kann man die Hilfedateien aufrufen. Hilfe zum gesamten Paket erhält man, indem man den Namen des Pakets eingibt:

```
> help(paket)
```

Alternativ kann man auch einfach ein Fragezeichen vor den Namen des Pakets setzen:

```
> ?paket
```

Hilfe zu bestimmten Funktionen erhält man, indem man den Namen der Funktion in den Befehl eingibt (s. auch Abschn. 4.4.2):

```
> help(funktion)
``` oder `?funktion`

Hilfe für die `help`-Funktion selbst erhält man einfach so:

```
> help()
```

3.3.2 Hilfe im Internet

Das Internet bietet eine Unmenge an Informationen zu R. Wir stellen hier nur die wichtigsten Internetseiten vor. Eine umfangreichere und kommentierte Linkliste findet sich auf der Website **http://www.beltz.de/r-fuer-einsteiger**.

R-Homepage

Die offizielle R-Homepage (http://www.r-project.org) ist ein guter Ausgangspunkt für viele Fragen. Hier kann man u. a. die Handbücher herunterladen. Nützlich sind die Links zum R-Wiki und zum R-Journal (eine eigene Fachzeitschrift für R, natürlich open source).

Informationen zu den einzelnen Paketen findet man unter http://cran.r-project.org/web/packages. Hier ist jedes Paket mit einer eigenen Seite verlinkt, von der man auch das Manual des jeweiligen Pakets als pdf-Dokument herunterladen kann.

Einführende Websites

Die Website Quick-R (http://www.statmethods.net) richtet sich an Nutzer gängiger Statistik-Programme wie SPSS, SAS und Stata, die auf R umsteigen wollen. Die Website des Persönlichkeitspsychologen William Revelle (http://www.personality-project.org/R/) ist ebenfalls als Einführung in R gedacht. Er geht besonders auf statistische Methoden ein, die in der psychologischen Forschung häufig zum Einsatz kommen, z. B. Faktorenanalyse. Eine hilfreiche deutschsprachige Seite ist http://de.wikibooks.org/wiki/GNU_R. Hier findet man u. a. auch Informationen darüber, wie man eigene Funktionen in R programmieren kann.

Suchmaschinen

Natürlich lassen sich alle Funktionen auch über Google finden. Der Name der Software erschwert die Suche jedoch ungemein. Unter dem Stichwort „R" findet man nicht nur Statistik-Seiten. Praktischerweise wurden mehrere Suchmaschinen eingerichtet, mit denen man dieses Problem umgehen kann.

R-Seek (http://www.rseek.org) ist eine sehr hilfreiche Google-basierte Suchmaschine. Hier findet man sowohl R-Codes als auch Dokumente. Wenn man auf der Startseite die Option ADD TO FIREFOX/IE wählt, wird R-Seek in den Internetbrowser eingebunden.

Eine weitere Suchmaschine findet sich unter http://search.r-project.org/. Auf dieser Website befindet sich auch eine sehr hilfreiche Linksammlung, u. a. zu so genannten Reference Cards. Dabei handelt es sich um übersichtliche Zusammenstellungen der wichtigsten R-Funktionen, die man ausdrucken und sich als eine Art Spickzettel neben den Computer legen kann. Auch für dieses Buch gibt es eine solche Reference Card; sie kann auf der begleitenden Website heruntergeladen werden.

Mailinglisten

Die Website http://www.r-project.org/mail.html enthält eine Liste verschiedener Mailinglisten. Es lohnt sich, sich bei den Listen R-announce und R-packages einzutragen. Über diese Liste werden neue R-Versionen sowie neue oder aktualisierte Pakete bekanntgegeben. Eine weitere empfehlenswerte Liste ist R-help. Über diese Liste kann man eigene Anfragen an die Community senden. Aber Vorsicht: Diese Liste ist sehr aktiv, dutzende oder gar hunderte Mails pro Tag sind keine Ausnahme. Bevor man die Liste weiter strapaziert, sollte man mit Hilfe einer der Suchmaschinen das Archiv der Liste konsultieren – die Wahrscheinlichkeit, dass jemand anders ein ähnliches Problem schon einmal gehabt (und gelöst) hat, ist sehr hoch.

3.3.3 Bücher

Es gibt einige deutschsprachige und recht viele englischsprachige Bücher zu R. Einige wurden als Einführungen konzipiert (z. B. Muenchen, 2009, für SPSS-Nutzer), während sich andere eher als Nachschlagewerke eignen (z. B. Crawley, 2009; Kabacoff, 2011). Darüber hinaus wird R auch zunehmend in Statistik-Lehrbüchern verwendet (z.B. Field, Miles & Field, 2012). Im Literaturverzeichnis werden weitere Bücher genannt.

4 Einführung in die Programmiersprache

Dank des R Commanders können wir viele Operationen in R durchführen, ohne die Programmiersprache zu kennen. Wenn man aber Details dieser Operationen verändern (z. B. eine Graphik modifizieren) oder komplexere statistische Tests anwenden möchte, kommt man nicht darum herum, sich mit der Programmiersprache in R auseinanderzusetzen. Dieses Kapitel gibt eine kurze Einführung in diese Sprache, die von Informatikern als „elegant" bezeichnet wird und daher für Sozialwissenschaftler etwas kryptisch wirken mag. Das lässt sich ändern.

Um einen Einblick in die Programmiersprache zu bekommen, gehen wir in diesem Kapitel folgendermaßen vor: Wir besprechen zunächst, wie Befehle grundsätzlich eingegeben und ausgeführt werden (Abschn. 4.1). Anschließend behandeln wir R als Taschenrechner (Abschn. 4.2), geben logische Abfragen ein (Abschn. 4.2), lernen erste Funktionen kennen (Abschn. 4.4) und kommentieren unser bisheriges Werk (Abschn. 4.5).

4.1 Eingabe und Ausführen von Befehlen

Bei der Eingabe von Befehlen muss beachtet werden, dass R zwischen Groß- und Kleinschreibung unterscheidet. In R können Befehle im R Editor oder direkt in der R Console eingegeben werden (s. Kap. 3). Auch in R Studio und im R Commander lassen sich Befehle eingeben. Die Befehle funktionieren überall gleich, trotzdem gibt es ein paar kleine Unterschiede, die beachtet werden müssen.

R Console
Wenn die R Console für einen Befehl bereit ist, wird dies durch den Prompt > angezeigt. Hinter diesem Symbol kann der Befehl eingegeben werden. Der Befehl wird durch das Drücken der Enter-Taste ausgeführt. Die Ausgabe erscheint direkt unter der Befehlszeile. Zur besseren Übersichtlichkeit werden Befehle und Ausgaben in unterschiedlichen Farben dargestellt.

R fügt von sich aus keine Zeilenumbrüche ein. Um selbst einen Zeilenumbruch einzufügen, drückt man die Enter-Taste. Wenn der Befehl noch nicht beendet ist (z. B. weil eine Klammer nicht geschlossen wurde), fügt die R Console automatisch eine zweite Zeile ein, die mit einem + beginnt. Das + zeigt an, dass diese Zeile mit der vorhergehenden Zeile verknüpft ist.

Im Folgenden sind zwei Befehle dargestellt. Der erste Befehl geht über eine Zeile, daher folgt die Ausgabe direkt in der zweiten Zeile. In den zweiten Befehl wurde dagegen ein Zeilenumbruch eingefügt, sodass dieser Befehl über zwei Zeilen geht. Das + am Anfang der zweiten Zeile ist hier kein mathematisches Symbol, sondern es verknüpft lediglich die beiden Zeilen miteinander. Die Ausgabe folgt in der dritten Zeile:

```
> (3+7+1)/3
[1] 3.666667

> (3+7+1)/
+ 3
[1] 3.666667
```

> **Tipp**
>
> Bevor man einen neuen Befehl ausführt, sollte man immer sicherstellen, dass die unterste Zeile in der R Console mit > beginnt. Beginnt sie stattdessen mit + , so ist dies ein Zeichen, dass der vorangegangene Befehl unvollständig eingegeben und daher noch nicht ausgeführt wurde. Dies passiert zum Beispiel, wenn man vergisst, Klammern oder Anführungszeichen zu schließen.

R Editor
Im R Editor erscheint kein Eingabesymbol, sondern der Befehl kann direkt eingegeben werden. Grundsätzlich entspricht eine Zeile genau einem Befehl. Gibt es keine weiteren Angaben, geht R also davon aus, dass mit dem Ende der Zeile auch das Ende des Befehls erreicht ist. Ein Befehl kann auch mit einem Semikolon abgeschlossen werden. Das ist aber nur dann notwendig, wenn mehrere Befehle in einer Zeile stehen. Durch die Tastenkombination STRG + R (Windows) bzw. CMD + ENTER (Mac) führt R den Befehl der Zeile aus, in der der Cursor aktuell steht. Möchte man mehrere Befehle gleichzeitig ausführen, muss man diese zunächst markieren und dann ausführen.

Wichtig: Anders als in SPSS wird immer nur genau der Teil des Befehls ausgeführt, der markiert wurde. Bei unerwarteten Fehlermeldungen sollte man daher immer anhand des Befehls in der R Console überprüfen, ob man einen Teil des Befehls nicht markiert und daher nicht ausgeführt hat.

Wenn der Befehl ausgeführt wurde, erscheint die Ausgabe zusammen mit dem Befehl in der R Console. Der Text im R Editor bleibt unverändert.

R Studio
In R Studio öffnet man den R Editor über FILE → NEW → R SCRIPT. R Editor und R Console funktionieren in R Studio genauso wie in der normalen R-Version.

R Commander
Im R Commander können Befehle nur im Skriptfenster, nicht aber im Ausgabefenster eingegeben werden. Das Skriptfenster funktioniert genauso wie der R Editor. Der aktuell markierte Befehl kann hier sowohl über die Tastenkombination STRG + R

(Windows) bzw. CMD+ ENTER (Mac) als auch über den Schalter BEFEHL AUSFÜHREN ausgeführt werden. Nach dem Ausführen des Befehls erscheint die Ausgabe zusammen mit dem Befehl im Ausgabefenster des R Commanders.

Tabelle 4.1 Beispiel für die Darstellung von Befehlen im Lehrbuch und Eingabe dieser Befehle im R Editor

Darstellung im Lehrbuch	Eingabe im R Editor
> 3+4	3+4
> mean(x)	mean(x)
> vektor <- c(1, 2, 3)	vektor <- c(1, 2, 3)

Darstellung von Befehlen in diesem Buch
In diesem Lehrbuch stellen wir Befehle immer so dar, wie sie in der R Console erscheinen. Das heißt, die Befehle beginnen immer mit dem Eingabesymbol, um sie besser von Ausgaben zu unterscheiden. Wenn man diese Befehle im R Editor eingibt, muss das Eingabesymbol weggelassen werden (Tab. 4.1).

Tabelle 4.2 Mathematische Operanden und Funktionen in R

Zeichen	Bedeutung	Zeichen	Bedeutung
==	gleich	!=	ungleich
>	größer	<	kleiner
>=	größer gleich	<=	kleiner gleich
+	Addition	-	Subtraktion
*	Multiplikation	/	Division
^	Potenz	sqrt(x)	Wurzel
exp(x)	Exponentialfunktion	log(x)	Natürlicher Logarithmus
sum(x)	Summe	abs(x)	Betrag (absoluter Wert)

4.2 R als Taschenrechner

In R kann man nicht nur komplexe Datensätze analysieren, sondern auch ganz einfache Berechnungen durchführen. R ersetzt also nicht nur gängige Statistikprogramme, sondern auch den simplen Taschenrechner (hoffentlich aber nicht den Kopf). Dafür schreiben wir die gewünschte Operation hinter den Prompt. Tabelle 4.2 enthält eine Übersicht der wichtigsten mathematischen Operanden und Funktionen in R. Im folgenden Beispiel berechnen wir die Summe von 1, 5 und 7. Unter dem eingegebenen Befehl erscheint direkt das Ergebnis, nämlich 13:

```
> 1+5+7
[1] 13
```

4.3 Logische Abfragen

In R können wir auch logische Abfragen durchführen. Bei einer logischen Abfrage wird ausgegeben, ob unsere Eingabe richtig (TRUE) oder falsch (FALSE) ist. Hier sind ein paar Beispiele für logische Abfragen:

```
> 3 > 2
[1] TRUE

> 3 == 2
[1] FALSE
```

Es ist auch möglich, mehrere logische Abfragen miteinander zu verknüpfen. Dabei muss festgelegt werden, ob alle Bedingungen erfüllt sein müssen, um ein TRUE zu erhalten („und"-Verknüpfung) oder ob es dafür reicht, wenn eine einzige Bedingung erfüllt ist („oder"-Verknüpfung). Hier ein Beispiel für eine „und"-Verknüpfung. Die beiden Bedingungen werden mit dem Symbol & verknüpft:

```
> 3<2 & 2<3
[1] FALSE
```

Da nur eine, jedoch nicht beide Bedingungen zutreffen, ist das Ergebnis FALSE. Wenn wir jedoch stattdessen eine „oder"-Verknüpfung verwenden, erhalten wir das Ergebnis TRUE, denn eine der beiden Bedingungen ist ja in der Tat richtig. Hier werden die beiden Bedingungen mit dem Symbol | verknüpft:

```
> 3<2 | 2<3
[1] TRUE
```

Die bisherigen logischen Abfragen waren Beispiele mit Zahlen. Man kann aber auch Texte eingeben. Dabei werden Anführungszeichen verwendet, um die Texteingabe von Objektnamen (s. Kap. 5) zu unterscheiden:

```
> "abcd" == "abcd"
[1] TRUE
```

Nun kommt leider eine schlechte Nachricht: R weiß nicht alles. Die folgende Abfrage führt beispielsweise zu einem eher unromantischen Ergebnis:

```
> "typ aus statistikkurs" == "grosse liebe"
[1] FALSE
```

4.4 Funktionen

Funktionen haben in R immer die Form

```
funktion(argument1, argument2, …)
```

Dieser Ausdruck beginnt mit dem Namen der Funktion. Die Klammer und die Argumente gehören zur Funktion. In den Argumenten innerhalb der Klammer werden die Details angegeben, z. B.
- auf welches Objekt bzw. welche Variable soll der Befehl angewandt werden
- wie soll mit fehlenden Werten umgegangen werden
- weitere Optionen

Diese Art der Sprache ist sehr flexibel, denn sie erlaubt es, mehrere Funktionen ineinander zu schachteln.

4.4.1 Ein erstes Beispiel

Als Beispiel betrachten wir die Funktionen `c()`, `mean()` und `round()`. Diese Funktionen werden wir in den späteren Kapiteln noch genauer besprechen. Mit der c-Funktion werden alle Werte innerhalb der Klammer zusammengefügt (c steht hier für *combine*):

```
> c(1,4,7,9)
[1] 1 4 7 9
```

R weiß jetzt, dass diese Werte in dieser Reihenfolge zusammengehören. Wenn wir nun den Mittelwert für diese Werte berechnen möchten, verwenden wir die mean-Funktion. Der oben angegebene c-Befehl wird vollständig in die Klammer geschrieben, d. h. die c-Funktion ist in der mean-Funktion geschachtelt:

```
> mean(c(1,4,7,9))
[1] 5.25
```

Wir können sogar noch einen Schritt weitergehen: Mit der `round`-Funktion wird der Mittelwert auf ganze Zahlen gerundet. Dafür werden die ineinander geschachtelten `mean`- und `c`-Funktionen komplett in die Klammer übernommen:

```
> round(mean(c(1,4,7,9)))
[1] 5
```

Auf diese Weise kann man viele Funktionen miteinander kombinieren. Die Reihenfolge, in der die Funktionen ausgeführt werden, ist streng festgelegt: Die Befehle werden von innen nach außen durchgeführt, d. h. zuerst wird die Funktion ausgeführt, die ganz innen steht. In unserem Beispiel oben werden also zunächst die Werte erfasst (`c`-Funktion), dann der Mittelwert berechnet (`mean`-Funktion) und abschließend gerundet (`round`-Funktion).

> **Tipp**
>
> Mehrfach geschachtelte Funktionen sind sehr schnell unübersichtlich und daher manchmal etwas schwierig nachzuvollziehen. Um zu verstehen, was in einem geschachtelten Befehl genau passiert, ist es hilfreich, zunächst nur die innerste Funktion auszuführen. Im R Editor markiert man dazu lediglich den innersten Befehl, denn nur der Teil eines langen Befehls, der markiert ist, wird auch ausgeführt. Anschließend führt man die nächstinnere Funktion aus und arbeitet sich so langsam bis zum äußersten (und damit vollständigen) Befehl vor.

Für viele Personen ist die Arbeit mit R zu Beginn etwas abschreckend, weil man viele verschiedene Funktionen kennen muss. So schlimm ist es jedoch nicht: Die meisten Funktionen lassen sich mit einigen Englischkenntnissen durchaus logisch herleiten. Die wichtigsten Funktionen sind zudem auf Reference Cards enthalten, die man im Internet kostenlos herunterladen kann (s. Abschn. 3.3.2). Wenn man eine solche Reference Card als Spickzettel neben sich liegen hat, kann man schon eine Menge rechnen. Und schließlich kann auch der R Commander weiterhelfen, da man hier die Funktionen nicht selbst eingeben muss.

4.4.2 Hilfe zu bestimmten Funktionen

Wenn man nicht genau weiß, wie eine Funktion korrekt aufgebaut sein sollte (d. h. aus welchen Bestandteilen sie besteht und in welcher Reihenfolge die einzelnen Argumente eingegeben werden), kann man für diese Funktion eine Hilfedatei anfordern:

```
> help(NameDerFunktion)
> ?(NameDerFunktion)
```

Mit der `help.search`-Funktion erhält man eine Liste aller Pakete, die den gesuchten Begriff in einer Funktion enthalten:

```
> help.search("Suchbegriff")
> ??("Suchbegriff")
```

4.5 Kommentare

Kommentare machen immer Sinn, denn sie ermöglichen es, auch nach längerer Zeit nachzuvollziehen, was man wie und vor allem warum gerechnet hat. In R beginnen Kommentare mit #. Der Kommentar endet mit dem Ende der Zeile:

```
  # Ein Kommentar kann in einer eigenen Zeile stehen
> 1+5+7     # oder auch in derselben Zeile wie der Befehl
[1] 13      # solange er am Ende der Zeile steht.
```

Ist ein Kommentar länger als eine Zeile, muss jede Zeile mit # beginnen, sonst interpretiert R die neue Zeile als neuen Befehl.

4.6 Übungen

(1) Geben Sie die folgenden Ausdrucke in die R Console ein und berechnen Sie das Ergebnis.
   a. $(3 + 4 - 5) \cdot 9$
   b. $\dfrac{99}{33}$
   c. $\log(1)$
   d. $(\sqrt{2})^2$
   e. e^{3+4}

(2) Überprüfen Sie die folgenden Aussagen. Geben Sie die Befehle in den R Editor ein.
   a. $5 = 7$
   b. $5 \cdot 5 \geq 6 \cdot 4$
   c. $\sqrt{3} \neq \cos(17)$

(3) In der `mean`-Funktion kann man das Argument `trim` ergänzen. Finden Sie heraus, was dieses Argument bewirkt, indem Sie die Hilfedatei für die `mean`-Funktion aufrufen.

5 Objekte

Objekte nehmen eine zentrale Stellung in R ein, daher braucht man ein gewisses Grundverständnis davon, um mit R arbeiten zu können. Objekte sind sehr vielseitig, sie können einzelne Werte, eine Menge von Werten, mehrere Variablen und sogar die Ergebnisse statistischer Analysen enthalten.

In diesem Kapitel wird behandelt, wie neue Objekte angelegt werden (Abschn. 5.1) und welche verschiedenen Objekttypen es gibt (Abschn. 5.2). Wir lernen außerdem, wie man dabei den Überblick behält (Abschn. 5.3) und wie man Objekte und andere Dateien in R speichert (Abschn. 5.4).

5.1 Neue Objekte anlegen

Wenn man Funktionen ausführt, erhält man ein Ergebnis. Dieses Ergebnis kann ein einzelner Wert (z. B. ein Mittelwert), eine Tabelle, eine Liste mit statistischen Kennwerten oder eine Menge von Variablen sein. In R kann man die Ergebnisse von Funktionen in Objekten speichern. Allgemein hat der dazugehörige Befehl die folgende Form:

```
objekt <- funktion(argumente)
```

Das erste Argument ist der Name des neuen Objekts, hier also `objekt`. Der Name des Objekts ist frei wählbar. Mit dem anschließenden Zuweisungspfeil `<-` wird das neue Objekt definiert. Dahinter steht die Funktion, deren Ergebnis man in dem neuen Objekt speichern möchte.

Alternativ kann man anstelle des Zuweisungspfeils auch ein Gleichheitszeichen verwenden:

```
objekt = funktion(argumente)
```

> **Tipp**
>
> Objektnamen dürfen keine Leerzeichen enthalten. Wenn ein Objektname mehrere Wörter enthält, kann man diese durch Punkte abgrenzen, zum Beispiel so: `objekt.beispiel` oder `mein.lieblingsvektor`. Diese Art der Schreibweise findet man auch bei Funktionen wieder. So heißt die Funktion für den *t*-Test `t.test`.

Das klingt jetzt erstmal sehr abstrakt, daher schauen wir uns noch einmal das Beispiel des letzten Kapitels an. Wir hatten dort die Werte 1, 4, 7 und 9 mit der c-Funktion verbunden, den Mittelwert mit der mean-Funktion berechnet und die Ausgabe mit der round-Funktion gerundet. All dies hatten wir in einem einzigen Schritt durchgeführt, indem wir die einzelnen Funktionen ineinander verschachtelt haben:

```
> round(mean(c(1,4,7,9)))
[1] 5
```

Wir führen jetzt diese Rechenschritte noch einmal durch. Diesmal werden die Funktionen jedoch nicht ineinander verschachtelt, sondern deren Ergebnisse jeweils als neue Objekte angelegt. Zunächst speichern wir die vier Werte in einem neuen Objekt ab. Diese Art von Objekten nennt man in R Vektor (s. Abschn. 5.2.1). Wir geben dem neuen Objekt den Namen vektor:

```
> vektor <- c(1,4,7,9)
```

Wenn wir diesen Befehl ausführen, erscheint in der R Console lediglich der eingegebene Befehl, jedoch keine Ausgabe. Um eine Ausgabe anzufordern, geben wir den Namen des Objekts ein. Wir erhalten dann die einzelnen Werte.

```
> vektor
[1] 1 4 7 9
```

Im nächsten Schritt berechnen wir den Mittelwert mit der mean-Funktion. Diese Funktion wird nun auf das vorher definierte Objekt vektor angewandt. Das Ergebnis wird in einem neuen Objekt mit dem Namen mittelwert gespeichert:

```
> mittelwert <- mean(vektor)
```

Um den Mittelwert aufzurufen, geben wir wiederum den Namen des Objekts ein (hier nicht dargestellt). Schließlich lassen wir uns den Mittelwert noch runden, indem wir die round-Funktion auf das Objekt mittelwert anwenden. Der gerundete Mittelwert wird in einem neuen Objekt mit dem Namen gerundeter.mittelwert gespeichert:

```
> gerundeter.mittelwert <- round(mittelwert)

> gerundeter.mittelwert
[1] 5
```

Die Objekte werden im Workspace (eine Art Arbeitsspeicher) gespeichert und stehen uns für den Rest der Sitzung zur Verfügung. Das heißt, selbst wenn wir die Befehlszeile löschen, mit der wir das Objekt erstellt hatten, ist das Objekt weiterhin vorhanden. In Abschnitt 5.3 besprechen wir, was es mit dem Workspace auf sich hat, wie man bei der Arbeit mit Objekten den Überblick behält und wie man unerwünschte Objekte wieder los wird.

Noch ein allgemeiner Hinweis: Das Arbeiten mit Objekten ist etwas gewöhnungsbedürftig und erscheint auf den ersten Blick ziemlich überflüssig. Trotzdem sollten wir uns damit vertraut machen, denn später brauchen wir Objekte für die Durchführung bestimmter statistischer Analysen wie zum Beispiel der hierarchischen Regressionsanalyse (s. Kap. 16).

> **Tipp**
>
> Sobald wir irgendeinen Text in R eingeben, geht R davon aus, dass es sich dabei entweder um den Namen einer Funktion oder um den Namen eines Objekts handelt. Alle anderen Texte (z. B. Dateinamen oder Wertelabels) müssen daher immer in Anführungszeichen gesetzt werden, sonst werden sie ebenfalls als Funktionen bzw. Objekte interpretiert und wir erhalten wahrscheinlich eine Fehlermeldung.

5.2 Objekttypen

In R werden verschiedene Typen von Objekten unterschieden. Wir stellen hier die Objekttypen vor, die für unsere Arbeit zentral sind: Vektoren, Faktoren und Data Frames.

5.2.1 Vektoren

Vektoren kommen uns noch aus dem Mathematik-Unterricht bekannt vor: Ein Vektor war damals eine Menge von Elementen, die in mathematischer Schreibweise untereinander aufgelistet wurden, zum Beispiel so:

$$\begin{pmatrix} 3 \\ 2 \\ 6 \end{pmatrix}$$

Ein Vektor in R ist ähnlich: Auch hier handelt es sich um eine Menge von Elementen. Meistens entspricht ein Vektor einer Variablen. In SPSS entsprechen die einzelnen Elemente eines Vektors den Werten einzelner Personen, die in einer Spalte untereinander stehen.

Ein Vektor kann sowohl Zahlen als auch Buchstaben enthalten. Kommen nur Zahlen vor, spricht man von einem numerischen Vektor (*numeric* in R). Sobald Buchstaben vorkommen, handelt es sich automatisch um einen Text-Vektor (*character* in R).

Zur Veranschaulichung möchten wir einen numerischen Vektor erstellen, der die Altersangaben für sieben Personen enthält. Dazu geben wir den folgenden Befehl in die R Console ein:

```
> alter <- c(19,23,22,25,21,20,19)
```

Der Befehl beginnt mit dem Namen des neuen Objekts, hier `alter`. Anschließend wird dem neuen Objekt mit dem Zeichen `<-` eine Funktion zugewiesen. Durch die Funktion `c(...)` (c wie *combine*) wird definiert, dass es sich bei dem neuen Objekt um einen Vektor handelt. Die einzelnen Elemente des Vektors werden in die Klammern geschrieben und durch Kommata voneinander getrennt. In diesem Beispiel definieren wir einen Vektor mit sieben Elementen. Mit dem Ausführen dieses Befehls haben wir den Vektor als neues Objekt angelegt. Wenn wir nun den Namen des Vektors in die Befehlszeile eingeben, wird der Inhalt des Vektors ausgegeben. Das bedeutet hier, dass alle Elemente des Vektors in ihrer ursprünglichen Reihenfolge aufgelistet werden:

```
> alter
[1] 19 23 22 25 21 20 19
```

Wenn wir wissen möchten, wie viele Elemente ein Vektor enthält, fordern wir die Länge des Vektors an:

```
> length(alter)
[1] 7
```

5.2.2 Faktoren

In der Statistik haben wir gelernt, dass numerische Daten unterschiedliche Skalenniveaus annehmen können. Man unterscheidet Nominal-, Ordinal-, Intervall-, Verhältnis- und Absolutskalenniveau (s. Eid et al., 2013). In R werden Variablen mit Ordinalskalenniveau oder höheren Skalenniveaus als Vektoren angelegt. Variablen mit Nominalskalenniveau werden dagegen als Faktoren gespeichert.

Die Unterscheidung zwischen Faktoren und Vektoren hat wichtige Konsequenzen. Wie wir später sehen werden, können viele Analysen nur durchgeführt werden, wenn die Variablen den richtigen Objekttyp haben. An dieser Stelle schon ein kurzes Beispiel: Wenn wir wissen möchten, ob Männer und Frauen in unserer Stichprobe unterschiedlich alt sind, führen wir einen *t*-Test für unabhängige Stichproben durch und vergleichen damit das durchschnittliche Alter in den beiden Gruppen. In R können wir den *t*-Test nur durchführen, wenn die abhängige Variable Alter als Vektor und die unabhängige Variable Geschlecht als Faktor angelegt wurden.

Im folgenden Beispiel legen wir die nominalskalierte Variable Geschlecht an. Zunächst definieren wir einen neuen Vektor für das Geschlecht. Dieser Vektor bekommt den Namen `geschl` und enthält sieben Elemente, die nur die Werte 1 und 2 (für männlich und weiblich) annehmen:

```
> geschl <- c(1,2,2,2,1,1,2)
```

Wenn wir uns den Inhalt dieses Vektors ausgeben lassen, erhalten wir die folgende Ausgabe:

```
> geschl
[1] 1 2 2 2 1 1 2
```

Wir müssen nun den Vektor `geschl` in einen Faktor konvertieren. Die konvertierte Variable bekommt den Namen `geschl.faktor`. Der dazugehörige Befehl sieht zunächst recht einfach aus:

```
> geschl.faktor <- factor(geschl)
```

Dass die Konvertierung funktioniert hat, erkennt man unter anderem, wenn man sich noch einmal den Inhalt des Objekts anzeigen lässt. Zusätzlich zu der Auflistung der einzelnen Elemente erhalten wir nun eine Angabe über die Levels des Faktors. Ein Level entspricht einer Ausprägung des Faktors. In diesem Fall hat der Faktor `geschl.faktor` zwei Level, nämlich 1 und 2:

```
> geschl.faktor
[1] 1 2 2 2 1 1 2
Levels: 1 2
```

In Abschnitt 7.2 gehen wir noch einmal detaillierter darauf ein, wie man Vektoren in Faktoren konvertiert. Dort werden wir auch lernen, wie man Wertelabels für die einzelnen Ausprägungen vergibt.

5.2.3 Data Frames

Bisher haben wir zwei Arten von Objekten kennengelernt: Vektoren und Faktoren. Diese Objekte kann man sich auch als einzelne Variablen vorstellen. Wenn man alle Variablen (Vektoren und Faktoren) in einem einzigen Objekt kombiniert, erhält man einen Data Frame. Ein Data Frame besteht aus mehreren Zeilen und mehreren

Spalten und ähnelt der Datenansicht in SPSS oder Excel. In den Zeilen eines Data Frames stehen die Fälle oder Beobachtungen. Bei psychologischen Studien sind dies meistens die einzelnen Studienteilnehmer. Die Variablen bilden die Spalten. Ein Data Frame ist also nichts anderes als eine Menge von Vektoren und Faktoren, die alle dieselbe Anzahl von Elementen haben (bzw. dieselbe Länge in der R-Sprache). Die Variablen dürfen sowohl Zahlen als auch Buchstaben enthalten.

Wenn wir Daten aus externen Programmen wie SPSS oder Excel in R einlesen, werden diese immer in einem Data Frame gespeichert (s. Abschn. 6.2). Wir müssen also selten einen Data Frame selbst erstellen. Trotzdem machen wir dies hier einmal, damit das Konzept verdeutlicht wird.

Im Folgenden möchten wir die beiden bisher erstellten Objekte – alter und geschl.faktor – in einem Data Frame kombinieren. Dazu führen wir den folgenden Befehl aus:

```
> beispiel.data.frame <- data.frame(alter, geschl.faktor)
```

Im ersten Schritt müssen wir dem neuen Objekt einen Namen geben. Hier lautet dieser Name beispiel.data.frame. Hinter dem Zuweisungspfeil <- folgt die Funktion für das Erstellen des Data Frames data.frame. Schließlich geben wir innerhalb der Klammern alle Vektoren und Faktoren an, aus denen sich der Data Frame zusammensetzt, hier also den Vektor alter und den Faktor geschl.faktor.

Wenn wir nun den Namen des neuen Objektes eingeben und ausführen, erhalten wir eine vollständige Übersicht über die Daten in dem neuen Data Frame. In der ersten Spalte stehen die Zeilennummern, die automatisch angelegt werden. In der zweiten Spalte stehen die Daten für das Alter, in der dritten Spalte stehen die Ausprägungen der Geschlechts-Variablen:

```
> beispiel.data.frame
  alter geschl.faktor
1    19             1
2    23             2
3    22             2
4    25             2
5    21             1
6    20             1
7    19             2
```

In Kapitel 7 lernen wir, wie man einzelne Elemente (z.B. Variablen oder einzelne Werte) aus Objekten auswählen kann.

Im R Commander werden Data Frames als Datenmatrizen bezeichnet. Dieser Begriff ist jedoch etwas ungenau, da in R zwischen Data Frames und Matrizen unterschieden wird (s. Abschn. 5.2.4). Wir verwenden daher den englischen Begriff Data Frame.

5.2.4 Weitere Objekte

In R können Daten noch in weiteren Objekttypen gespeichert werden. Diese werden bei psychologischen Fragestellungen aber nicht so häufig gebraucht und daher hier nur kurz dargestellt.

Matrizen sehen auf den ersten Blick aus wie Data Frames. Auch hier handelt es sich um Objekte mit mehreren Zeilen und Spalten. Der große Unterschied ist, dass in einer Matrix nur Daten eines Typs dargestellt werden können, also nur numerische Daten oder nur Textdaten. Um mehrere Vektoren oder Faktoren in einer Matrix zusammenzufassen, verwendet man die `cbind`-Funktion oder die `rbind`-Funktion (s. Tab. 5.1).

Arrays sind mehrere Matrizen. Während Matrizen immer zweidimensional sind (Dimension 1 sind die Spalten, Dimension 2 sind die Zeilen), sind Arrays mehrdimensional. Ein Array mit drei Dimensionen kann man sich als einen Würfel vorstellen, in dem mehrere Matrizen aufeinander gestapelt sind. Diese Art von Objekt werden wir im Rahmen dieses Buches nicht brauchen.

Listen können wie Data Frames oder Matrizen mehrere Objekte gleichzeitig enthalten. Während aber bei Data Frames und Matrizen nur Vektoren mit derselben Länge, d. h. derselben Anzahl von Elementen, kombiniert werden können, können Listen auch Objekte mit unterschiedlichen Eigenschaften und unterschiedlicher Anzahl von Elementen speichern.

Darüber hinaus gibt es sehr viele spezielle Objekttypen, zum Beispiel Tabellen, statistische Modelle oder Formeln. Diese speziellen Objekttypen werden später eingeführt.

Tabelle 5.1 Funktionen zum Anlegen von Objekten

Funktion	Beschreibung
`c(x, y)`	Fügt die Werte *x* und *y* in einem Vektor zusammen.
`factor(x)`	Wandelt einen Vektor in einen Faktor um.
`data.frame(x, y)`	Fügt die Vektoren *x* und *y* in einem Data Frame zusammen. Alle Vektoren müssen dieselbe Anzahl von Werten haben.
`cbind(x, y)`	Fügt die Vektoren *x* und *y* in einer Matrix zusammen. Pro Vektor wird eine Spalte (*c* wie *column*) angelegt. Alle Vektoren müssen dieselbe Anzahl von Werten haben.
`rbind(x, y)`	Fügt die Vektoren *x* und *y* in einer Matrix zusammen. Pro Vektor wird eine Zeile (*r* wie *row*) angelegt. Alle Vektoren müssen dieselbe Anzahl von Werten haben.

5.3 Der Workspace

Objekte werden in R im Workspace gespeichert. Dabei handelt es sich um eine Art Arbeitsspeicher, der alle Objekte enthält, die in einer R-Sitzung geöffnet oder erstellt wurden. Man kann also mehrere Objekte (z. B. mehrere Datensätze) gleichzeitig geöffnet haben und mit ihnen arbeiten. Im Laufe einer R-Sitzung legt man meistens eine Reihe von neuen Objekten an, zum Beispiel wenn man

- Variablen bearbeitet
- eine Menge von Variablen auswählt
- statistische Modelle miteinander vergleicht, z. B. bei der hierarchischen Regressionsanalyse
- eigene Funktionen schreibt und/oder anwendet

Es ist daher von Zeit zu Zeit sinnvoll, sich einen Überblick über alle erstellten Objekte zu verschaffen. Mit dem Befehl `objects()` kann man sich alle Objekte auflisten lassen, die aktuell im Workspace gespeichert sind. Im folgenden Beispiel lassen wir uns alle Objekte auflisten, die bisher in diesem Kapitel erstellt wurden:

```
> objects()
[1] "alter"    "beispiel.data.frame"  "gerundeter.mittelwert"
[4] "geschl"   "geschl.faktor"        "mittelwert"   "vektor"
```

Vielleicht ist Ihnen schon aufgefallen, dass die Ausgabezeilen immer mit einer Zahl in einer eckigen Klammer beginnen. Mit diesen Zahlen werden alle Elemente einer Ausgabe durchnummeriert. Hier beginnt die zweite Zeile mit `[4]` was bedeutet: Das nächstgenannte Elemente ist das vierte in der Liste.

> **Tipp**
>
> R Studio verfügt über ein eigenes Workspace-Fenster (oben rechts), in dem alle derzeit im Workspace verfügbaren Objekte aufgelistet werden.

Wenn wir für ein bestimmtes Objekt wissen möchten, um was für eine Art von Objekt es sich dabei handelt, verwenden wir die `class`-Funktion:

```
> class(beispiel.data.frame)
[1] "data.frame"

> class(geschl.faktor)
[1] "factor"
```

Viele Objekte setzen sich aus mehreren Komponenten zusammen. Beispielsweise besteht ein Data Frame aus mehreren Variablen, und ein statistisches Modell besteht aus verschiedenen statistischen Kennwerten. Mit der `names`-Funktion erhalten wir eine Auflistung dieser Komponenten. Die Reihenfolge der Namen in der Liste entspricht der tatsächlichen Reihenfolge der Variablen in den Daten:

```
> names(beispiel.data.frame)
[1] "alter"   "geschl.faktor"
```

Sehr detaillierte Informationen über das Objekt erhalten wir mit der `str`-Funktion. Die Abkürzung `str` steht für *structure*, d. h. die Struktur des aktuellen Objekts wird dargestellt. Wenn wir diese Funktion auf den Data Frame `beispiel.data.frame` anwenden, erhalten wir die folgende Ausgabe:

```
> str(beispiel.data.frame)
'data.frame':7 obs. of  2 variables:
 $ alter        : num  19 23 22 25 21 20 19
 $ geschl.faktor: Factor w/ 2 levels "1","2": 1 2 2 2 1 1 2
```

Zunächst erfahren wir, dass es sich bei dem Objekt um einen Data Frame mit sieben Personen bzw. observations (`7 obs.`) und zwei Variablen handelt. Anschließend folgt eine Liste mit allen Variablen (hier `alter` und `geschl.faktor`), die jeweils (1) den Variablennamen, (2) die Klasse des Objekts (hier numerischer Vektor und Faktor) sowie (3) die Werte der ersten Personen enthält.

Schließlich sollte man von Zeit zu Zeit aufräumen. Mit dem folgenden Befehl kann man einzelne Objekte löschen. Hier löschen wir das Objekt `alter`:

```
> remove(alter)
```

Diese Funktion kann man auch mit `rm()` abkürzen. Mit dem folgenden Befehl löscht man alle Objekte, die aktuell im Workspace enthalten sind:

```
> remove(list=ls())
```

In R Studio löscht man alle Objekte auf einmal, indem man entweder im Workspace-Fenster auf das Pinsel-Symbol klickt oder im Menü die Option SESSION → CLEAR WORKSPACE wählt. Eine vergleichbare Menüoption gibt es im R Commander leider nicht.

5.4 Dateien speichern und öffnen

Ähnlich wie in SPSS kann man auch in R mehrere Arten von Dateien speichern. Tabelle 5.2 gibt eine kurze Übersicht über die Dateiformate in R und ihre Entsprechungen in SPSS.

Tabelle 5.2 Dateitypen in R

Dateityp	Dateiendung in R	Dateiendung in SPSS
Workspace	.RData	nicht vorhanden
Einzelne Data Frames	.RData	.sav
Skript bzw. Syntax	.R	.sps
Ausgabe	.txt	.spv

5.4.1 Arbeitsverzeichnis festlegen

Sofern man R nichts anderes mitteilt, speichert das Programm die aktuellen Vorgänge immer in einem bestimmten Ordner, dem so genannten Arbeitsverzeichnis oder *working directory*. Das aktuelle Arbeitsverzeichnis kann man durch den folgenden Befehl abfragen:

```
> getwd()
```

Der Ausdruck wd steht für working directory. Als Ausgabe erhält man dann den Dateipfad für das aktuelle Arbeitsverzeichnis. Das Arbeitsverzeichnis kann mit dem folgenden Befehl geändert werden:

```
> setwd("C:/Ordner1/Ordner2/R für Einsteiger")
```

Mit dem folgenden Befehl erhält man eine Liste aller im aktuellen Arbeitsverzeichnis gespeicherten Dateien:

```
> dir()
```

Im R Commander kann man das Arbeitsverzeichnis über DATEI → CHANGE WORKING DIRECTORY... ändern. Es öffnet sich ein Fenster, in dem der gewünschte Ordner ausgewählt werden kann. In R Studio wählt man das neue Arbeitsverzeichnis über SESSION → SET WORKING DIRECTORY. Alternativ kann man den gewünschten Ordner in dem Navigationsfenster FILES unten rechts anklicken und über MORE → SET AS WORKING DIRECTORY als neues Arbeitsverzeichnis festlegen.

> **Tipp**
>
> Wenn das Arbeitsverzeichnis über die setwd-Funktion geändert werden soll, so empfiehlt es sich für Windows-Nutzer, den Dateipfad im Explorer zu kopieren und in den Befehl einzufügen. Dabei ist zu beachten, dass die einzelnen Ordner durch das Zeichen \ getrennt werden. R verwendet dagegen den normalen

Schrägstrich / als Trennzeichen – egal welches Betriebssystem man installiert hat. Am schnellsten lassen sich die Trennzeichen durch die Ersetzen-Funktion verändern, die mit der Tastenkombination CTRL + H aufgerufen werden kann.

Mac-Nutzer haben es etwas einfacher. Sie können einfach den Zielordner im Finder anklicken und in den R-Editor hineinziehen.

5.4.2 Workspace speichern und öffnen

Der Workspace enthält alle Objekte, die in der aktuellen Sitzung geöffnet oder erstellt wurden (s. Abschn. 5.3). Mit dem Befehl `objects()` erhält man eine Liste aller Objekte, die zurzeit im Workspace enthalten sind. Mit der `remove`-Funktion kann man einzelne Objekte löschen (s. auch Abschn. 5.3). Man kann den gesamten Workspace speichern, sodass man alle Objekte wieder zur Verfügung hat, wenn man R das nächste Mal verwendet.

In den folgenden Abschnitten zeigen wir, wie man die Workspace-Datei unter einem bestimmten Namen speichern kann. Es gibt aber noch eine andere Möglichkeit: Wenn wir R schließen, werden wir gefragt, ob der Workspace gesichert werden soll. Wenn wir auf JA klicken, wird der Workspace ohne Namen im Arbeitsverzeichnis gespeichert. Wenn wir R erneut starten, wird diese Workspace-Datei automatisch geöffnet. Dies ist nicht immer wünschenswert, daher ist es sinnvoll, den Workspace schon vor dem Schließen des Programms zu speichern.

> **Tipp**
>
> Manchmal kommt es vor, dass man den Befehl `objects()` eingibt und plötzlich Objekte zur Verfügung hat, die man irgendwann mal, aber definitiv nicht in der aktuellen Sitzung erstellt hat. Dies liegt daran, dass im aktuellen Arbeitsverzeichnis eine namenlose Workspace-Datei angelegt wurde (s. o.), die automatisch beim Starten von R geöffnet wurde. Die unbekannten Objekte sind in dieser Workspace-Datei gespeichert und stehen daher zur Verfügung.
>
> **Lösung 1:** Die unerwünschten Dateien mit `remove()` entfernen und beim Schließen von R die Frage „Workspace speichern?" mit JA beantworten.
>
> **Lösung 2:** Einfach die namenlose Datei löschen.

R Console

Um den Workspace zu speichern, geht man in der R Console auf DATEI → SICHERE WORKSPACE (WINDOWS) bzw. ARBEITSBEREICH → ARBEITSBEREICH SPEICHERN (Mac). Wir müssen nun den richtigen Ordner auswählen und einen passenden Namen für die Datei vergeben. Die Datei hat die Endung .RData. Um eine Workspace-Datei in der R Console zu öffnen, gehen wir auf DATEI → LADE WORKSPACE (Windows) bzw. ARBEITSBEREICH → GESPEICHERTERN ARBEITSBEREICH LADEN (Mac) und wählen die gewünschte .RData-Datei aus. Alternativ kann die Datei auch durch einen Doppelklick in R geöffnet werden.

Funktion
Natürlich kann man den Workspace auch über eine Funktion speichern und laden. Mit dem folgenden Befehl wird der Workspace unter dem Namen `workspace.RData` im aktuellen Arbeitsverzeichnis gespeichert. Wenn schon eine Datei unter diesem Namen angelegt wurde, wird diese automatisch überschrieben.

```
> save.image(file = "workspace.RData")
```

Wenn wir den Workspace in einem anderen Ordner als dem aktuellen Arbeitsverzeichnis speichern möchten, können wir hier auch den gesamten Pfad für den Ordner angeben. Dabei müssen wir wieder beachten, dass R rechtsgerichtete Schrägstriche (/) als Trennzeichen für die einzelnen Ordnerebenen verwendet. Mit dem folgenden Befehl speichern wir den Workspace in einem anderen Ordner:

```
> save.image(file = "D:/Ordner1/Ordner2/workspace.RData")
```

Auch für das Öffnen des Workspace gibt es eine Funktion. Wenn der Workspace im aktuellen Arbeitsverzeichnis gespeichert wurde, können wir ihn mit diesem Befehl öffnen:

```
> load("workspace.RData")
```

Wenn der Workspace nicht im aktuellen Arbeitsverzeichnis gespeichert ist, müssen wir den vollständigen Dateipfad angeben, zum Beispiel so:

```
> load("D:/Ordner1/Ordner2/workspace.RData")
```

R Studio
Das Workspace-Fenster in R Studio listet alle im Workspace vorhandenen Objekte auf. Um den Workspace zu speichern, klickt man im Workspace-Fenster auf das Speicher-Symbol. Alternativ kann man auch über das Menu gehen: SESSION → SAVE WORKSPACE AS.

Eine gespeicherte Workspace-Datei kann auf verschiedenen Wegen geöffnet werden. Erstens verfügt das Workspace-Fenster über ein Öffnen-Symbol. Zweitens kann man im Menü die Option SESSION → LOAD WORKSPACE wählen. Und drittens ist es möglich, über das Dateien-Navigationsfenster unten rechts die gewünschte Datei durch Anklicken zu laden.

R Commander

Im R Commander speichert man den Workspace über DATEI → DATENDATEI SPEICHERN. Um eine Workspace-Datei zu öffnen, gehen wir auf DATENMANAGEMENT → LADE DATENDATEI.

5.4.3 Einzelne Objekte speichern und öffnen

Nach einer ausgedehnten R-Sitzung enthält der Workspace oft eine Menge von Objekten, die wir gar nicht mehr brauchen. Anstatt den gesamten Workspace zu speichern, kann man auch gezielt einzelne Objekte auswählen und als separate Dateien speichern. Das Speichern einzelner Objekte ist vor allem dann notwendig, wenn wir Daten eingegeben oder verändert haben. In R werden Daten in Data Frames abgelegt. Um eine Datendatei zu sichern, müssen wir also den entsprechenden Data Frame speichern.

R Console

In der R Console gibt es keine Menüoption, mit der einzelne Objekte gespeichert werden können. Daher muss in der R Console die entsprechende Funktion verwendet werden (s. u.).

Dateien mit einzelnen Objekten sind nichts anderes als Workspace-Dateien, die eben nur eines statt mehrerer Objekte enthalten. Sie werden ebenfalls als .RData-Dateien gespeichert. In der R Console kann man diese Dateien auf demselben Weg öffnen wie andere Workspace-Dateien auch, d. h. über DATEI → LADE WORKSPACE (Windows) bzw. ARBEITSBEREICH → GESPEICHERTERN ARBEITSBEREICH LADEN (Mac).

> **Tipp**
>
> Der Name eines als .RData-Datei gespeicherten Objekts kann sich vom Dateinamen unterscheiden. Zum Beispiel könnte das Objekt `daten` unter dem Dateinamen `Meine Daten.RData` gespeichert werden. Wenn man eine .RData-Datei öffnet, kennt man daher nicht unbedingt den Namen des geladenen Objekts. Wie findet man diesen Namen am besten heraus? Eine Möglichkeit ist, sich den Inhalt des Workspaces mit der Funktion `objects()` anzeigen zu lassen und dann auf neue Objektnamen zu achten. Dies ist jedoch nur praktikabel, wenn der Workspace eine überschaubare Anzahl an Objekten enthält. Es empfiehlt sich daher grundsätzlich, nicht mehr benötigte Objekte aus dem Workspace mit der `remove`-Funktion zu entfernen.

Funktion

Über die Funktion können wir nicht nur Data Frames in separaten Dateien speichern, sondern auch alle anderen Objekte. Die Funktion lautet:

```
> save(objektname, file="dateiname.RData")
```

Mit diesem Befehl wird das Objekt mit dem Namen `objektname` als Datei mit dem Namen `dateiname.RData` im aktuellen Arbeitsverzeichnis gespeichert. Wenn man die Datei in einem anderen als dem aktuellen Arbeitsverzeichnis speichern möchte, muss man hier den vollständigen Dateipfad angeben. Alle Dateien mit der Endung .RData lassen sich über die `load`-Funktion öffnen (s. Abschn. 5.4.2).

R Studio
Über die Menüoptionen in R lassen lässt sich nur der komplette Workspace, nicht jedoch gezielt einzelne Objekte speichern. In R Studio müssen daher die oben vorgestellten Funktionen verwendet werden.

R Commander
Im R Commander kann man Data Frames über das Menü einzeln speichern, nicht jedoch andere Objekte wie Vektoren oder Matrizen. Um einen Data Frame zu speichern, muss dieser Data Frame im R Commander aktiviert sein, d. h. der Name des Data Frames muss im Feld Datenmatrix angezeigt sein. Wenn kein Data Frame aktiviert ist, steht hier ‹KEINE AKTUELLE DATENMATRIX›. (Dies ist nur dann der Fall, wenn wir noch keine Daten im R Commander geöffnet haben.) Wenn ein Data Frame aktiviert ist, steht hier der Name dieses Data Frames. Um einen Data Frame zu aktivieren, klickt man direkt auf diesen Text. Es öffnet sich eine Liste mit allen Data Frames, die aktuell im Workspace verfügbar sind. Hier kann der gewünschte Data Frame ausgewählt werden.

Um den aktivierten Data Frame zu speichern, gehen wir auf DATENMANAGEMENT → AKTIVE DATENMATRIX → SPEICHERE AKTIVE DATENDATEI. Um einen Data Frame zu öffnen, gehen wir auf DATENMANAGEMENT → LADE DATENDATEI.

5.4.4 Skript speichern und öffnen

In R kann man die Befehle entweder direkt in die R Console eingeben oder in den R Editor. Der R Editor ist vergleichbar mit dem SPSS-Syntaxfenster. Die Datei, die man im R Editor erstellt, wird Skript genannt. Im R Commander wird das Skript automatisch erstellt und im Skriptfenster im oberen Bereich dargestellt.

Skript speichern
Im R Editor speichert man das Skript im Menü unter DATEI → SPEICHERN UNTER (Windows) bzw. ABLAGE → SPEICHERN ALS (Mac). (Dieses Menü wird nur angezeigt, wenn der Editor das gerade aktive Fenster ist.) Alternativ kann das Skript auch über die Tastenkombination STRG + S (Windows) bzw. CMD + S (Mac) gespeichert werden. In R Studio speichert man das Skript unter FILE → SAVE AS. Im R Commander geht man auf DATEI → SKRIPTDATEI SPEICHERN. Skriptdateien erhalten die Dateiendung .R.

Skript öffnen
In der R Console öffnen wir ein gespeichertes Skript über die Menüoption DATEI → ÖFFNE SKRIPT (Windows) bzw. ABLAGE → ÖFFNE DOKUMENT (Mac). In R Studio wählen wir die englische Variante: FILE → OPEN FILE. Das Skript wird dann im R Editor angezeigt. Im R Commander finden wir die Skriptdatei unter DATEI → SKRIPTDATEI öffnen. Das Skript erscheint dann im Skriptfenster. Prinzipiell lässt sich eine Skriptdatei auch durch Anklicken im Explorer (Windows) öffnen. Allerdings wird dann das komplette Skript ausgeführt und sofort wieder geschlossen. Da man dies selten möchte, sollte man Skriptdateien immer von R aus öffnen.

5.4.5 Ausgabe speichern und öffnen

Die Ausgabe enthält alle Befehle und Ausgaben, die in einer Sitzung angefordert wurden. Im R Commander entspricht die Ausgabe dem Text, den man im Ausgabefenster sieht. In der R Console und im R Commander lässt sich der Inhalt der R Console als Textdatei speichern. Dies ist jedoch meistens nur bedingt sinnvoll, denn die R Console enthält alles, was wir in einer Sitzung gemacht haben – inklusive fehlerhafte oder mehrfach ausgeführte Befehle und Fehlermeldungen. Es ist daher häufig sinnvoller, nur bestimmte Ausgaben (z. B. Tabellen) gezielt in externe Dateien zu exportieren. Wie dies geht, wird in Abschnitt 6.5 besprochen.

Ausgabe speichern
In der R Console gehen wir über das Menü DATEI → SPEICHERN IN DATEI. Im R Commander wählen wir die Menüoption DATEI → AUSGABEDATEI SPEICHERN UNTER. In beiden Fällen wird die Ausgabe als Textdatei mit der Endung .txt gespeichert. R Studio bietet derzeit keine Möglichkeit an, den Inhalt der Console zu speichern.

Ausgabe öffnen
Da die Ausgabedatei im Textformat gespeichert wird, können wir sie in jedem beliebigen Textverarbeitungsprogramm öffnen, zum Beispiel im Editor. Die Ausgabe lässt sich jedoch nicht von R aus öffnen.

> **Tipp**
> Als Alternative zur Ausgabe lässt sich auch die History der aktuellen R-Sitzung speichern. Dabei handelt es sich ebenfalls um eine Textdatei, die jedoch nur die eingegebenen Befehle, nicht jedoch die Ausgaben enthält. History-Dateien werden mit der Endung .Rhistory gespeichert.

5.5 Funktionen im Überblick

Befehl	Funktion
`objekt <- funktion`	Speichert das Ergebnis einer Funktion in einem neuen Objekt.
`object`	Zeigt den Inhalt des Objekts an.
`c(x, y)`	Fügt die Werte *x* und *y* in einem Vektor zusammen.
`length(x)`	Gibt die Anzahl der Elemente eines eindimensionalen Objekts (z. B. eines Vektors) an.
`factor(x)`	Wandelt einen Vektor in einen Faktor um.
`data.frame(x, y)`	Fügt die Vektoren *x* und *y* in einem Data Frame zusammen.
`cbind(x, y)`	Fügt die Vektoren *x* und *y* in einer Matrix zusammen. Pro Vektor wird eine Spalte angelegt.
`rbind(x, y)`	Fügt die Vektoren *x* und *y* in einer Matrix zusammen. Pro Vektor wird eine Zeile angelegt.
`objects()`	Listet alle Objekte auf, die im aktuellen Workspace enthalten sind.
`class(x)`	Gibt die Art eines Objekts an.
`names(x)`	Gibt die Namen der im Data Frame enthaltenen Komponenten an.
`str(x)`	Liefert detaillierte Infos zur Struktur des Objekts.
`remove(x)`	Entfernt ein Objekt aus dem Workspace.
`getwd()`	Gibt das aktuelle Arbeitsverzeichnis an.
`setwd("Dateipfad")`	Legt den Pfad des aktuellen Arbeitsverzeichnisses fest.
`dir()`	Zeigt alle Dateien und Unterordner des aktuellen Arbeitsverzeichnisses an.
`save.image(file = "name.RData")`	Speichert den Workspace unter dem angegebenen Dateinamen.
`save(objekt, file = "name.RData")`	Speichert ein bestimmtes Objekt unter dem angegebenen Dateinamen.
`load("Datei")`	Öffnet eine .RData-Datei.

5.6 Übungen

Kommentieren Sie alle Befehle im Skript, zum Beispiel so:

```
# Aufgabe 1
vektor = c(1,2,3)
```

(1) Geben Sie die Daten in Tabelle 5.3 in drei Vektoren ein. Nennen Sie diese Vektoren `methode`, `woche1` und `woche2`.
(2) Konvertieren Sie den Vektor `methode` in einen Faktor.
(3) Fassen Sie die drei Variablen in einem Data Frame zusammen. Geben Sie dem Data Frame den Namen `basketball`.
(4) Speichern Sie das Skript.
(5) Speichern Sie den Data Frame unter dem Namen `basketball.RData`.
(6) Speichern Sie den kompletten Workspace.
(7) Entfernen Sie alle Objekte aus dem Workspace.

Tabelle 5.3 Datenbeispiel für die Übungen. Mit diesen Daten wird die Wirksamkeit eines Basketballtrainings überprüft. Die Variable *methode* enthält die Trainingsmethode. Die Variablen *woche1* und *woche2* stellen die Anzahl Korbtreffer pro 50 Versuche in der ersten bzw. in der zweiten Woche des Trainings dar.

methode	woche1	woche2
1	4	6
3	5	8
2	9	12
2	3	5
3	3	6
1	13	16
3	11	14
2	10	12
1	12	13
1	5	9

6 Dateneingabe und -management

Es ist geschafft: Fast 500 Personen haben an unserer Befragung teilgenommen. Auf unserem Schreibtisch liegt ein dicker Stapel mit Fragebögen. Am liebsten würden wir jetzt sofort herausfinden, ob unsere Hypothesen zutreffen, aber zunächst müssen wir die Daten eingeben und so aufbereiten, dass wir mit ihnen rechnen können. Uns erwartet also die mäßig aufregende und häufig etwas mühselige Arbeit des Datenmanagements.

In diesem Buch ist das Thema Datenmanagement auf zwei Kapitel aufgeteilt. In diesem Kapitel geht es darum, wie man Daten in R eingibt (Abschn. 6.1) oder importiert (Abschn. 6.2). Wir schauen uns auch an, wie man mehrere Datensätze zusammenfügen kann (Abschn. 6.3) und diese dann speichert (Abschn. 6.4) und exportiert (Abschn. 6.5). Die Datenaufbereitung ist Thema des folgenden Kapitels.

6.1 Der R Dateneditor

Für die Arbeit mit den Rohdaten ist der R Dateneditor ein gutes Hilfsmittel. Im R Dateneditor werden die Daten in einer Tabelle dargestellt. Für jede Variable wird eine eigene Spalte angelegt, und für jede Person wird eine eigene Zeile angelegt. Diese Art der Darstellung kennen wir auch von anderen Programmen wie Excel oder SPSS.

6.1.1 Neuen Data Frame erstellen

Mit dem folgenden Befehl wird ein leerer Data Frame angelegt und im Dateneditor geöffnet:

```
> meine.daten <- edit(as.data.frame(NULL))
```

Wir gehen die Argumente dieses Befehls von innen nach außen durch.
- `as.data.frame(NULL)`. Mit diesem Argument wird ein neuer, leerer Data Frame angelegt (zum Begriff des Data Frame s. Abschn. 5.2.3).
- `edit`. Durch diese Funktion wird der Data Frame im R Dateneditor geöffnet (s. Abb. 6.1).
- `meine.daten`. Der Name des neuen Data Frames. Dieser Name kann frei gewählt werden.

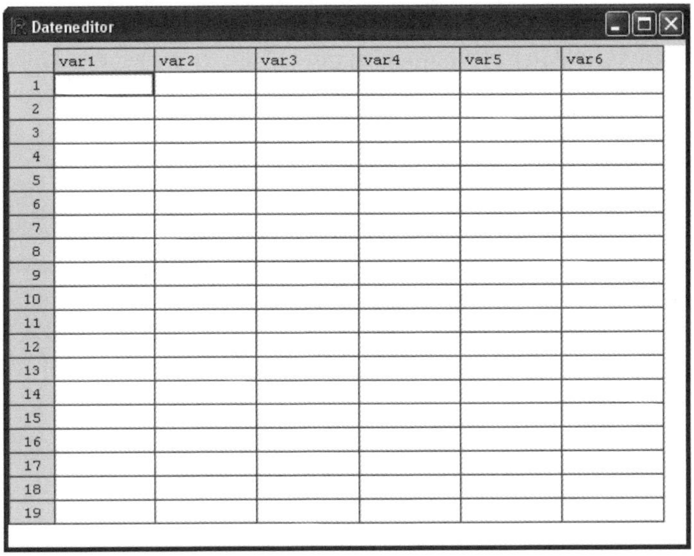

Abbildung 6.1 Ansicht eines leeren Data Frames im Dateneditor

6.1.2 Variablen umbenennen

In einem neuen Data Frame haben die Variablen zunächst die Namen `var1`, `var2` und so weiter. Bevor wir die Daten eingeben, sollten wir zunächst sinnvollere Variablennamen vergeben.

Variable im R Dateneditor umbenennen
Wenn wir im R Dateneditor auf den grau unterlegten Variablennamen über der Spalte klicken, öffnen wir den Variableneditor. Hier können wir den Namen sowie das Format der Variable (numerischer Vektor oder Textvektor) ändern. Um den Variableneditor zu schließen, klicken wir auf das Kreuz oben rechts. Der neue Variablenname erscheint dann grau unterlegt über der jeweiligen Spalte.

Funktion
Man kann die Variablennamen auch jederzeit per Funktion verändern. Dafür müssen jedoch bereits zumindest die Daten der ersten Person eingegeben sein, da R sonst nicht erkennt, wie viele Variablen der Data Frame enthält. Außerdem muss der Dateneditor geschlossen sein. Im folgenden Beispiel haben wir vier Variablen mit den Namen `var1` bis `var4`. Wir rufen die aktuellen Variablennamen mit der `names`-Funktion auf:

```
> names(meine.daten)
[1] "var1"  "var2" "var3" "var4"
```

Wir möchten nun diese Variablen in x1, x2, x3 und x4 umbenennen. (Dies sind keine sehr sinnvollen Variablennamen, s. unten.) Dazu verwenden wir den folgenden Befehl:

```
> names(meine.daten) <- c("x1","x2","x3","x4")
```

Die neuen Variablennamen werden jeweils in Anführungszeichen gesetzt und als neuer Vektor mit der c-Funktion zusammengeführt. Mit dem Zuweisungspfeil wird dann festgelegt, dass die Namen dieses Vektors als neue Variablennamen für die Daten meine.daten übernommen werden sollen. Wenn wir nun wieder die names-Funktion anwenden, können wir überprüfen, ob die Umbenennung geklappt hat. Hier ist das der Fall:

```
> names(meine.daten)
[1] "x1" "x2" "x3" "x4"
```

Es ist auch möglich, einzelne Variablen gezielt zu ändern. Dafür müssen wir die Position der Variable im Data Frame erkennen und diese Position in eckigen Klammern angeben (s. Abschn. 7.1.3). Mit dem folgenden Befehl erhält man beispielsweise den Namen der zweiten Variablen.

```
> names(meine.daten)[2]
[1] "x2"
```

Um diesen Variablennamen zu ändern, überschreiben wir ihn mit dem neuen Namen variable.2:

```
> names(meine.daten)[2] <- "variable.2"
```

> **Tipp**
>
> Bei der Wahl der Variablennamen sollten die folgenden Dinge beachtet werden:
>
> ▶ Kurz, aber verständlich (z. B. geschl oder sex für die Variable Geschlecht)
>
> ▶ Stellen die Variablen mehrere Items einer Skala dar, kann man diese Variablen durchnummerieren (z. B. neuro.1, neuro.2, neuro.3 etc. für die verschiedenen Items einer Neurotizismus-Skala).
>
> ▶ Besteht ein Variablenname aus mehreren Wörtern, sollte man diese nicht mit einem Leerzeichen trennen, sondern mit Symbolen wie . oder _ .

6.1.3 Daten eingeben

Wenn unsere Versuchsteilnehmer Fragebögen im Paper-Pencil-Format (also mit Papier und Bleistift) ausgefüllt haben, müssen wir die Fragebögen einzeln eingeben. Hier zeigen wir, wie man die Daten direkt im R Dateneditor eingibt. Man kann die Daten aber auch in einem anderen Dateiformat eingeben (z. B. in Excel, was vermutlich bequemer ist) und die Daten anschließend in R importieren (s. Abschn. 6.2).

Tipps für die Dateneingabe
Die Dateneingabe ist keine spannende Aufgabe, deshalb möchte man sie so schnell wie möglich hinter sich bringen. Es geht also darum, möglichst schnell zu werden, ohne Fehler zu machen. Dafür ein paar Tipps:
- Bei großen Tastaturen sollten wir den Nummernblock rechts verwenden. Dieser muss aktiviert sein (Tastenkombination UMSCHALT + NUM).
- Auf der 5 ist eine kleine Erhöhung. Dies ist die Position des Mittelfingers der rechten Hand. Der Zeigefinger liegt auf der 4, der Ringfinger auf der 6. Wenn wir die Hand immer in dieser Position haben, können wir die Daten (mit etwas Übung) blind und damit wesentlich schneller eingeben.
- Um eine Spalte weiter zu springen, können wir die TAB-Taste oder die Pfeil-rechts-Taste verwenden. Damit die rechte Hand ihre Position auf dem Nummernblock nicht verlassen muss (und damit der linken Hand nicht langweilig wird), ist dies die Aufgabe eines beliebigen Fingers der linken Hand.

Auf diese Art können wir die Daten eingeben, ohne ein einziges Mal den Blick vom Fragebogen zu heben. Es braucht etwas Übung, aber die Zeitersparnis ist enorm.

Fehlende Werte
Nicht immer füllen die Teilnehmer ihre Fragebögen vollständig aus, selbst wenn wir sie ausdrücklich darum bitten. Wenn Angaben zu einzelnen Variablen fehlen, sprechen wir von fehlenden Werten. Diese werden in R mit NA („not available") kenntlich gemacht. Praktischerweise müssen wir diese Buchstaben nicht bei jedem fehlenden Wert selbst eingeben. Stattdessen können wir das Feld einfach leer lassen bzw. überspringen. R fügt dann automatisch das NA ein.

6.1.4 Daten im Dateneditor öffnen

Mit dem folgenden Befehl können wir den Data Frame jederzeit wieder im Dateneditor öffnen und dort einzelne Werte verändern:

```
> fix(meine.daten)
```

Die Daten werden nun im Dateneditor geöffnet und können beliebig bearbeitet werden. Bevor man weitere Operationen in R durchführen kann, muss der Dateneditor wieder geschlossen werden.

6.1.5 Dateneditor schließen

Um den Dateneditor zu beenden, gehen wir auf DATEI → SCHLIESSEN oder klicken auf das kleine Kreuz oben rechts. Wir müssen den Dateneditor immer schließen, bevor wir weitere Operationen durchführen können.

6.2 Daten importieren

Manchmal haben wir das Glück, dass die Daten direkt digital vorliegen und wir uns das Eingeben sparen können. Das ist zum Beispiel dann der Fall, wenn die Teilnehmer an einer Online-Befragung teilgenommen haben, oder wenn wir ein Experiment direkt am PC durchgeführt haben. Je nach Software erhalten wir die Daten dann in einer Text-Datei, in einer Excel-Datei oder auch in einer Datei, die von einem der kommerziellen Statistikprogramme gelesen werden kann, z. B. als SPSS-Datei. Daten in diesen Dateiformaten können wir problemlos in R importieren. Die in diesem Abschnitt verwendeten Datensätze können von der begleitenden Website heruntergeladen werden (s. Anhang A: Datensätze).

6.2.1 Daten aus SPSS einlesen

Falls Sie bisher mit SPSS gearbeitet haben, haben Sie möglicherweise Ihre Daten nur im SPSS-Format gespeichert. Wenn Sie nun zu R wechseln, gehen Ihre alten Dateien nicht verloren, denn SPSS-Daten können problemlos in R importiert werden. Allerdings geschieht dies unter Umständen mit etwas Informationsverlust:
- ▶ Vom Variablennamen werden nur die ersten 8 Zeichen übernommen. Es empfiehlt sich daher, auch in SPSS möglichst kurze und trotzdem aussagekräftige Variablennamen zu wählen.
- ▶ Numerische Variablen und String-Variablen (so heißen Text-Variablen in SPSS) werden problemlos eingelesen. Anders sieht dies bei speziellen Formaten wie zum Beispiel dem Datumsformat aus. Spezielle Formate werden häufig als Text-Variablen eingelesen und müssen unter Umständen später in andere Formate konvertiert werden.
- ▶ In SPSS konnte man Variablenlabel definieren, die eine längere Beschreibung der Variablen enthalten. Diese Information geht beim Importieren in R zwar nicht verloren, die Variablenlabels werden jedoch nicht in Tabellen und ande-

ren statistischen Ausgaben verwendet. Daher ist es wichtig, sinnvolle Variablennamen zu wählen.
Um SPSS-Daten zu importieren, müssen wir zunächst das Paket `foreign` (R Core Team, 2012) installieren und laden.

```
> install.packages("foreign")
> library(foreign)
```

Außerdem müssen wir mit der `setwd`-Funktion sicherstellen, dass das aktuelle Arbeitsverzeichnis dem Ordner entspricht, in dem wir die Daten gespeichert haben (s. Abschn. 5.4.1). Wir lesen nun die Beispieldaten bigfive.sav mit der `read.spss`-Funktion ein:

```
> bigfive.spss <- read.spss("bigfive.sav",
+ to.data.frame=TRUE)
```

Dieser Befehl setzt sich aus den folgenden Argumenten zusammen:
- `bigfive.spss`. Der Name des neuen Data Frames.
- `read.spss`. Funktion zum Einlesen der SPSS-Daten.
- `"bigfive.sav"`. Name der SPSS-Datei. Ist die SPSS-Datei nicht im aktuellen Arbeitsverzeichnis gespeichert, kann man hier auch den vollständigen Dateipfad eingeben.
- `to.data.frame=TRUE`. Legt fest, dass es sich bei dem neu erstellten Objekt um einen Data Frame handelt.

Beim Einlesen von Dateien, die mit neueren SPSS-Versionen erstellt wurden, erhält man häufig die folgende oder eine ähnliche Fehlermeldung.

```
Unerkannter Datensatztyp 7, Untertyp 18 in Systemdatei
vorgefunden
```

Die Ursache ist, dass SPSS das Speicherformat der Variablen leicht verändert hat, den Programmierern des `foreign`-Pakets bisher jedoch keine Auskunft über die Details dieser Veränderung gegeben hat. Die gute Nachricht: Die Daten werden trotzdem einwandfrei eingelesen, sodass man diese Fehlermeldung ignorieren kann. Um auf der sicheren Seite zu sein, sollte man jedoch die importierten Daten gut prüfen (z. B. Variablennamen ausgeben lassen, deskriptive Statistiken in beiden Programmen anfordern und vergleichen).

> **Tipp**
>
> Wenn man die SPSS-Daten in R betrachten möchte, macht die `fix`-Funktion manchmal Probleme. Besser funktioniert die `View`-Funktion.

6 Dateneingabe und -management

Überprüfung des Variablentyps

Standardmäßig werden alle Variablen, für die in SPSS vollständige Wertelabels definiert wurden (d. h. jedem in den Daten vorhandenen Wert wurde ein Label zugewiesen), automatisch in Faktoren konvertiert. Die SPSS-Label werden übernommen. Man spart sich daher das manuelle Konvertieren in R, wenn man bereits in SPSS darauf achtet, dass alle nominalen Variablen Wertelabels erhalten.

Man sollte jedoch auch darauf achten, dass ordinale Variablen (z. B. Items) keine vollständigen Wertelabels erhalten, weil auch diese Variablen sonst als Faktoren eingelesen werden und nicht mehr für bestimmte mathematische Operationen wie zum Beispiel das Berechnen von Skalenwerten verwendet werden können. Für Items empfiehlt es sich daher, nur die beiden extremsten Ausprägungen zu benennen, jedoch keine Labels für die mittleren Antwortkategorien zu vergeben.

Die automatische Konvertierung kann mit dem zusätzlichen Argument `use.value.labels=FALSE` deaktiviert werden. In diesem Fall werden alle Variablen als numerische Vektoren eingelesen. Mit dem Argument `max.value.labels` kann man außerdem die maximale Anzahl von Wertelabels eingeben, die eine Variable haben darf, um in einen Faktor konvertiert zu werden. Beispielsweise legt man mit `max.value.labels = 2` fest, dass nur Variablen mit zwei oder weniger vollständigen Wertelabels als Faktoren eingelesen werden. Variablen mit mehr als 2 Wertelabels werden als numerische Vektoren eingelesen, selbst wenn für jeden Wert ein Wertelabel definiert wurde.

Um zu überprüfen, ob die Variablen korrekt als Vektoren oder Faktoren eingelesen wurden, können wir den Objekttyp für einzelne Variablen mit der `class`-Funktion bestimmen. In den folgenden Befehlen wenden wir diese Funktion auf die Variabeln `bf01` und `nation` an. Die Auswahl von Variablen aus Data Frames und die Rolle des Dollarzeichens werden im nächsten Kapitel besprochen.

```
> class(bigfive.spss$bf01)
[1] "numeric"

> class(bigfive.spss$nation)
[1] "factor"
```

Fehlende Werte

In SPSS hat man zwei Möglichkeiten, fehlende Werte zu kennzeichnen:
▶ Die Zelle mit dem fehlenden Wert bleibt leer. Dies nennt man in SPSS einen systembedingt fehlenden Wert.
▶ Fehlende Werte werden durch bestimmte Werte kodiert. Gerne nimmt man dafür Werte, die in den meisten Antwortformaten nicht vorkommen, wie zum Beispiel 9, 999 oder –77. In SPSS werden diese Werte dann als fehlende Werte definiert und nicht in die Analysen mit einbezogen.

Beim Import von SPSS-Daten erkennt R beide Arten von fehlenden Werten und ersetzt sie durch NA („not available", die übliche Kennzeichnung von fehlenden

Werten in R). Wichtig ist jedoch, dass kodierte fehlende Werte in SPSS als fehlende Werte definiert wurden.

Variablenlabels

In SPSS kann man für jede Variable ein so genanntes Variablenlabel festlegen. Dabei handelt es sich um eine kurze Beschreibung der Variablen. Beispielsweise kann ein Variablenlabel die genaue Itemformulierung enthalten. In SPSS-Ausgaben wird standardmäßig das Variablenlabel und nicht der Variablenname ausgegeben.

Für SPSS-Nutzer, die diese Funktion sehr zu schätzen wissen, gibt es eine gute und eine schlechte Nachricht. Zunächst die schlechte: R zeigt keine Variablenlabels, sondern lediglich Variablennamen an. Daher ist es (man kann es nicht genug betonen) sehr wichtig, dass die Variablennamen möglichst selbsterklärend sind. Auf Variablennamen wie `Var1`, `Var2`, `Var3` trifft dies sicher nicht zu, trotzdem wählen viele Forscher solche Namen. Alternativ kann man die Skalenbezeichnung in den Namen aufnehmen. In den `bigfive`-Daten haben wir das gemacht. Hier tragen die Big Five-Items die Variablennamen `bf01`, `bf02` und so weiter. Jetzt sieht man dem Variablennamen immerhin schon an, dass es sich um ein Big Five-Item handelt.

Welches Item das ist, ist aber nicht klar. Wir könnten daher diese Variablen umbenennen und einen noch aussagekräftigeren Namen wählen. Beispielsweise könnten wir die Variable `bf01` in `kontaktfreudig` umbenennen, da dies die Bezeichnung des Items ist. Der Haken an dieser Art der Variablenbenennung ist die Länge des Variablennamens: Wenn man Befehle eingibt, muss man einfach wesentlich mehr Text schreiben. Bei einem Variablennamen wie `kontaktfreudig` mag das noch gehen, aber längere Itemformulierungen werden aufwendig. Außerdem kann man den Variablennamen dann nicht mehr unbedingt ansehen, zu welcher Skala sie gehören. Darüber hinaus ist es häufig einfacher, sich die Itemnummerierungen zu merken anstelle der genauen Itemformulierungen. Deshalb sollte man sich gut überlegen, ob man ausführliche Variablennamen vergeben möchte.

Aber nun endlich zur guten Nachricht: Die Information zu den Variablenlabels geht beim Einlesen der SPSS-Daten in R nicht vollständig verloren. Wenn man also vergessen hat, auf welche Variable sich ein bestimmter Variablenname bezieht, kann man das dazugehörige Variablenlabel aufrufen. Mit dem folgenden Befehl erhält man eine lange Liste mit Informationen zu den importierten SPSS-Daten:

```
> attributes(bigfive.spss)
```

Man kann auch gezielt die Variablenlabels anfordern:

```
> attributes(bigfive.spss)$variable.labels
```

> **Tipp**
>
> Selbst die vermeintlich sinnvollsten Variablennamen können nichtssagend werden, wenn man einen Datensatz zum ersten Mal seit langer Zeit wieder verwendet. Es ist daher eine gute Idee, ein so genanntes Codebook anzulegen. Dabei handelt es sich um eine Datei, in der die Variablennamen, ausführliche Beschreibungen der Variablen sowie andere nützliche Informationen gespeichert sind.

6.2.2 Daten aus Textdateien einlesen

Alle gängigen Statistikprogramme können Daten im Textformat importieren und exportieren. Wenn man sicher sein möchte, dass man jederzeit wieder auf seine Daten zugreifen kann, sollte man die Daten immer auch in diesem Format speichern. Manche Programme können sogar nur Daten im Textformat lesen.

Daten im Textformat können auf verschiedene Arten abgespeichert werden. Der größte Unterschied bezieht sich auf die Datenfeldtrennzeichen. Darunter versteht man die Zeichen, mit denen die einzelnen Werte auseinander gehalten werden. Einzelne Werte können durch Tabulatoren, Kommata oder andere Zeichen getrennt werden. In Abbildung 6.2 werden dieselben Daten mit zwei verschiedenen Datenfeldtrennzeichen dargestellt.

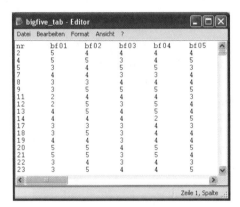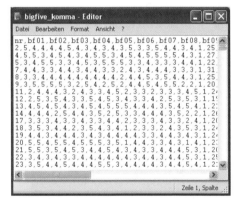

Abbildung 6.2 Beispiele für Daten im Textformat. Links werden Tabulatoren als Datenfeldtrennzeichen verwendet (dat-Format), rechts werden Kommata verwendet (csv-Format). In der ersten Zeile stehen die Variablennamen.

R kann verschiedene Dateiformate einlesen. Wichtig ist hier vor allem, dass eines der üblichen Datenfeldtrennzeichen verwendet wird. Schwierigkeiten gibt es allerdings beim Einlesen von Daten im so genannten festen ASCII-Format. Hier stehen die Daten einer Variablen immer in derselben Spalte, und Werte unterschiedlicher Variablen werden nicht durch Datenfeldtrennzeichen getrennt. Daten im festen

ASCII-Format sollten umformatiert und Punkte, Kommata, Semikolons oder Tabulatoren als Datenfeldtrennzeichen verwendet werden.

> **Tipp**
>
> Werden Kommata als Datenfeldtrennzeichen verwendet, so muss man unbedingt darauf achten, dass die eingegebenen Werte entweder keine Nachkommastellen enthalten oder Punkte statt Kommata als Dezimaltrennzeichen verwendet werden.

Funktion

Wir möchten nun die Datei **bigfive_tab.dat** einlesen. In dieser Datei wurden Tabulatoren als Datenfeldtrennzeichen verwendet. Die erste Zeile enthält die Variablennamen, und fehlende Werte wurden mit -99 kodiert. Nachdem wir mit der `setwd`-Funktion den Ordner, in dem die Datei gespeichert ist, als Arbeitsverzeichnis definiert haben, importieren wir die Daten mit dem folgenden Befehl:

```
> bigfive.tab <- read.table("bigfive_tab.dat",
+ header = TRUE,
+ sep = "\t",
+ na = "-99")
```

Diesen recht umfangreichen Befehl gehen wir jetzt noch einmal Argument für Argument durch:
- `bigfive.tab`. Der Name des neuen Data Frames.
- `read.table`. Funktion zum Einlesen der Textdaten.
- `"bigfive_tab.dat"`. Name der Text-Datei.
- `header = TRUE`. Gibt an, dass die Variablennamen in der ersten Zeile stehen. Wäre dies nicht der Fall, stünde hier das Argument `header=FALSE`.
- `sep = "\t"`. Art des Datenfeldtrennzeichens. `"\t"` steht für Tabulatoren. Alternativ können auch Kommata (`sep=","`), Semikolons (`sep=";"`) oder einfach Leerzeichen (`sep=" "`) verwendet werden.
- `na = "-99"`. Kodierung der fehlenden Werte.

Standardmäßig geht diese Funktion davon aus, dass Punkte als Dezimaltrennzeichen verwendet werden. Hat man die Daten im deutschen Format, d. h. mit Kommata als Dezimaltrennzeichen, gespeichert, so kann man dies mit dem zusätzlichen Argument `dec=","` berücksichtigen.

Vektoren und Faktoren

Variablen, die nur aus Zahlen bestehen, werden automatisch als Vektoren eingelesen. Handelt es sich bei einer dieser Variablen um einen Faktor, müssen wir diese Variable nach dem Datenimport in einen Faktor konvertieren (s. Abschn. 7.2.1).

> **Tipp**
>
> Neben der allgemeinen `read.table`-Funktion gibt es für bestimmte Dateiformate maßgeschneiderte Funktionen. Beispielsweise erleichtert die `read.csv2`-Funktion das Importieren von deutschsprachigen csv-Dateien, da hier automatisch Semikolons als Datenfeldtrennzeichen und Kommata als Dezimaltrennzeichen verwendet werden.

6.2.3 Daten aus Excel einlesen

Es werden zwar immer wieder Pakete veröffentlicht, die das Einlesen von Excel-Dateien ermöglichen, diese sind jedoch häufig nicht mit allen Excel-Versionen kompatibel und funktionieren darüber hinaus häufig nicht mehr, wenn eine neue R-Version erscheint. Es ist daher am sichersten, Excel-Daten im csv-Format zu speichern und mit der `read.table`-Funktion einzulesen (s. Abschn. 6.2.2).

Fehlende Werte müssen übrigens nicht unbedingt mit bestimmten Werten kodiert werden. Es ist möglich, die entsprechende Zelle einfach leer zu lassen. Speichert man die Daten im csv-Format, so erscheinen einfach zwei Kommata hintereinander. R interpretiert dies als fehlenden Wert und ersetzt ihn automatisch durch `NA`.

6.3 Daten zusammenfügen

Häufig sind die Daten einer Studie zunächst in unterschiedlichen Data Frames abgespeichert und müssen später in einem einzigen Data Frame zusammengefügt werden. Dabei werden zwei Fälle unterschieden:
- Die Data Frames enthalten dieselben Variablen, aber unterschiedliche Personen bzw. Fälle (Abschn. 6.3.1).
- Die Data Frames enthalten dieselben Fälle, aber unterschiedliche Variablen (Abschn. 6.3.2).

Die folgenden Befehle können nicht direkt an Beispieldaten nachvollzogen werden. Für die dazugehörigen Übungen (s. Abschn. 6.8) stehen jedoch Daten zur Verfügung.

6.3.1 Fälle hinzufügen

Wir möchten zwei Data Frames zusammenfügen, die dieselben Variablen, aber unterschiedliche Personen enthalten: Der Data Frame `gruppe1` enthält die Personen der ersten Gruppe, der Data Frame `gruppe2` enthält die Personen der zweiten Gruppe. Um diese Data Frames zusammenzufügen, müssen beide Data Frames im

Workspace enthalten sein. Die Data Frames werden dann mit der `rbind`-Funktion (s. Abschn. 5.2.4) zusammengefügt und in einem neuen Objekt mit dem Namen `beide.gruppen` gespeichert:

```
> beide.gruppen <- rbind(gruppe1,gruppe2)
```

Voraussetzung für diese Funktion ist, dass beide Data Frames dieselben Variablen enthalten. Die Reihenfolge der Variablen in den Data Frames ist beliebig, aber die Anzahl und die Namen der Variablen müssen genau übereinstimmen. Ist dies nicht der Fall, erhält man eine Fehlermeldung.

Sonderfall 1: Eine oder mehrere Variablen fehlen in einem der Data Frames
Es gibt kaum ein Problem in R, dass nicht schon durch ein zusätzliches Paket behoben wurde. In diesem Fall hilft das Paket `plyr` (Wickham, 2011) weiter. Zunächst muss also das Paket installiert und geladen werden (s. Abschn. 2.3). Anschließend kann man den folgenden Befehl anwenden:

```
> beide.gruppen <- rbind.fill(gruppe1,gruppe2)
```

Dieser Befehl unterscheidet sich nur an einer einzigen Stelle von dem oben beschriebenen Befehl: Die Funktion heißt nicht mehr `rbind`, sondern `rbind.fill`. Mit dieser Funktion werden die Variablen, die nur in einem der Data Frames vorkommen, im neuen Data Frame beibehalten. Die Fälle aus dem Data Frame, in dem die Variablen fehlten, erhalten auf diesen Variablen fehlende Werte.

Sonderfall 2: Die Variablen sind unterschiedlich benannt
Um zwei Data Frames mit unterschiedlich benannten Variablen zusammenzufügen, müssen zunächst die Variablennamen vereinheitlicht werden. Variablennamen kann man entweder direkt im Dateneditor oder über eine R Funktion ändern (s. Abschn. 6.1.2). Sobald alle Variablen gleich benannt sind, können die beiden Data Frames mit der `rbind`-Funktion zusammengefügt werden.

6.3.2 Variablen hinzufügen

Wir möchten nun zwei Data Frames zusammenfügen, die dieselben Personen enthalten, aber nicht dieselben Variablen. So etwas kommt beispielsweise bei Längsschnittstudien vor, wenn man die Daten des ersten Messzeitpunktes schon eingegeben hat und nachträglich die Daten des zweiten Messzeitpunktes hinzufügen möchte.

Wir fügen jetzt die Data Frames `mzp1` (`mzp` steht für Messzeitpunkt) und `mzp2` zusammen. Damit die Daten eindeutig einer Person zugeordnet werden können, muss jede Person eine Identifikationsnummer (ID) haben. Diese ID wird in einer eigenen Variablen gespeichert. Die ID-Variable muss natürlich in beiden Data Frames vorkommen. Außerdem kommt jede ID nur ein einziges Mal vor, sodass keine Verwechslungen möglich sind. Im folgenden Beispiel ist die ID in einer Variablen mit dem Namen `nr` gespeichert.

Um die Data Frames zusammenfügen zu können, müssen beide Data Frames im Workspace verfügbar sein. Sobald dies der Fall ist, kann man die folgende Funktion verwenden:

```
> beide.mzp <- merge(mzp1, mzp2, by = "nr")
```

Durch diesen Befehl wird ein neues Objekt mit den Namen `beide.mzp` angelegt. Die `merge`-Funktion hat drei Argumente: Die ersten zwei benennen die Objekte, die zusammengefügt werden sollen, hier also `mzp1` und `mzp2`. Im dritten Argument wird die Variable festgelegt, mit der die individuellen Datensätze einander zugeordnet werden. In diesem Fall wird die Variable `nr` dazu verwendet. Eine solche Variable wird in SPSS als Schlüsselvariable bezeichnet. Anders als in aktuellen SPSS-Versionen funktioniert diese Funktion übrigens auch dann einwandfrei, wenn die Daten nicht vorher nach der Schlüsselvariablen sortiert wurden.

Sonderfall 1: ID-Variablen mit unterschiedlichen Namen
Es kann vorkommen, dass die ID-Variablen in den beiden Data Frames unterschiedlich benannt wurden. Nehmen wir den Fall an, dass die Variable mit der Identifikationsnummer in dem Data Frame `mzp1` als `nr` bezeichnet wurde, im Data Frame `mzp2` dagegen als `id`. Das ist gar kein Problem, wenn man den Befehl folgendermaßen erweitert:

```
> beide.mzp <- merge(mzp1, mzp2, by.x = "nr", by.y = "id")
```

Anstelle des `by`-Arguments gibt es nun die Argumente `by.x` und `by.y`. Mit `by.x` wird der Name der ID-Variablen im ersten Data Frame festgelegt, d. h. in dem Data Frame, der in dem gesamten Befehl als erstes aufgeführt wird. In diesem Fall bezieht sich `by.x` also auf die ID-Variable im Data Frame `mzp1`. Mit `by.y` wird dann analog die ID-Variable im zweiten Data Frame festgelegt. Im neuen Objekt wird der Name der ID-Variablen des ersten Data Frames übernommen.

Sonderfall 2: Unterschiedliche Anzahl von Fällen in den beiden Data Frames
Im Beispiel oben sind wir stillschweigend davon ausgegangen, dass beide Data Frames die gleichen Personen enthalten. Was passiert, wenn dies nicht der Fall ist? Als vereinfachtes Beispiel nehmen wir an, dass der Data Frame `mzp1` die Personen 1, 2, 3 und 4 und der Data Frame `mzp2` die Personen 1, 2, 5 und 6 enthält.

Wenn wir die Data Frames mit dem oben angegebenen Befehl zusammenfügen, wird der neue Data Frame nur die Fälle enthalten, die in beiden ursprünglichen Data Frames vorhanden waren. Das heißt, nur die Daten der Personen 1 und 2 werden in den neuen Data Frame genommen, die Daten der Personen 3, 4, 5 und 6 werden dagegen ausgeschlossen. Das macht manchmal Sinn, oft möchten wir aber alle Personen im Data Frame behalten. Dies können wir anfordern, indem wir die merge-Funktion um das Argument all=TRUE erweitern:

```
> beide.mzp <- merge(mzp1, mzp2, by="nr", all=TRUE)
```

Der neue Data Frame enthält nun 6 Fälle. Für die Fälle, die nur in einem der ursprünglichen Data Frames vertreten waren, werden die Daten auf den Variablen des anderen Data Frames mit NA (fehlende Werte) angegeben.

Dieser Befehl kann weiter verfeinert werden. Wenn wir alle Fälle aus dem Data Frame mzp1 (also die Fälle 1, 2, 3 und 4) im neuen Data Frame behalten, aber keine neuen Fälle (Personen 5 und 6) in den neuen Data Frame aufnehmen möchten, können wir dies mit dem Argument all.x=TRUE anfordern:

```
> beide.mzp <- merge(mzp1, mzp2, by="nr", all.x=TRUE)
```

Ähnlich wie beim by.x-Argument kennzeichnet auch hier das .x, dass sich dieses Argument auf den ersten Data Frame bezieht, hier also auf mzp1. Analog dazu kann man auch festlegen, dass alle Personen aus dem Data Frame mzp2 im neuen Data Frame enthalten sein sollen, indem man das Argument all.y=TRUE ergänzt.

6.4 Daten speichern

Alle Objekte, die wir während einer R-Sitzung erstellen, werden zunächst im Workspace gespeichert. Um diese Objekte als Dateien zu sichern, müssen wir sie in einem separaten Schritt sichern. R-Objekte werden im Dateiformat .RData gespeichert (s. Abschn. 5.4).

6.5 Daten aus R exportieren

Daten im .RData-Format können nur in R geöffnet und bearbeitet werden. Um diese Daten auch in anderen Statistik-Programmen verwenden zu können, müssen wir sie zunächst exportieren. Alle Statistik-Programme können Daten im Textformat lesen, daher werden die aus R exportierten Daten in diesem Format gespeichert.

Funktion
Mit der folgenden Funktion werden die Daten in eine csv-Datei mit Semikolons als Datenfeldtrennzeichen exportiert. Dieses Dateiformat lässt sich direkt in Excel öffnen.

```
> write.table(bigfive.spss,
+ file = "Exportierte Daten.csv",
+ sep=";",
+ row.names=FALSE,
+ na="-999")
```

Diesen Befehl gehen wir jetzt Schritt für Schritt durch:
- ▶ `bigfive.spss`. Der Name des Data Frames, der exportiert werden soll.
- ▶ `file = "Exportierte Daten.csv"`. Name und Format der neuen Datei. Die Datei wird automatisch im aktuellen Arbeitsverzeichnis gespeichert.
- ▶ `sep=";"`. Art des Datenfeldtrennzeichens, hier also ein Semikolon. Alternativ können auch Kommata (`sep=","`), Tabulatoren (`sep="\t"`) oder Leerzeichen (`sep=" "`) verwendet werden.
- ▶ `row.names=FALSE`. Standardmäßig werden die Zeilennummern mit ausgegeben und erscheinen dann in der erste Spalte der neuen Datei. Dies wird durch `FALSE` unterdrückt.
- ▶ `na="-999"`. Kodierung der fehlenden Werte. Die Voreinstellung ist `NA`. Die meisten Statistik-Programme verwenden jedoch keinen Text, sondern bestimmte Werte oder einfach Leerzeichen, um fehlende Werte zu markieren. In diesem Beispiel werden fehlende Werte daher mit -999 kodiert.

Die Variablennamen des Data Frames werden automatisch als erste Zeile in der neuen Datei übernommen. Diese Funktion kann mit dem Argument `col.names = FALSE` unterdrückt werden. Dies ist dann sinnvoll, wenn die Zielsoftware nicht in der Lage ist, die erste Zeile als Variablennamen zu interpretieren.

Datenfeldtrennzeichen

Als Datenfeldtrennzeichen stehen verschiedene Zeichen zur Verfügung. Leerzeichen und Kommata haben allerdings einige Nachteile: Wenn wir Leerzeichen verwenden, kann es bei unterschiedlicher Länge der Werte passieren, dass die einzelnen Werte einer Variable nicht untereinander stehen. Dies kann bei vielen Programmen zu Problemen beim Einlesen der Textdaten führen. Zudem müssen wir bei der Verwendung von Leerzeichen als Datenfeldtrennzeichen darauf achten, dass fehlende Werte nicht durch Leerzeichen, sondern durch bestimmte Werte (z. B. –9) kodiert sind. Kommata sind besonders dann problematisch, wenn wir das Komma auch als Dezimaltrennzeichen verwenden, was im deutschsprachigen Raum üblich ist.

Meine Empfehlung ist daher, Semikolons oder Tabulatoren als Datenfeldtrennzeichen zu verwenden. Tabulatorgetrennte Daten können von allen Statistikprogrammen problemlos eingelesen werden. Semikolongetrennte Daten können direkt im csv-Format gespeichert und somit problemlos in Excel geöffnet werden.

Numerische vs. Textvariablen

Wenn man in R Wertelabels für Faktoren definiert hat (s. Abschn. 7.2), werden die Wertelabels beim Export der Daten übernommen. Ein Beispiel: Wir haben für den

Faktor Geschlecht die Wertelabels weiblich und männlich definiert. In den exportierten Daten wird diese Variable nun ebenfalls mit den Ausprägungen weiblich und männlich aufgeführt. Da nicht alle Statistikprogramme mit diesen Werten etwas anfangen können, ist es manchmal sinnvoll, vor dem Export der Daten alle Faktoren in numerische Vektoren zu konvertieren (s. Abschn. 7.2.2).

Ein weiterer wichtiger Hinweis: Exportiert man Daten mit Textvariablen, so werden die einzelnen Werte der Textvariablen (und auch die Variablennamen) in Anführungszeichen gesetzt. Dies ist kein Problem, wenn die Daten anschließend in Excel geöffnet werden – hier werden die Anführungszeichen einfach ignoriert. Andere Software-Pakete sind jedoch nicht so nachsichtig. In diesem Fall kann man die Anführungszeichen mit dem Argument `quote = FALSE` unterdrücken.

> **Tipp**
>
> Mit der `write.table`-Funktion lassen sich nicht nur Data Frames exportieren, sondern alle Objekte, die aus Zeilen und Spalten bestehen. Die Funktion kann also genutzt werden, um Tabellen (z. B. Tabellen mit deskriptiven Statistiken oder Regressionskoeffizienten) als csv-Dateien zu exportieren, die dann in Excel geöffnet und ggf. weiter bearbeitet werden können.
>
> Um csv-Dateien zu erstellen, die von deutschsprachigen Programmen korrekt gelesen werden, kann man auch die `write.csv2`-Funktion verwenden. Die `write.csv`-Funktion erstellt csv-Dateien mit Kommata als Datenfeldtrennzeichen und Punkten als Dezimaltrennzeichen, die von den meisten deutschsprachigen Programmen dann nicht ideal dargestellt werden.

6.6 Datenmanagement im R Commander

Die meisten der hier vorgestellten Datenmanagement-Funktionen lassen sich auch über das Menü des im R Commanders ausführen. Die einzige Ausnahme sind die Funktionen zum Zusammenfügen von Data Frames (s. Abschn. 6.3). Wir haben oben gesehen, dass die Datenmanagement-Funktionen häufig eine Reihe von zusätzlichen Argumenten erfordern. Im R Commander macht man diese Angaben meistens in einem Menüfenster, und der R Commander erzeugt dann den entsprechenden Befehl. Dies kann gerade für Einsteiger hilfreich sein, da man ja häufig nicht weiß, welche zusätzlichen Argumente es gibt. Allerdings sind die vom R Commander erzeugten Befehle häufig länger als nötig, da selbst die Argumente in den Befehl aufgenommen werden, für die wir die Standardeinstellungen beibehalten möchten und die daher überflüssig sind.

Neuen Data Frame erstellen

Den R Dateneditor können wir vom R Commander aus öffnen, indem wir auf DATENMANAGEMENT → NEUE DATENMATRIX gehen. In dem Menüfenster legen wir den

Namen des neuen Data Frames fest, z. B. `meine.daten`. Der Dateneditor wird dann in einem neuen Fenster im R GUI geöffnet.

Daten betrachten und bearbeiten
Um einen frisch erstellten oder geladenen Data Frame zu öffnen, muss dieser zunächst aktiviert werden. Dazu klicken wir neben dem Feld DATENMATRIX auf die Anzeige ‹KEINE AKTUELLE DATENMATRIX›. Es öffnet sich eine Liste mit allen Data Frames, die zurzeit im Workspace enthalten sind. Wir können nun den gewünschten Data Frame auswählen. Um den Data Frame zu öffnen, klicken wir auf das Feld DATENMATRIX BEARBEITEN. Der R Commander bietet außerdem die Option DATENMATRIX BETRACHTEN an. Mit dieser Option werden die Daten in einem eigenen Fenster geöffnet, können aber nicht verändert werden. Die dazugehörigen Funktion ist `View(meine.daten)`.

Variablen umbenennen
Um eine Variable im R Commander umzubenennen, müssen zwei Bedingungen erfüllt sein: (1) Der Data Frame muss bereits Daten enthalten, da der R Commander die Variablen sonst gar nicht erkennt. (2) Der Data Frame muss aktiviert sein (s.o.). Wir gehen auf DATENMANAGEMENT → VARIABLEN BEARBEITEN → VARIABLEN UMBENENNEN und wählen in dem Fenster die Variable aus, die umbenannt werden soll. Wenn wir auf OK klicken, öffnet sich ein weiteres Fenster, in dem wir die neuen Variablennamen vergeben können.

SPSS-Datei einlesen
Um eine SPSS-Datei einzulesen, gehen wir im R Commander auf DATENMANAGEMENT → IMPORTIERE DATEN → AUS SPSS DATENDATEI. In dem Menüfenster können wir drei Einstellungen verändern: den Namen der Datenmatrix, ob Wertelabels in Faktorstufen konvertiert werden sollen sowie die maximale Anzahl der Wertelabels für die Umwandlung in einen Faktor (s. Abschn. 6.2.1). Wenn wir alle Einstellungen im Fenster SPSS-DATENDATEI IMPORTIEREN vorgenommen haben, klicken wir auf OK. Als nächstes werden wir aufgefordert, die SPSS-Datei auszuwählen, die wir importieren möchten. Wenn wir die richtige Datei gefunden haben, klicken wir auf ÖFFNEN. Damit wird die Datei in R importiert.

Textdaten einlesen
Um Daten im Textformat einzulesen, gehen wir im R Commander auf DATENMANAGEMENT → IMPORTIERE DATEN → FROM TEXT FILE, CLIPBOARD, OR URL. Es öffnet sich das Fenster READ TEXT DATA. Hier legen wir den Namen des zu erstellenden Data Frames ein, geben an, ob die Datei die Variablennamen in der ersten Zeile enthält, definieren das Zeichen für fehlende Werte, legen das Datenfeldtrennzeichen fest (zur Option stehen Leerzeichen, Kommata, Tabulatoren und andere) und legen das Dezimaltrennzeichen fest (Punkt oder Komma). Details zu diesen Optionen sowie die dazugehörigen Argumente wurden in Abschnitt 6.2 besprochen. Darüber hinaus

müssen wir hier angeben, ob wir die Daten aus einer lokalen Datei, der Zwischenablage, oder einer Internetadresse importieren möchten. Wenn wir alle Einstellungen im Fenster READ TEXT DATA vorgenommen haben, klicken wir auf OK. Als nächstes werden wir gebeten, die Datei auszuwählen, die wir importieren möchten. Wenn wir die richtige Datei gefunden haben, klicken wir auf ÖFFNEN. Damit wird die Datei in R importiert.

Daten exportieren

Um einen Data Frame vom R Commander aus zu exportieren, muss dieser Data Frame aktiv sein (s. o.). Wir gehen dann auf DATENMANAGEMENT → AKTIVE DATENMATRIX → EXPORTIERE AKTIVE DATENMATRIX. In dem Menüfenster legen wir fest, ob die Variablennamen und Zeilennamen exportiert werden sollen und ob Zeichenketten in Anführungszeichen gesetzt werden sollen. Darüber hinaus legen wir hier fest, wie fehlende Werte kodiert werden und welche Datenfeldtrennzeichen (Leerzeichen, Tabulatoren, Kommata oder andere wie z. B. Semikolons) verwendet werden sollen. Details zu diesen Optionen sowie die dazugehörigen Argumente wurden in Abschnitt 6.5 besprochen.

Wenn wir alle Einstellungen im Fenster EXPORT DER AKTIVEN DATENMATRIX festgelegt haben, klicken wir auf OK und speichern die neue Text-Datei im gewünschten Ordner ab. Wir können die Datei in jedem beliebigen Editor oder Textverarbeitungsprogramm öffnen. Wurden die Daten im csv-Format gespeichert und Semikolons als Datenfeldtrennzeichen verwendet, kann man die Daten direkt in Excel öffnen.

6.7 Funktionen im Überblick

Funktion	Beschreibung
`edit(as.data.frame(NULL))`	Öffnet einen leeren Data Frame im R Dateneditor.
`names(daten)`	Gibt die Variablennamen eines Data Frames an.
`fix(daten)`	Öffnet die Daten im R Dateneditor. Die Daten können bearbeitet werden.
`View(daten)`	Öffnet die Daten im R Dateneditor. Die Daten können nur betrachtet, jedoch nicht bearbeitet werden.
`read.spss(...)`	Liest eine SPSS-Datei in R ein.
`attributes(daten)`	Erstellt eine Liste mit Informationen zu einer importierten SPSS-Datei, z. B. Variablenlabels.
`read.table(...)`	Liest eine Textdatei in R ein.
`read.csv2(...)`	List eine deutschsprachige csv-Datei in R ein.

Funktion	Beschreibung
rbind(daten1, daten2)	Fügt zwei Data Frames mit denselben Variablen, aber unterschiedlichen Personen zusammen.
rbind.fill(daten1, daten2)	Fügt zwei Data Frames mit unterschiedlichen Personen und unterschiedlichen Variablen zusammen.
merge(daten1, daten2, by="x")	Fügt zwei Data Frames mit denselben Personen, aber unterschiedlichen Variablen zusammen. Die Personendaten werden über die Variable *x* verknüpft.
write.table(...)	Exportiert einen Data Frame oder eine Tabelle in eine Textdatei.
write.csv2(...)	Exportiert einen Data Frame oder eine Tabelle in eine deutschsprachige csv-Datei.

6.8 Übungen

Diese Übungen beziehen sich auf die Beispieldateien „Prüfung", die Sie auf der Internetseite herunterladen können.

(1) Importieren Sie die folgenden Dateien in R: `prüfung_tab.dat`, `prüfung_csv.csv`, `prüfung.sav`. In allen Dateien stehen die Variablennamen in der ersten Zeile. In der dat-Datei werden Tabulatoren als Datenfeldtrennzeichen verwendet und fehlende Werte sind mit -99 kodiert. In der csv-Datei werden Semikolons als Datenfeldtrennzeichen und Kommata als Dezimaltrennzeichen verwendet. Fehlende Werte sind hier nicht kodiert. In der SPSS-Datei sind alle fehlenden Werte als solche definiert.

(2) Die Dateien `prüfung.gruppe.1.RData` und `prüfung.gruppe.2.RData` enthalten Data Frames mit denselben Variablen, aber unterschiedlichen Personen. Fügen Sie die beiden Data Frames zusammen und speichern Sie den neuen Data Frame unter dem Namen `prüfung.mzp.1`.

(3) Die Data Frames `prüfung.mzp.1` (s. oben) und `prüfung.mzp.2` (Datei: `prüfung.mzp.2.RData`) enthalten *teilweise* dieselben Personen, aber unterschiedliche Variablen. Fügen Sie die beiden Data Frames so zusammen, dass alle Personen in den neuen Data Frame übernommen werden. Speichern Sie den neuen Data Frame unter dem Namen `prüfung.komplett`. Die Variable `nr` dient als Schlüsselvariable.

(4) Exportieren Sie die in Aufgabe 3 erstellten Daten in eine csv-Datei. Verwenden Sie Semikolons als Datenfeldtrennzeichen, Kommata als Dezimaltrennzeichen und kodieren Sie fehlende Werte mit -9. Die neue Datei sollte keine Zeilennummern enthalten.

7 Variablen bearbeiten

Mittlerweile haben wir die Variablen zwar erfolgreich in R eingegeben oder eingelesen, aber drauflos rechnen können wir in den meisten Fällen trotzdem noch nicht. Es erwartet uns die Arbeit der Datenaufbereitung. Wir besprechen zunächst, wie man einzelne Variablen auswählt, sodass man weitere Operationen mit ihnen durchführen kann (Abschn. 7.1). Anschließend bearbeiten wir unsere Variablen auf verschiedene Weisen: Wir verändern ihre Objekteigenschaften (Abschn. 7.2) und erstellen neue Variablen (Abschn. 7.3). Die Beispiele in diesem Kapitel beziehen sich auf den Datensatz `bigfive.RData` (s. Anhang A: Datensätze). Der Objektname ist `bigfive`.

7.1 Variablen auswählen

Die meisten der Operationen, die wir durchführen, beziehen sich auf eine Teilmenge der Variablen in unserem Datensatz. So möchten wir zum Beispiel den Mittelwert einer bestimmten Variablen bestimmen, oder wir möchten für jede Person den Summenwert über drei Variablen hinweg berechnen.

In SPSS geschieht die Auswahl der Variablen über den Variablennamen. Wenn wir zum Beispiel eine Häufigkeitstabelle für die Variable `sex` erstellen möchten, geben wir diesen Variablennamen hinter dem Befehl an:

```
FREQUENCIES sex.
# Dies ist ein SPSS-Befehl, kein R-Befehl!
```

Anders als in SPSS kann man in R mit mehreren Data Frames parallel arbeiten. Es ist möglich, dieselben Variablennamen in unterschiedlichen Data Frames zu verwenden. Deshalb reicht es in R nicht aus, den Variablennamen anzugeben, sondern man muss zusätzlich spezifizieren, in welchem Data Frame die Variable zu finden ist – auch dann, wenn man nur einen Data Frame geöffnet hat. Das macht die Auswahl der Variable etwas komplizierter, als man es von SPSS gewohnt ist. Es gibt verschiedene Wege, damit umzugehen, von denen wir hier die wichtigsten vorstellen.

7.1.1 Die attach-Funktion

Die `attach`-Funktion ist eine sehr bequeme Möglichkeit, die Variablenauswahl zu vereinfachen. Mit der `attach`-Funktion wird der Data Frame aktiviert, der für die folgenden Operationen verwendet werden soll:

```
> attach(bigfive)
```

Mit diesem Befehl ist der Data Frame mit dem Namen `bigfive` als aktueller Data Frame festgelegt. Es reicht nun, den Variablennamen alleine anzugeben. Hier berechnen wir den Mittelwert für die Variable `bf01`:

```
> mean(bf01)
[1] 3.788382
```

Der Data Frame ist so lange aktiv, bis er mit der `detach`-Funktion deaktiviert wird oder bis der Workspace geschlossen wird. Wenn man einen weiteren Data Frame öffnet, empfiehlt es sich, den ersten Data Frame mit der `detach`-Funktion zu deaktivieren. Dies ist besonders wichtig, wenn der neue Data Frame dieselben Variablennamen enthält. Nach dem Deaktivieren ist der Data Frame immer noch im Workspace verfügbar und kann für Analysen verwendet werden. Allerdings reicht es dann nicht aus, den Variablennamen in den Funktionen zu verwenden:

```
> detach(bigfive)
> mean(bf01)
Fehler in mean(bf01) : objekt "bf01" nicht gefunden
```

Tipp

Die `attach`-Funktion kann beliebig häufig auf ein und denselben Data Frame angewandt werden. Wenn ein bereits aktivierter Data Frame erneut aktiviert wird, erscheint die folgende (oder eine ähnliche) Meldung:

```
The following object(s) are masked from 'bigfive (position 3)':
    alter, bf01, bf02, bf03, …
```

Dies bedeutet, dass alle in der Liste aufgeführten Objekte bzw. Variablen mehrmals aktiviert sind und nun immer die zuletzt geladene Version verwendet wird. Dies ist besonders problematisch, wenn der Data Frame zwischen dem ersten und dem zweiten Aktivieren verändert wurde. Man sollte also immer darauf achten, dass ein Data Frame nur ein einziges Mal aktiviert ist.

Wie kann man das mehrmalige Aktivieren rückgängig machen? Mein Tipp: Wende die `detach`-Funktion so lange auf den Data Frame an, bis die folgende Meldung erscheint:

```
Fehler in detach(bigfive) : ungültiges 'name'Argument
```

Nun kann man sicher sein, dass sämtliche Data Frames deaktiviert sind, und man kann anschließend die `attach`-Funktion erneut (und diesmal nur ein einziges Mal) auf den Data Frame anwenden. Eine Liste aller zurzeit aktivierten Objekte und Pakete erhält man so:

```
> search()
```

Für die meisten Funktionen liefert die `attach`-Funktion wertvolle Dienste, da man sich eine Menge Schreibarbeit spart. In diesem Buch werden wir die `attach`-Funktion für alle statistischen Analysen verwenden. Eine Eigenschaft der Funktion kann jedoch auch problematisch sein. Durch die `attach`-Funktion wird der Data Frame in einen temporären Arbeitsspeicher kopiert. Wird der Data Frame bearbeitet (z. B. Hinzufügen neuer Variablen), werden diese Veränderungen nur im ursprünglichen Data Frame, nicht jedoch in der aktivierten Kopie des Data Frames durchgeführt. Hat man den Data Frame im aktivierten Zustand bearbeitet, muss man ihn daher mit der `detach`-Funktion deaktivieren, bevor die Veränderungen sichtbar sind.

Alternativ kann man auch vollständig auf die `attach`-Funktion verzichten und andere Möglichkeiten der Auswahl von Variablen nutzen. Einige dieser Möglichkeiten werden in den folgenden Abschnitten vorgestellt.

> **Tipp**
>
> Die `attach`-Funktion ist etwas komplett anderes als die Funktion im R Commander, mit der man einen Data Frame als aktiv anzeigen lassen kann. Wenn ein Data Frame nur im R Commander aktiviert ist, kann man die Variablen trotzdem nicht wie oben gezeigt auswählen. Umgekehrt kann ein Data Frame über die `attach`-Funktion aktiviert sein, ohne dass dies im R Commander angezeigt wird.

7.1.2 Das Dollarzeichen

Bei dieser Option nennt man zunächst den Namen des Data Frames und anschließend den Namen der Variablen. Als Trennzeichen wird das Dollarzeichen $ verwendet. Um die Variable `bf01` auszuwählen, müssen wir also den folgenden Ausdruck eingeben:

```
bigfive$bf01
```

Dieser Ausdruck heißt: Nimm das Objekt mit dem Namen `bigfive` und suche dort nach dem Element `bf01`. Wir berechnen nun erneut den Mittelwert für diese Variable. Dazu verändern wir den Befehl wie folgt:

```
> mean(bigfive$bf01)
[1] 3.788382
```

Das Dollarzeichen wird auch verwendet, um neue Elemente zu einem Objekt hinzuzufügen. Mit dem folgenden Befehl fügen wir dem Data Frame `bigfive` die neue Variable `neu` hinzu. Diese Variable besteht komplett aus fehlenden Werten. Es ist aber natürlich auch möglich (und zweifellos wesentlich sinnvoller), hier echte Werte zu definieren. Wir kommen in Abschnitt 7.3 auf diese Möglichkeit zurück.

```
> bigfive$neu <- NA
```

Das Dollarzeichen dient nicht nur der Auswahl von Variablen aus Data Frames, sondern allgemein der Auswahl von Elementen aus Objekten. Wir werden in den folgenden Kapiteln auf diese Option zurückkommen. Eine Liste aller in einem Objekt vorhandenen Elemente, die mit dem Dollarzeichen ausgewählt werden können, erhält man über die Funktion str(objektname).

7.1.3 Die Index-Funktion

Bei Objekten mit einer definierten Anzahl von Dimensionen kann man einzelne Elemente über eckige Klammern auswählen. Ein Vektor oder ein Faktor hat eine Dimension, ein Data Frame oder eine Tabelle hat zwei Dimensionen (Zeilen und Spalten), und so genannte Arrays haben mehr als zwei Dimensionen.

Um ein bestimmtes Element auszuwählen, gibt man den Objektnamen ein, gefolgt von eckigen Klammern. Innerhalb der Klammern wird die Position bzw. der Index des Elements angegeben, dass man auswählen möchte. Im folgenden Beispiel lassen wir uns den zweiten Wert der Variablen bf01 im Data Frame bigfive ausgeben.

```
> bigfive$bf01[2]
[1] 5
```

Bei zweidimensionalen Objekten muss man einen Index für jede Dimension angeben. Hier lassen wir uns den in der dritten Zeile und in der zweiten Spalte des Data Frames bigfive enthaltenen Wert ausgeben.

```
> bigfive[3,2]
[1] 3
```

Es ist möglich, einen dieser Indizes einfach wegzulassen. Lässt man beispielsweise den ersten Index weg, so werden anstelle einer bestimmten Zeile einfach alle Zeilen ausgegeben. Auf diese Art ist es möglich, alle Werte einer bestimmten Variablen anzufordern. Mit dem folgenden Beispiel wird der Mittelwert aller Werte der zweiten Variablen im Data Frame berechnet. Um welche Variable es sich dabei handelt, kann man mit der names-Funktion erfahren.

```
> mean(bigfive[ ,2])
[1] 3.788382
```

Bei Data Frames ist es außerdem möglich, anstelle eines Indexes den Variablennamen in Anführungszeichen in die eckigen Klammern einzufügen:

```
> mean(bigfive[, "bf01"])
[1] 3.788382
```

Die Index-Funktion lässt sich auch nutzen, um bestimmte Zeilen oder Reihen auszuschließen. Schreibt man vor den Index in Minuszeichen, so werden alle Elemente mit Ausnahme des Elements mit dieser Position ausgegeben. Hier berechnen wir als Beispiel den Mittelwert der zweiten Variablen und schließen die dritte Person aus.

```
> mean(bigfive[-3,2])
[1] 3.790021
```

Die Index-Funktion ist zugegebenermaßen etwas gewöhnungsbedürftig. Wer weiß schon auswendig, ob die gewünschte Variable die zwanzigste oder die einundzwanzigste im Data Frame ist? Wir werden deshalb diese Funktion nur selten für die Auswahl von Variablen einsetzen. Sie ist jedoch sehr praktisch, um bestimmte Elemente aus Tabellen auszuwählen, wie wir in den späteren Kapiteln sehen werden.

7.1.4 Auswahl mehrerer Variablen

Wir möchten nun nicht nur den Mittelwert der Variablen `bf01`, sondern auch den Mittelwert der Variablen `bf02` anfordern, und zwar in einem einzigen Befehl. Die dazugehörige Funktion lautet `colMeans` (für *column means*, also Spalten-Mittelwerte). Als SPSS-Nutzer ist man geneigt, die zweite Variable einfach hinter die erste zu schreiben. Dies geht jedoch nicht gut aus:

```
> colMeans(bigfive$bf01, bigfive$bf02)
Fehler in colMeans(bigfive$bf01, bigfive$bf02) :
  'x' muss ein Array mit mindestens zwei Dimensionen sein
```

Das liegt daran, dass die Anzahl der Argumente in der `colMeans`-Funktion (und auch in den meisten anderen Funktionen) beschränkt ist. Für die Daten ist nur ein einziges Argument vorgesehen, alle anderen Argumente müssen Angaben zur Durchführung des Befehls enthalten. Wir müssen daher zunächst dafür sorgen, dass alle ausgewählten Variablen in einem einzigen Argument zusammengefasst werden. Dies kann über die `data.frame`-Funktion, die Index-Funktion oder über die `subset`-Funktion geschehen.

Auswahl von Variablen über die data.frame-Funktion

Im folgenden Beispiel erstellen wir einen neuen Data Frame mit dem Namen `auswahl.1`. Dieser Data Frame enthält die Variablen `bf01` und `bf02`:

```
> auswahl.1 <- data.frame(bigfive$bf01, bigfive$bf02)
```

Jetzt können wir die `colMeans`-Funktion auf das neue Objekt anwenden. Wir erhalten die Mittelwerte für die beiden Variablen:

```
> colMeans(auswahl.1)
bigfive.bf01 bigfive.bf02
   3.788382     4.004149
```

Wie man in dieser Ausgabe sehen kann, wurden unsere beiden Variablen in `bigfive.bf01` und `bigfive.bf02` umbenannt, d. h. der Name des Objekts wurde mit den jeweiligen Variablennamen zusammengefügt. Wenn man dies nicht möchte, kann man innerhalb der `data.frame`-Funktion eigene Variablennamen definieren:

```
> auswahl.2 <- data.frame(bf1 = bigfive$bf01,
+ bf2 = bigfive$bf02)
```

Auswahl von Variablen über die Index-Funktion

In Abschnitt 7.1.3 haben wir gelernt, wie man mit der Index-Funktion bestimmte Zeilen oder Spalten auswählen kann. Um mehrere Variablen (d. h. mehrere Spalten) auf einmal auszuwählen, geben wir anstelle eines einzigen Indexes einen Vektor mit mehreren Indizes an. Die Variablen `bf01` und `bf02` stehen in der zweiten bzw. dritten Spalte des Data Frames. Wir wählen sie daher wie folgt aus:

```
> auswahl.3 <- bigfive[ , c(2,3)]
```

Anstelle der Indizes kann man auch die Variablennamen als Vektor zusammengefasst angeben:

```
> auswahl.2 <- bigfive[ , c("bf01", "bf02")]
```

Auswahl von Variablen über die subset-Funktion

Die `subset`-Funktion ist sehr flexibel, da man mit ihr sowohl Variablen als auch Untergruppen von Fällen auswählen kann (s. Abschn. 8.2). Zudem lässt sich der Befehl abkürzen, wenn man Variablen auswählt, die in dem Data Frame direkt hintereinander stehen. Im folgenden Befehl wählen wir die Variablen `bf19`, `bf20`, `sex` und `alter` aus. In SPSS würde man diese Liste mit `bf19 TO alter` abkürzen. In R verwendet man stattdessen einen Doppelpunkt, also `bf19:alter`. Der vollständige Befehl lautet:

```
> auswahl.4 <- subset(bigfive, select = bf19:alter)
```

Die `subset`-Funktion enthält hier zwei Argumente. Im ersten Argument wird der Name des zu verwendenden Data Frames angegeben, hier also `bigfive`. Im zweiten Argument werden mit `select` die Variablen ausgewählt, die in das neue Objekt übernommen werden sollen. Wir speichern die ausgewählten Variablen in einem neuen Objekt mit den Namen `auswahl.4` ab.

7.2 Objekteigenschaften verändern

Objekte spielen eine zentrale Rolle in der Arbeit mit R (s. Kap. 5). Es gibt verschiedene Objekttypen, z. B. Vektoren, Faktoren und Data Frames. Numerische Variablen können in R als Vektoren oder als Faktoren gespeichert werden. Vektoren enthalten ordinalskalierte oder metrische Daten, während Faktoren nominalskalierte Daten enthalten. Liest man numerische Daten in R ein, werden diese meist als numerische Vektoren gespeichert, unabhängig vom tatsächlichen Skalenniveau der Variablen. Es kommt daher häufig vor, dass wir nach dem Einlesen einige Vektoren eigenhändig in Faktoren konvertieren müssen. In diesem Kapitel geht es darum, wie Vektoren in Faktoren und umgekehrt konvertiert werden.

Zur Veranschaulichung bearbeiten wir die Daten `bigfive.RData`. Dieser Datensatz enthält die 20 Items, mit denen die Big Five Persönlichkeitseigenschaften gemessen werden (`bf01` bis `bf20`), sowie die demographischen Variablen Geschlecht (Variablenname `sex`), Alter (`alter`), Nationalität (`nation`) und Schultyp (`schule`). Bei den Variablen Geschlecht, Nationalität und Schultyp handelt es sich um nominalskalierte Variablen. Diese Variablen wurden zunächst als Vektoren angelegt und müssen nun in Faktoren konvertiert werden.

7.2.1 Vektoren in Faktoren konvertieren

Um einen Vektor in einen Faktor zu konvertieren, verwendet man die `factor`-Funktion. Für die Variable `sex` sieht das dann so aus:

```
> bigfive$sex <- factor(bigfive$sex)
```

Diese Funktion enthält bisher nur ein einziges Argument, nämlich den Vektor, der konvertiert werden soll. Vor dem Zuweisungspfeil steht der Name des neuen Faktors. Da hier der Name des alten Vektors und des neuen Faktors identisch sind, wird der alte Vektor überschrieben.

Wir könnten aber auch den Vektor beibehalten und den Faktor als ein neues, zusätzliches Objekt anlegen. Dafür müssen wir lediglich dem Faktor einen anderen Namen geben, zum Beispiel so:

```
> bigfive$sex.faktor <- factor(bigfive$sex)
```

Betrachten wir nun den Data Frame, sehen wir, dass die Variable `sex` weiterhin aus Zahlen besteht. Wir wissen nicht, welche Zahlen für welche Merkmalsausprägung stehen. Daher ist es sinnvoll, Wertelabels zu definieren. Wir modifizieren den Befehl folgendermaßen:

```
> bigfive$sex.faktor <- factor(bigfive$sex,
+ levels = c(1,2), labels = c("weiblich", "männlich"))
```

Die `factor`-Funktion ist nun um einige Argumente erweitert worden. Er enthält jetzt alle Informationen, die für die Definition der Wertelabels relevant sind. Im Argument `levels = c(1,2)` wird noch einmal explizit aufgeführt, welche Levels bzw. Ausprägungen vorkommen. Anschließend wird durch das Argument `labels = c("weiblich", "männlich")` festgelegt, welche Wertelabels den einzelnen Labels zugeordnet werden. Das erste Wertelabel bezieht sich dabei auf den ersten Wert, der vorher bei `levels` aufgeführt wurde, das zweite Wertelabel bezieht sich auf den zweiten Wert.

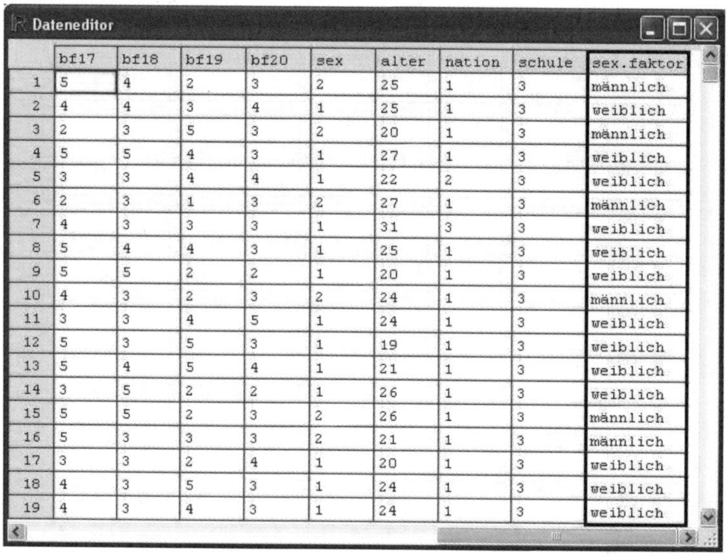

	bf17	bf18	bf19	bf20	sex	alter	nation	schule	sex.faktor
1	5	4	2	3	2	25	1	3	männlich
2	4	4	3	4	1	25	1	3	weiblich
3	2	3	5	3	2	20	1	3	männlich
4	5	5	4	3	1	27	1	3	weiblich
5	3	3	4	4	1	22	2	3	weiblich
6	2	3	1	3	2	27	1	3	männlich
7	4	3	3	3	1	31	3	3	weiblich
8	5	4	4	3	1	25	1	3	weiblich
9	5	5	2	2	1	20	1	3	weiblich
10	4	3	2	3	2	24	1	3	männlich
11	3	3	4	5	1	24	1	3	weiblich
12	5	3	5	3	1	19	1	3	weiblich
13	5	4	5	4	1	21	1	3	weiblich
14	3	5	2	2	1	26	1	3	weiblich
15	5	5	2	3	2	26	1	3	männlich
16	5	3	3	3	2	21	1	3	männlich
17	3	3	2	4	1	20	1	3	weiblich
18	4	3	5	3	1	24	1	3	weiblich
19	4	3	4	3	1	24	1	3	weiblich

Abbildung 7.1 Data Frame mit Faktor

In den Daten und in allen Ausgaben werden nun die einzelnen Ausprägungen der Variable Geschlecht mit den oben definierten Wertelabels dargestellt (s. Abb. 7.1).

7.2.2 Faktoren in Vektoren konvertieren

Man kann auch Faktoren in Vektoren konvertieren. Dies ist zum Beispiel dann sinnvoll, wenn man die Daten in eine Textdatei exportieren möchte (s. Abschn. 6.5). Wir betrachten nun wieder die Variable sex.faktor, die wir im vorangegangenen Abschnitt in einen Faktor konvertiert haben. Mit der class-Funktion finden wir zunächst heraus, dass es sich dabei um einen Faktor handelt:

```
> class(bigfive$sex.faktor)
[1] "factor"
```

Bevor wir den Faktor konvertieren, sollten wir uns noch einmal die Faktorstufen mit den dazugehörigen Wertelabels ausgeben lassen. Dazu verwenden wir die levels-Funktion:

```
> levels(bigfive$sex.faktor)
[1] "weiblich" "männlich"
```

Wir sehen, dass der Faktor sex zwei Stufen mit den Ausprägungen weiblich und männlich hat. Es ist wichtig, dass wir uns merken, dass die Faktorstufe weiblich zuerst aufgeführt wird.

Jetzt konvertieren wir den Faktor. Wir verwenden dafür die as.numeric-Funktion und geben der konvertierten Variablen den Namen sex.vektor:

```
> bigfive$sex.vektor <- as.numeric(bigfive$sex.faktor)
```

Wenn wir jetzt die class-Funktion auf die neue Variable anwenden, sehen wir, dass die Konvertierung erfolgreich war. Das Objekt ist ein numerischer Vektor:

```
> class(bigfive$sex.vektor)
[1] "numeric"
```

Wir können uns die neuen Werte dieser Variablen anschauen, indem wir den Variablennamen eingeben und ausführen. Wie man sieht, sind jetzt alle Werte dieser Variablen numerisch mit den Ausprägungen 1 und 2:

```
> bigfive$sex.vektor
 [1] 2 1 2 1 1 2 1 1 1 2 1 1 1 1 2 2 1 1 1 ...
[75] 2 1 1 1 1 2 2 1 1 1 1 1 2 2 1 1 1 1 2 ...
```

Durch die Konvertierung sind die Wertelabels verloren gegangen. Wofür stehen hier dann 1 und 2? Oben haben wir uns die Faktorstufen der Ausgangsvariablen ausgeben lassen. Die Faktorstufe weiblich wurde als erstes aufgeführt, die Faktorstufe männlich als zweites. Die Werte in der konvertierten Variablen wurden genau in dieser Reihenfolge vergeben: Die erste Faktorstufe erhält die 1, die zweite Faktorstufe die 2 und so weiter. In unserem Fall steht also 1 für weiblich und 2 für männlich.

7.3 Neue Variablen erstellen

In der Psychologie gibt es viele Fälle, in denen wir aus den vorhandenen Variablen neue Variablen erstellen müssen. Hier einige Beispiele:

▸ Eine der verwendeten Variablen ist extrem schief verteilt. Wir möchten diese Variable transformieren, um eine annähernd normalverteilte Variable zu erhalten, mit der wir besser rechnen können.
▸ Wir möchten eine Variable zentrieren oder standardisieren.
▸ Wir haben eine Skala mit 5 Items verwendet und möchten nun für jede Person den Summenwert über diese 5 Items berechnen. Die Summenwerte sollen in einer neuen Variablen gespeichert werden.
▸ Anstelle des Summenwerts wollen wir für jede Person den Mittelwert über die 5 Items berechnen und diesen in einer neuen Variablen speichern.
▸ Eine Variable muss umkodiert werden.

Neue Variablen werden meistens über eine Formel berechnet, die man selbst eingeben muss. Diese Formel kann auch mathematische Operanden wie `log(x)` oder `sum(x)` enthalten (s. Kap. 4). Für besonders häufige Transformationen stehen außerdem spezielle Funktionen zur Verfügung. In diesem Kapitel lernen wir die `rowMeans`-Funktion für die Berechnung von Mittelwerten über mehrere Items, die `rowSums`-Funktion für die Erstellung von Summenwerten und die `scale`-Funktion für die Standardisierung und Zentrierung von Variablen kennen.

7.3.1 Transformation einzelner Variablen

In den `bigfive`-Daten ist für jede Person das Alter im Jahr der Datenerhebung (2001) in der Variablen `alter` gespeichert. Wir möchten nun eine neue Variable anlegen, die das Geburtsjahr der Personen enthält. Dafür stehen uns mehrere Befehle zur Verfügung. Der folgende Befehl ist die einfachste Version, da er ohne neue Funktionen auskommt:

```
> bigfive$gebjahr <- 2001 - bigfive$alter
```

Vor dem Zuweisungspfeil steht der Name der neuen Variablen, hier `gebjahr`. Durch den Ausdruck `bigfive$` wird diese Variable automatisch den `bigfive`-Daten hinzugefügt. Hinter dem Zuweisungspfeil steht die Formel, mit der die neue Variable berechnet werden soll. Die Ausgangsvariable `alter` fließt in diese Formel ein. Auch die Ausgangsvariable muss den Zusatz `bigfive$` erhalten, sonst funktioniert dieser Befehl nicht. Wenn man diesen Befehl ausführt, erscheint die neue Variable am Ende des `bigfive`-Data Frames.

7.3.2 Transformationen mehrerer Variablen

Die vorangegangenen Befehle funktionieren auch, wenn mehrere Ausgangsvariablen in die Formel einfließen. Diesen Fall hat man in der Psychologie immer dann, wenn man für jede Person die einzelnen Items einer Skala in einem Gesamtscore zusammenfassen möchte. Einen solchen Gesamtscore kann man berechnen, indem man die Werte der einzelnen Items mittelt (Mittelwert als Gesamtscore) oder addiert (Summenwert als Gesamtscore).

In den `bigfive`-Daten wurden die Big Five Persönlichkeitsdimensionen mit jeweils vier Items erfasst. Neurotizismus wurde zum Beispiel mit den Items verletzbar (`bf04`), empfindlich (`bf10`), launenhaft (`bf12`) und selbstzweiflerisch (`bf19`) erfasst. Wir möchten nun für jede Person den Gesamtscore für Neurotizismus berechnen. Um den Mittelwert über diese Items zu berechnen, binden wir die entsprechende Formel in den folgenden Befehl ein:

```
> bigfive$neuro <- (bigfive$bf04 + bigfive$bf10 +
+ bigfive$bf12 + bigfive$bf19) / 4
```

Um den Summenwert für Neurotizismus zu berechnen, verändern wir die Formel in dem Befehl etwas:

```
> bigfive$neuro <- bigfive$bf04 + bigfive$bf10 +
+ bigfive$bf12 + bigfive$bf19
```

7.3.3 Die rowMeans-Funktion und die rowSums-Funktion

Für die Berechnung von Mittelwerten und Summenwerten über mehrere Items gibt es eigene Funktionen in R. Gegenüber der in Abschnitt 7.3.2 vorgestellten Eingabe über die Formel haben diese Funktionen den Vorteil, dass sie einen flexibleren Umgang mit fehlenden Werten erlauben.

Die rowMeans-Funktion für Mittelwerte
Mit der `rowMeans`-Funktion kann man den Mittelwert als Gesamtscore berechnen. Im folgenden Beispiel berechnen wir erneut den Gesamtscore für Neurotizismus:

```
> bigfive$neuro <- rowMeans(bigfive[c("bf04","bf10","bf12",
+ "bf19")])
```

Dieser Befehl setzt sich aus den folgenden Elementen zusammen:
- `bigfive$neuro` : Im Data Frame `bigfive` soll eine neue Variable mit dem Namen `neuro` angelegt werden.
- `rowMeans` : Der Name der Funktion. Mit dieser Funktion wird für jede Zeile (*row*) der Mittelwert über eine bestimmte Menge von Variablen berechnet.
- `bigfive[c("bf04","bf10","bf12","bf19")]`. Die Variablen, die in die Berechnung des Mittelwerts einfließen sollen. Die Variablen werden hier mit Hilfe der Index-Funktion aus dem Data Frame `bigfive` ausgewählt (s. Abschn. 7.1.3).

Anstelle der Index-Funktion kann man auch die `attach`-Funktion verwenden, um die Ausgangsvariablen auszuwählen. Die Ausgangsvariablen werden dann mit der `data.frame`-Funktion zusammengefasst. Um die neue Variable zum Data Frame `bigfive` hinzuzufügen, muss man jedoch weiterhin das Dollarzeichen verwenden. Darüber hinaus darf man nicht vergessen, dass der Data Frame zuerst wieder über die `detach`-Funktion deaktiviert werden muss, bevor die neue Variable zur Verfügung steht. Der Befehl sieht in diesem Fall so aus:

```
> attach(bigfive)
> bigfive$neuro <- rowMeans(data.frame(bf04,bf10,bf12,bf19))
> detach(bigfive)
```

In den bisherigen Versionen berücksichtigt die `rowMeans`-Funktion nur gültige Werte, ganz so, wie wenn man die Formel eingibt. Hat eine Person also einen fehlenden Wert auf einer der vier Variablen, so wird für diese Person kein Mittelwert berechnet, sondern sie erhält einen fehlenden Wert. Das ist grundsätzlich sinnvoll, denn schließlich hatte es ja einen Sinn, dass wir vier und nicht drei Items für die Erfassung von Neurotizismus verwendet haben. Allerdings ist dieser Umgang mit einzelnen fehlenden Werten auch besonders streng. Schon ein einziges nicht beantwortetes Item führt dazu, dass für die Person kein Mittelwert berechnet wird, und dass die Person möglicherweise in den folgenden Analysen gar nicht berücksichtigt wird.

R bietet uns die Möglichkeit, etwas liberaler mit den fehlenden Werten umzugehen. Das Argument `na.rm=TRUE` wird in vielen Funktionen verwendet. Dieses Argument drückt aus, dass einzelne fehlende Werte noch kein Grund zum vollständigen Ausschluss dieser Person sind. Wir können den oben verwendeten Befehl folgendermaßen erweitern:

```
> bigfive$neuro <- rowMeans(bigfive[c("bf04","bf10","bf12",
+ "bf19")], na.rm=TRUE)
```

Jetzt wird der mittlere Neurotizismuswert berechnet für alle Personen, die mindestens eines der vier Items beantwortet haben. Ein Beispiel: Eine Teilnehmerin hat die Items `bf04` und `bf10` nicht beantwortet. Bei `bf12` hat sie eine 2 und bei `bf19` eine 1 angekreuzt. Als Neurotizismuswert wird ihr nun der Mittelwert über ihre gültigen Werte zugewiesen, also (1 + 2) / 2 = 1.5. Nur Personen, die kein einziges der Items beantwortet haben, erhalten hier einen fehlenden Wert.

Die rowSums-Funktion für Summenwerte
Für die Berechnung von Summenwerten steht in R eine Funktion zur Verfügung, die analog zur oben vorgestellten `rowMeans`-Funktion ist: `rowSums`. Um den Summenwert der Neurotizismus-Items zu berechnen, können wir daher den folgenden Befehl verwenden:

```
> bigfive$neuro <- rowSums(bigfive[c("bf04","bf10","bf12",
+ "bf19")])
```

Genau wie bei der Verwendung der `rowMeans`-Funktion werden hier die Gesamtscores nur für die Personen berechnet, die alle vier Items beantwortet haben. Alle Personen, die bei mindestens einer der vier Variablen einen fehlenden Wert haben, erhalten für die neue Variable `neuro` ebenfalls einen fehlenden Wert.

Das Argument `na.rm=TRUE` steht auch hier zur Verfügung. Wird der Befehl um dieses Argument erweitert, so werden für alle Personen Summenwerte berechnet, die mindestens einen gültigen Wert auf den vier Items haben. Im Gegensatz zum Mittelwert ist das hier allerdings sehr problematisch, wie an dem folgenden Beispiel verdeutlicht werden soll.

Das Antwortformat für die vier Items reichte von 1 (überhaupt nicht) bis 5 (sehr). Theoretisch können wir also Summenwerte zwischen 4 (1 + 1 + 1 + 1) und 20 (5 + 5 + 5 + 5) erhalten, wobei 4 für sehr geringe Neurotizismuswerte und 20 für sehr hohe Neurotizismuswerte steht. Kehren wir nun zurück zu unserer Teilnehmerin (s. o.): Sie hat die ersten zwei Items (`bf04` und `bf10`) nicht beantwortet. Bei `bf12` hat sie eine 2 und bei `bf19` eine 1 angekreuzt. Wenn wir die Funktion `na.rm=TRUE` nutzen, erhält sie also einen Summenwert von 2 + 1 = 3. Dieser Summenwert ist aber in der Skala gar nicht vorgesehen und kann daher nicht interpretiert werden! Für die Berechnung von Summenwerten sollte man die Funktion `na.rm=TRUE` also *auf keinen Fall* nutzen.

7.3.4 Variablen zentrieren und standardisieren

Das Zentrieren oder Standardisieren von Variablen ist für viele statistische Analysen wichtig. Um eine Variable zu zentrieren, zieht man von jedem einzelnen Wert den Mittelwert der Variablen ab. Die zentrierte Variable hat dann den Mittelwert 0. Um eine Variable zu standardisieren, teilt man zusätzlich noch durch die Standardabweichung der Variablen. Die standardisierte Variable hat dann den Mittelwert 0 und die Standardabweichung 1. Die einzelnen Werte der standardisierten Werte nennt man auch *z*-Werte.

Um Variablen zu zentrieren oder zu standardisieren, verwendet man in R die `scale`-Funktion. Im folgenden Beispiel standardisieren wir die Variable `alter` und speichern die standardisierten Werte in der neuen Variablen `alter.z` ab:

```
> bigfive$alter.z <- scale(bigfive$alter)
```

Um die Variable zu zentrieren, können wir ebenfalls die `scale`-Funktion verwenden. Wir müssen allerdings das Argument `scale=FALSE` ergänzen. Mit diesem Argument wird das Dividieren durch die Standardabweichung unterdrückt:

```
> bigfive$alter.cen <- scale(bigfive$alter, scale=FALSE)
```

7.3.5 Variablen umpolen

In den meisten psychologischen Skalen werden bewusst sowohl positiv als auch negativ formulierte Items verwendet. Bevor man diese zu einem Skalenscore zusammenfasst, muss man daher zunächst dafür sorgen, dass bei allen Items hohe Werte eine hohe Ausprägung des gemessenen Konstrukts widerspiegeln. Dazu polt man entweder alle negativ formulierten Items oder alle positiv formulierten Items um.

In diesem Beispiel polen wir das Item `bf04` um. Am einfachsten geht dies mit der folgenden Formel: Subtrahiere alle einzelnen Werte vom theoretischen Maximum plus 1. Das theoretische Maximum des Items `bf04` ist 5. Um dieses Item umzupolen, ziehen wir also jeden einzelnen Wert von 6 ab und speichern das Ergebnis in der neuen Variable `bf04r` (r für rekodiert).

```
> bigfive$bf04r <- 6 - bigfive$bf04
```

Um zu überprüfen, ob das Umpolen geklappt hat, erstellen wir eine Kontingenztabelle der alten und der neuen Variablen (s. Abschn. 10.1):

```
> table(bigfive$bf04r, bigfive$bf04)

      1   2   3   4   5
  1   0   0   0   0 183
  2   0   0   0 178   0
  3   0   0  76   0   0
  4   0  41   0   0   0
  5   4   0   0   0   0
```

> **Tipp**
>
> Grundsätzlich ist es immer besser, eine neue Variable anzulegen und die alte Variable in ihrer ursprünglichen Kodierung beizubehalten, da man sonst unter Umständen nicht mehr nachvollziehen kann, ob man die Variable schon umkodiert hat oder nicht.

7.3.6 Einzelne Werte umkodieren

Manchmal möchte man nur einzelne Werte oder Wertebereiche einer Variablen umkodieren und den Rest der Variablen intakt lassen. In diesem Abschnitt werden drei Funktionen vorgestellt, die sehr flexible und komplexe Umkodierungen ermöglichen.

Die which-Funktion

Die which-Funktion gibt die Position von Fällen aus, auf die eine bestimmte Bedingung zutrifft, also alle Fälle, für die das Ergebnis einer logischen Abfrage (s. Abschn. 4.2) TRUE ist. Diese Funktion kann man beispielsweise nutzen, um alle Zeilen bzw. Personen anzufordern, die auf einer bestimmten Variablen einen bestimmten Wert haben. Mit dem folgenden Befehl erfahren wir, welche Personen auf der Variablen bf04 den Wert 1 haben. Übrigens ist das doppelte Gleichheitszeichen kein Druckfehler! Möchte man eine Gleichheitsbedingung in eine logische Abfrage einbauen, so muss immer das doppelte Gleichheitszeichen verwendet werden.

```
> which(bigfive$bf04 == 1)
[1]  56 103 368 371
```

Wichtig: Die ausgegebenen Werte beziehen sich nicht etwa auf die von uns in einer ID-Variablen zugewiesenen Personen-Codes, sondern auf die Zeilen, in denen die Daten dieser Personen gespeichert sind. Wir können diese Ausgabe daher in der Index-Funktion verwenden. Zur Erinnerung: Mit der Index-Funktion werden gezielt bestimmte Zeilen und/oder Spalten ausgewählt (s. Abschn. 7.1.3). Mit dem folgenden Befehl fordern wir die Werte der Zeilen 56, 103, 368 und 371 auf der Variablen bf04 an. Natürlich handelt es sich bei jedem Wert um eine 1 – das war ja genau unsere Bedingung.

```
> bigfive$bf04[which(bigfive$bf04 == 1)]
[1] 1 1 1 1
```

Jetzt kommt der Trick: Wir können nun jede 1 durch einen beliebigen anderen Wert ersetzen, indem wir hinter den oben gezeigten Befehl den Zuweisungspfeil und dann den neuen Wert aufführen. Hier ersetzen wir jede 1 auf der Variablen `bf04` durch einen fehlenden Wert `NA`.

```
> bigfive$bf04[which(bigfive$bf04 == 1)] <- NA
```

> **Tipp**
>
> Die Bedingungen können sehr flexibel formuliert werden. So kann man auch alle Personen auswählen, deren Wert ungleich 1 ist (`bigfive$bf04 != 1`), oder alle Personen mit einem Wert kleiner gleich 2 (`bigfive$bf04 <= 2`). Es ist außerdem möglich, verschiedene Bedingungen miteinander zu verknüpfen. Sind zwei Bedingungen mit dem Symbol `&` („und") verknüpft, so erhalten nur die Fälle ein TRUE, für die beide Bedingungen zutreffen. Sind zwei Bedingungen mit dem Symbol `|` („oder") verknüpft, so erhalten alle Fälle ein TRUE, wenn mindestens eine der beiden Bedingungen zutrifft. Für weitere Beispiele s. Abschnitt 4.2.

Die ifelse-Funktion

Ebenso wie die `which`-Funktion verwendet auch die `ifelse`-Funktion logische Abfragen. Die `which`-Funktion wird allerdings auf der linken Seite des Zuweisungspfeils angewandt und dient damit dem Auswählen bestimmter Fälle. Nur für die ausgewählten Fälle wird eine bestimmte Operation durchgeführt, alle anderen werden nicht angetastet.

Dies ist in der `ifelse`-Funktion anders. Diese Funktion wird auf der rechten Seite des Zuweisungspfeils angewandt und ermöglicht es damit, für alle Fälle gleichzeitig verschiedene Operationen durchzuführen. Klingt kompliziert, und deshalb veranschaulichen wir dies an einem einfachen Beispiel. Wir werden nun die Variable `alter` so umkodieren, dass alle Personen über 30 den Wert 1 erhalten und alle anderen (also alle unter 30) den Wert 0. Das Ergebnis wird in der neuen Variable `altersgruppe` gespeichert. Würden wir die `which`-Funktion anwenden, müssten wir dafür zwei getrennte Befehle eingeben:

```
> bigfive$altersgruppe[which(bigfive$alter < 30)] <- 0
> bigfive$altersgruppe[which(bigfive$alter >= 30)] <- 1
```

Wenden wir stattdessen die `ifelse`-Funktion an, so reicht ein einziger Befehl. Die `ifelse`-Funktion enthält drei zentrale Argumente. Im ersten Argument wird die Bedingung festgelegt (hier: Alter ist größer gleich 30). Im zweiten Argument wird festgelegt, was passiert, wenn diese Bedingung zutrifft (hier: weise den Wert 1 zu). Im dritten Argument wird festgelegt, was passiert, wenn diese Bedingung nicht zutrifft (hier: weise den Wert 0 zu).

```
> bigfive$altersgruppe <- ifelse(bigfive$alter >= 30, 1, 0)
```

Es ist auch möglich, mehrere `ifelse`-Funktionen ineinander zu schachteln. Der folgende Befehl beginnt mit denselben Argumenten wie der vorangegangene: Alle Personen über 30 erhalten auf der neuen Variablen den Wert 1. Das dritte Argument wurde hier jedoch durch eine weitere `ifelse`-Funktion ersetzt. Welchen Wert eine Person unter 30 erhält, hängt also von einer weiteren Bedingung ab, in diesem Fall, ob die Person unter 20 Jahre alt ist. Trifft dies zu, so erhält die Person den Wert 3. Trifft dies nicht zu (ist die Person also zwischen 20 und 29 Jahre alt), so erhält die Person den Wert 2.

```
> bigfive$altersgruppe <- ifelse(bigfive$alter >= 30, 1,
+ ifelse(bigfive$alter < 20, 3, 2))
```

Die recode-Funktion

Wer noch nie mit logischen Abfragen gearbeitet hat, der ist mit der `which`-Funktion oder der `ifelse`-Funktion möglicherweise etwas überfordert. Hier bietet die `recode`-Funktion aus dem `car`-Paket (Fox & Weisberg, 2011) einen Ausweg. Genau wie in der `recode`-Funktion in SPSS wird hier für jeden Wert der Ausgangsvariablen ein neuer Wert auf der Zielvariablen zugewiesen. In dem folgenden Beispiel verwenden wir die `recode`-Funktion, um die Variable `bf04` umzupolen.

```
> bigfive$bf04r <- recode(bigfive$bf04, '1=5; 2=4; 3=3; 4=2;
+ 5=1; ')
```

Im ersten Argument der `recode`-Funktion wird der Name der Ausgangsvariablen angegeben. Das zweite Argument enthält die Rekodieranweisung in Anführungszeichen. Genau wie bei SPSS wird hier für jeden alten Wert (vor dem Gleichheitszeichen) der entsprechende neue Wert (hinter dem Gleichheitszeichen) angegeben.

Mit der `recode`-Funktion kann man nicht nur einzelne Werte umkodieren, sondern auch neue Werte für einen bestimmten Wertebereich definieren oder fehlende Werte in bestimmte Zahlen umkodieren. Unter `help(recode)` findet man weitere Details.

> **Tipp**
>
> Wird für einen vorhandenen Wert keine Rekodier-Gleichung angegeben, so wird automatisch der alte Wert beibehalten. Daraus folgt auch, dass das Programm diese Gleichungen nur in eine Richtung liest. Gibt man das Argument 1=5 ein, so heißt dass, dass jede 1 durch eine 5 ersetzt wird. Es heißt jedoch nicht, dass automatisch jede 5 durch eine 1 ersetzt wird. Dies muss man separat anfordern durch 5=1.

7.4 Variablen bearbeiten im R Commander

Unter dem Menüpunkt DATENMANAGEMENT → VARIABLEN BEARBEITEN bietet der R Commander eine Reihe von Funktionen an, mit denen Variablen bearbeitet und neue Variablen erstellt werden können.

Vektoren in Faktoren konvertieren

Um Vektoren in Faktoren zu konvertieren, gehen wir auf DATENMANAGEMENT → VARIABLEN BEARBEITEN → KONVERTIERE NUMERISCHE VARIABLEN IN FAKTOREN. Wenn wir für die einzelnen Ausprägungen Wertelabels definieren möchten, so müssen wir unter dem Punkt FAKTORSTUFEN die Option VERWENDE ETIKETTEN anklicken.

Berechnen neuer Variablen

Um neue Variablen im R Commander zu berechnen, gehen wir über DATENMANAGEMENT → VARIABLEN BEARBEITEN → ERZEUGE NEUE VARIABLE. In der Zeile ANWEISUNG FÜR DIE BERECHNUNG die Formel für die Berechnung der neuen Variablen eingeben, so wie wir es in den vorangegangenen Abschnitten gelernt haben. Für das Standardisieren von Variablen steht auch eine eigene Menüoption zur Verfügung, die unter DATENMANAGEMENT → VARIABLEN BEARBEITEN → STANDARDISIERE VARIABLE aufgerufen werden kann. Der R Commander verwendet die `with`-Funktion, die hier nicht vorgestellt wurde. Informationen zu dieser Funktion erhält man über die Hilfedatei, die mit `help(with)` anfordert werden kann.

Variablen umkodieren

Der R Commander verwendet zum Umkodieren von Variablen die `recode`-Funktion (s. Abschn. 7.3.6). Das dazugehörige Menüfenster wird über DATENMANAGEMENT → VARIABLEN BEARBEITEN → REKODIERE VARIABLEN aufgerufen.

7.5 Funktionen im Überblick

Funktion	Beschreibung
`attach(daten)`	Aktiviert einen Data Frame, sodass die Variablen direkt über den Variablennamen ausgewählt werden können.
`detach(daten)`	Deaktiviert einen Data Frame, der zuvor mit der attach-Funktion aktiviert wurde.
`search()`	Zeigt alle derzeit aktivierten Objekte sowie alle geladenen Pakete an.
`daten$variable`	Wählt eine bestimmte Variable aus den Daten aus.
`daten[a,b]`	Indexfunktion: Wählt eine oder mehrere Zeilen (a) und eine oder mehrere Spalten (b) aus.

Funktion	Beschreibung
`subset(daten, select=x)`	Wählt die Variable *x* aus den Daten aus.
`colMeans(daten)`	Berechnet die Spaltenmittelwerte aller Variablen in einem Data Frame.
`factor(x)`	Konvertiert den Vektor *x* in einen Faktor.
`levels(faktor)`	Gibt die Faktorstufen eines Faktors an.
`as.numeric(faktor)`	Konvertiert einen Faktor in einen numerischen Vektor.
`daten$neu <- ...`	Fügt eine neue Variable zu einem Data Frame hinzu.
`rowMeans(daten)`	Berechnet die Zeilenmittelwerte aller Variablen in einem Data Frame.
`rowSums(daten)`	Berechnet die Zeilensummen aller Variablen in einem Data Frame.
`scale(x)`	Standardisiert eine Variable.
`scale(x, scale=FALSE)`	Zentriert eine Variable.
`which()`	Gibt die Nummern aller Zeilen an, auf die eine logische Bedingung zutrifft.
`ifelse()`	Definiert eine logische Bedingung und gibt an, was passiert, wenn diese Bedingung erfüllt bzw. nicht erfüllt ist.
`recode(x, ...)`	Kodiert die Variable x um.

7.6 Übungen

Diese Übungen beziehen sich auf den Datensatz `bigfive.RData`. Eine ausführliche Beschreibung dieses Datensatzes finden Sie im Anhang A: Datensätze.

(1) Wenden Sie die mean-Funktion auf die Variable `bf17` an. Wählen Sie dafür die Variable `bf17` auf drei verschiedene Arten aus: (a) über die Dollarzeichen-Funktion, (b) über die Index-Funktion und (c) über die `attach`-Funktion. Vergessen Sie nicht, den Data Frame nach Verwenden der `attach`-Funktion wieder zu deaktivieren.

(2) Konvertieren Sie den Vektor `schule` in einen Faktor. Nennen Sie die neue Variable `schule.faktor` und fügen Sie sie zum Data Frame `bigfive` hinzu. Vergeben Sie die folgenden Wertelabels: 1 = Hauptschule, 2 = Realschule, 3 = Abitur.

(3) In Abschnitt 7.3.5 haben wir bereits die Variable `bf04` umgepolt. Wiederholen Sie dies für die Variablen `bf10`, `bf12` und `bf19`. Legen Sie die neuen Variablen

unter den Namen `bf10r`, `bf12r` und `bf19r` an und fügen Sie diese dem Data Frame `bigfive` hinzu.

(4) Berechnen Sie für jede Person den Mittelwert für die Variable Gewissenhaftigkeit (`bf03`, `bf07`, `bf11`, `bf20`). Verwenden Sie dafür die `rowMeans`-Funktion. Fügen Sie die neue Variable mit dem Namen `gewiss` zum Data Frame `bigfive` hinzu.

(5) Fügen Sie zwei neue Variablen zum Data Frame `bigfive` hinzu: (1) die standardisierten Werte der Variablen `gewiss` und (2) die zentrierten Werte der Variablen `gewiss` (s. Aufgabe 4).

(6) Verwenden Sie die `recode`-Funktion aus dem `car`-Paket, um die Variable `sex` so umzukodieren, dass statt der Werte 1 und 2 jetzt die Werte 3 und 4 verwendet werden. Fügen Sie die neue Variable zum Data Frame `bigfive` hinzu.

(7) Fügen Sie dem Data Frame `bigfive` eine neue Variable hinzu, auf der alle Personen, die auf der Variablen `sex` mit 1 kodiert sind und deren Personennummer (Variable `nr`) kleiner als 200 ist, eine 1 erhalten und alle anderen Personen eine 0. Verwenden Sie dafür die `ifelse`-Funktion.

8 Fälle sortieren und auswählen

Nachdem wir uns bisher vor allem auf die Variablen in einem Datensatz konzentriert haben, wenden wir uns jetzt den Fällen bzw. den Personen zu. Die in diesem Kapitel vorgestellten Funktionen sollen einen flexibleren Umgang mit den Fällen ermöglichen. Es wird besprochen, wie Fälle sortiert werden können (Abschn. 8.1), wie Untergruppen aus der Stichprobe ausgewählt werden (Abschn. 8.2) und wie Personen mit fehlenden Werten gelöscht werden (Abschn. 8.3). Die Beispiele beziehen sich auf den Datensatz `bigfive.RData` (s. Anhang A: Datensätze).

8.1 Fälle sortieren

In R gibt es keine eigene Sortierfunktion wie in SPSS. Stattdessen muss man einen kleinen Umweg gehen: Man lässt sich zunächst die Rangfolge der Daten ausgeben und wendet diese Rangfolge dann auf den Data Frame an. Das bedeutet auch, dass durch das Sortieren der Data Frame an sich nicht verändert wird, sondern lediglich die einmalige Darstellung des Data Frames.

8.1.1 Rangfolge bilden

Mit dem folgenden Befehl bilden wir eine Rangfolge für die Variable `alter` und speichern diese Rangfolge als neue Variable ab:

```
> alter.order <- order(bigfive$alter)
```

Mit der `order`-Funktion wird ein Vektor angelegt, in dem definiert ist, aus welcher Reihe der Wert für einen bestimmten Rangplatz stammt. Zur Veranschaulichung lassen wir uns die Werte des Vektors ausgeben:

```
> alter.order
 [1] 361   63   96  102  115  128   12   28   43   47   55   57 ...
[38] 389  396  407  428  474    3    9   17   21   24   32   35 ...
[75] 321  326  327  329  340  347  370  375  391  392  397  398 ...
...
```

Die Werte geben die Zeilennummer der Personen wieder. Der Wert 361 sagt uns, dass die Daten der Person, die den ersten Rangplatz beim Alter einnimmt (also die jüngste Person), im Data Frame in Zeile 361 eingetragen sind. Die zweitjüngste Person finden wir in der Zeile 63, und so weiter.

Standardmäßig werden die Ränge aufsteigend gebildet, d. h. die Person mit dem kleinsten Wert erhält später Rang 1, die Person mit dem zweitkleinsten Wert erhält Rang 2, und so weiter. Wenn wir die Rangfolge absteigend bilden möchten, sodass die Person mit dem größten Wert Rang 1 erhält, setzen wir ein Minus vor die Variable:

```
> alter.order.ab <- order(-bigfive$alter)
```

> **Tipp**
>
> Die Rangfolge der Daten lässt sich auch mit der `rank`-Funktion ermitteln. In der `rank`-Funktion kann man genauer festlegen, wie mit gebundenen Rängen umgegangen werden soll, d. h. wie die Ränge vergeben werden sollen, wenn mehrere Personen denselben Wert haben. Mit der `order`-Funktion kann man dagegen nach mehreren Variablen sortieren lassen, also beispielsweise erst nach Geschlecht und dann nach Alter.

8.1.2 Rangfolge auf Darstellung der Daten anwenden

Nun können wir das eigentliche Sortieren vornehmen. Dazu nutzen wir die Index-Funktion (s. Abschn. 7.1.3). Zur Erinnerung: Mit dieser Funktion ergänzt man eckige Klammern hinter dem Objektnamen und gibt die Zeilen- bzw. die Spaltennummern der Werte an, die man auswählen möchte. Mit dem folgenden Befehl lassen wir uns die Zeilen 3, 6, 24 und 63 im Dateneditor anzeigen (Abb. 8.1). Wir wählen keine Spalten aus, daher steht hinter dem Komma kein Wert:

```
> View(bigfive[c(3, 6, 24, 63),])
```

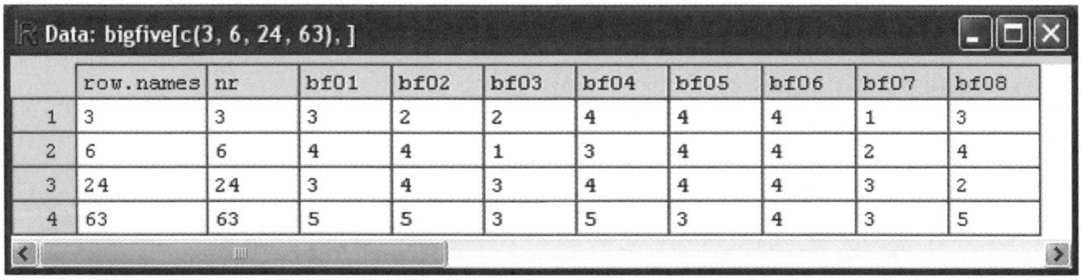

	row.names	nr	bf01	bf02	bf03	bf04	bf05	bf06	bf07	bf08
1	3	3	3	2	2	4	4	4	1	3
2	6	6	4	4	1	3	4	4	2	4
3	24	24	3	4	3	4	4	4	3	2
4	63	63	5	5	3	5	3	4	3	5

Abbildung 8.1 Ausgabe des Befehls `View(bigfive[c(3,6,24,63),])`

Beachte, dass die Reihenfolge der Personen genau der Reihenfolge im Vektor `c(3, 6, 24, 63)` entspricht. Dies machen wir uns zunutze, um die Daten zu sortieren.

Im vorangegangenen Abschnitt haben wir die Rangfolge der Daten im Vektor `alter.order` gespeichert. Diesen Vektor wenden wir jetzt auf die Zeilen an. Die Daten werden dann nach dem Alter sortiert angezeigt (Abb. 8.2):

```
> View(bigfive[alter.order, ])
```

Bis jetzt hat sich nur die Art der Darstellung geändert. Wenn wir die neue Reihenfolge der Personen beibehalten möchten, müssen wir den Data Frame erneut speichern. Hier speichern wir die Daten unter dem Namen `bigfive.sortiert`:

```
> bigfive.sortiert <- bigfive[alter.order, ]
```

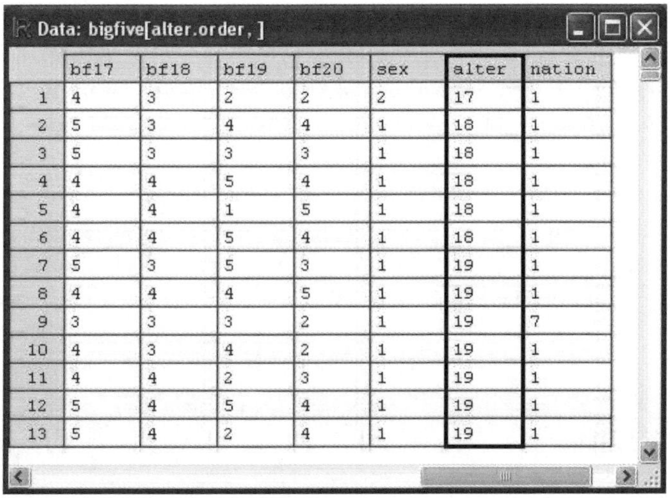

Data: bigfive[alter.order,]

	bf17	bf18	bf19	bf20	sex	alter	nation
1	4	3	2	2	2	17	1
2	5	3	4	4	1	18	1
3	5	3	3	3	1	18	1
4	4	4	5	4	1	18	1
5	4	4	1	5	1	18	1
6	4	4	5	4	1	18	1
7	5	3	5	3	1	19	1
8	4	4	4	5	1	19	1
9	3	3	3	2	1	19	7
10	4	3	4	2	1	19	1
11	4	4	2	3	1	19	1
12	5	4	5	4	1	19	1
13	5	4	2	4	1	19	1

Abbildung 8.2 Ausgabe des Befehls `View(bigfive[alter.order, ])`

8.2 Untergruppen auswählen

Nicht immer sollen alle Fälle in unseren Daten in die Analysen eingehen. Es kann zum Beispiel vorkommen, dass wir nur Frauen untersuchen möchten oder nur Personen einer bestimmten experimentellen Bedingung. In diesem Fall wählt man eine Untergruppe aus bzw. filtert die Fälle nach bestimmten Eigenschaften. Die Bedingung, unter der eine Person in die Untergruppe gelangt, muss in einer Variablen gespeichert sein. Im folgenden Beispiel verwenden wir die `bigfive`-Daten und wählen Frauen als Untergruppe aus.

Die subset-Funktion

Eine bequeme Funktion für die Auswahl von Untergruppen ist die `subset`-Funktion. Diese Funktion haben wir bereits in Abschnitt 7.1.4 für die Auswahl von Variablen kennen gelernt. Sie eignet sich auch, um Untergruppen von Personen auszuwählen. Mit dem folgenden Befehl wählen wir wiederum die Frauen aus den `bigfive`-Daten aus. Dabei wird davon ausgegangen, dass die Variable `sex` (noch) als Vektor definiert ist (vgl. Abschn. 7.2.1):

```
> bigfive.frauen <- subset(bigfive, subset = sex == 1)
```

Wenn die Variable `sex` bereits als Faktor definiert ist, muss das entsprechende Wertelabel im Befehl verwendet werden:

```
> bigfive.frauen <- subset(bigfive, subset =
+ sex.faktor == "weiblich")
```

Mit diesem Befehl werden die Daten der Frauen in einem neuen Data Frame mit dem Namen `bigfive.frauen` gespeichert. Die `subset`-Funktion hat hier zwei Argumente: Zunächst wird der Name der Ausgangsdaten genannt, hier also `bigfive`. Im anschließenden `subset`-Argument wird festgelegt, wie die Untergruppe ausgewählt werden soll. *Wichtig*: Hinter dem Argument `subset` steht nur ein Gleichheitszeichen, hinter der Variablen `sex` steht dagegen ein doppeltes Gleichheitszeichen, da es sich beim letzteren Ausdruck um eine logische Abfrage handelt.

Anstelle einer einzigen Bedingung kann man hier auch mehrere Bedingungen gleichzeitig miteinander verknüpfen (s. Abschn. 4.2). Wenn wir beispielsweise nur Frauen unter 25 auswählen möchten, wird das `subset`-Argument wie folgt erweitert:

```
subset = sex == 1 & alter < 25
```

Mit der `subset`-Funktion kann man gleichzeitig Untergruppen von Variablen und Untergruppen von Fällen auswählen. Dazu erweitern wir den `subset`-Befehl um das Argument `select`. Im folgenden Beispiel wählen wir die Variablen `bf01` bis `bf04` aus:

```
> bigfive.frauen <- subset(bigfive, subset = sex == 1,
+ select = bf01:bf04)
```

Der neu erstellte Data Frame steht uns für den Rest der Sitzung im Workspace zur Verfügung. Wenn wir den neuen Data Frame in späteren Sitzungen wieder verwenden wollen, müssen wir ihn als .RData-Datei speichern (s. Abschn. 5.4.3).

Die which-Funktion und die Index-Funktion

Alternativ kann man auch die `which`-Funktion und die Index-Funktion miteinander verbinden, um Fälle auszuwählen. Wir haben dies bereits gemacht, um bestimmte Werte umzukodieren (s. Abschn. 7.3.6). Durch die `which`-Funktion erhält man eine Liste der Zeilen, auf die eine bestimmte Eigenschaft zutrifft. Mit dem folgenden Befehl werden die Zeilennummern aller Frauen ausgegeben (die Variable sex ist hier als numerischer Vektor angelegt):

```
> which(bigfive$sex == 1)
```

Wir binden die which-Funktion nun in die Index-Funktion ein und speichern das Ergebnis als neues Objekt:

```
> bigfive.frauen <- bigfive[which(bigfive$sex == 1), ]
```

Die Index-Funktion kann auch verwendet werden, um bestimmte Fälle aus den Daten zu entfernen. Möchten wir beispielsweise die Personen mit den Zeilennummern 3, 5 und 7 entfernen, so geben wir diese Werte als Vektor in die eckigen Klammern ein und schreiben ein Minus davor:

```
> reduziert.1 <- bigfive[-c(3, 5, 7), ]
```

Auf ähnliche Art kann man die which-Funktion mit der Index-Funktion verknüpfen, um bestimmte Personen auszuschließen. In diesem Beispiel werden alle Personen entfernt, die genau 25 Jahre alt sind.

```
> reduziert.2 <- bigfive[-which(bigfive$alter == 25), ]
```

Der Vollständigkeit halber sollte erwähnt werden, dass man dasselbe Ergebnis erhält, wenn man anstelle einer Gleichheitsbedingung eine Ungleichheitsbedingung eingibt und die which-Funktion „normal" anwendet:

```
> reduziert.2 <- bigfive[which(bigfive$alter != 25), ]
```

8.3 Personen mit fehlenden Werten entfernen

Für einige Analysen ist es notwendig, dass die Daten keine fehlenden Werte enthalten. Dies gilt zum Beispiel für die hierarchische Regressionsanalyse (Kap. 16). In solchen Fällen erstellt man einen neuen Data Frame, der nur die notwendigen Variablen und nur Personen mit gültigen Werten auf diesen Variablen enthält. Zunächst speichern wir also die ausgewählten Variablen in einem neuen Objekt ab, zum Beispiel mit der data.frame-Funktion:

```
> attach(bigfive)
> auswahl <- data.frame(bf01, bf02, bf03, bf04)
> detach(bigfive)
```

Anschließend wenden wir die `na.omit`-Funktion auf das neue Objekt an. Damit werden alle Fälle mit fehlenden Werten aus dem Objekt entfernt:

```
> auswahl <- na.omit(auswahl)
```

Um zu überprüfen, wie viele Personen gelöscht wurden, wenden wir die `nrow`-Funktion auf die Ausgangsdaten und die neuen Daten an. Mit dieser Funktion wird die Anzahl der Zeilen in einem Data Frame ausgegeben.

```
> nrow(bigfive)
[1] 482

> nrow(auswahl)
[1] 481
```

8.4 Fälle auswählen im R Commander

Der R Commander verfügt über keine eigene Sortierfunktion. Es stehen jedoch mehrere Menüoptionen zur Auswahl von Fällen zur Verfügung. Unter DATENMANAGEMENT → AKTIVE DATENMATRIX → TEILMENGE DER AKTIVEN DATENMATRIX kann man bestimmte Untergruppen auswählen. Dazu verwendet der R Commander die `subset`-Funktion. Unter DATENMANAGEMENT → AKTIVE DATENMATRIX → REMOVE ROW(S) FROM ACTIVE DATA SET können bestimmte Personen aus den Daten ausgeschlossen werden. Allerdings muss man dazu die genauen Zeilennummern der Personen kennen. Und schließlich verfügt der R Commander auch über eine Menüoption zum Löschen von Personen mit fehlenden Werten. Diese Option ist unter DATENMANAGEMENT → AKTIVE DATENMATRIX → FÄLLE MIT FEHLENDEN WERTEN ENTFERNEN zu finden.

8.5 Funktionen im Überblick

Funktion	Beschreibung
`order(x)`	Gibt die Permutationen an, die nötig wären, um den Vektor zu sortieren. Wird für die Sortierung des Data Frames gebraucht.
`subset(daten, subset = variable == x )`	Wählt alle Fälle aus, die auf der Variablen *variable* den Wert *x* haben.
`daten[which(), ]`	Gibt die Daten derjenigen Personen wieder, auf die eine logische Bedingung zutrifft.
`na.omit(daten)`	Entfernt alle Fälle mit fehlenden Werten.
`nrow(daten)`	Gibt die Anzahl der Zeilen eines Objekts aus.

8.6 Übungen

Diese Übungen beziehen sich auf den Datensatz `erstis.RData`. Eine ausführliche Beschreibung dieses Datensatzes finden Sie im Anhang A: Datensätze.

(1) Sortieren Sie die Ausgabe nach der Variablen Prokrastination (`prok`). Wie lautet der Code der Person mit dem niedrigsten Prokrastinationswert?
(2) Erstellen Sie einen neuen Data Frame, der nur die Männer enthält (`geschl="männlich"`). Verwenden Sie dafür die `subset`-Funktion.
(3) Erstellen Sie einen neuen Data Frame, der nur Personen mit einem Prokrastinationswert (`prok`) von 2.5 oder kleiner enthält. Verwenden Sie dafür die Index-Funktion und die `which`-Funktion.
(4) Erstellen Sie einen neuen Data Frame, der nur die Person mit dem Code 15 (`code`) und nur die Variable Lebenszufriedenheit (`lz.1`) enthält. Verwenden Sie dafür die `subset`-Funktion. Wie hoch ist die Lebenszufriedenheit dieser Person?

9 Univariate deskriptive Statistiken

In diesem Buch stellen wir die univariaten und bivariaten Statistiken in zwei getrennten Kapiteln vor. Univariate Statistiken werden für einzelne Variablen berechnet. Diese Statistiken werden in diesem Kapitel vorgestellt. Bivariate Statistiken beziehen sich dagegen auf zwei Variablen, zum Beispiel auf die Korrelation zwischen zwei Variablen. Diese Statistiken werden im Kapitel 10 behandelt.

Zum Einstieg schauen wir uns an, wie verschiedene Arten von Häufigkeitstabellen erstellt werden (Abschn. 9.1). Anschließend besprechen wir die univariaten deskriptiven Statistiken für nominalskalierte Variablen (Abschn. 9.2), ordinalskalierte Daten (Abschn. 9.3) und intervallskalierte Daten (Abschn. 9.4). Die `summary`-Funktion ist eine sehr wichtige und flexible Funktion und wird daher gesondert vorgestellt (Abschn. 9.5). Zum Schluss berechnen wir die deskriptiven Statistiken getrennt für verschiedene Untergruppen (Abschn. 9.6). Die Beispiele in diesem Kapitel beziehen sich auf den Datensatz `erstis.RData` (s. Anhang A: Datensätze). Um die Befehle zu verkürzen, haben wir diesen Datensatz mit der `attach`-Funktion aktiviert (s. Abschn. 7.1.1).

9.1 Häufigkeitstabellen

Häufigkeitstabellen sind eine gute Darstellungsform, um einen ersten Eindruck von der Verteilung des uns interessierenden Merkmals zu erhalten. In Häufigkeitstabellen wird für jede in den Daten vorhandene Merkmalsausprägung angegeben, wie häufig diese Ausprägung vorkommt.

Dabei unterscheidet man zwischen absoluten und relativen Häufigkeiten. Absolute Häufigkeiten bezeichnen die Anzahl der Personen mit einer bestimmten Ausprägung, zum Beispiel 5 Frauen und 5 Männer. Relative Häufigkeiten bezeichnen dagegen den Anteil der Personen mit einer bestimmten Ausprägung an der gesamten Stichprobe, zum Beispiel 50 % Frauen und 50 % Männer.

Als Beispiel betrachten wir in den folgenden Abschnitten die Variable `wohnort.alt`. Diese Variable enthält die Antworten auf das Item „Wo haben Sie vor 12 Monaten gelebt?". Die Antwortkategorien sind (1) in den alten Bundesländern, (2) in den neuen Bundesländern, (3) in Berlin und (4) im Ausland. Die Variable `wohnort.alt` ist eine nominalskalierte Variable, die in den Daten bereits als Faktor mit Wertelabels definiert wurde.

9.1.1 Absolute Häufigkeiten

Eine Tabelle mit den absoluten Häufigkeiten fordert man mit der `table`-Funktion an:

```
> table(wohnort.alt)
wohnort.alt
 alte BL  neue BL   Berlin  Ausland
      32       26       86       18
```

Wenn wir Wertelabels vergeben haben, werden diese Wertelabels auch in der Ausgabe angegeben. Anderenfalls erscheinen hier einfach die numerischen Ausprägungen der Variablen. Die Kategorien erscheinen in numerischer Reihenfolge, d. h. die Kategorie mit dem geringsten Wert (z. B. 1) wird als erstes aufgelistet, anschließend die Kategorie mit dem nächst höheren Wert (z. B. 2) und so weiter. Man kann sich aber auch die Kategorien sortieren lassen, sodass als erstes die Kategorie aufgeführt wird, die am seltensten vorkommt:

```
> sort(table(wohnort.alt))
wohnort.alt
Ausland neue BL alte BL  Berlin
     18      26      32      86
```

Durch eine kleine Veränderung des `sort`-Befehls kann man die Reihenfolge der Kategorien so verändern, dass zuerst die Kategorie mit der höchsten Anzahl an Nennungen vorkommt. Dazu ergänzen wir im `sort`-Befehl das Argument `decreasing=TRUE`:

```
> sort(table(wohnort.alt), decreasing = TRUE)
wohnort.alt
 Berlin alte BL neue BL Ausland
     86      32      26      18
```

In dieser Darstellung sehen wir also auf den ersten Blick, dass die meisten Befragten (nämlich 86) schon vor Beginn des Studiums in Berlin gelebt haben.

9.1.2 Relative Häufigkeiten

Die relativen Häufigkeiten geben uns die Ausprägungen des Merkmals in Anteilen an, zum Beispiel: Wie groß ist der Anteil der Personen, die vor dem Studium in den neuen Bundesländern gelebt haben im Verhältnis zu allen Befragten? Wenn man in SPSS eine Häufigkeitstabelle anfordert, werden sowohl die absoluten als auch die relativen Häufigkeiten automatisch ausgegeben. In R müssen die relativen Häufigkeiten dagegen separat angefordert werden. Dazu verwenden wir die Funktion prop.table (*proportions table*) und setzen hier die absoluten Häufigkeiten table(wohnort.alt) als Argument ein:

```
> prop.table(table(wohnort.alt))
wohnort.alt
    alte BL     neue BL      Berlin     Ausland
  0.1975309   0.1604938   0.5308642   0.1111111
```

Um Prozentwerte zu erhalten, müssen wir die relativen Häufigkeiten mit 100 multiplizieren. Wir erweitern dazu den Befehl wie folgt:

```
> 100*prop.table(table(wohnort.alt))
wohnort.alt
   alte BL    neue BL     Berlin    Ausland
  19.75309   16.04938   53.08642   11.11111
```

Im Moment werden die Zahlen noch mit recht vielen Nachkommastellen angegeben. Wir können die Zahlen aber auch problemlos runden. Dazu nehmen wir den vollständigen Befehl von oben und setzen die Funktion round davor:

```
> round(100*prop.table(table(wohnort.alt)))
wohnort.alt
alte BL neue BL  Berlin Ausland
     20      16      53      11
```

Standardmäßig werden die Zahlen mit dieser Funktion auf ganze Werte gerundet. Wir können aber auch explizit anfordern, dass auf eine bestimmte Anzahl von Nachkommastellen gerundet werden soll, indem wir den Befehl noch etwas erweitern. Wenn wir auf eine Nachkommastelle runden möchten, ergänzen wir die round-Funktion durch das Argument 1 :

```
> round(100*prop.table(table(wohnort.alt)),1)
wohnort.alt
alte BL neue BL  Berlin Ausland
   19.8    16.0    53.1    11.1
```

Wir sehen jetzt also, dass 11.1 % der Befragten nach Deutschland gezogen sind, um hier zu studieren, während mehr als die Hälfte, nämlich 53.1 % der Befragten, bereits vor ihrem Studium in Berlin wohnten.

9.1.3 Kumulierte Häufigkeiten

Bisher haben wir uns für jede Antwortkategorie die absoluten und relativen Häufigkeiten angeschaut. Zusätzlich kann man für jede Antwortkategorie die kumulierte Häufigkeit berechnen: Dabei wird die relative Häufigkeit dieser Antwortkategorie zu den relativen Häufigkeiten der vorangegangenen Antwortkategorien addiert.

Wozu das gut ist, wird am ehesten durch ein Beispiel deutlich. Wir lassen uns nun die kumulierten Häufigkeiten für die Tabelle der prozentualen Häufigkeiten für die Variable wohnort.alt ausgeben. Den Befehl für diese Ausgangstabelle haben wir im vorangegangenen Abschnitt besprochen. Er lautete:

```
> 100*prop.table(table(wohnort.alt))
```

Auf diesen Befehl wenden wir nun die cumsum-Funktion an. Mit dieser Funktion werden die kumulierten Häufigkeiten berechnet:

```
> cumsum(100*prop.table(table(wohnort.alt)))
   alte BL    neue BL     Berlin    Ausland
  19.75309   35.80247   88.88889  100.00000
```

In beiden Ausgaben erhalten wir für die erste Antwortkategorie (alte Bundesländer) einen Prozentwert von 19.75. Das heißt, dass 19.75 % der Personen in der Stichprobe aus den alten Bundesländern stammen. Für die zweite Antwortkategorie (neue Bundesländer) erhalten wir in der ersten Tabelle einen Prozentwert von 16.05 und in der zweiten Tabelle einen kumulierten Prozentwert von 35.80. Der Wert 35.80 % ist die Summe der Prozentwerte für die alten Bundesländer (19.75 %) und der neuen Bundesländer (16.05 %). Das heißt, dass 16.05 % der Stichprobe aus den neuen Bundesländern stammen und 35.80 % der Stichprobe aus den neuen *oder* den alten Bundesländern.

9.1.4 Integration der Häufigkeiten in einer Tabelle

Wir haben nun vier verschiedene Arten von Häufigkeiten kennen gelernt: absolute Häufigkeiten, relative Häufigkeiten, prozentuale Häufigkeiten und kumulierte Häufigkeiten. Für jede dieser Häufigkeiten haben wir bisher einen eigenen Befehl ausgeführt. Wir können uns jedoch all diese Häufigkeiten auch in einer einzigen Tabelle ausgeben lassen.

Um diesen Vorgang etwas übersichtlicher zu machen, speichern wir die einzelnen Häufigkeiten jetzt in unterschiedlichen Objekten. Der Vorteil dieser Vorgehensweise ist, dass man die unübersichtliche Verschachtelung der Befehle vermeidet. Der Nachteil ist jedoch, dass man mehrere Schritte braucht und nicht mehr die Tabelle in einem einzigen Befehl anfordern kann.

Wir beginnen mit den absoluten Häufigkeiten. Diese Tabelle wird unter dem Namen `absolut` gespeichert:

```
> absolut <- table(wohnort.alt)
```

Anschließend erstellen wir die Tabelle der relativen Häufigkeiten. Wir verwenden dafür das eben erstellte Objekt `absolut`. Das neue Objekt bekommt den Namen `relativ`:

```
> relativ <- prop.table(absolut)
```

Als nächstes erstellen wir eine Tabelle mit den prozentualen Häufigkeiten, indem wir das Objekt `relativ` mit 100 multiplizieren. Das neue Objekt heißt `prozent`:

```
> prozent <- 100*relativ
```

Zu guter Letzt berechnen wir die kumulierten Häufigkeiten mit der `cumsum`-Funktion, den wir auf das Objekt `prozent` anwenden. Diese Werte speichern wir unter dem Namen `kumuliert` ab:

```
> kumuliert <- cumsum(prozent)
```

Wir haben jetzt vier Objekte, die die verschiedenen Häufigkeiten für die Variable `wohnort.alt` enthalten. Obwohl wir von Tabellen gesprochen haben, handelt es sich dabei genau genommen um Vektoren, also einfach um mehrere hintereinander stehende Werte. Vektoren kann man mit der `cbind`-Funktion in einem neuen Objekt zusammenfassen. Das c in der `cbind`-Funktion steht für *columns* (Spalten). Mit dieser Funktion werden also mehrere Spalten bzw. Variablen zusammengefügt. Das Pendant dazu ist die `rbind`-Funktion (r wie *rows*), mit dem man mehrere Zeilen zusammenfügt (s. auch Kap. 5).

Wir fügen nun also die bisher erstellten Objekte in einem neuen Objekt mit dem Namen `haeufigkeiten` zusammen:

```
> haeufigkeiten <- cbind(absolut, relativ, prozent,
+ kumuliert)
```

Jetzt können wir uns die Häufigkeitstabelle ausgeben lassen. In dem folgenden Beispiel haben wir die Werte der Häufigkeitstabelle auf zwei Nachkommastellen gerundet:

```
> round(haeufigkeiten,2)
         absolut relativ prozent kumuliert
alte BL       32    0.20   19.75     19.75
neue BL       26    0.16   16.05     35.80
Berlin        86    0.53   53.09     88.89
Ausland       18    0.11   11.11    100.00
```

> **Tipp**
>
> Mit der `write.table`-Funktion kann man R-Tabellen exportieren (s. Abschn. 6.5). Verwendet man Semikolons als Datenfeldtrennzeichen, Kommata als Dezimaltrennzeichen und speichert die Datei im csv-Format, so wird diese automatisch in Excel geöffnet und kann dort weiter verarbeitet werden. Mit der `print.xtable`-Funktion aus dem `xtable`-Paket (Dahl, 2009) lassen sich R-Tabellen in HTML und LaTex exportieren.

9.2 Beschreibung von Nominaldaten

Um die Verteilung von Daten zu beschreiben, werden zwei Arten von Kennwerten herangezogen: Maße der zentralen Tendenz beschreiben die Lage der Verteilung und geben den häufigsten oder typischsten Wert der Verteilung an. Dispersionsmaße geben die Unterschiedlichkeit in den Daten an und werden daher auch als Streuungsmaße bezeichnet. Welches Maß der zentralen Tendenz und welches Dispersionsmaß für bestimmte Variablen geeignet ist, hängt vom Skalenniveau dieser Variablen ab.

9.2.1 Modalwert

Bei Nominaldaten wird die zentrale Tendenz durch den Modalwert beschrieben. Der Modalwert ist die Ausprägung, die am häufigsten in der Stichprobe vorkommt. Diese Information können wir u. a. der Häufigkeitstabelle entnehmen, die wir oben schon kennen gelernt haben. Hier ist mit 86 Personen die Ausprägung „Berlin" am häufigsten vertreten:

```
> table(wohnort.alt)
wohnort.alt
 alte BL  neue BL   Berlin  Ausland
      32       26       86       18
```

Wenn eine Variable sehr viele Ausprägungen hat, kann so eine Häufigkeitstabelle jedoch schnell unübersichtlich werden, sodass wir unangemessen viel Zeit (Sekunden, wenn nicht gar Minuten) damit verbringen würden, die Kategorie mit der höchsten Häufigkeit zu suchen. Wir können den Modalwert daher auch so anfordern:

```
> which.max(table(wohnort.alt))
Berlin
     3
```

Dieser Befehl bezieht sich nicht auf die Rohdaten, sondern auf die Häufigkeitstabelle, die mit dem Befehl `table(wohnort.alt)` angefordert wurde. Die Funktion `which.max` besagt, dass die Bezeichnung der Kategorie ausgegeben werden soll, die den höchsten Wert erhalten hat, hier also die höchste absolute Anzahl an Personen.

Achtung: Die `which.max`-Funktion sollte nicht mit der `max`-Funktion verwechselt werden. Wenden wir die `max`-Funktion auf die Häufigkeitstabelle an, erhalten wir die absolute Häufigkeit für die Kategorie Berlin (hier also 86 Personen). Dies ist jedoch nicht der Modalwert!

```
> max(table(wohnort.alt))
[1] 86
```

9.2.2 Relativer Informationsgehalt

Ein geeignetes Dispersionsmaß für Nominaldaten ist der relative Informationsgehalt. Dieses Maß drückt aus, wie sehr sich die Personen auf eine der möglichen Kategorien konzentrieren. Der relative Informationsgehalt hat einen Wertebereich von Null bis Eins. Null bedeutet: Alle Personen haben dieselbe Ausprägung, es wurde nur eine einzige der möglichen Antwortkategorien gewählt, d. h. die Stichprobe ist sehr homogen. Eins bedeutet: Alle möglichen Antwortkategorien wurden gleich häufig gewählt, d. h. die Stichprobe ist sehr heterogen.

In R gibt es meines Wissens zurzeit keine Funktion für die Berechnung des relativen Informationsgehalts. Wir müssen daher auf die entsprechende Formel zurückgreifen und die Berechnung selbst durchführen. Die Formel für den relativen Informationsgehalt lautet:

$$h = -\frac{1}{\ln k} \cdot \sum_{j=1}^{k} h_j \ln h_j \qquad \text{(Formel 9.1)}$$

Dabei ist k die Anzahl der Antwortkategorien und h_j die relative Häufigkeit für eine bestimmte Antwortkategorie.

Wir geben jetzt diese Formel in R ein. Der Übersichtlichkeit halber gehen wir hierfür Schritt für Schritt vor. Wir möchten im ersten Schritt den zweiten Teil der Formel berechnen, also den Ausdruck mit dem Summenzeichen. Zunächst berechnen wir die relativen Häufigkeiten jeder der vier Antwortkategorien h_j und speichern diese relativen Häufigkeiten gleich in einem neuen Objekt ab. Dieses Objekt erhält den Namen `relhaeufig`:

```
> relhaeufig <- prop.table(table(wohnort.alt))
```

Anschließend wird jede dieser relativen Häufigkeiten mit ihrem logarithmierten Wert $\ln h_j$ multipliziert. Auch diese Werte speichern wir wieder in einem neuen Objekt mit dem Namen `term2` ab:

```
> term2 <- relhaeufig*log(relhaeufig)
```

Nun kommt das Summenzeichen ins Spiel. Wir addieren die vier Werte und speichern das Ergebnis in dem Objekt `summe` ab. Wir erhalten die folgende Ausgabe:

```
> summe <- sum(term2)
```

Gehen wir nun zum ersten Teil der Formel. Hier müssen wir die Anzahl der Antwortkategorien k logarithmieren und von diesem Wert den negativen Kehrwert bilden. Die Variable `wohnort.alt` hat vier Antwortkategorien. Wir geben daher den folgenden Befehl in R ein und speichern das Ergebnis unter dem Namen `kehrwert`:

```
> kehrwert <- -1/log(4)
```

Wir haben es fast geschafft: Wir müssen lediglich die beiden Werte `summe` und `kehrwert` multiplizieren:

```
> summe*kehrwert
[1] 0.8615026
```

All diese Rechenschritte können wir auch in einem einzigen Schritt durchführen. Dadurch wird allerdings der Befehl etwas komplizierter:

```
> (-1/log(4)) * sum(prop.table(table(wohnort.alt)) *
+ log(prop.table(table(wohnort.alt))))

[1] 0.8615026
```

Der relative Informationsgehalt beträgt .86 und ist damit relativ nah an der maximal möglichen Ausprägung dran. Das bedeutet, dass die Personen in der Gruppe recht unterschiedlich bezüglich ihres alten Wohnortes sind.

9.3 Beschreibung von Ordinaldaten

Alle statistischen Kennwerte, die man für Nominaldaten berechnen kann, sind auch für die Beschreibung von Ordinaldaten geeignet. Allerdings lassen sich Ordinaldaten noch mit weiteren Kennwerten beschreiben, die für Nominaldaten nicht zugelassen sind, wie zum Beispiel Median und Interquartilsbereich. Zudem kann man für ordinalskalierte Variablen Prozentränge bestimmen.

9.3.1 Prozentränge

Der Prozentrang einer Person drückt aus, wie viel Prozent der Stichprobe diesen oder einen geringeren Wert auf der Variablen haben. Eine Person, die für das Alter einen Prozentrang von 99.5 hat, gehört zu den ältesten Personen in ihrer Stichprobe: 99.5 % der Stichprobe sind genauso alt oder jünger, nur 0.5 % der Stichprobe sind älter.

Variable für Prozentränge erstellen
In R kann man Prozentränge mit Hilfe der `score.transform`-Funktion im Paket CTT (Willse & Shu, 2008) berechnen lassen. Dafür muss also zunächst das Paket installiert und anschließend mit der `library`-Funktion geladen werden:

```
> library(CTT)
```

Mit der `score.transform`-Funktion wird eine Ausgangsvariable in zwei neue Variablen transformiert. Die Variable `$new.scores` enthält die standardisierten Werte für diese Variable. Die Variable `$p.scores` enthält die Prozentränge, die uns hier interessieren. Wir möchten die Prozentränge für die Variable `alter` bestimmen. Dafür wenden wir die `score.transform`-Funktion auf diese Variable an und speichern die Ausgabe in einem neuen Objekt mit dem Namen `alter.transf`:

```
> alter.transf <- score.transform(alter)
```

Wenn wir nun den Namen des Objekts eingeben, werden sowohl die standardisierten Werte als auch die Prozentränge angezeigt. Wir können die Ausgabe auf die Prozentränge beschränken, indem wir die Ausdruck `$p.scores` hinter dem Namen des neuen Objekts ergänzen:

```
> alter.transf$p.scores
 [1] 0.863874346 0.073298429 0.780104712 0.926701571 ...
[13] 0.518324607 0.282722513 0.282722513 0.837696335 ...
[25] 0.518324607 0.659685864 0.429319372 0.429319372 ...
```

Im nächsten Schritt fügen wir diese Variable unseren Daten hinzu. Das geschieht mit dem folgenden Befehl (s. auch Kap. 7):

```
> erstis$prozentrang.alter <- alter.transf$p.scores
```

Mit diesem Befehl wird die Variable `p.scores` aus dem Objekt `alter.transf` zum Objekt `erstis` hinzugefügt und erhält dort den Namen `prozentrang.alter`. Wenn wir jetzt die Daten betrachten, finden wir die neue Variable am Ende des Data Frames.

Prozentrang für einzelne Personen ausgeben

Prozentränge sind vor allem dann interessant, wenn wir mehr über bestimmte Personen erfahren wollen. Im folgenden Beispiel möchten wir uns das Alter und den Prozentrang für die Person Nr. 28 (gespeichert in der Variablen `code`) ausgeben lassen. Am schnellsten geht dies über die Index-Funktion (s. Abschn. 7.1.3). Innerhalb der eckigen Klammer wird zunächst die Zeile ausgewählt (hier: die Zeile in der die Variable `code` den Wert 28 hat) und anschließend die Spalten (hier: die Spalten mit den Variablennamen `alter` und `prozentrang.alter`).

```
> erstis[code == 28, c("alter", "prozentrang.alter")]
   alter prozentrang.alter
28    21         0.2827225
```

Die Person mit dem Code 28 ist 21 Jahre alt. Der Prozentrang für das Alter ist 28.3, das heißt, ca. 28 % der Stichprobe sind gleich alt oder jünger als diese Person.

9.3.2 Median

Der Median ist der Wert, der die Daten in zwei Hälften teilt, sodass die eine Hälfte nur Daten enthält, die kleiner gleich dem Median sind, und die andere Hälfte nur Daten enthält, die größer gleich dem Median sind. Damit ist der Median geeignet, um die zentrale Tendenz einer mindestens ordinalskalierten Variablen zu beschreiben. In R kann man den Median mit der `median`-Funktion anfordern.

Wir möchten nun den Median der Variablen `stim1` berechnen. Da nicht alle Personen dieses Item beantwortet haben, liegen fehlende Werte vor. Wir fordern nun zunächst den Median an und erhalten die folgende Ausgabe:

```
> median(stim1)
[1] NA
```

Merke: Der Median (und viele andere statistische Kennwerte) wird nur berechnet, wenn keine fehlenden Werte vorkommen. Wir müssen dem Programm explizit mitteilen, dass fehlende Werte bei der Berechnung des Medians übersprungen werden sollen. Dazu ergänzen wir das Argument na.rm=TRUE (oder kurz: na.rm=T). Hier steht na für *not available values* (fehlende Werte) und rm für *remove* (entfernen).

```
> median(stim1, na.rm = TRUE)
[1] 4
```

9.3.3 Wertebereich bzw. Range

Der Wertebereich (englisch *Range*) einer Variablen ist der Bereich zwischen dem kleinsten und dem größten Wert der Stichprobe. In R kann man den Wertebereich mit der range-Funktion ausgeben lassen. Auch in dieser Funktion muss das Argument na.rm=TRUE ergänzt werden, wenn fehlende Werte vorhanden sind:

```
> range(stim1, na.rm = TRUE)
[1] 1 5
```

Die Spannweite des Wertebereichs erhält man mit der folgenden Funktion:

```
> diff(range(stim1, na.rm = TRUE))
[1] 4
```

9.3.4 Quantile

Oben haben wir den Median kennen gelernt, der die Daten in zwei gleiche Hälften teilt. Wir können stattdessen die Stichprobe aber auch in kleinere Gruppen unterteilen. Dies geschieht über Quantile.

Quartile
Quartile teilen die Stichprobe in vier gleich große Gruppen. Sie werden mit der quantile-Funktion angefordert. Im folgenden Beispiel bestimmen wir die Quartile für die Variable stim1. Da wir hier fehlende Werte haben, muss der Befehl wiederum um das Argument na.rm=TRUE ergänzt werden:

```
> quantile(stim1, na.rm = TRUE)
  0%  25%  50%  75% 100%
   1    3    4    4    5
```

Zusätzlich zu den drei Quartilen werden auch noch das Minimum (0 %) sowie das Maximum (100 %) ausgegeben. Mit der quantile-Funktion können wir also die so genannte 5-Punkte-Zusammenfassung anfordern. Dabei handelt es sich um (1) Minimum, (2) 1. Quartil, (3) Median, (4) 3. Quartil und (5) Maximum.

> **Tipp**
>
> Aus den Quartilen können wir weitere nützliche Kennwerte berechnen. Der Interquartilsbereich ist der Bereich zwischen dem 1. und 3. Quartil und wird als Dispersionsmaß für ordinalskalierte Variablen genommen. Der Interquartilsabstand ist die Differenz zwischen dem 1. und 3. Quartil. Je größer der Interquartilsabstand ist, desto stärker streuen die Werte.

Andere Quantile

Man kann die Daten nicht nur in Hälften oder Viertel aufteilen, sondern auch in andere Anteile. So teilen Dezile eine Stichprobe in zehn gleiche Teile, und Perzentile teilen eine Stichprobe in hundert gleiche Teile. Die `quantile`-Funktion gibt standardmäßig Quartile aus, man kann aber auch andere Quantile anfordern. Dazu muss das folgende Argument in dem Befehl ergänzt werden:

```
probs = seq(0, 1, x)
```

Mit der `seq`-Funktion wird eine Zahlensequenz gebildet. Das erste Argument ist der kleinste Wert, das zweite Argument ist der größte Wert der Sequenz. Das dritte Argument `x` gibt die Abstände zwischen den einzelnen Werten an. Im folgenden Beispiel fordern wir die Zahlensequenz von 0 bis 0.5 mit den Abständen 0.1 an:

```
> seq(0, .5, .1)
[1] 0.0 0.1 0.2 0.3 0.4 0.5
```

Wenn die `seq`-Funktion in das `probs`-Argument eingesetzt werden soll, so darf die Zahlensequenz nur von 0 bis 1 gehen (d. h. das erste Argument der seq-Funktion ist immer 0, das zweite Argument ist immer 1). Für `x` setzen wir die gewünschte relative Häufigkeit der einzelnen Teile an. Gibt man hier 0.25 ein, so werden vier gleich große Gruppen gebildet mit jeweils 25 % der Daten. Um Dezile anzufordern, gibt man hier 0.1 ein, sodass 10 Gruppen mit jeweils 10 % der Daten gebildet werden. Die wichtigsten Quantile sind in Tabelle 9.1 zusammengefasst. Der vollständige Befehl für Dezile lautet dann so:

```
> quantile(stim1, na.rm = TRUE, probs = seq(0, 1, 0.1))
   0%  10%  20%  30%  40%  50%  60%  70%  80%  90% 100%
    1    2    3    3    3    4    4    4    4    4    5
```

Tabelle 9.1 Häufig verwendete Quantile und ihre relativen Häufigkeiten

Quantil	Anzahl Gruppen	Relative Häufigkeit (x)
Median	2	0.5
Quartile	4	0.25
Dezile	10	0.1
Perzentile	100	0.01

9.4 Beschreibung von Intervalldaten

Die bisher vorgestellten Zentral- und Dispersionmaße lassen sich auch für die Beschreibung von Intervalldaten nutzen. Allerdings stehen uns bei intervallskalierten Variablen noch weitere Maße zur Verfügung. Als Maß der zentralen Tendenz können wir hier den Mittelwert berechnen. Als Streuungsmaße können wir die Varianz und die Standardabweichung anfordern.

Als Datenbeispiel betrachten wir hier die Variable `neuro`. Da wir nicht für alle Personen einen Neurotizismuswert berechnen konnten, müssen wir hier wieder das Argument `na.rm=TRUE` nutzen, damit fehlende Werte bei der Berechnung übersprungen werden.

9.4.1 Mittelwert

Der Mittelwert ist eines der am häufigsten verwendeten Maße in der Statistik, daher steht natürlich eine Funktion in R zur Verfügung. Für die Berechnung des Mittelwerts der Variable `extra` geben wir ein:

```
> mean(extra, na.rm = TRUE)
[1] 3.591755
```

Auch hier können wir wieder die `round`-Funktion einsetzen, um die Ausgabe auf eine bestimmte Anzahl von Nachkommastellen zu runden. In dem folgenden Beispiel runden wir auf zwei Nachkommastellen:

```
> round(mean(extra, na.rm = TRUE), 2)
[1] 3.59
```

9.4.2 Standardabweichung und Varianz

Wenn man in einem wissenschaftlichen Test den Mittelwert einer Variablen berichtet, sollte man immer auch die dazugehörige Standardabweichung angeben. Die Standardabweichung können wir mit der sd-Funktion anfordern:

```
> sd(extra, na.rm = TRUE)
[1] 0.6447224
```

Es kann wiederum sinnvoll sein, die Ausgabe mit der round-Funktion zu runden:

```
> round(sd(extra, na.rm = TRUE), 2)
[1] 0.64
```

Die Standardabweichung ist die Wurzel der Varianz. Um die Varianz anzufordern, nutzen wir die var-Funktion:

```
> var(extra, na.rm = TRUE)
[1] 0.415667
```

9.4.3 Schiefe und Exzess

Für viele statistische Tests brauchen wir normalverteilte Variablen. Verteilungen können auf zwei Arten von der Normalverteilung abweichen: Zum einen können sie asymmetrisch (linksschief oder rechtsschief) sein, d. h. der Modalwert ist nicht identisch mit dem Mittelwert. Ein Maß für diese Art der Abweichung ist die Schiefe (englisch: *skewness*). Die Schiefe wird folgendermaßen interpretiert:
- Ein Wert größer Null deutet auf eine rechtsschiefe bzw. linkssteile Verteilung hin (der Modalwert liegt links vom Mittelwert).
- Ein Wert kleiner Null deutet auf eine linksschiefe bzw. rechtssteile Verteilung hin (der Modalwert liegt rechts vom Mittelwert).
- Ein Wert von Null heißt, dass die Verteilung symmetrisch ist (Modalwert und Mittelwert sind identisch).

Zum anderen können Verteilungen zu spitz (schmalgipflig) oder zu flach (breitgipflig) sein. Ein Maß für diese Art der Abweichung ist der Exzess (englisch: *kurtosis*). Der Exzess wird folgendermaßen interpretiert:
- Ein Wert größer Null deutet auf eine schmalgipflige Verteilung hin.
- Ein Wert kleiner Null deutet auf eine breitgipflige Verteilung hin.
- Ein Wert von Null deutet auf eine Normalverteilung hin.

Die Basisversion von R enthält keine Funktionen für Schiefe und Exzess. Wir greifen daher auf das Paket QuantPsyc (Fletcher, 2012) zurück. Dieses Paket enthält die norm-Funktion, mit der sowohl die Schiefe als auch der Exzess berechnet werden.

Für die beiden Werte werden jeweils auch die Standardfehler (SE), *t*-Werte (t-val) und *p*-Werte (p) ausgegeben. Mit diesen Statistiken können wir beurteilen, ob die Abweichungen von der Normalverteilung signifikant sind.

```
> norm(extra)
          Statistic        SE      t-val          p
Skewness -0.1574637 0.1786474 -0.8814215 0.1890449
Kurtosis  0.1210099 0.3572948  0.3386837 0.3674240
```

> **Tipp**
>
> Schiefe und Exzess lassen sich besser interpretieren, wenn man zusätzlich die Verteilung graphisch darstellt, zum Beispiel mit einem Histogramm (Kap. 11).

9.4.4 Die describe-Funktion

Die bisher vorgestellten Funktionen geben jeweils nur einen statistischen Kennwert aus. Meisten möchten wir jedoch mehrere statistische Kennwerte auf einmal betrachten. So ist es beispielsweise in der Psychologie üblich, Mittelwerte immer zusammen mit Standardabweichungen zu berichten. Dafür bietet sich die describe-Funktion aus dem psych-Paket (Revelle, 2012) an. Diese Funktion gibt eine ganze Reihe von nützlichen Kennwerten auf einmal aus und kann auch auf mehrere Variablen gleichzeitig angewandt werden. Im folgenden Beispiel erstellen wir eine Tabelle mit deskriptiven Statistiken für die Variablen gewiss (Gewissenhaftigkeit) und extra (Extraversion). Zunächst muss das psych-Paket geladen werden.

```
> library(psych)
```

Nun fassen wir die beiden Variablen mit der data.frame-Funktion zusammen und wenden die describe-Funktion an:

```
> describe(data.frame(gewiss, extra))

      var   n mean   sd median trimmed  mad  min max range
neuro   1 188 3.61 0.78   3.75    3.65 0.74 1.25   5  3.75
extra   2 188 3.59 0.64   3.50    3.60 0.74 1.50   5  3.50

 skew kurtosis   se
-0.42    -0.12 0.06
-0.15     0.05 0.05
```

Diese umfangreiche Tabelle gehen wir jetzt Spalte für Spalte durch. Die erste Spalte enthält die Variablennamen. In der Spalte `var` werden die Variablen durchnummeriert. Es folgen die Anzahl gültiger Fälle für diese Variable (`n`), Mittelwert (`mean`), Standardabweichung (`sd`), Median (`median`) sowie der getrimmte Mittelwert (`trimmed`). Der getrimmte Mittelwert beruht auf Daten, aus denen die niedrigsten 10 % und die höchsten 10 % der Werte entfernt wurden. Die Spalte `mad` enthält die so genannte Median Absolute Deviation. Dabei handelt es sich um ein robustes Dispersionsmaß. In den weiteren Spalten folgen Minimum (`min`), Maximum (`max`), Spannweite des Wertebereichs (`range`), Schiefe (`skew`), Exzess (`kurtosis`) und der Standardfehler des Mittelwerts (`se`).

9.5 Die summary-Funktion

Mit der `summary`-Funktion kann man sich rasch einen Überblick über die Verteilung einer Variablen verschaffen. Anders als die meisten der oben besprochenen Funktionen verträgt die `summary`-Funktion fehlende Werte. Das Argument `na.rm=TRUE` können wir uns hier also sparen. Die `summary`-Funktion kann sowohl bei Faktoren als auch bei Vektoren angewandt werden, allerdings unterscheiden sich die Ausgaben leicht.

Im Folgenden wenden wir die `summary`-Funktion auf den Faktor `wohnort.alt` an. Wir erhalten die absoluten Häufigkeiten sowie die Anzahl der fehlenden Werte:

```
> summary(wohnort.alt)
 alte BL  neue BL   Berlin  Ausland      NA's
      32       26       86       18        29
```

Etwas anders sieht die Ausgabe aus, wenn wir die `summary`-Funktion auf einen Vektor anwenden, wie im folgenden Beispiel. Hier wird die 5-Punkte-Zusammenfassung (Minimum, 1. Quartil, Median, 3. Quartil und Maximum), der Mittelwert (`mean`) sowie die Anzahl der fehlenden Werte angegeben:

```
> summary(extra)
   Min. 1st Qu.  Median    Mean 3rd Qu.    Max.    NA's
  1.500   3.250   3.500   3.592   4.000   5.000       3
```

Eine weitere Besonderheit der `summary`-Funktion ist, dass sie auch auf den kompletten Data Frame angewendet werden kann, zum Beispiel mit `summary(erstis)`. Wir erhalten so mit nur einem einzigen Befehl die deskriptiven Statistiken für alle Variablen.

> **Tipp**
>
> Wir können die `summary`-Funktion auf mehrere Variablen gleichzeitig anwenden. Dazu müssen diese Variablen zunächst zu einem Data Frame zusammengefasst werden. Anschließend wird die `summary`-Funktion auf diesen Data Frame angewandt. In diesem Beispiel fordern wir die Zusammenfassungen für drei ausgewählte Variablen an:
>
> ```
> > summary(data.frame(extra, gewiss, vertraeg))
> ```

9.6 Gruppenvergleiche

Bisher haben wir uns die deskriptiven Statistiken für die gesamte Stichprobe angeschaut. Wir können uns aber auch deskriptive Statistiken für Untergruppen ausgeben lassen. Wir lernen hier zwei Funktionen kennen, die sich dafür eignen: die `describeBy`-Funktion sowie die `tapply`-Funktion.

9.6.1 Die describeBy-Funktion

Mit der `describeBy`-Funktion aus dem `psych`-Paket (Revelle, 2012) werden dieselben statistischen Kennwerte wie mit der `describe`-Funktion (s. Abschn. 9.4.4) ausgegeben, nur getrennt für bestimmte Untergruppen. In diesem Beispiel fordern wir deskriptive Statistiken für die Variable `extra` getrennt für Frauen und Männer an:

```
> describeBy(extra, geschl)

group: weiblich
   var   n mean   sd median trimmed  mad min max range  skew
1    1 113 3.61 0.64    3.5    3.62 0.74   2   5     3 -0.18
  kurtosis   se
     -0.11 0.06
-----------------------------------------------------------
group: männlich
   var  n mean   sd median trimmed  mad min max range  skew
1    1 55  3.5 0.68    3.5     3.5 0.74 1.5   5   3.5 -0.11
  kurtosis   se
      0.13 0.09
```

Ein kleiner Nachteil dieser Ausgabe ist, dass die deskriptiven Statistiken nicht in Tabellenform dargestellt werden (zu erkennen u. a. an der horizontalen Linie) und daher nicht einfach als csv-Datei exportiert werden können. Um die Ergebnisse in Tabellenform darzustellen, ergänzen wir das Argument mat = TRUE:

```
> describeBy(extra, geschl, mat = TRUE)
```

Wie in der describe-Funktion können wir auch hier deskriptive Statistiken für mehrere Variablen anfordern, indem wir diese Variablen mit der data.frame-Funktion zusammenfassen und als erstes Argument aufführen.

Außerdem ist es möglich, mehrere Variablen für die Definition der Untergruppen zu verwenden. Im nächsten Beispiel werden die deskriptiven Statistiken der Variablen extra für jede mögliche Kombination der Variablen geschl (weiblich vs. männlich) und berlin (ja = wohnt in Berlin, nein = wohnt nicht in Berlin) ausgegeben, insgesamt also für vier Gruppen. Die Gruppenvariablen müssen dafür mit der list-Funktion (nicht mit der data.frame-Funktion!) zusammengefasst werden:

```
> describeBy(extra, list(geschl, berlin), mat = T)

    item  group1    group2  var  n     mean        sd  median
11     1 weiblich      ja    1  92 3.619565 0.6676166   3.625
12     2 männlich      ja    1  49 3.428571 0.6208194   3.500
13     3 weiblich    nein    1  16 3.546875 0.4584280   3.500
14     4 männlich    nein    1   5 4.250000 0.8660254   4.500

    trimmed      mad min max range
11 3.635135 0.555975 2.0 5.0   3.0
12 3.457317 0.741300 1.5 4.5   3.0
13 3.517857 0.370650 3.0 4.5   1.5
14 4.250000 0.741300 3.0 5.0   2.0

        skew   kurtosis          se
11 -0.2141340 -0.1992321 0.06960384
12 -0.4946173  0.1526528 0.08868848
13  0.4107645 -0.8886500 0.11460701
14 -0.3752777 -1.8833333 0.38729833
```

9.6.2 Die tapply-Funktion

Wenn wir einmal Gruppenvergleiche für andere als die in der describeBy-Funktion vorhandenen statistischen Kennwerte brauchen, müssen wir auf die tapply-Funktion zurückgreifen. Mit dieser Funktion wird eine bestimmte statistische Funktion auf eine Menge von Variablen angewandt (`apply`) und das Ergebnis in einer Tabelle (`t` in `tapply`) dargestellt. Die Funktion hat die folgende Form:

```
> tapply(av, uv, funktion)
```

`av` steht hier für abhängige Variable, d. h. hier wird der Name der Variablen eingefügt, für die die statistischen Kennwerte berechnet werden sollen. `uv` steht für unabhängige Variable, in unserem Fall also die Variable(n), die die Gruppen definiert bzw. definieren. Diese Variable sollte in R als Faktor angelegt sein. Bei `funktion` gibt man die Funktion ein, die auf die Daten angewandt werden soll. Dabei können dieselben Funktionen eingesetzt werden, die wir oben kennen gelernt haben. Im folgenden Beispiel werden die Mittelwerte der Variablen `extra` getrennt für Frauen und Männer (definiert durch den Faktor `geschl`) ausgegeben.

```
> tapply(extra, geschl, mean, na.rm=TRUE)
weiblich männlich
3.612832 3.495455
```

Das erste Argument der `tapply`-Funktion ist die Variable `extra`, für die Mittelwerte berechnet werden sollen. Das zweite Argument bezieht sich auf die Variable Geschlecht, hiermit wird also ausgedrückt, dass für jede Ausprägung dieser Variable (hier Frauen und Männer) separate Mittelwerte berechnet werden sollen. Das dritte Argument ist die statistische Funktion, hier `mean` für Mittelwert. Das vierte Argument ist das übliche `na.rm=TRUE`, das ausdrückt, dass fehlende Werte übersprungen werden sollen.

Ein Vorteil der `tapply`-Funktion gegenüber der `describeBy`-Funktion ist, dass hier auch andere Funktionen angewandt werden können. Beispielsweise können wir die `summary`-Funktion einsetzen. Da die `summary`-Funktion mit fehlenden Werten umgehen kann, können wir uns hier das Argument `na.rm=TRUE` ersparen:

```
> tapply(extra, geschl, summary)
$weiblich
   Min. 1st Qu.  Median    Mean 3rd Qu.    Max.    NA's
  2.000   3.250   3.500   3.613   4.000   5.000       2

$männlich
   Min. 1st Qu.  Median    Mean 3rd Qu.    Max.
  1.500   3.000   3.500   3.495   4.000   5.000
```

Auch bei der `tapply`-Funktion können wir mehrere Faktoren miteinander kombinieren und uns die Mittelwerte für jede Kombination ausgeben lassen. Im folgenden Beispiel kombinieren wir wieder die Faktoren `geschl` mit den Ausprägungen weiblich und männlich und `berlin` mit den Ausprägungen ja und nein und lassen uns für jede dieser vier Gruppen den Mittelwert ausgeben:

```
> tapply(extra, data.frame(geschl,berlin), mean, na.rm=TRUE)
         berlin
geschl         ja      nein
  weiblich 3.619565 3.546875
  männlich 3.428571 4.250000
```

9.7 Univariate deskriptive Statistiken im R Commander

Viele der oben vorgestellten deskriptiven Statistiken kann man im R Commander über das Menü anfordern. Wir stellen hier die vier Optionen vor, die über das Menü STATISTIK → DESKRIPTIVE STATISTIK erreichbar sind.

Mit der Option STATISTIK → DESKRIPTIVE STATISTIK → AKTIVE DATENMATRIX wird die `summary`-Funktion auf die gesamte aktive Datenmatrix angewandt (s. Abschn. 9.5). Wenn wir diese Option für den Data Frame `erstis` wählen, werden uns die Zusammenfassungen für Dutzende von Variablen angegeben.

Für nominalskalierte Variablen bzw. für Faktoren steht die Option STATISTIK → DESKRIPTIVE STATISTIK → HÄUFIGKEITSVERTEILUNG zur Verfügung. Mit dieser Option werden absolute und prozentuale Häufigkeiten für die ausgewählte Variable angefordert. Darüber hinaus kann man hier einen chi^2-Anpassungstest anfordern. Diesen Test werden wir in Kapitel 18 besprechen.

Über die Option STATISTIK → DESKRIPTIVE STATISTIK → ZUSAMMENFASSUNG NUMERISCHER VARIABLEN können wir deskriptive Statistiken für alle Variablen anfordern, die als numerische Vektoren definiert sind. Als deskriptive Statistiken stehen der Mittelwert, die Standardabweichung sowie Quantile zur Auswahl. Für diese Statistiken können wir auch Gruppenvergleiche anfordern. Dazu müssen wir auf den Schalter ZUSAMMENFASSUNG NACH GRUPPEN klicken. In dem sich öffnenden Fenster können wir eine Variable als Gruppierungsvariable auswählen. Hier werden nur Variablen angezeigt, die als Faktoren definiert sind. Über diese Menüoption wird die `numSummary`-Funktion angewandt. Diese Funktion ist eine Variante der `summary`-Funktion und kann nur auf numerische Daten angewandt werden. Sie ist nur im `Rcmdr`-Paket verfügbar. Nähere Informationen zu dieser Funktion erhält man mit `help(numSummary)`.

Wir haben oben schon eine Option kennen gelernt, mit der man im R Commander Gruppenvergleiche für einige ausgewählte deskriptive Statistiken anfordern kann. Etwas flexibler ist die Option STATISTIK → DESKRIPTIVE STATISTIK → TABELLE MIT STATISTIKEN, mit der die `tapply`-Funktion angewandt wird. Mit dieser Option kann man auch Gruppenvergleiche mit mehreren Faktoren durchführen (vgl. Abschn. 9.6.2) und andere als nur die üblichen statistischen Kennwerte anfordern.

9.8 Statistische Funktionen im Überblick

Funktion	Beschreibung
`which.max(x)`	Gibt die Kategorie eines Objekts an, die den höchsten Wert hat. Ist das Objekt eine Häufigkeitstabelle, entspricht dieser Wert dem Modalwert.
`which.min(x)`	Gibt die Kategorie eines Objekts an, die den niedrigsten Wert hat.
`max(x)`	Gibt den höchsten Wert in einem Objekt an.
`min(x)`	Gibt den niedrigsten Wert in einem Objekt an.
`sum(x)`	Gibt die Summe aller in einem Objekt enthaltenen Werte an.
`median(x)`	Gibt den Median aller Werte in einem Objekt an.
`range(x)`	Gibt den Wertebereich eines Objekts an.
`quantile(x)`	Gibt Minimum, Maximum sowie die drei Quartile eines Vektors an.
`quantile(x, probs= seq(0,1,y))`	Gibt die Quantile an, die die Werte eines Vektors x in gleich große Gruppen mit einer relativen Gruppengröße von y teilen.
`mean(x)`	Gibt den Mittelwert aller Werte in einem Objekt an.
`sd(x)`	Gibt die Standardabweichung aller Werte in einem Objekt an.
`var(x)`	Gibt die Varianz aller Werte in einem Objekt an.
`norm(x)`	Gibt Schiefe und Exzess einer Variablen an.
`describe()`	Gibt eine Reihe nützlicher statistischer Kennwerte an.
`describeBy()`	Gibt dieselben statistischen Kennwerte wie die describe-Funktion an, allerdings getrennt für bestimmte Gruppen.
`summary(x)`	Flexible Funktion zur Zusammenfassung von Objekten. Handelt es sich bei dem Objekt um einen Data Frame, Vektoren oder Faktoren werden deskriptive Statistiken ausgegeben. Handelt es sich bei dem Objekt um ein statistisches Modell, werden die Ergebnisse der Analyse ausgegeben.
`na.rm=TRUE`	Argument für statistische Funktionen. Zeigt an, dass fehlende Werte bei der Anwendung der Funktion übersprungen werden sollen.

9.9 Weitere Funktionen

Funktion	Beschreibung
`table(x)`	Erstellt eine Häufigkeitstabelle für eine Variable.
`sort(x)`	Gibt die Elemente eines Objekts in aufsteigender Reihenfolge wieder.
`prop.table(tabelle)`	Gibt die relativen Häufigkeiten einer Häufigkeitstabelle wieder.
`round(objekt, x)`	Rundet alle Werte eines Objekts auf *x* Nachkommastellen.
`cumsum(tabelle)`	Gibt die kumulierten Häufigkeiten einer Häufigkeitstabelle an.
`score.transform(x)$p.scores`	Gibt die Prozentränge einer Variablen an.
`tapply(av, uv, funktion)`	Wendet eine bestimmte Funktion auf die abhängige Variable *av* an, und zwar getrennt für jede Ausprägung der unabhängigen Variable *uv*. Die Ergebnisse werden als Tabelle ausgegeben.

9.10 Übungen

Diese Übungen beziehen sich auf den Datensatz `erstis.RData`. Eine ausführliche Beschreibung dieses Datensatzes finden Sie im Anhang A: Datensätze.

(1) Erstellen Sie eine Tabelle mit den prozentualen Häufigkeiten für die Variable `gruppe`. Sortieren Sie die Ausgabe in aufsteigender Reihenfolge.
(2) Berechnen Sie ein sinnvolles Maß der zentralen Tendenz und ein sinnvolles Dispersionsmaß für den Faktor `gruppe`.
(3) Erstellen Sie eine Tabelle, die die absoluten, relativen, prozentualen und kumulierten Häufigkeiten für die Variable `stim4` enthält. Runden Sie die Werte auf eine Nachkommastelle.
(4) Bestimmen Sie den Modalwert und den Wertebereich der Variablen gute vs. schlechte Stimmung (`gs.1`).
(5) Beschreiben Sie die Stichprobe anhand der Variablen Geschlecht (`geschl`) und Alter (`alter`), indem Sie die folgenden Fragen beantworten: (a) Wie viele Frauen haben an der Befragung teilgenommen? (b) Wie hoch ist der Frauenanteil an der Stichprobe? (c) Wie alt sind die Teilnehmer im Durchschnitt? (d) Wie hoch ist die Standardabweichung für das Alter?
(6) Legen Sie die Prozentränge für die Variable Neurotizismus (`neuro`) in einer neuen Variablen an. Welchen Prozentrang hat die 59. Person?

(7) Berechnen Sie alle sinnvollen Maße der zentralen Tendenz für die ordinalskalierte Variable `stim5`.
(8) Erstellen Sie eine 5-Punkte-Zusammenfassung für die Variable Verträglichkeit (`vertraeg`).
(9) Verwenden Sie die `describe`-Funktion aus dem `psych`-Paket, um deskriptive Statistiken für die intervallskalierte Variable Lebenszufriedenheit (`lz.1`) zu berechnen.
(10) Berechnen Sie deskriptive Statistiken für die Big Five (`neuro`, `extra`, `gewiss`, `vertraeg`, `intell`) in einem einzigen Befehl.
(11) Verwenden Sie die `describeBy`-Funktion aus dem `psych`-Paket, um die mittlere Lebenszufriedenheit (`lz.1`) getrennt für Frauen und Männer (`geschl`) zu berechnen.
(12) Wie hoch ist die mittlere Lebenszufriedenheit (`lz.1`) bei Personen, die keine Kinder (`kinder`) und keinen Job (`job`) haben? Verwenden Sie die `tapply`-Funktion.

10 Bivariate deskriptive Statistiken

In diesem Kapitel behandeln wir geeignete Tabellen und statistische Maße für zwei Variablen. Für die Beschreibung von zwei nominal- oder ordinalskalierten Variablen werden häufig Kontingenztabellen (auch als Kreuztabellen bekannt) erstellt (Abschn. 10.1). Um die Beziehung zwischen zwei Variablen zu quantifizieren, stehen verschiedene Zusammenhangsmaße zur Verfügung. Das bekannteste Zusammenhangsmaß ist die Produkt-Moment-Korrelation (Abschn. 10.2). Dieses Zusammenhangsmaß darf jedoch nur verwendet werden, wenn beide Variablen metrisch skaliert sind. Für nicht-metrische Variablen gibt es alternative Zusammenhangsmaße (Abschn. 10.3). Die Beispiele in diesem Kapitel beziehen sich auf den Datensatz `erstis.RData` (s. Anhang A: Datensätze). Um die Befehle zu verkürzen, haben wir diesen Datensatz mit der `attach`-Funktion aktiviert (s. Abschn. 7.1.1).

10.1 Kontingenztabellen

Kontingenz- bzw. Kreuztabellen sind eine besondere Form von Häufigkeitstabellen. In Kontingenztabellen werden alle Ausprägungen *mehrerer* Variablen miteinander kombiniert und für jede mögliche Kombination die Häufigkeit angegeben. Im folgenden Beispiel möchten wir wissen, wie viele Frauen und Männer jeweils in Berlin oder außerhalb Berlins wohnen. Wir haben zwei Variablen (`geschl` und `berlin`) mit jeweils zwei Ausprägungen (weiblich und männlich bzw. ja und nein). Ähnlich wie bei den eindimensionalen Häufigkeitstabellen unterscheidet man auch hier zwischen absoluten und relativen Häufigkeiten sowie Prozentwerten.

10.1.1 Absolute Häufigkeiten

Eindimensionale Häufigkeitstabellen lassen sich in R mit der `table`-Funktion anfordern (s. Abschn. 9.1). Wenden wir diese Funktion auf zwei Variablen an, werden die Ausprägungen der ersten Variablen in den Zeilen und die Ausprägungen der zweiten Variablen in den Spalten dargestellt:

```
> table(berlin, geschl)
       geschl
berlin  weiblich  männlich
   ja        94        49
   nein      16         5
```

Darüber hinaus kann man die Zeilen- und Spaltensummen sowie die Gesamthäufigkeit anfordern. Am schnellsten geht das mit der `addmargins`-Funktion:

```
> addmargins(table(berlin, geschl))
       geschl
berlin  weiblich männlich Sum
   ja         94       49 143
   nein       16        5  21
   Sum       110       54 164
```

Alternativ kann man die Zeilen- und Spaltensummen auch separat anfordern. Für die Zeilensumme bietet sich die `rowSums`-Funktion an. Die entsprechende Funktion für die Spaltensumme lautet `colSums` (`col` steht für *column*, der englische Begriff für Spalte):

```
> rowSums(table(berlin, geschl))
 ja nein
143   21

> colSums(table(berlin, geschl))
weiblich männlich
     110       54
```

10.1.2 Relative Häufigkeiten und Prozentwerte

Im vorherigen Kapitel wurde gezeigt, wie man relative Häufigkeiten und Prozentwerte anfordern kann und wie man diese Werte rundet. Diese Funktionen lassen sich genauso auf Kontingenztabellen anwenden. Bei Kontingenztabellen kommt aber noch eine Besonderheit dazu: Wir haben die Auswahl zwischen verschiedenen relativen Häufigkeiten, je nachdem, welchen Wert man als Referenz nimmt. Man hat die Wahl zwischen
- Gesamthäufigkeit
- Zeilensumme
- Spaltensumme

Relative Häufigkeiten in Bezug zur Gesamthäufigkeit
Diese relativen Häufigkeiten in Bezug zur Gesamthäufigkeit erhält man, wenn man die `prop.table`-Funktion wie gewohnt auf die Tabelle anwendet:

```
> prop.table(table(berlin, geschl))
      geschl
berlin    weiblich   männlich
   ja   0.57317073 0.29878049
   nein 0.09756098 0.03048780
```

Wenn man nun noch die `addmargins`-Funktion auf diesen Befehl anwendet, erhält man zusätzlich die relativen Zeilen- und Spaltenhäufigkeiten sowie die relative Gesamthäufigkeit, die natürlich den Wert 1 haben sollte:

```
> addmargins(prop.table(table(berlin, geschl)))
      geschl
berlin    weiblich   männlich         Sum
   ja   0.57317073 0.29878049 0.87195122
   nein 0.09756098 0.03048780 0.12804878
   Sum  0.67073171 0.32926829 1.00000000
```

Multipliziert man diesen Ausdruck mit 100, erhält man die entsprechenden Prozentwerte. Um die Tabelle übersichtlicher zu machen, kann man die Werte mit der `round`-Funktion runden.

Relative Häufigkeiten in Bezug zur Zeilensumme

Um die Häufigkeiten in Bezug auf die Zeilensumme anzufordern, wird die `prop.table`-Funktion um das Argument 1 erweitert. Wenn man diese relativen Häufigkeiten innerhalb einer Zeile addiert, erhält man den Wert 1:

```
> prop.table(table(berlin, geschl), 1)
      geschl
berlin   weiblich  männlich
   ja   0.6573427 0.3426573
   nein 0.7619048 0.2380952
```

Anstelle der relativen Häufigkeiten kann man auch direkt die Prozentwerte anfordern. Dafür steht die `rowPercent`-Funktion im `abind`-Paket (Plate & Heiberger, 2011) zur Verfügung. Dieses Paket wird automatisch installiert, wenn das `Rcmdr`-Paket zum ersten Mal geladen wird. Beide Pakete müssen zunächst geladen werden.

```
> library(Rcmdr)
> library(abind)
```

```
> rowPercents(table(berlin, geschl))
       geschl
berlin  weiblich männlich Total Count
   ja       65.7     34.3   100   143
   nein     76.2     23.8   100    21
```

In der Ausgabe werden für jede Zeile die Prozentwerte angegeben. In der Spalte `Total` können wir die Summe der Prozentwerte für jede Zeile ablesen. Wenig überraschend sind diese Summen in jeder Zeile genau 100. In der Spalte `Count` werden zusätzlich die absoluten Zeilenhäufigkeiten angegeben.

Relative Häufigkeiten in Bezug zur Spaltensumme

Um die Häufigkeiten in Bezug auf die Spaltensumme anzufordern, wird die `prop.table`-Funktion um das Argument `2` erweitert. Wenn man diese relativen Häufigkeiten innerhalb einer Spalte addiert, erhält man den Wert 1:

```
> prop.table(table(berlin, geschl), 2)
       geschl
berlin    weiblich    männlich
   ja    0.8545455   0.9074074
   nein  0.1454545   0.0925926
```

Die `colPercents`-Funktion ist das Pendant zur `rowPercents`-Funktion. Mit dieser Funktion kann man direkt die Spaltenprozentwerte anfordern und erhält darüber hinaus die absoluten Häufigkeiten für die einzelnen Spalten:

```
> colPercents(table(berlin, geschl))
       geschl
berlin  weiblich  männlich
   ja       85.5      90.7
   nein     14.5       9.3
   Total   100.0     100.0
   Count   110.0      54.0
```

> **Tipp**
>
> Obwohl Kontingenztabellen meist für nominal- oder ordinalskalierte Variablen erstellt werden, kann man auch metrische Variablen verwenden. Die dabei entstehenden Tabellen können unter Umständen aber sehr groß ausfallen. Probieren Sie dies einmal mit der Kombination der Variablen `alter` und `abi` aus!

10.1.3 Mehrdimensionale Kontingenztabellen

Man kann auch drei oder mehr Variablen in Kontingenztabellen miteinander kombinieren. Dafür erweitert man den Befehl um den entsprechenden Variablennamen. R teilt die eigentlich dreidimensionale Tabelle in mehrere zweidimensionale Kontingenztabellen auf. Das heißt konkret, dass für jede Ausprägung der Variablen, die als letztes aufgeführt ist, eine eigene Kontingenztabelle erstellt wird, in der die beiden anderen Variablen kombiniert werden.

In dem folgenden Beispiel wurden die drei Variablen berlin, wohnort.alt und geschl eingegeben. Die Variable geschl wird in dem Befehl als letzte aufgeführt, daher erhalten wir in der Ausgabe zwei Kontingenztabellen, eine für die Frauen und eine für die Männer:

```
> table(berlin, wohnort.alt, geschl)
, , geschl = weiblich

       wohnort.alt
berlin  alte BL neue BL Berlin Ausland
   ja       19       9     52       9
   nein      4       6      2       3

, , geschl = männlich

       wohnort.alt
berlin  alte BL neue BL Berlin Ausland
   ja        7       6     28       4
   nein      1       3      1       0
```

> **Tipp**
>
> In SPSS kann man sich eine Kontingenztabelle ausgeben lassen, die alle beobachteten und erwarteten Häufigkeiten sowie die verschiedenen relativen Häufigkeiten enthält. Eine ähnliche Kontingenztabelle erhält man mit der CrossTable-Funktion aus dem gmodels-Paket (Warnes, 2012a). In dieser Funktion muss neben den Variablen auch das Argument format="SPSS" aufgeführt sein.

10.2 Zusammenhangsmaße für metrische Variablen

Der Zusammenhang zwischen metrischen Variablen kann über die Produkt-Moment-Korrelation nach Pearson sowie über die Kovarianz quantifiziert werden. Wir stellen hier beide Zusammenhangsmaße vor.

10.2.1 Produkt-Moment-Korrelation

In R haben wir mehrere Möglichkeiten, die Pearson-Korrelation anzufordern. Wir stellen hier die Funktionen `cor` und `cor.test` vor, die jeweils in der Basisversion von R enthalten sind. Wir lernen außerdem die `corr.test`-Funktion aus dem `psych`-Paket (Revelle, 2012) kennen.

cor-Funktion

Mit der `cor`-Funktion wird die Korrelation zwischen zwei oder mehreren Variablen ausgegeben. Wir berechnen nun die bivariaten Korrelationen zwischen den Variablen Abiturjahrgang (`abi`), Alter (`alter`) und der Zufriedenheit mit den Studieninhalten (`zuf.inh.1`). Zunächst speichern wir diese drei Variablen in einem neuen Objekt:

```
> auswahl <- data.frame(alter, abi, zuf.inh.1)
```

Wir wenden nun die `cor`-Funktion auf dieses neue Objekt an.

```
> cor(auswahl)
          alter abi zuf.inh.1
alter         1  NA        NA
abi          NA   1        NA
zuf.inh.1    NA  NA         1
```

Warum erhalten wir keine Korrelationskoeffizienten, sondern lediglich das Ergebnis NA? Wie schon bei den univariaten deskriptiven Statistiken ist diese Ausgabe ein Zeichen dafür, dass mindestens eine der Variablen fehlende Werte enthält. Bei den univariaten deskriptiven Statistiken haben wir in diesem Fall das Argument `na.rm=TRUE` ergänzt (Abschn. 9.4). Bei der `cor`-Funktion müssen wir stattdessen das Argument `use` verwenden. Wir haben die Auswahl zwischen `use="pairwise"` und `use="complete"`:

- `use="pairwise"`. Für jede bivariate Korrelation werden alle Fälle verwendet, die gültige Werte auf diesen zwei Variablen haben – unabhängig davon, ob sie auf den anderen Variablen in der Korrelationsmatrix fehlende Werte haben. Dabei kann es vorkommen, dass die einzelnen Korrelationskoeffizienten auf unterschiedlichen Stichproben basieren. In SPSS kennt man diese Option unter dem Begriff *pairwise deletion*.
- `use="complete"`. Es werden nur die Personen berücksichtigt, die auf allen in der Korrelationsmatrix enthaltenen Variablen gültige Werte haben. Dadurch basieren alle Korrelationskoeffizienten auf derselben Stichprobe. In SPSS kennt man diese Option unter dem Begriff *listwise deletion*.

In diesem Beispiel haben wir die `complete`-Option gewählt:

```
> cor(auswahl, use = "complete")
              alter         abi      zuf.inh.1
alter     1.0000000  -0.82564797  -0.11802470
abi      -0.8256480   1.00000000   0.09585762
zuf.inh.1 -0.1180247   0.09585762   1.00000000
```

corr.test-Funktion

Mit der `cor`-Funktion werden nur die Korrelationskoeffizienten ausgegeben. Wir erhalten weder Informationen zur Stichprobengröße noch zum p-Wert. Diese statistischen Angaben lassen sich mit der `corr.test`-Funktion anfordern, die im Paket `psych` (Revelle, 2012) enthalten sind. Zunächst muss also dieses Paket geladen werden. Anschließend können wir die `corr.test`-Funktion auf die drei Variablen anwenden:

```
> corr.test(auswahl)

Call:corr.test(x = auswahl)

Correlation matrix
          alter   abi  zuf.inh.1
alter      1.00 -0.83      -0.12
abi       -0.83  1.00       0.10
zuf.inh.1 -0.12  0.10       1.00

Sample Size
          alter abi zuf.inh.1
alter       176 169       167
abi         169 169       163
zuf.inh.1   167 163       167

Probability values (Entries above the diagonal are adjusted
for multiple tests.)
          alter  abi  zuf.inh.1
alter      0.00 0.00       0.24
abi        0.00 0.00       0.24
zuf.inh.1  0.12 0.22       0.00
```

Die Ausgabe besteht aus drei Teilen:
- **Korrelationsmatrix**: Die Korrelationskoeffizienten für alle bivariaten Variablenkombinationen.
- **Stichprobengröße**: Anzahl der Fälle (hier: Personen), die in die Berechnung der jeweiligen Koeffizienten eingeflossen sind.

▶ *p*-**Werte**: Der *p*-Wert für den jeweiligen Korrelationskoeffizienten. Die *p*-Werte unterhalb der Diagonalen beruhen auf den „normalen" bivariaten Tests. Bei den *p*-Werten oberhalb der Diagonalen wurde eine Korrektur für multiple Tests durchgeführt, sodass diese *p*-Werte immer größer sind als die *p*-Werte unterhalb der Diagonalen.

Jede dieser Tabellen lässt sich auch einzeln anfordern. Das ist besonders dann praktisch, wenn man die Korrelationsmatrix mit einer Tabelle mit univariaten deskriptiven Statistiken verbinden möchte. Um bestimmte Tabellen anzufordern, verwenden wir das Dollarzeichen, das allgemein zur Auswahl von Elementen aus Objekten verwendet wird (s. Abschn. 7.1.2). In diesem Beispiel lassen wir uns nur die Koeffizienten ausgeben:

```
> corr.test(auswahl)$r
              alter         abi     zuf.inh.1
alter     1.0000000  -0.83022112  -0.12023710
abi      -0.8302211   1.00000000   0.09585762
zuf.inh.1 -0.1202371   0.09585762   1.00000000
```

Mit `$n` erhalten wir die Tabelle mit den Stichprobengrößen und mit `$p` erhalten wir die Tabelle mit den *p*-Werten. Wir können uns außerdem die *t*-Werte für jeden Test anzeigen lassen mit `$t`.

Standardmäßig verwendet die `corr.test`-Funktion paarweisen Fallausschluss. Wenn wir stattdessen listenweisen Fallausschluss bevorzugen, können wir wie bei der `cor`-Funktion das Argument `use = "complete"` verwenden.

> **Tipp**
>
> Tabellen mit deskriptiven Statistiken sollten in keiner empirischen Studie fehlen. Eine solche Tabelle enthält typischerweise die Mittelwerte, Standardabweichungen und Interkorrelationen der in der Studie verwendeten Variablen. Um so eine Tabelle in R zu erstellen, berechnen wir zunächst die deskriptiven Statistiken und die Korrelationen und speichern die Ausgaben jeweils als neue Objekte ab. Wir verwenden hier die `describe`-Funktion und die `corr.test`-Funktion aus dem `psych`-Paket:
>
> ```
> > d <- describe(auswahl)
> > c <- corr.test(auswahl)$r
> ```
>
> Anschließend fügen wir diese Objekte in einer neuen Tabelle zusammen, die wir ebenfalls als Objekt speichern. Die Mittelwerte und Standardabweichungen können wir mit `d$mean` bzw. `d$sd` anfordern.
>
> ```
> > t <- cbind(M = d$mean, SD = d$sd, c)
> ```
>
> Im letzten Schritt exportieren wir die Tabelle als csv-Datei, sodass wir sie nun in Excel öffnen und ggf. weiter bearbeiten können. Mit der `write.csv2`-Funktion werden automatisch Semikolons als Datenfeldtrennzeichen und Kommata als

Dezimaltrennzeichen verwendet, sodass diese Datei in der deutschsprachigen Excel-Version problemlos dargestellt wird.

```
> write.csv2(t, file = "Deskriptive Statistiken.csv")
```

cor.test-Funktion

Die `cor.test`-Funktion ist wie die `cor`-Funktion in der Basisversion von R enthalten. Sie hat gegenüber der `corr.test`-Funktion aus dem `psych`-Paket den Vorteil, dass nicht nur der *p*-Wert, sondern auch der dazugehörige *t*-Wert, die Freiheitsgrade und das 95 %-Konfidenzintervall für den Korrelationskoeffizienten ausgegeben werden. Die Funktion hat allerdings auch einen entscheidenden Nachteil: Sie kann nur auf zwei Variablen, nicht auf eine ganze Korrelationsmatrix angewandt werden. Möchte man für eine Reihe von Korrelationskoeffizienten einen statistischen Test durchführen, müsste man dies in einzelnen Schritten machen. Da dies sehr zeitaufwändig werden kann, ist in diesem Fall die `corr.test`-Funktion zu bevorzugen.

In der `cor.test`-Funktion werden die zwei interessierenden Variablen als Argumente aufgenommen. Personen mit fehlenden Werten werden automatisch ausgeschlossen, sodass wir das `use`-Argument hier nicht brauchen:

```
> cor.test(abi, alter)

    Pearson's product-moment correlation

data:  abi and alter
t = -19.2468, df = 167, p-value < 2.2e-16
alternative hypothesis: true correlation is not equal to 0
95 percent confidence interval:
 -0.8719051 -0.7765915
sample estimates:
      cor
-0.8302211
```

In dem Beispiel oben wurde überprüft, ob der Korrelationskoeffizient ungleich Null ist (`alternative hypothesis: true correlation is not equal to 0`), das heißt, es wurde eine ungerichtete Hypothesen geprüft. Die `cor.test`-Funktion bietet uns außerdem die Möglichkeit, gerichtete Hypothesen zu testen. Wenn wir das Argument `alternative="less"` ergänzen, wird überprüft, ob die Korrelation kleiner als Null ist. Mit dem Argument `alternative="greater"` überprüfen wir, ob die Korrelation größer als Null ist. Diese zweite Art der gerichteten Hypothese haben wir im folgenden Beispiel für den Zusammenhang zwischen `alter` und `abi` formuliert:

```
> cor.test(abi, alter, alternative="greater")
```

> **Tipp**
>
> Bei sehr kleinen Zahlen verwendet R gerne die so genannte wissenschaftliche Notation. Im Beispiel oben wird der *p*-Wert mit 2.2e-16 dargestellt, was mit 2.2×10^{-16} übersetzt wird. Man kann wissenschaftliche Notationen unterdrücken, indem man den folgenden Befehl anwendet:
>
> ```
> > options(scipen=999)
> ```
>
> scipen steht für *Scientific Penalty*. Der Wert 999 drückt aus, dass nur dann wissenschaftliche Notation verwendet werden soll, wenn die herkömmliche Notation mehr als 999 Stellen *zusätzlich* in Anspruch nimmt. Da dies so gut wie nie vorkommt, wird damit die wissenschaftliche Notation vollständig unterdrückt.
>
> Wenn wir diese Option aktivieren und anschließend den cor.test-Befehl von oben wiederholen, erhalten wir für den folgenden *p*-Wert:
>
> ```
> p-value < 0.00000000000000022
> ```

10.2.2 Kovarianz

Die Kovarianz ist ein unstandardisiertes Zusammenhangsmaß, das heißt, sie hat keinen festgelegten Wertebereich wie die Korrelation. In R kann man die Kovarianz mit der cov-Funktion anfordern. Diese Funktion ist sehr ähnlich zur cor-Funktion, die wir im vorherigen Abschnitt besprochen haben. Auch bei der cov-Funktion muss das use-Argument ergänzt werden, wenn fehlende Werte auf einer der Variablen vorliegen. Für die Kovarianz zwischen Alter und Abijahrgang erhalten wir das folgende Ergebnis:

```
> cov(alter, abi, use = "complete")
[1] -45.54853
```

Wir erhalten in unserem Beispiel eine negative Kovarianz, das heißt, je kleiner der Wert für das Abijahr, desto älter sind die Personen. Anders als bei der Korrelation sagt uns die Kovarianz aber nichts über die Stärke des Zusammenhangs aus, da die Ausgangsmetrik der beiden Variablen hier noch einfließt. Verwendet man stattdessen standardisierte Werte, erhält man die Korrelation.

Wenn man für mehr als zwei Variablen die Kovarianzen berechnen möchte, kann man sich dafür wieder eine Matrix erstellen lassen, die der oben vorgestellten Korrelationsmatrix ähnelt. Zunächst speichern wir Variablen in einem neuen Objekt:

```
> auswahl <- data.frame(alter, abi, zuf.inh.1)
```

Anschließend wenden wir die cov-Funktion auf diesen Data Frame an. Genau wie der cor-Funktion müssen wir auch hier mit dem Argument use wieder den Umgang mit fehlenden Werten festlegen:

```
> cov(auswahl, use = "pairwise")
              alter         abi      zuf.inh.1
alter      44.3791883  -45.5485348  -0.5068898
abi       -45.5485348   65.9804170   0.4922997
zuf.inh.1  -0.5068898    0.4922997   0.3955382
```

Eine solche Matrix nennt man auch Varianz-Kovarianz-Matrix, da sie sowohl die Kovarianzen der Variablenpaare als auch die Varianzen der einzelnen Variablen enthält. Die Varianzen stehen dabei in der Hauptdiagonalen, die Kovarianzen stehen in den übrigen Zellen. Wo kommen diese Varianzen plötzlich her? Eine Varianzrechenregel besagt, dass die Kovarianz einer Variablen mit sich selbst die Varianz dieser Variable ist. Dies können wir überprüfen, indem wir die Varianz für die Variable alter auf dem herkömmlichen Weg berechnen:

```
> var(alter, na.rm = TRUE)
[1] 44.37919
```

Wir erhalten eine Varianz von ca. 44.38. Dies entspricht genau dem Wert, den wir der ersten Zelle der Varianz-Kovarianz-Matrix entnehmen können.

10.3 Zusammenhangsmaße für nicht-metrische Variablen

Die Produkt-Moment-Korrelation und die Kovarianz können nur für metrische Variablen berechnet werden, da sie auf den Mittelwerten und Varianzen der Variablen basieren. Wenn eine oder beide Variable nicht metrisch sind, muss man daher alternative Zusammenhangsmaße berechnen. Welches Zusammenhangsmaß berechnet werden kann, hängt von den Skalenniveaus der beiden Variablen ab.

Es ist eine Stärke von R, dass selbst für weniger bekannte Zusammenhangsmaße Funktionen zur Verfügung stehen. Zusätzlich zu den bereits bekannten Paketen werden hier die Pakete Hmisc (Harrell, 2012), polycor (Fox, 2010) und vcd (Meyer, Zeileis & Hornik, 2012) benötigt. In Tabelle 10.1 werden die Funktionen für Zusammenhangsmaße zweier ordinalskalierter Variablen aufgeführt. Tabelle 10.2 enthält die Zusammenhangsmaße für nominalskalierte Variablen. In Tabelle 10.3 sind Zusammenhangsmaße für Variablen mit unterschiedlichen Skalenniveaus aufgelistet. Eid et al. (2013) bieten eine ausführliche Beschreibung dieser Zusammenhangsmaße.

Tabelle 10.1 Zusammenhangsmaße für ordinalskalierte Variablen in R

Zusammenhangsmaß	Funktion	Paket
Kendalls *tau*	`cor.test(x,y, method="kendall")`	stats
Spearmans *rho*	`cor.test(x,y, method="spearman")`	stats
Koeffizient *gamma*	`rcorr.cens(x, S, outx=TRUE)`	Hmisc
Polychorische Korrelation	`polychor(x, y)`	polycor
Somers *d*	`somers2(x, y)`	Hmisc

Tabelle 10.2 Zusammenhangsmaße für nominalskalierte Variablen in R. Die mit * markierten Funktionen können nur für zwei dichotome Variablen eingesetzt werden.

Zusammenhangsmaß	Funktion	Paket
Phi-Koeffizient *	`cor(x,y)`	stats
Yules *Q* *	`tabelle <- table(x,y)` `Yule(tabelle)`	psych
Odds Ratio *	`tabelle <- table(x,y)` `oddsratio(tabelle)`	vcd
Tetrachorische Korrelation *	`polychor(x,y)`	polycor
chi^2-Koeffizient, *phi*-Koeffizient, Kontingenzkoeffizient und Cramers *V*	`tabelle <- table(x,y)` `assocstats(tabelle)`	vcd

Tabelle 10.3 Zusammenhangsmaße für Variablen mit unterschiedlichen Skalenniveaus

Zusammenhangsmaß	Funktion	Paket
Punkt-biseriale Korrelation	`cor(x,y)`	stats
Polyseriale und biseriale Korrelation	`polyserial(x,y)`	polycor

10.4 Bivariate deskriptive Statistiken im R Commander

Einige der oben vorgestellten Funktionen sind im R Commander implementiert. Sie sind jedoch auf die am häufigsten genutzten Funktionen beschränkt. Eine Produkt-Moment-Korrelation kann man über den R Commander berechnen, nach etwas ausgefalleneren Zusammenhangsmaßen sucht man dagegen vergeblich.

Kontingenztabellen

Der R Commander bietet mehrere Optionen für Kontingenztabellen an. Unter der Option STATISTIK → KONTINGENZTABELLEN → KREUZTABELLE kann man eine zweidimensionale Kontingenztabelle anfordern. In dem Menüfenster hat man außerdem die Möglichkeit, Prozentwerte und bestimmte Hypothesentests wie den *chi²*-Test anzufordern. Die erwarteten Werte kann man über die Option ZEIGE ERWARTETE HÄUFIGKEITEN anfordern. Der R Commander verwendet die `xtabs`-Funktion. Weitere Informationen zu dieser Funktion gibt es in der Hilfe mit `help(xtabs)`. Dreidimensionale Kontingenztabellen kann man mit der Option STATISTIK → KONTINGENZTABELLEN → MEHRDIMENSIONALE KREUZTABELLE anfordern.

Korrelationskoeffizienten

Eine Korrelationsmatrix mit mehreren Korrelationskoeffizienten kann man im Menü unter STATISTIK → DESKRIPTIVE STATISTIK → KORRELATIONSMATRIX anfordern. Neben der Produkt-Moment-Korrelation stehen hier Spearmans *rho* und die Partialkorrelation zur Auswahl. Der R Commander verwendet hier die `cor`-Funktion mit der Einstellung `use = "complete.obs"`.

Um eine Korrelation auf Signifikanz zu prüfen, muss man die Option STATISTIK → DESKRIPTIVE STATISTIK → TEST AUF SIGNIFIKANZ DER KORRELATION wählen. Diese Option nutzt die `cor.test`-Funktion, daher kann der Test immer nur für einen einzigen Korrelationskoeffizienten durchgeführt werden. Im Menüfenster hat man die Wahl zwischen der Produkt-Moment-Korrelation, Spearmans *rho* und Kendalls *tau*. Zudem kann man hier angeben, ob man ungerichtet (zweiseitig) oder gerichtet (KORRELATION ‹ 0 und KORRELATION › 0) testen will.

10.5 Funktionen im Überblick

Funktion	Beschreibung
`table(x,y)`	Erstellt eine Kontingenztabelle mit den absoluten Häufigkeiten der Variablen *x* und *y*.
`addmargins(tabelle)`	Fügt Zeilen- und Spaltensummen zu einer Kontingenztabelle hinzu.
`rowSums(tabelle)`	Gibt die Zeilensummen einer Kontingenztabelle aus.
`colSums(tabelle)`	Gibt die Spaltensummen einer Kontingenztabelle aus.
`rowPercents(tabelle)`	Gibt die Prozentwerte der einzelnen Zeilen einer Kontingenztabelle aus.
`colPercents(tabelle)`	Gibt die Prozentwerte der einzelnen Spalten einer Kontingenztabelle aus.
`table(x, y, z)`	Gibt eine dreidimensionale Kontingenztabelle für die Variablen *x*, *y* und *z* aus.
`cor(daten)`	Gibt alle bivariaten Korrelationen der Variablen im Data Frame aus.

Funktion	Beschreibung
`corr.test(daten)`	Gibt alle bivariaten Korrelationen der Variablen im Data Frame sowie Stichprobengrößen und *p*-Werte aus.
`cor.test(x,y)`	Prüft einen Korrelationskoeffizienten auf Signifikanz. Gibt u. a. *t*-Wert, *p*-Wert und Konfidenzintervall aus.
`options(scipen=999)`	Setzt die Einstellungen so, dass wissenschaftliche Notation vermieden wird.
`cov(daten)`	Gibt alle Kovarianzen der Variablen im Data Frame aus.

Funktionen für Zusammenhangsmaße für nicht-metrische Variablen sind in Abschnitt 10.3 zusammengefasst.

10.6 Übungen

Diese Übungen beziehen sich auf den Datensatz `erstis.RData`. Eine ausführliche Beschreibung dieses Datensatzes finden Sie im Anhang A: Datensätze.

(1) Berechnen Sie den Zusammenhang zwischen Gewissenhaftigkeit (`gewiss`) und Prokrastination (`prok`) und interpretieren Sie Ihr Ergebnis inhaltlich.
(2) Erstellen Sie eine Kontingenztabelle für die Teilnahme an der Orientierungswoche (`uni3`) und der Teilnahme an Unipartys (`uni8`). Die Tabelle sollte neben den absoluten Häufigkeiten für jede einzelne Zelle auch die Zeilen- und Spaltensummen enthalten.
(3) Laut Theorie sollen die Big Five (`extra`, `vertraeg`, `gewiss`, `neuro`, `intell`) voneinander unabhängig sein. Statistisch ausgedrückt heißt das, dass die Korrelationen zwischen den Variablen gleich Null sind. Überprüfen Sie diese Hypothese mit einem geeigneten Zusammenhangsmaß.
(4) Befunde aus der psychologischen Glücksforschung deuten darauf hin, dass Menschen glücklicher sind, wenn sie extravertierter und weniger ängstlich (also weniger neurotisch sind). Trifft dies auch in unseren Daten zu? Berechnen Sie die bivariaten Zusammenhänge zwischen Lebenszufriedenheit (`lz.1`), Extraversion (`extra`) und Neurotizismus (`neuro`) und interpretieren Sie Ihre Ergebnisse inhaltlich.

11 Graphiken

Viele Nutzer verwenden R vor allem wegen der Graphikfunktionen. Dies hat zwei Gründe: Die Graphiken sehen schick aus (was man von vielen anderen Statistik-Programmen nicht behaupten kann), und man kann viele Einstellungen selbst anpassen. Da die Graphik-Funktionen sehr umfangreich sind, können wir in diesem Buch nur einen ersten Einblick ermöglichen. Wir verwenden fast ausschließlich das eher einfache Graphik-Paket graphics, das in der Basisversion von R enthalten ist. Mit diesem Paket kann man aber schon eine Menge an Graphiken erstellen. Einen Vorgeschmack bietet die Demo dieses Pakets. *Wichtig:* Diese Demo sollte von der R Console aus gestartet werden, da der R Commander gerne dabei abstürzt.

```
> demo(graphics)
```

In diesem Kapitel stellen wir verschiedene Diagramme für kategoriale Variablen (Abschn. 11.1) und kontinuierliche Variablen (Abschn. 0) vor. Wir behandeln außerdem Streudiagramme, mit denen der Zusammenhang zwischen zwei kontinuierlichen Variablen veranschaulicht werden kann (Abschn. 11.3). Die plot-Funktion ist eine sehr flexible und häufig verwendete Funktion, die wir in einem eigenen Abschnitt behandeln (Abschn. 11.4). Einen richtigen Vorgeschmack auf die Graphikfunktionen von R erhalten wir, wenn wir unsere Diagramme weiter bearbeiten (Abschn. 11.5). Die Beispiele in diesem Kapitel beziehen sich auf den Datensatz erstis.RData (s. Anhang A: Datensätze). Um die Befehle zu verkürzen, haben wir diesen Datensatz mit der attach-Funktion aktiviert (Abschn. 7.1.1).

11.1 Diagramme für kategoriale Variablen

Kategoriale Daten umfassen nominal- und ordinalskalierte Daten. Beiden Skalenniveaus ist gemeinsam, dass eine Reihe von statistischen Kennwerten wie Mittelwerte, Varianzen und so weiter nicht berechnet werden dürfen. Daher interessiert einen meist die Häufigkeitsverteilung der kategorialen Variablen. Um Häufigkeitsverteilungen darzustellen, bieten sich Säulen- und Balkendiagramme an. Gerade außerhalb der Wissenschaft begegnet man außerdem gerne Kreisdiagrammen, die daher auch an dieser Stelle besprochen werden.

11.1.1 Säulendiagramm

Säulendiagramme dienen dazu, die Häufigkeiten für die verschiedenen Ausprägungen einer Variablen darzustellen. Dabei werden die Ausprägungen der Variablen auf der x-Achse und die absoluten Häufigkeiten für jede Ausprägung auf der y-Achse abgetragen. Die Häufigkeiten werden als Säulen dargestellt, d. h. je höher eine Säule ist, desto häufiger kommt diese Merkmalsausprägung vor.

Im Folgenden möchten wir die Häufigkeiten der Variable `wohnort.alt` ausgeben. Diese Variable bezieht sich auf den Wohnort vor 12 Monaten und hat vier Ausprägungen: (1) alte Bundesländer, (2) neue Bundesländer, (3) Berlin und (4) Ausland. Da diese Variable nominalskaliert ist, ist sie als Faktor definiert.

Säulendiagramm für absolute Häufigkeiten

Um ein Säulendiagramm zu erstellen, verwenden wir die Funktion `barplot`. Aber Vorsicht: Wenn wir jetzt einfach den Variablennamen in die Klammer schreiben, erhalten wir die folgende Fehlermeldung:

```
> barplot(wohnort.alt)
FEHLER: 'height' must be a vector or a matrix
```

Die Lösung besteht darin, dass wir auf die Häufigkeitstabelle zurückgreifen, die wir bereits in Abschnitt 9.1 kennen gelernt haben. Eine Häufigkeitstabelle können wir mit der `table`-Funktion erstellen:

```
> table(wohnort.alt)
wohnort.alt
 alte BL  neue BL   Berlin  Ausland
     32       26       86       18
```

Um ein Säulendiagramm zu erhalten, wenden wir die `barplot`-Funktion auf diese Häufigkeitstabelle an. Wir erhalten dann das in Abbildung 11.1 oben links dargestellte Diagramm. (Das Diagramm wird immer in der R Console angezeigt, auch wenn wir den R Commander verwenden.)

```
> barplot(table(wohnort.alt))
```

Säulendiagramm für relative Häufigkeiten

Anstelle der absoluten Häufigkeiten kann man auf der y-Achse auch die relativen Häufigkeiten abtragen. An dem Aussehen des Diagramms ändert sich nichts, lediglich die Beschriftung der y-Achse ist anders. Auch hierfür greifen wir wieder auf unser Wissen um die Häufigkeitstabellen zurück. Um die relativen Häufigkeiten anzufordern, haben wir die `prop.table`-Funktion auf die Häufigkeitstabelle angewandt (s. Abschn. 9.1). Um die relativen Häufigkeiten graphisch darstellen zu lassen, setzen wir vor diesen ganzen Befehl wiederum die barplot-Funktion:

```
> barplot(prop.table(table(wohnort.alt)))
```

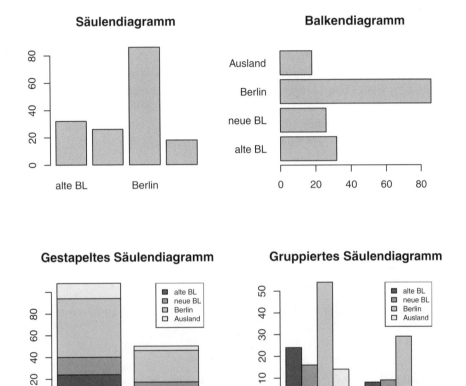

Abbildung 11.1 Verschiedene Diagramme für kategoriale Daten

Balkendiagramm

Ein Balkendiagramm ist im Grunde nichts anderes als ein um 90° gedrehtes Säulendiagramm. In einem Balkendiagramm werden die Häufigkeiten auf der x-Achse und die Ausprägungen der Variablen auf der y-Achse abgetragen. Wir möchten nun die absoluten Häufigkeiten der Variablen wohnort.alt als Balkendiagramm darstellen. Dafür wird die schon verwendete barplot-Funktion um das Argument horiz = TRUE erweitert:

```
> barplot(table(wohnort.alt), horiz = TRUE, las = 1)
```

In diesem Beispiel haben wir außerdem das Argument las = 1 eingefügt. Durch dieses Argument wird erreicht, dass die Beschriftung der y-Achse horizontal ausgerichtet ist. Lässt man dieses Argument weg, wird die Beschriftung vertikal ausgerichtet. Das so erstellte Balkendiagramm ist in Abbildung 11.1 oben rechts dargestellt.

Gestapeltes Säulendiagramm

Bisher haben wir uns nur die Häufigkeit einer einzigen Variablen angeschaut. Man kann aber auch die Häufigkeiten für zwei miteinander kombinierte Variablen graphisch darstellen. Dafür greifen wir auf die Kontingenztabelle zurück, die wir in Abschnitt 10.1 besprochen haben. Die Kontingenztabelle wird wieder mit der table-Funktion angefordert. Das folgende Beispiel zeigt eine Kontingenztabelle für die Variablen wohnort.alt und geschl (Geschlecht):

```
> table(wohnort.alt, geschl)
           geschl
wohnort.alt  weiblich männlich
    alte BL        24        8
    neue BL        16        9
    Berlin         54       29
    Ausland        14        4
```

Auf diese Tabelle können wir nun wiederum die barplot-Funktion anwenden:

```
> barplot(table(wohnort.alt, geschl), legend = TRUE)
```

Wir erhalten dann das gestapelte Säulendiagramm in Abbildung 11.1 unten links. In diesem Diagramm sind die Ausprägungen der Variablen Geschlecht auf der x-Achse eingetragen. Für jede Spalte in der oben erstellten Kontingenztabelle erhalten wir hier also eine separate Säule. Die beiden Säulen sind noch einmal in unterschiedliche Farbschichten unterteilt. Jede Farbschicht symbolisiert eine Ausprägung der Variablen wohnort.alt. Welche Farbe zu welcher Ausprägung gehört, können wir der Legende entnehmen. Die Legende wurde mit dem Argument legend = TRUE angefordert. Es ist auch möglich, eine Legende manuell hinzuzufügen. Wie dies geht, wird in Abschnitt 11.5 besprochen.

Gruppiertes Säulendiagramm

Die Häufigkeiten für mehrere Variablen werden eher selten in den eben vorgestellten gestapelten Säulendiagrammen dargestellt. Stattdessen bevorzugt man für diesen Fall das gruppierte Säulendiagramm. Um ein gruppiertes Säulendiagramm zu erhalten, müssen wir den oben besprochenen Befehl um das Argument beside = TRUE ergänzen. Der vollständige Befehl lautet dann:

```
> barplot(table(wohnort.alt, geschl), legend = TRUE,
+ beside = TRUE)
```

Das gruppierte Säulendiagramm ist in Abbildung 11.1 unten rechts dargestellt. Ähnlich wie im gestapelten Säulendiagramm ist auch hier die Variable Geschlecht auf der x-Achse abgetragen. Der Unterschied ist aber, dass wir jetzt für jede mögliche Kombination der beiden Variablen eine eigene Säule erhalten.

11.1.2 Kreisdiagramm

In Zeitungen und Zeitschriften erfreuen sich Kreisdiagramme immer noch großer Beliebtheit – möglicherweise wegen ihres Zweitnamens: Torten- oder auch Kuchendiagramm. Kreisdiagramme werden eingesetzt, um die Anteile verschiedener Gruppen an der gesamten Stichprobe darzustellen. Sie scheinen intuitiv verständlich, tatsächlich sind sie aber schwieriger zu interpretieren als Säulen- oder Balkendiagramme, da sie die Anteile als Flächen darstellen.

Nach dieser pädagogischen Einleitung wollen wir jetzt aber trotzdem ein Kreisdiagramm für die Variable `wohnort.alt` erstellen. Dazu wenden wir die `pie`-Funktion auf eine Häufigkeitstabelle an:

```
> pie(table(wohnort.alt))
```

Das Kreisdiagramm ist in Abbildung 11.2 dargestellt. Bei Kreisdiagrammen wählt R standardmäßig zarte Pastelltöne, die leider in diesem Buch nicht gezeigt werden können. Wer mit diesen Farbtönen nicht einverstanden ist, kann mit dem `col`-Argument andere Farben anfordern (s. Abschn. 11.5).

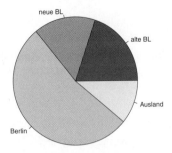

Abbildung 11.2 Kreisdiagramm für den alten Wohnort

11.2 Diagramme für metrische Variablen

Im Gegensatz zu kategorialen Variablen kann man für metrische Variablen alle statistischen Kennwerte berechnen, also auch Mittelwerte, Standardabweichungen und so weiter. Für die Darstellung metrischer Variablen stehen daher wesentlich mehr Diagramme zur Verfügung. Es ist nicht möglich, all diese Diagramme in diesem Buch zu behandeln. Wir beschränken uns hier auf die Diagramme, die in der psychologischen Forschungspraxis am häufigsten eingesetzt werden.

11.2.1 Histogramm

Viele statistische Tests setzen bestimmte Verteilungseigenschaften der Variablen voraus, z. B. die Normalverteilung. Deshalb kommt es häufig vor, dass man die Verteilung einer Variablen graphisch inspizieren möchte. Dabei kann man beispielsweise feststellen, ob die Verteilung symmetrisch oder schief ist und ob sie breit- oder schmalgipflig ist.

In Abbildung 11.3 oben links sehen wir ein Säulendiagramm für die metrisch skalierte Lebenszufriedenheit (`lz.1`). Dieses Säulendiagramm wurde mit dem Befehl `barplot(lz.1)` angefordert. (Hier wird die `table`-Funktion nicht gebraucht, da es sich um einen Vektor und nicht um einen Faktor handelt.) Dieses Säulendiagramm besteht aus sehr vielen sehr schmalen Säulen, die jeweils die absolute Häufigkeit der entsprechenden Ausprägung der Lebenszufriedenheit darstellen. In dieser Abbildung ist keine Form der Verteilung zu erkennen. Daher erstellen wir anstelle des Säulendiagramms lieber ein Histogramm.

Normales Histogramm

In einem Histogramm werden ebenfalls Säulen erstellt. Allerdings reflektieren die einzelnen Säulen nicht alle einzelnen Werte der Variablen, sondern ein Intervall an Werten. Die Breite der Intervalle wird von der Software automatisch auf Grundlage der Daten erstellt. Der Befehl für das Histogramm lautet:

```
> hist(lz.1)
```

Das Ergebnis ist in Abbildung 11.3 oben rechts dargestellt. Die Höhe der Säulen gibt an, wie viele Personen einen Lebenszufriedenheits-Wert in dem jeweiligen Intervall haben.

Anzahl der Säulen anpassen

In diesem Histogramm wurden insgesamt sechs Intervalle gebildet. Die Breite der Intervalle hat R automatisch festgelegt. Wir können R aber auch dazu bringen, die Anzahl der Säulen zu erhöhen und die Breite der Intervalle zu verkleinern oder zu vergrößern. Dies erreichen wir, indem wir das Argument `breaks = x` in der `hist`-Funktion ergänzen. Für x setzen wir die gewünschte Anzahl der Säulen ein. Dabei hält sich R allerdings nicht immer genau an unsere Vorgaben. Wenn wir hier eine 10 eintragen, dann werden wir ungefähr zehn Säulen erhalten, es können aber auch 8 oder 15 Säulen werden. Wichtig ist vor allem: Je größer diese Zahl, desto schmaler sind die Intervalle und desto mehr Säulen werden gebildet. Mit dem folgenden Befehl fordern wir ein Histogramm mit ca. 20 Säulen an.

```
> hist(lz.1, breaks = 20)
```

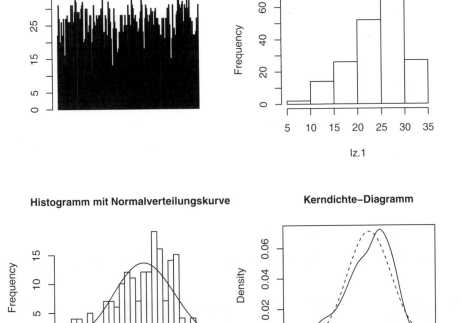

Abbildung 11.3 Verschiedene Häufigkeitsdiagramme für metrische Variablen

Histogramm mit Normalverteilungskurve

Um das Histogramm noch etwas besser interpretieren zu können, möchten wir im nächsten Schritt eine Normalverteilungskurve im Histogramm ergänzen. Dafür müssen wir den Mittelwert sowie die Standardabweichung der Verteilung angeben. Wir übernehmen diese Werte aus der Variablen lz.1 und speichern sie in den Objekten mittelwert und sd ab:

```
> mittelwert <- mean(lz.1, na.rm=TRUE)
> sd <- sd(lz.1, na.rm=TRUE)
```

Um die Normalverteilungskurve in das Diagramm einzuzeichnen, verwenden wir die `curve`-Funktion. Mit dieser Funktion können alle möglichen mathematischen Funktionen dargestellt werden. Der vollständige Befehl lautet:

```
> curve(dnorm(x, mittelwert, sd) * length(lz.1),
+ add = TRUE)
```

Dieser Befehl enthält die folgenden Argumente:
- `curve`. Der Name der Funktion zur Erstellung der Kurve im Diagramm.
- `dnorm`. Dichtefunktion der Normalverteilung (s. auch Abschn. 12.1). Das Argument `x` bezeichnet den Wertebereich, für den die y-Werte berechnet werden sollen. In unserem Fall wird für `x` automatisch der Wertebereich der x-Achse des bereits erstellten Histogramms genommen. In den beiden folgenden Argumenten werden der Mittelwert (`mittelwert`) und die Standardabweichung (`sd`) der Normalverteilungskurve definiert.
- `length(lz.1)`. Die Anzahl der Werte wird mit den y-Werten der `dnorm`-Funktion multipliziert. Damit erreichen wir, dass die y-Werte nicht als Wahrscheinlichkeiten (d. h. mit Werten zwischen Null und Eins), sondern als absolute Häufigkeiten ausgegeben werden.
- `add = TRUE`. Damit wird die Kurve einem bereits erstellten Diagramm hinzugefügt.

Mit diesem Befehl erhalten wir das in Abbildung 11.3 links unten gezeigte Diagramm. Wir können erkennen, dass die Verteilung der Variablen `lz.1` etwas nach rechts von der Normalverteilung abweicht, d. h. wir haben eine rechtssteile Verteilung.

> **Tipp**
>
> Die `dnorm`-Funktion gibt standardmäßig so genannte Dichtewerte (d. h. Wahrscheinlichkeiten zwischen 0 und 1) anstelle von absoluten Häufigkeiten aus. Anstatt die Dichtewerte der Normalverteilungskurve in absolute Häufigkeiten umzurechnen, kann man auch ein Histogramm mit Dichtewerten anfordern. Dazu wird das Argument `freq = FALSE` in der `hist`-Funktion ergänzt.
>
> ```
> > hist(lz.1, freq = FALSE)
> ```
>
> Der Befehl zum Hinzufügen der Normalverteilungskurve ist nun etwas kürzer:
>
> ```
> > curve(dnorm(x, mittelwert, sd), add = TRUE)
> ```

11.2.2 Kerndichte-Diagramm

Histogramme sind manchmal schwer zu interpretieren, da ihre Form stark von der Anzahl der Balken abhängt. Wem dies zu willkürlich ist, dem sei das Kerndichte-

Diagramm empfohlen. Dieses Diagramm ist in SPSS nicht verfügbar und deshalb leider wenig bekannt. Ähnlich wie das Histogramm wird im Kerndichte-Diagramm die Form der Verteilung dargestellt – allerdings nicht als Balken, sondern als durchgezogene Kurve. Wir erstellen nun ein Kerndichte-Diagramm für die Variable `lz.1`. Dazu brauchen wir die `plot`-Funktion und die `density`-Funktion.

```
> plot(density(lz.1, na.rm = TRUE))
```

Mit der `density`-Funktion werden die Dichtewerte für jede Stelle der Variablen `lz.1` berechnet. Ähnlich wie die `mean`-Funktion und andere Funktionen für deskriptive Statistiken muss hier das Argument `na.rm = TRUE` ergänzt werden, falls die Variable fehlende Werte enthält. Die `plot`-Funktion ist eine sehr flexible Funktion zur Erstellung von Diagrammen (s. Abschn. 11.4). Wendet man sie auf Dichtewerte an, so werden diese automatisch als Kurve dargestellt.

Um die Verteilung unserer Variablen mit der Normalverteilung zu vergleichen, können wir auch hier wieder eine Normalverteilungskurve hinzufügen. Dazu verwenden wir, wie beim Histogramm, die `curve`-Funktion und die `dnorm`-Funktion. In die `dnorm`-Funktion setzen wir wieder den Mittelwert und die Standardabweichung der Variablen `lz.1` ein, die wir bereits im vorangegangen Abschnitt berechnet und als Objekte gespeichert haben. Diesmal müssen wir allerdings nicht die y-Werte der `dnorm`-Funktion mit der Anzahl der Personen multiplizieren, da wir diesmal die Dichtewerte und nicht die absoluten Häufigkeiten darstellen möchten. Mit dem Argument `lty = 2` erreichen wir, dass diese Kurve gestrichelt dargestellt wird (s. Abschn. 11.5). Das so erstellte Diagramm ist in Abbildung 11.3 rechts unten dargestellt.

```
> curve(dnorm(x, mittelwert, sd), add = TRUE, lty = 2)
```

11.2.3 Boxplot

Boxplots (auch als Box-Whisker-Plots bekannt) werden meist in der explorativen Datenanalyse eingesetzt, da sie sehr viele Informationen über die Eigenschaften der Daten liefern.

Einfacher Boxplot
Als Beispiel lassen wir uns den Boxplot für das Alter ausgeben. Dafür verwenden wir die `boxplot`-Funktion:

```
> boxplot(alter)
```

Wir erhalten den Boxplot in Abbildung 11.4 oben links. Ein Boxplot besteht aus einer Reihe von Elementen, die wir nun der Reihe nach besprechen:

▶ **Box.** Den rechteckigen Kasten bezeichnet man als Box. Die untere Kante der Box entspricht dem 1. Quartil. Die obere Kante der Box entspricht dem 3. Quartil. Die Höhe der Box entspricht damit genau dem Interquartilsabstand.
▶ **Median.** Der Median (bzw. das 2. Quartil) ist in der Box als fette horizontale Linie eingezeichnet.
▶ **Whisker.** Die gestrichelten vertikalen Linien unter und über der Box bezeichnet man als Whisker (englisch für Schnurrhaare, daher auch der Name einer bekannten Katzenfuttermarke). Die Enden der Whisker sind die Werte, die maximal 1.5-mal den Interquartilsabstand von der Box entfernt liegen. Die Whisker hören immer bei konkreten Werten auf, daher kann es sein, dass der Whisker kürzer als 1.5-mal die Boxhöhe ist. In der Abbildung ist dies bei dem unteren Whisker der Fall.
▶ **Ausreißer.** Die kleinen Kreise oberhalb des Whiskers in der Abbildung sind Ausreißerwerte. Ausreißer sind alle Werte, die mehr als 1.5-mal die Boxhöhe von der Box entfernt liegen, sowohl nach oben als auch nach unten. In dem Beispiel gibt es nur Ausreißer nach oben, aber theoretisch sind auch Ausreißer nach unten möglich.

Boxplots für verschiedene abhängige Variablen

In dem eben erstellten Diagramm sieht der Boxplot ziemlich einsam aus. Wir können ihm etwas Gesellschaft verschaffen, indem wir die Boxplots für weitere Variablen in dem Diagramm ergänzen. Dies ist vor allem dann sinnvoll, wenn man die Verteilungen mehrerer Variablen direkt miteinander vergleichen möchte.

Um ein solches Diagramm in R zu erstellen, muss man die interessierenden Variablen in einem Data Frame zusammenfassen und anschließend die `boxplot`-Funktion auf diesen Data Frame anwenden. Im folgenden Beispiel erstellen wir Boxplots für die Variablen `gs.1`, `ru.1` und `wm.1`. Das Diagramm ist in Abbildung 11.4 oben rechts dargestellt.

```
> boxplot(data.frame(gs.1, ru.1, wm.1))
```

Wichtig: Man sollte nur dann die Boxplots verschiedener Variablen in einem Diagramm kombinieren, wenn diese Variablen denselben Wertebereich haben. Dies trifft auf die drei hier gewählten Variablen zu. Es ist jedoch wenig sinnvoll, Variablen mit völlig unterschiedlichen Wertebereichen zusammen darzustellen. (Wer dies nicht glaubt, soll einfach mal die Boxplots für die Variablen `alter` und `gs.1` kombinieren.)

11.2 Diagramme für metrische Variablen

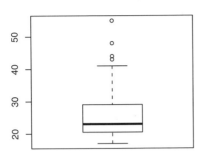
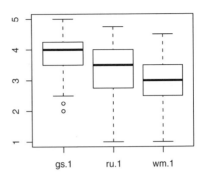
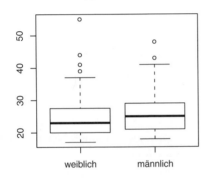
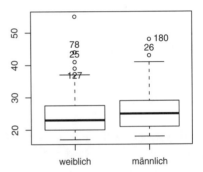

Abbildung 11.4 Verschiedene Boxplots

Gruppierte Boxplots

Man kann sich Boxplots auch für verschiedene Gruppen ausgeben lassen, zum Beispiel für Frauen und Männer. Der `boxplot`-Befehl wird dann etwas erweitert:

```
> boxplot(alter ~ geschl)
```

Das Zeichen ~ nennt man Tilde. Auf den meisten Tastaturen findet man es direkt links von der Eingabetaste (ENTER) zusammen mit den Symbolen + und *. Um die Tilde zu erhalten, muss man diese Taste zusammen mit der ALT GR-Taste (rechts neben der Leerzeichen-Taste) drücken. Auf Mac-Tastaturen ist die Tilde nicht abgebildet, sie kann aber über die Tastenkombination ALT + N, gefolgt von der Leertaste erzeugt werden. Die Tilde drückt aus, dass es sich bei dem Ausdruck um ein Modell handelt. Die Variable vor der Tilde ist die abhängige Variable. Sie wird durch die unabhängige(n) Variable(n) hinter der Tilde erklärt. Die Tilde wird uns später wieder begegnen, zum Beispiel bei der Regressionsanalyse (Kap. 16).

Die so angeforderten Boxplots sehen wir in Abbildung 11.4 unten links. Man kann erkennen, dass Männer tendenziell etwas älter sind, da der Median der Männer über dem der Frauen liegt. Die Höhe der Boxen unterscheidet sich kaum, d. h. Männer und Frauen ähneln sich in der Streuung. Bei den Männern entdecken wir zwei Ausreißer, bei den Frauen sind es sogar vier Ausreißer, wobei einer besonders weit entfernt von der Box liegt.

Identifikation von Ausreißern

Wenn ein Boxplot Ausreißer enthält, möchte man in der Regel gerne wissen, welche Personen sich dahinter verbergen. Bei gruppierten Boxplots lässt sich das mit der identify-Funktion herausfinden. Dazu muss zunächst der Boxplot angefordert werden. Anschließend wird der folgende Befehl eingegeben:

```
> identify(geschl, alter, labels = code)
```

Diese Funktion enthält drei Argumente:
- geschl. Der Name der Variablen auf der x-Achse bzw. die Gruppierungsvariable.
- alter. Der Name der Variablen auf der y-Achse bzw. die Variable, die im Boxplot dargestellt ist.
- labels = code. Damit wird die Variable festgelegt, mit der die Personen identifiziert werden, hier die Variable code. Dieses Argument ist optional. Lässt man es weg, werden die Zeilennummern angegeben.

Wenn man den Befehl ausführt, öffnet sich das Fenster mit dem bereits erstellten Diagramm. Man kann nun mit der Maus die Werte auswählen, die man identifizieren möchte. Sobald man auf einen Wert geklickt hat, erscheint der Code dieser Variable daneben (Abb. 11.4 unten rechts). Wenn man aufhören möchte, geht man im Menü auf STOPP oder wählt diese Option über die rechte Maustaste. Nach dem Abschluss der Identifizierung erscheint der folgende Text im Ausgabefenster:

```
> identify(geschl, alter, labels=code)
[1]   25   26   78  127  161  180
```

Die Werte in der Ausgabe sind die Zeilennummern der Personen, die wir identifiziert haben. Hier werden selbst dann die Zeilennummern angegeben, wenn wir die Werte in der Abbildung mit einer anderen Variablen identifiziert haben.

II.2.4 Stamm-Blatt-Diagramm

Stamm-Blatt-Diagramme (auch als Stem-Leaf-Plots bekannt) eignen sich ähnlich wie Boxplots gut für die explorative Datenanalyse, da sie viele Informationen über die Verteilung der Variablen kompakt veranschaulichen.

Normales Stamm-Blatt-Diagramm

Wir möchten nun ein Stamm-Blatt-Diagramm für die Variable Extraversion (extra) erstellen. Vorher schauen wir uns aber zunächst einmal die Rohwerte an und sortieren die Ausgabe (hier verkürzt dargestellt). Auf diese Werte werden wir gleich zurückkommen, um nachzuvollziehen, wie sie im Stamm-Blatt-Diagramm weiterverarbeitet werden.

```
> sort(extra)
 [1] 1.50 2.00 2.00 2.00 2.25 2.50 2.50 2.50 2.50 2.50 2.50
[14] 2.75 2.75 2.75 2.75 2.75 2.75 2.75 2.75 2.75 3.00 3.00
...
```

Nun fordern wir das Stamm-Blatt-Diagramm für `neuro` an:

```
> stem(extra)

  The decimal point is 1 digit(s) to the left of the |

  14 | 0
  16 |
  18 |
  20 | 000
  22 | 5
  24 | 0000000
  26 | 5555555555
  28 |
  30 | 000000000000000000
  32 | 5555555555555555555555
  34 | 000000000000000000000
  36 | 55555555555555555555555555
  38 |
  40 | 00000000000000000000
  42 | 555555555555555
  44 | 00000000
  46 | 55555555
  48 |
  50 | 0000
```

Das Stamm-Blatt-Diagramm wird nicht in einem separaten Fenster geöffnet wie die anderen Diagramme, sondern direkt in die Ausgabe geschrieben. Das Diagramm setzt sich aus zwei wichtigen Bestandteilen zusammen. Alle Zahlen links des Trennzeichens | bilden den Stamm, die Zahlen rechts des Trennzeichens bilden die Blätter. Man kann sich ein Stamm-Blatt-Diagramm wie ein gekipptes Histogramm vorstellen. Die Blätter entsprechen dann den Säulen, während die Zahlen im Stamm das jeweilige Intervall kennzeichnen. Was bedeuten nun die einzelnen Zahlen genau?

- **Stamm**. Die Zahlen geben den Wert der unteren Grenze des jeweiligen Intervalls wieder. In der obersten Zeile sehen wir den Wert 14. Darüber steht außerdem der wichtige Hinweis, dass sich das Dezimaltrennzeichen eine Stelle links vom Trennzeichen | befindet. Das bedeutet, dass alle Blätter, die an dieser Stelle des Stamms beginnen, mindestens den Wert 1.4 haben. Das nächste Intervall beginnt beim Wert 1.6, wie wir in der folgenden Zeile sehen können.
- **Blätter** enthalten mehrere Informationen zugleich. Ihre Länge spiegelt die Häufigkeit der Werte in dem jeweiligen Intervall wider. Je länger ein Blatt ist, d. h. je mehr Ziffern es hat, desto mehr Werte aus diesem Intervall gibt es in den Daten. Das Besondere am Stamm-Blatt-Diagramm ist, dass die Blätter zusätzliche Informationen über die Werte innerhalb eines Intervalls enthalten. Die Blätter bestehen aus einzelnen Ziffern, in diesem Fall aus Nullen und Fünfen. Diese Ziffern geben die letzte Ziffer des Werts an.

Zur Veranschaulichung betrachten wir noch einmal die erste Zeile des Stamm-Blatt-Diagramms. Der Stamm 14 hat ein Blatt, d. h. es gibt einen Wert zwischen 1.4 und 1.6. Der Wert des Blattes ist Null, d. h. die letzte Ziffer dieses Wertes ist eine Null. Dabei kann es sich sowohl um eine 1.40 oder um eine 1.50 handeln – beide Werte liegen in dem Intervall, das von diesem Stamm beschrieben wird. Wir werfen jetzt einen Blick auf die sortierten Rohdaten (s. oben). Hier sehen wir, dass es einen Wert 1.5 gibt, jedoch keinen Wert 1.4. Das Blatt in der ersten Zeile beschreibt diesen Wert, der genaue Wert ist aus dem Stamm-Blatt-Diagramm jedoch nicht ersichtlich. Merke: Im Stamm-Blatt-Diagramm werden die Werte angepasst und entsprechen nicht zwangsläufig den Originalwerten.

Anzahl der Blätter anpassen

Man kann die Anzahl der Blätter (und damit ihre Genauigkeit) beeinflussen. Dazu ergänzt man das Argument `scale = x` im Befehl. Der Wert x ist eine Art Skalierungsfaktor, der standardmäßig auf 1 festgelegt ist. Setzt man hier eine 2 ein, so werden ungefähr doppelt so viele Blätter dargestellt. Setzt man eine 0.5 ein, so wird die Anzahl der Blätter etwa halbiert, wie man im folgenden Beispiel sieht:

```
> stem(extra, scale = 0.5)

The decimal point is at the |

  1 | 5
  2 | 0003
  2 | 55555558888888888
  3 | 000000000000000000003333333333333333333333333333
  3 | 55555555555555555555558888888888888888888888888888
  4 | 000000000000000000000003333333333333333
  4 | 555555558888888
  5 | 0000
```

In diesem Stamm-Blatt-Diagramm ist der Dezimalpunkt verschoben werden. Hier entspricht das Trennzeichen | genau dem Dezimalpunkt. Schauen wir uns wieder die erste Zeile an. Hier haben wir wieder ein einziges Blatt mit dem Wert 5. Dieses Blatt repräsentiert den Wert 1.5 in den Originaldaten. In der zweiten Zeile haben wir mehrere Blätter mit den Werten 0 und 3. Die Blätter mit den Werten 0 stehen für Werte von 2.0. Wofür stehen die Blätter mit dem Wert 3? In den Rohdaten (s. oben) gibt es keine Werte von 2.3, aber es gibt Werte von 2.25. Diese Werte werden im Stamm-Blatt-Diagramm aufgerundet und von den Blättern mit dem Wert 3 repräsentiert.

11.2.5 Säulendiagramm für Mittelwerte

In Abschnitt 9.6.2 haben wir die `tapply`-Funktion kennen gelernt, mit der man Mittelwerte und andere statistische Angaben für mehrere Gruppen anfordern kann. Wir möchten nun die Mittelwerte für Neurotizismus für Frauen und Männer getrennt berechnen und diese in Säulendiagrammen graphisch darstellen lassen. Dazu setzen wir die `apply`-Funktion in die `barplot`-Funktion ein (Abb. 11.5):

```
> barplot(tapply(neuro, geschl, mean, na.rm=TRUE))
```

In Abschnitt 9.6.2 haben wir auch gesehen, dass man mit der `tapply`-Funktion die Mittelwerte für mehrere Faktoren anfordern kann. Mit dem folgenden Befehl kombinieren wir die dichotomen Faktoren `geschl` und `berlin` und lassen uns die Mittelwerte für jede der vier Gruppen ausgeben (Ausgabe nicht dargestellt):

```
> tapply(neuro, data.frame(geschl, berlin), mean,
+ na.rm = TRUE)
```

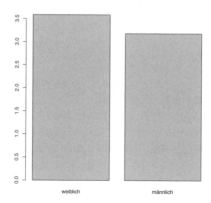

Abbildung 11.5 Gruppiertes Säulendiagramm für Frauen und Männer. Die Säulen stellen die mittleren Neurotizismus-Werte dar.

Auch diese Mittelwerte kann man graphisch veranschaulichen, indem man die `barplot`-Funktion davor setzt:

```
> barplot(tapply(neuro, data.frame(geschl, berlin), mean,
+ na.rm = TRUE), ylim = c(0,5), beside = TRUE,
+ legend = TRUE)
```

Mit dem Argument `ylim` verändern wir den Wertebereich der y-Achse (s. Abschn. 11.5). Mit dem Argument `beside = TRUE` erreichen wir, dass für jede Gruppe eine eigene Säule erstellt wird (Abb. 11.6). Ohne dieses Argument würden wir gestapelte Säulen erhalten (vgl. Abschn. 11.1.1). Mit dem Argument `legend = TRUE` wird wieder eine Legende hinzugefügt.

11.2.6 Fehlerbalkendiagramm

Viele psychologische Fachzeitschriften fordern mittlerweile, dass Graphiken standardmäßig mit Fehlerbalken versehen werden. Die Fehlerbalken stellen dabei entweder den Standardfehler oder das Konfidenzintervall dar. Wir besprechen hier drei Funktionen für Fehlerbalkendiagramme. Wem die damit erstellten Diagramme nicht gefallen, der kann anschließend lernen, wie man ein Fehlerbalkendiagramm manuell erstellt.

11.2 Diagramme für metrische Variablen

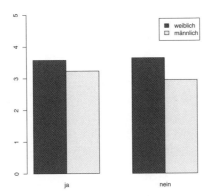

Abbildung 11.6 Gruppiertes Säulendiagramm für die Mittelwerte der Variablen Neurotizismus für die Faktoren *geschl* (unterschiedliche Farben) und *berlin* (auf der x-Achse).

Die plotmeans-Funktion

Die `plotmeans`-Funktion ist Bestandteil des Pakets `gplots` (Warnes, 2012b). Zunächst muss das Paket geladen werden (es gehört zu den Paketen, die der R Commander mitinstalliert). Anschließend wird das Diagramm folgendermaßen angefordert:

```
> plotmeans(neuro ~ geschl)
```

Die Tilde ~ in dem Befehl ist uns in diesem Kapitel schon begegnet (s. Abschn.11.2.3). Hier wird die abhängige Variable Neurotizismus (`neuro`) durch die unabhängige Variable Geschlecht (`geschl`) erklärt.

In dem Diagramm in Abbildung 11.7 oben links sind die Mittelwerte als Punkte dargestellt. Die Fehlerbalken entsprechen 95 %-Konfidenzintervallen. Diese Information ist allerdings in dem Diagramm nicht enthalten, wir wissen es nur, weil dies die Standardeinstellung des Befehls ist. Bevor wir das Diagramm veröffentlichen, müssen wir diese Information noch ergänzen. Die Breite des Konfidenzintervalls kann man mit dem Argument `p = x` ändern. Für x setzt man den gewünschten Konfidenzkoeffizienten ein, zum Beispiel 0.95 (Standardeinstellung) oder 0.99. Der vollständige Befehl lautet dann:

```
> plotmeans(neuro ~ geschl, p = 0.99)
```

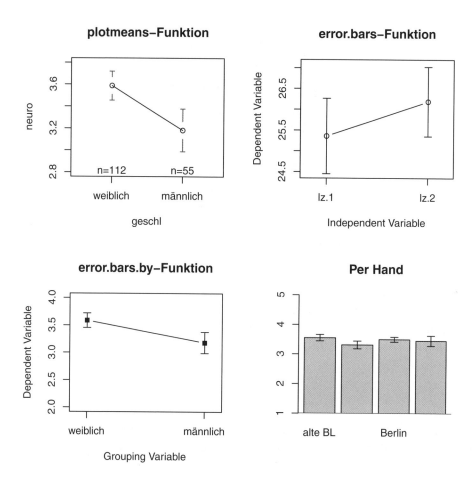

Abbildung 11.7 Vier Beispiele für Fehlerbalkendiagramme

Die error.bars-Funktion

Mit der `error.bars`-Funktion aus dem `psych`-Paket (Revelle, 2012) kann man die Mittelwerte und Konfidenzintervalle für unterschiedliche Variablen darstellen. Die Darstellung verschiedener Variablen in einem einzigen Diagramm ergibt dann Sinn, wenn man die Mittelwerte dieser Variablen vergleichen möchte und diese auch tatsächlich vergleichbar sind. Dazu müssen die Variablen auf derselben Antwortskala beruhen und somit denselben theoretischen Wertebereich haben. Ein typisches Beispiel sind Variablen, die mehrmals gemessen wurden. Im folgenden Beispiel stellen wir die Mittelwerte der Lebenszufriedenheit im 1. Semester (`lz.1`) und im 2. Semester (`lz.2`) dar. Wir speichern diese beiden Variablen als neuen Data Frame und schließen mit der `na.omit`-Funktion (s. Abschn. 8.3) alle Personen aus, die nur zu einem dieser Messzeitpunkte teilgenommen haben, damit beide Mittelwerte auf derselben Stichprobe beruhen.

```
> auswahl <- na.omit(data.frame(lz.1, lz.2))
```

Nun fordern wir das Fehlerbalkendiagramm an. Dabei beachten wir, dass wir hier den graphischen Vergleich der Mittelwerte zweier abhängiger Stichproben anfordern.

```
> error.bars(auswahl, within = TRUE, type = "b",
+ xlim = c(.8, 2.2))
```

Dieser Befehl enthält die folgenden Argumente:
- `auswahl`. Der Name des Data Frames. Alle in diesem Data Frame enthaltenen Variablen werden dargestellt.
- `within = TRUE`. Legt fest, dass es sich um abhängige Stichproben handelt, d. h. die Variablen sind korreliert. Das Konfidenzintervall wird somit korrigiert.
- `type = "b"`. Legt fest, dass die beiden Mittelwerte sowohl durch Punkte dargestellt werden als auch durch eine Linie verbunden werden sollen. "b" steht hier für *both*. Weitere Typen werden in Abschnitt 11.4 besprochen. Lässt man dieses Argument weg, werden die Mittelwerte nicht miteinander verbunden.
- `xlim = c(.8, 2.2)`. Legt den Wertebereich der x-Achse weg. Dieses Argument hat vor allem kosmetische Gründe. Die beiden Mittelwerte werden immer auf den x-Koordinaten 1 und 2 dargestellt, und der standardmäßige Wertebereich ist 1 bis 2. Durch die Verbreiterung des Wertebereichs in diesem Argument rücken die beiden Mittelwerte weiter in die Mitte des Diagramms.

Das hiermit erstellte Diagramm ist in Abbildung 11.7 oben rechts dargestellt. Die Fehlerbalken stellen hier 95 %-Konfidenzintervalle dar. Die Breite der Konfidenzintervalle lässt sich mit dem Argument `alpha` verändern. Setzt man das Argument `bars = TRUE` ein, werden Säulendiagramme mit Fehlerbalken dargestellt. Mit dem Argument `add = TRUE` werden die Fehlerbalken zu einem bereits erstellten Diagramm hinzugefügt. Weitere nützliche Argumente sind in der Hilfedatei zu dieser Funktion aufgeführt.

Die error.bars.by-Funktion

Die `error.bars`-Funktion ist nicht geeignet, um die Mittelwerte auf einer Variablen für mehrere Gruppen zu vergleichen. Für diesen Zweck steht im `psych`-Paket die `error.bars.by`-Funktion zur Verfügung. Im folgenden Beispiel fordern wir die Mittelwerte für Neurotizismus getrennt für Frauen und Männer an:

```
> error.bars.by(neuro, geschl, by.var = TRUE)
```

Das erste Argument ist der Name der abhängigen Variablen, für die die Mittelwerte berechnet werden sollen. Das zweite Argument ist der Name der unabhängigen Variablen, die die Gruppen definiert. Durch das Argument `by.var = TRUE` werden die beiden Mittelwerte nebeneinander dargestellt und mit einer Linie verbunden.

Lässt man das Argument by.var weg, so werden die beiden Mittelwerte übereinander dargestellt. Dieses Diagramm ist in Abbildung 11.7 unten links dargestellt.

Die error.bars.by-Funktion ermöglicht auch den Vergleich mehrerer Variablen. So kann man beispielsweise die Variablen lz.1 und lz.2 getrennt für Frauen und Männer darstellen, indem man diese beiden Variablen als Data Frame zusammenfasst und im ersten Argument aufführt. Auch die anderen im vorangegangenen Abschnitt vorgestellten Argumente lassen sich hier anwenden.

> **Tipp**
>
> Auch andere Pakete enthalten Funktionen zur Erstellung von Fehlerbalkendiagrammen, z. B. die Funktion plotCI aus dem gplots-Paket (Warnes, 2012b) oder die Funktion plotCI aus dem plotrix-Paket (Lemon, 2006).

Fehlerbalkendiagramm per Hand
Die oben vorgestellten Funktionen sind zwar bequem anzuwenden, aber nicht jeder mag mit den Diagrammen zufrieden sein. Für Publikationszwecke ist es daher nützlich zu wissen, wie man ein Fehlerbalkendiagramm per Hand erstellt. In dem folgenden Beispiel stellen wir die Variable Neurotizismus (Variable neuro) getrennt für die vier ehemaligen Wohnorte (Variable wohnort.alt) dar. Zunächst verwenden wir die describeBy-Funktion aus dem psych-Paket, um die Mittelwerte und Standardfehler zu berechnen. Mit dem Argument mat = TRUE erreichen wir, dass die deskriptiven Statistiken als Tabelle dargestellt werden. Wir speichern die Ausgabe in einem neuen Objekt d.

```
> d <- describeBy(neuro, wohnort.alt, mat = TRUE)
```

Nun verwenden wir die barplot-Funktion, um die Mittelwerte als Säulendiagramm darzustellen.

```
> coord <- barplot(d$mean, ylim = c(1,5), xpd = FALSE,
+ names.arg = d$group1)
```

Dieser Befehl hat recht viele Argumente, die wir nun einzeln besprechen.
- d$mean. Darzustellende Werte, in diesem Fall die im Objekt gespeicherten Mittelwerte.
- ylim = c(1,5). Der Wertebereich der y-Achse. Bei der barplot-Funktion beginnt dieser Wertebereich standardmäßig bei 0. Dieser Wert ist jedoch für diese Variable gar nicht definiert, sodass wir den Wertebereich so verändern, dass er den tatsächlichen Wertebereich der Variablen darstellt.
- xpd = FALSE. Selbst wenn der Wertebereich der y-Achse nicht bei 0 beginnt, so beginnen doch immer die Säulen bei 0 – in diesem Fall also unterhalb des ei-

gentlichen Diagramms! Mit diesem Argument verhindern wir dies. `xpd` steht für das englische *expand*.
- `names.arg = d$group1`. Da wir die `barplot`-Funktion nicht auf eine Tabelle, sondern lediglich auf vier einzelne Werte angewandt haben, werden die Säulen nicht automatisch beschriftet. In dem Argument `names.arg` können wir die Beschriftung der Säulen selbst festlegen. Hier wählen wir die Wertelabels der Gruppierungsvariablen, die in der deskriptiven Tabelle `d` in der Spalte `group1` gespeichert sind.

Mit diesem Befehl wird gleichzeitig das Diagramm erstellt und ein neues Objekt mit dem Namen `coord` angelegt. Dieses Objekt enthält die x-Koordinaten für die Mitte jeder der vier Säulen:

```
> coord
     [,1]
[1,] 0.7
[2,] 1.9
[3,] 3.1
[4,] 4.3
```

Wir kommen auf dieses Objekt zurück, wenn wir gleich Fehlerbalken hinzufügen. Zunächst aber fügen wir dem Diagramm eine horizontale Linie auf der Höhe des kleinsten y-Wertes zu, damit die Säulen nicht frei in der Luft schweben:

```
> abline(h = 1)
```

Nun kommen wir zu den Fehlerbalken. Wir verwenden hierfür die Funktion `arrows`, mit der man Pfeile in ein Diagramm einfügt. Die ersten vier Argumente dieser Funktion sind die x- bzw. y-Koordinate des Anfangs des Pfeils sowie die x- bzw. y-Koordinate des Endes des Pfeils. Mit dem folgenden Befehl fügen wir einen Fehlerbalken zur ersten Säule hinzu. Der Fehlerbalken stellt hier den Standardfehler dar.

```
> arrows(coord[1], d$mean[1] - d$se[1],
+ coord[1], d$mean[1] + d$se[1],
+ code = 3, angle = 90, length = .1)
```

Das erste und dritte Argument sind die x-Koordinaten für den Anfang bzw. das Ende des Pfeils. Sie sind hier identisch, d. h. der Pfeil ist senkrecht. Die Koordinaten entsprechen der Mitte der ersten Säule und wurden dem Objekt `coord` entnommen. Das zweite und vierte Argument sind die y-Koordinaten für den Anfang bzw. das Ende des Pfeils. Der Anfangswert ist der Mittelwert der ersten Gruppe `d$mean[1]` minus den Standardfehler dieser Gruppe `d$se[1]`. Beide Werte wurden aus dem Objekt `d` entnommen. Der Endwert des Pfeils ist dementsprechend der Mittelwert der ersten Gruppe plus den Standardfehler dieser Gruppe. Die weiteren Argumente haben kosmetische Funktionen:

- ▸ code = 3 . Das Argument code legt fest, ob der Pfeil keine Spitzen (code = 0), eine Spitze am Anfang (code = 1), eine Spitze am Ende (code = 2, Standardeinstellung) oder Spitzen an beiden Enden des Pfeils (code = 3) haben soll.
- ▸ angle = 90 . Wenn der Pfeil Spitzen hat, kann hier der Winkel zwischen den Pfeilspitzen und dem Pfeil festgelegt werden. Hier ist der Winkel 90°, also ein rechter Winkel.
- ▸ length = .1 . Mit diesem Argument wird die Länge der Pfeilspitze festgelegt. Die Standardeinstellung ist 1. Wenn man etwas herumprobiert, stellt man fest, dass dies sehr breit ist. Die Einstellung 0.1 entspricht einem Zehntel der Standardeinstellung.

Wir könnten nun diesen Befehl viermal – also einmal für jede der vier Säulen – ausführen und jeweils den Index verändern. Derart repetitive Aufgaben kann man jedoch mit der for-Funktion abkürzen. Diese Funktion sorgt dafür, dass ein bestimmter Befehl für jedes Element in einem Objekt durchgeführt wird. Für unser Beispiel sieht der Befehl so aus:

```
> for(i in 1:nrow(d)) {
+     arrows(coord[i], d$mean[i]-d$se[i],
+     coord[i], d$mean[i]+d$se[i],
+     code = 3, angle = 90, length = .1)
}
```

Betrachten wir zunächst den mittleren Teil des Befehls zwischen den geschweiften Klammern. Der arrows-Befehl sieht hier fast genauso aus wie oben, mit einer Ausnahme: In den eckigen Klammern wurde der Index 1 durch den laufenden Index i ersetzt. Welche Werte kann i annehmen? Dies wird vorher in der for-Funktion festgelegt, genauer gesagt im Teil 1:nrow(d). Zur Erinnerung: Die Funktion nrow gibt die Anzahl der Zeilen eines Objekts wieder (hier also 4) und der Doppelpunkt zwischen zwei Zahlen gibt an, dass alle ganzen Zahlen zwischen diesen Werten ausgegeben werden sollen. In diesem Beispiel ergibt dieser Befehl also die Sequenz 1, 2, 3 und 4. Der Ausdruck for(i in 1:nrow(d)) bedeutet also: Nimm alle Werte zwischen 1 und 4 und setze sie in dem nun folgenden Befehl für den laufenden Index i ein. Wenn wir diesen Befehl ausführen, erhalten automatisch alle vier Säulen Fehlerbalken. Das so erstellte Diagramm ist in Abbildung 11.7 unten rechts dargestellt.

11.2.7 Q-Q-Plot

Viele statistische Verfahren setzen normalverteilte Variablen voraus. Die Normalverteilung einer Variablen kann man graphisch inspizieren. Eine Möglichkeit ist die Erstellung eines Histogramms (s. Abschn. 11.2.1). Da Histogramme aber je nach Breite der Intervalle recht unterschiedlich aussehen können, eignen sie sich nur bedingt zur Prüfung der Normalverteilung.

Sinnvoller ist der Quantile-Quantile-Plot (Q-Q-Plot). In diesem Diagramm werden die unter der Normalverteilung erwarteten Quantile und die tatsächlich beobachteten Quantile in einem Streudiagramm dargestellt. Je deutlicher die Punkte auf einer Geraden liegen, desto näher ist ihre Verteilung an der Normalverteilung. Den Q-Q-Plot fordert man mit dem folgenden Befehl an (Abb. 11.8 oben links):

```
> qqnorm(lz.1)
```

Etwas schöner ist der Q-Q-Plot in dem `car`-Paket (Fox & Weisberg, 2011):

```
> library(car)
> qqPlot(lz.1)
```

Hier erhält man zusätzlich zu den einzelnen Datenpunkten ein Konfidenzintervall um die Gerade. Wenn die Punkte also alle innerhalb des Konfidenzintervalls liegen, kann man von der Normalverteilung ausgehen. Ein Beispiel für dieses Diagramm ist in Abbildung 11.8 oben rechts dargestellt.

> **Tipp**
>
> Die Q-Q-Plots in R unterscheiden sich etwas von den Q-Q-Plots in SPSS: In SPSS sind die x-Achse und die y-Achse vertauscht.

11.3 Streudiagramm

Streudiagramme sind sehr hilfreich, um den Zusammenhang zwischen zwei kontinuierlichen Variablen darzustellen. In einem solchen Diagramm können wir gleich mehrere Dinge überprüfen:
- Welche Form hat der Zusammenhang (z. B. linear, quadratisch, kubisch)?
- Bei linearen Zusammenhängen: Ist der Zusammenhang positiv oder negativ?
- Welche Stärke hat der Zusammenhang? Bei schwachen Zusammenhängen streuen die einzelnen Datenpunkte stärker als bei starken Zusammenhängen.
- Gibt es Ausreißer? Ausreißer können die Berechnung des Zusammenhangs übermäßig beeinflussen und verzerren. Unter Umständen kann es daher sinnvoll sein, Ausreißer vor der Datenanalyse auszuschließen.

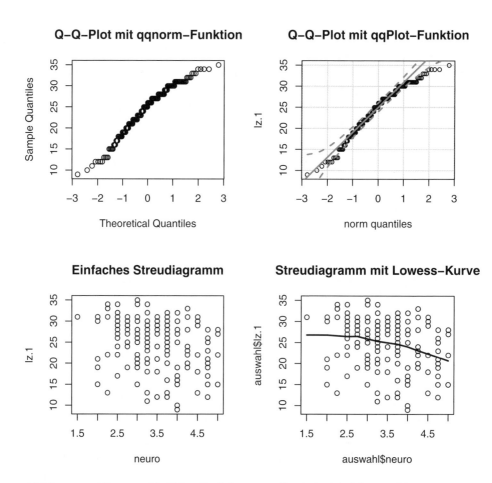

Abbildung 11.8 Mit unterschiedlichen Funktionen erstellte Q-Q-Plots (obere Zeile). Streudiagramme ohne und mit Lowess-Kurve (untere Zeile).

In R lassen sich Streudiagramme am einfachsten mit der `plot`-Funktion erstellen. Wenn man die `plot`-Funktion auf zwei Vektoren anwendet, wird ein Streudiagramm erstellt. Als Beispiel betrachten wir den Zusammenhang zwischen Neurotizismus (`neuro`) und Lebenszufriedenheit (`lz.1`):

```
> plot(neuro, lz.1)
```

Das so angeforderte Streudiagramm ist in Abbildung 11.8 unten links dargestellt. Die erste Variable (hier `neuro`) wird auf der x-Achse abgetragen, die zweite Variable (hier `lz.1`) wird auf der y-Achse abgetragen. Alternativ kann man die beiden Variablen in der `plot`-Funktion auch in Form eines statistischen Modells angeben:

```
> plot(lz.1 ~ neuro)
```

Die Variable vor der Tilde (~) ist die abhängige Variable und wird auf der y-Achse dargestellt. Die Variable hinter der Tilde ist die unabhängige Variable und wird auf der x-Achse dargestellt.

Lowess-Kurve ergänzen

Eine Lowess-Kurve ist eine nonparametrische Kurve, die den Zusammenhang zwischen zwei Variablen in einem Streudiagramm nachzeichnet. Nonparametrisch heißt in diesem Fall, dass sie nicht einer vorgegebenen Form folgt – z. B. linear oder quadratisch. Somit ist diese Kurve gut geeignet, um kurvilineare Zusammenhänge aufzudecken. In R werden die Lowess-Werte mit der `lowess`-Funktion berechnet. In diese Funktion dürfen nur Variablen ohne fehlende Werte eingehen, daher erstellen wir zunächst einen neuen Data Frame mit den Variablen `neuro` und `lz.1`, aus dem Personen mit fehlenden Werten entfernt wurden (s. Abschn. 8.3).

```
> auswahl <- na.omit(data.frame(neuro, lz.1))
```

Nun fügen wir die Lowess-Werte mit der `lines`-Funktion zum bereits erstellten Streudiagramm hinzu. Die `lines`-Funktion funktioniert im Grunde genauso wie die `plot`-Funktion, nur dass hiermit kein neues Diagramm erstellt wird und dass die Datenpunkte automatisch zu einer Linie verbunden werden.

```
> lines(lowess(auswahl$lz.1 ~ auswahl$neuro))
```

Die beiden Variablen werden in der `lowess`-Funktion als statistisches Modell eingegeben, d. h. die Variable, die auf der y-Achse abgetragen wird, erscheint vor der Tilde (~), und die Variable, die auf der x-Achse abgetragen wird, erscheint hinter der Tilde. Wenn die so erstellte Lowess-Kurve gar nicht zu den dargestellten Datenpunkten passt, sollte man überprüfen, ob man vielleicht die beiden Variablen vertauscht hat. Das Streudiagramm mit Lowess-Kurve ist in Abbildung 11.8 unten rechts dargestellt.

Regressionsgerade ergänzen

Mit der `abline`-Funktion werden Geraden in das zuletzt erstellte Diagramm eingezeichnet. Verwendet man in dieser Funktion nur das Argument h=x bzw. v=x, so wird eine horizontale bzw. eine vertikale Gerade an der Stelle x eingefügt. Um eine Regressionsgerade einzuzeichnen, fügen wir die Regressionsgleichung in die `abline`-Funktion ein (zur Bedeutung der `lm`-Funktion s. Kap. 16).

```
> abline(lm(lz.1 ~ neuro))
```

> **Tipp**
>
> Mit der `identify`-Funktion (s. Abschn. 11.2.3) können einzelne Datenpunkte im Streudiagramm angeklickt und identifiziert werden, zum Beispiel, um Ausreißer zu identifizieren.

11.4 Die plot-Funktion

Die `plot`-Funktion ist das graphische Pendant zur `summary`-Funktion (s. Abschn. 9.5). Diese Funktion kann auf fast jedes Objekt angewandt werden, und fast immer erhält man eine einigermaßen sinnvolle Graphik. Im vorangegangenen Abschnitt haben wir die `plot`-Funktion bereits zur Erstellung von Streudiagrammen verwendet. Welches Diagramm man erhält, hängt jedoch davon ab, auf was für ein Objekt die Funktion angewandt wird. In Tabelle 11.1 ist zusammengefasst, welche Diagramme erstellt werden, wenn man die `plot`-Funktion auf ein oder zwei Variablen anwendet, die entweder als Vektoren oder als Faktoren definiert sind.

Tabelle 11.1 Verschiedene Diagrammarten, die mit der plot-Funktion erstellt werden können

plot-Funktion	Diagramm
`plot(vektor)`	Index-Diagramm
`plot(faktor)`	Säulendiagramm
`plot(vektor, vektor)`	Streudiagramm
`plot(faktor, vektor)`	Boxplots
`plot(faktor, faktor)`	Mosaik-Diagramm

In einem Index-Diagramm werden die beobachteten Werte als einzelne Datenpunkte nebeneinander in der Reihenfolge dargestellt, in der sie in dem Data Frame gespeichert sind. Das Diagramm sieht aus wie ein Streudiagramm, zeigt aber nur die Werte einer einzelnen Variablen an.

Ein Mosaik-Diagramm besteht aus verschiedenen farblich markierten Flächen, wobei jede Fläche die relative Größe einer bestimmten Gruppe darstellt. Dieses Diagramm eignet sich zur Darstellung des Zusammenhangs zwischen zwei nominalen Variablen bzw. zur Visualisierung von Kontingenztabellen.

Sowohl im Index-Diagramm als auch im Streudiagramm werden die Datenpunkte als einzelne Symbole dargestellt. Wie man diese Symbole verändert, wird im nächsten Abschnitt besprochen. Man kann anstelle von Symbolen jedoch auch die Datenpunkte mit einer Linie verbinden, indem man das Argument `type = "l"` ergänzt. Mit `type = "b"` werden sowohl Symbole als auch Linien dargestellt. Vorsicht: Die Linie verbindet die Datenpunkte in der Reihenfolge, in der sie in den Daten gespeichert sind. Das kann sinnvoll sein, wenn es sich bei den Datenpunkten um die Ausprägungen einer Variablen über die Zeit handelt, die man mit einem Liniendiagramm veranschaulichen kann. In einem Streudiagramm führt dies jedoch schnell zu einer Abbildung, die einem von einem Dreijährigen gemalten Spinnennetz ähnlicher ist als einem wissenschaftlichen Diagramm.

11.5 Graphiken bearbeiten

R bietet umfangreiche Möglichkeiten, die Graphiken zu bearbeiten und genau so anzupassen, wie man es möchte. Diese Möglichkeiten sind so umfangreich, dass es eigene Bücher dazu gibt (z. B. Murrell, 2005). Wir besprechen hier nur die wichtigsten Funktionen.

Für viele Einstellungen (z. B. Schriftart und Farben) verwendet R Standardeinstellungen. Diese Einstellungen kann man mit dem Befehl `par()` aufrufen. Eine Erläuterung der Abkürzungen findet man in der Hilfe unter `help(par)`. Diese Standardeinstellungen kann man natürlich auch verändern. Als Beispiel schauen wir uns jetzt den Linientyp (`lty`) an. Mit dieser Einstellung wird festgelegt, wie Kurven und Geraden in Diagrammen aussehen sollen. Wir fordern zunächst die Standardeinstellung an und suchen den Ausdruck `lty` in der Liste:

```
> par()
...
$lty
[1] "solid"
...
```

Die Standardeinstellung ist `solid`, das heißt, alle Kurven werden als durchgehende Linien dargestellt. Wir verändern jetzt diese Standardeinstellung so, dass alle Kurven als gepunktete Linien dargestellt werden:

```
> par(lty="dotted")
```

Anstatt die Standardeinstellungen zu manipulieren, kann man die nun folgenden Befehle auch direkt als Argumente in die Funktion hineinschreiben, mit der das Diagramm angefordert wird. Dies tun wir in den Beispielen in den nächsten Abschnitten.

Punkte verändern

Datenpunkte werden zum Beispiel in Streudiagrammen angezeigt, die mit der `plot`-Funktion erstellt werden. Mit der `points`-Funktion ist es auch möglich, Datenpunkte zu einem bereits erstellten Diagramm hinzuzufügen. Die Datenpunkte werden standardmäßig als Kreise dargestellt. Mit dem Argument `pch = x` lassen sich andere Symbole verwenden. Für x wird eine Zahl eingegeben, die dem entsprechenden Symbol entspricht. Mit `pch = 0` erhält man Quadrate, mit `pch = 2` erhält man Dreiecke, und mit `pch = 16` erhält man ausgefüllte Kreise. Anstelle von Zahlen kann man auch direkt das gewünschte Symbol in Anführungszeichen eingeben. Mit `pch = "."` werden kleine Punkte verwendet, mit `pch = "A"` wird der Buchstabe A abgebildet.

Mit dem Argument `cex = x` kann man die Größe der Symbole verändern. Hier entspricht x dem Faktor, um den die Größe des Symbols verändert werden soll. Mit `cex = 2` werden also alle Datenpunkte doppelt so groß wie standardmäßig vorgesehen dargestellt.

Linien verändern

Wenn man Geraden oder Kurven in ein Diagramm einzeichnet (z. B. mit den Funktionen `lines`, `abline` oder `curve`), werden diese standardmäßig als durchgehende Linien dargestellt. Man kann aber auch andere Linientypen wählen. Das ist besonders dann sinnvoll, wenn man mehrere Linien in einem Diagramm hat und diese auseinanderhalten möchte.

Um den Linientyp zu ändern, ergänzt man das `lty`-Argument in der Funktion. Im folgenden Beispiel erstellen wir zunächst ein Streudiagramm für die Variablen `neuro` und `gewiss`. Anschließend fügen wir eine horizontale Linie auf der Höhe von $y = 3$ hinzu. Diese Linie soll dem Linientyp 2 entsprechen:

```
> plot(neuro, gewiss)
> abline(h = 3, lty = 2)
```

Der Linientyp 2 ist eine gestrichelte Linie. Die Codes für die einzelnen Linientypen sind in Tabelle 11.2 zusammengestellt. Anstelle des Codes kann man auch die englische Bezeichnung des Linientyps eingeben, z. B. `lty = "solid"`.

Tabelle 11.2 Verschiedene Linientypen in R. Der Linientyp 1 bzw. solid ist die Standardeinstellung.

Linientyp Code	Linientyp Bezeichnung	Ungefähres Aussehen
lty=0	lty="blank"	
lty=1	lty="solid"	———————————
lty=2	lty="dashed"	- - - - - - - - - - -
lty=3	lty="dotted"	···················
lty=4	lty="dotdash"	-·-·-·-·-·-·-
lty=5	lty="longdash"	—— —— —— ——
lty=6	lty="twodash"	— - — - — - — -

Zusätzlich zum Linientyp kann man auch die Linienstärke beeinflussen. Dazu ergänzt man das Argument `lwd = x` im Befehl. Für x wird der Faktor eingesetzt, um den man die Linienstärke verändern möchte. Die Standardeinstellung ist 1. Möchte man eine doppelt so dicke Linie haben, verwendet man das Argument `lwd = 2`.

Achsenbeschriftung

Die Achsen sind generell mit Zahlen oder Wertelabels beschriftet. Auf der y-Achse sind diese Zahlen standardmäßig vertikal ausgerichtet und daher schlecht lesbar. Mit dem Argument `las = 1` erreicht man, dass alle Zahlen horizontal ausgerichtet sind:

```
> plot(neuro, lz.1, las = 1)
```

Es gibt die Möglichkeit, die Achsen ausführlicher zu beschriften. Die Beschriftung der x-Achse erfolgt mit dem Argument `xlab` (lab steht hier für Label), die Beschriftung der y-Achse erfolgt mit dem Argument `ylab`:

```
> plot(neuro, lz.1, xlab = "Lebenszufriedenheit",
+ ylab = "Neurotizismus")
```

Achsenskalierung anpassen

Der Wertebereich der x- und y-Achse wird in R automatisch berechnet. Nicht immer stimmt diese automatische Skalierung mit der gewünschten Skalierung überein. Mit dem Argument `xlim = c(min,max)` legt man den Wertebereich der x-Achse fest. Mit dem Argument `ylim = c(min,max)` legt man den Wertebereich der y-Achse fest:

```
> plot(neuro, lz.1, xlim = c(1,5), ylim = c(7,35))
```

Titel und Untertitel

Wenn wir das Argument `main = "Text"` im Befehl ergänzen, erhalten wir den Text innerhalb der Anführungszeichen als Diagrammtitel. Wir können außerdem einen Untertitel anfordern, indem wir das Argument `sub = "Text"` im Befehl ergänzen:

```
> pie(table(geschl), main = "Beispiel für ein unnötiges
+ Tortendiagramm", sub = "Ich habe Hunger")
```

Alternativ kann man den Diagrammtitel auch mit der Funktion `title` hinzufügen. Es handelt sich hierbei um eine eigene Funktion, die nach dem Erstellen des Diagramms ausgeführt wird.

Schriftart und Schriftschnitt

In R stehen vier verschiedene Schriftarten zur Verfügung:
- `sans`. Ohne Serifen (wie Arial), Standardeinstellung.
- `serif`. Mit Serifen (wie Times New Roman).
- `mono`. Schreibmaschinen-Buchstaben (wie `Courier`)
- `symbol`. Griechische Buchstaben.

Die gewünschte Schriftart wird in dem Argument `family` angegeben. Der Schriftschnitt kann mit dem Argument `font = x` verändert werden. Hier steht 1 für normalen Text (Standardeinstellung), 2 für fett, 3 für kursiv, und 4 für fett und kursiv.

Schriftgröße

Die Schriftgröße kann man mit dem Argument `cex = x` verändern, das direkt in die Funktion für das Diagramm eingegeben wird. Der Wert, den man für x eingibt, ist nicht etwa die absolute Schriftgröße (z. B. 12 Punkt), sondern der Faktor, um den die Standardschriftgröße verändert werden soll. Ist x kleiner als 1, wird die Schriftgröße verkleinert, ist x größer als 1, wird die Schriftgröße vergrößert. Möchte man die Schriftgröße um 50 % erhöhen, muss man also `cex = 1.5` eingeben. Am besten ist es, verschiedene Werte auszuprobieren und zu sehen, was passiert.

Das Argument `cex = x` bezieht sich nur auf Buchstaben und Symbole im Diagramm selbst. Beispielsweise kann man damit die Größe der Punkte in einem Streudiagramm oder in einem Boxplot verändern. Für die Schriftgröße der Skalenbeschriftungen und Titel gibt es spezielle Varianten des `cex`-Arguments (s. Tab. 11.3).

Tabelle 11.3 Funktionen für die Veränderung der Schriftgröße, des Schriftschnitts sowie der Farbe verschiedener Textelemente in einem Diagramm

Textelement	Schriftgröße	Schriftschnitt	Farbe
Titel	cex.main	font.main	col.main
Untertitel	cex.sub	font.sub	col.sub
Achsenbeschriftung	cex.axis	font.axis	col.axis
Achsenlabel	cex.lab	font.lab	col.lab

Farben

Standardmäßig gibt R die Diagramme in verschiedenen Grautönen aus. Das ist praktisch, da die meisten gedruckten Texte (inklusive dieses Lehrbuchs) in schwarz-weiß erscheinen. Aber natürlich kann R mehr als nur grau. Von `cornflowerblue` bis `tomato4` stehen insgesamt 657 Farbtöne zur Verfügung, die jeden modischen Geschmack treffen sollten. Eine vollständige Liste aller Farbtöne erhält man mit dem Befehl `colors()`.

Um die Farben in einem Diagramm anzupassen, wird das Argument `col` im Befehl ergänzt. Im folgenden Beispiel passen wir die Farben für die vier Ausprägungen der Variable `wohnort.alt` in dem oben präsentierten gruppierten Säulendiagramm an:

```
> barplot(table(wohnort.alt, geschl), beside = TRUE,
+ col=c("tomato4", "chocolate1",
+ "ghostwhite", "cornflowerblue"))
```

Die gewünschten Farben werden mit der `c`-Funktion in einem Vektor zusammengefasst. Das `col`-Argument bezieht sich auf diesen Vektor. Die Namen der Farben müssen in Anführungsstriche geschrieben werden, damit klar ist, dass es sich dabei nicht um Objekte handelt. Alternativ kann man auch Zahlen eingeben. Die am meisten verwendeten Farben sind mit den Zahlen 0 bis 10 kodiert, z. B. 0 = weiß, 1 = schwarz, 2 = rot, und so weiter. Darüber hinaus kann man die Farben verschiedener Textelemente anpassen. Die entsprechenden Argumente sind in Tabelle 11.3 zusammengefasst.

Legende

Im vorangegangenen Abschnitt haben wir unser gruppiertes Säulendiagramm farblich verschönert. Da wir keine Legende hinzugefügt haben, wissen wir jedoch noch nicht, welche Farbe für welche der vier Ausprägungen der Variable `wohnort.alt` steht. Hier ergänzen wir eine Legende manuell:

```
> legend("topright",
+ c("Alte Bundesländer", "Neue Bundesländer", "Berlin",
+ "Ausland"),
+ fill=c("tomato4", "chocolate1", "ghostwhite",
+ "cornflowerblue"))
```

Diese umfangreiche Funktion schauen wir uns jetzt noch einmal Schritt für Schritt an:
- `"topright"`. Position der Legende, hier rechts oben. Außerdem stehen noch `"right"` (rechts mittig), `"bottomright"` (rechts unten), `"bottom"` (unten zentriert), `"bottomleft"` (links unten), `"left"` (links mittig), `"topleft"` (links oben), `"top"` (oben zentriert) and `"center"` (genau in der Mitte des Diagramms) zur Verfügung. Darüber hinaus kann man die Position der Legende bestimmen, indem man die genauen Koordinaten eingibt (s. unten).
- `c("label.1", "label.2", ...)`. Vektor mit den Labels der einzelnen Ausprägungen.
- `fill=c("farbe.1", "farbe.2", ...)`. Farben der Boxen in der Legende. Diese müssen mit den Farben der Säulen übereinstimmen. Ohne dieses Argument ist die Legende so gut wie nutzlos, da dann nur die Labels untereinander aufgeführt werden. Die Farben werden hier in derselben Reihenfolge aufgeführt wie in dem `c`-Argument im vorangegangenen Abschnitt.

Mit dem Argument `fill` werden kleine farbgefüllte Boxen erstellt. Dies macht Sinn für ein Säulendiagramm, aber nicht für Diagramme, in denen man mit Hilfe der Legende verschiedene Symbole oder Linien auseinander halten kann. Um Symbole statt Boxen abzubilden, ersetzt man das Argument `fill` durch das Argument `pch`. Für Linien verwendet man die Argumente `lwd` (für Linienstärken) und `lty` (für Linientypen) legt. Die Farben der Symbole bzw. der Linien können mit `col` gesteuert werden.

Hinter jedem dieser Argumente folgt ein Vektor, in dem die entsprechenden Einstellungen in der Reihenfolge festgelegt werden, in der sie in der Legende erscheinen sollen. Ein Beispiel: Mit `lty = c(1,2,3)` legt man fest, dass in der Legende drei Linien gezeigt werden sollen. Die erste Linie ist durchgezogen, die zweite gestrichelt, die dritte gepunktet (s. Tab. 11.2).

> **Tipp**
>
> Die `legend`-Funktion wird immer auf das Diagramm angewandt, das zuletzt erstellt wurde. Wenn wir den Befehl nach dem Ausführen modifizieren und erneut anwenden, wird nicht etwa die alte Legende gelöscht, sondern es wird eine zweite Legende in das Diagramm eingefügt. Wenn wir also die Legende verändern möchten, müssen wir zunächst erneut das Diagramm erstellen.

Koordinaten

Einige zusätzliche Elemente wie zum Beispiel Pfeile können nur in eine Graphik eingefügt werden, wenn die Koordinaten angegeben werden. Am einfachsten geht dies über die `locator`-Funktion:

```
> locator()
```

Wenn man diese Funktion ausführt, wird die aktuelle Graphik angezeigt. Man hat nun die Möglichkeit, mit der Maus in das Diagramm zu klicken. Die Koordinaten der markierten Punkte im Diagramm erscheinen dann in der Ausgabe.

Wichtig: Wenn man fertig ist, muss man die Funktion im Menü beenden, indem man auf STOPP → STOPP LOCATOR() geht. Tut man dies nicht, kann man keine weiteren Befehle ausführen!

Zusätzliche Elemente

Man kann eine Reihe von weiteren Elementen in bereits erstellte Graphiken nachträglich einfügen. Unter anderem stehen die folgenden Funktionen zur Verfügung:

- `abline()` für Geraden (s. Abschn. 11.3)
- `arrows()` für Pfeile (s. Abschn. 0)
- `axis()` für Achsen und Achsenbeschriftungen
- `curve(..., add=TRUE)` für Funktionskurven (s. Abschn. 11.2.1)
- `legend()` für Legenden (s. oben)

- `lines()` für Linien
- `points()` für Punkte
- `symbols()` für Symbole
- `text()` für Texte

Wie diese Befehle genau funktionieren, erfährt man über die Hilfe-Funktion von R, zum Beispiel `help(abline)`.

Mehrere Diagramme auf einer Seite

Wenn man mehrere Diagramme zusammen präsentieren möchte, kann man diese Diagramme schon in R zusammenstellen lassen und in einer einzigen Datei abspeichern. Dafür braucht man den folgenden Befehl:

```
> par(mfrow=c(a,b))
```

Mit der `par`-Funktion kann man diverse Parameter in einem Diagramm verändern. Einer dieser Parameter ist `mfrow` (für *multiframe row*). Dieser Befehl geht immer mit einem Vektor `c(a,b)` einher, in dem angegeben wird, wie viele Diagramme pro Zeile (a) und pro Spalte (b) in der Abbildung erscheinen sollen. Wenn man also zwei Diagramme untereinander abbilden möchte, führt man zunächst den Befehl `par(mfrow=c(2,1))` aus und erstellt anschließend die beiden Diagramme. Diese Einstellung gilt so lange, bis man sie mit `par(mfrow=c(1,1))` wieder zurücksetzt.

11.6 Graphiken speichern

In R erstellte Diagramme lassen sich in verschiedenen Dateiformaten speichern. Dazu geht man im Menü auf DATEI → SPEICHERN ALS. An dieser Stelle wählt man das gewünschte Dateiformat aus, zum Beispiel jpg oder pdf. Für die Weiterverwendung in Office-Programmen (z. B. Word oder Powerpoint) ist das Format Windows Metafile besonders geeignet.

Es ist auch möglich, Graphiken mit Hilfe einer Funktion zu exportieren. Um eine Graphik zu exportieren, muss zunächst die entsprechende Export-Funktion ausgeführt werden. In dieser Funktion wird der gewünschte Dateiname einschließlich der Dateiendung (z. B. jpg) angegeben. Anschließend wird die Graphik erstellt. Achtung: Die Graphik wird nicht in R angezeigt, sondern direkt in die externe Datei umgeleitet. Anschließend muss der Befehl `dev.off()` ausgeführt werden. Dadurch wird die Umleitung beendet. In diesem Beispiel wird ein Boxplot erstellt und als jpg-Datei gespeichert:

```
> jpeg("Boxplot.jpg")
> boxplot(lz.1)
> dev.off()
```

Funktionen für zwei andere Dateiformate sind `pdf()` für pdf-Dateien und `win.metafile()` für Windows Metafile. Die meisten Dateiformate können nur eine einzige Graphik darstellen, daher muss der `dev.off`-Befehl ausgeführt werden, sobald eine Graphik erstellt wurde. Dies ist anders für pdf-Dateien. Hier kann man beliebig viele Graphiken in die pdf-Datei umleiten, bevor man die Datei mit dem `dev.off`-Befehl schließt. Für jedes Diagramm wird in der pdf-Datei eine neue Seite angelegt.

11.7 Graphiken für Fortgeschrittene

In R kann man tolle Graphiken erstellen. In diesem Kapitel konnten wir aus Platzgründen nur auf wenige Diagrammarten eingehen, die größtenteils in den Basispaketen enthalten sind. Wer sich näher mit den graphischen Möglichkeiten in R beschäftigen möchte, sei auf die Pakete `lattice` (Sarkar, 2008) und `ggplot2` (Wickham, 2009) verwiesen. Das `lattice`-Paket enthält eine Demo, die einen Vorgeschmack auf die Möglichkeiten dieses Pakets gibt:

```
> library(lattice)
> demo(lattice)
```

11.8 Graphiken im R Commander

Der R Commander verfügt unter der Menüoption GRAPHIKEN über eine ganze Reihe von Funktionen, mit denen Diagramme erstellt werden können. Viele der Diagramme, die wir in diesem Kapitel „zu Fuß" erstellt haben, können auch im R Commander angefordert werden. Darüber hinaus enthält der R Commander einige Diagramme, auf die wir aus Platzgründen hier nicht eingehen konnten, zum Beispiel Stripcharts und die sehr unterhaltsamen 3D-Streudiagramme.

11.9 Graphik-Funktionen im Überblick

Funktion	Erläuterung
`plot()`	Flexible Graphik-Funktion, die je nach der Art der eingegebenen Variablen Boxplots, Streudiagramme oder andere Diagramme erstellt.
`barplot(table(x))`	Erstellt ein Säulendiagramm für den Faktor x.
`barplot(table(x), horiz=TRUE)`	Erstellt ein Balkendiagramm für den Faktor x.

11.9 Graphik-Funktionen im Überblick

Funktion	Erläuterung
`barplot(table(x,y), beside=TRUE)`	Erstellt ein gruppiertes Säulendiagramm für die Faktoren *x* und *y*.
`pie(table(x))`	Erstellt ein Kreisdiagramm für den Faktor *x*.
`hist(x)`	Erstellt ein Histogramm für den Vektor *x*.
`plot(density(x))`	Erstellt ein Kerndichte-Diagramm
`boxplot(x)`	Erstellt einen Boxplot für den Vektor *x*.
`boxplot(y ~x)`	Erstellt für jede Ausprägung des Faktors *x* einen eigenen Boxplot für die Variable *y*.
`stem(x)`	Erstellt ein Stamm-Blatt-Diagramm für einen Vektor.
`barplot(tapply(x,y,mean)`	Erstellt ein Säulendiagramm für die Mittelwerte des Vektors *x*, getrennt nach den Ausprägungen des Faktors *y*.
`plotmeans(y ~ x)`	Erstellt ein Fehlerbalkendiagramm für die Mittelwerte von *y* in Abhängigkeit von *x*.
`error.bars(daten)`	Erstellt ein Fehlerbalkendiagramm für alle Variablen in dem Data Frame.
`error.bars.by(y,x)`	Erstellt ein Fehlerbalkendiagramm für die Mittelwerte von *y* in Abhängigkeit von *x*.
`qqnorm(x)`	Erstellt einen Q-Q-Plot für einen Vektor.
`qqPlot(x)`	Erstellt einen Q-Q-Plot mit Konfidenzintervall für einen Vektor.
`curve(funktion(x), min, max)`	Stellt eine bestimmte Funktion graphisch in einem Koordinatensystem dar. Der Wertebereich der x-Achse reicht von *min* bis *max*.
`curve(funktion(x), add=TRUE)`	Fügt eine Funktionskurve zu einem bereits erstellten Diagramm hinzu.
`arrows(x1, y1, x2, y2)`	Fügt einen Pfeil in ein bereits erstelltes Diagramm ein. Der Pfeil beginnt bei den Koordinaten x1, y1 und endet bei den Koordinaten x2, y2.
`lines(lowess(y~x))`	Fügt eine Lowess-Kurve in ein bereits erstelltes Streudiagramm ein.
`abline(funktion)`	Fügt eine Gerade in ein bereits erstelltes Diagramm ein.
`legend(position, labels, kennzeichen)`	Fügt zu einem bestehenden Diagramm eine Legende hinzu.

Funktion	Erläuterung
identify(x, y)	Funktion für die Identifizierung von einzelnen Werten in Boxplots oder Streudiagrammen. x ist die Variable auf der x-Achse, y ist die Variable auf der y-Achse.
locator()	Bestimmt die Koordinaten eines Punkts innerhalb eines Diagramms.
par(...)	Legt grundsätzliche Graphik-Einstellungen fest.
par(mfrow=c(a,b))	Legt die Anzahl der Diagramme pro Zeile (a) und Spalte (b) in der Ausgabe fest.

11.10 Zusätzliche Argumente für Graphik-Funktionen

Funktion	Erläuterung
pch	Darstellung der Datenpunkte
cex	Größe der Datenpunkte
lty	Linientyp
lwd	Linienstärke
las	Ausrichtung der Achsenbeschriftung
xlab, ylab	Beschriftung der x-Achse bzw. der y-Achse
xlim, ylim	Wertebereich der x-Achse bzw. der y-Achse
main, sub	Titel und Untertitel
family	Schriftart
font	Schriftschnitt
col	Farben

11.11 Übungen

Diese Übungen beziehen sich auf den Datensatz `erstis.RData`. Eine ausführliche Beschreibung dieses Datensatzes finden Sie im Anhang A: Datensätze.

(1) Erstellen Sie ein Säulendiagramm mit absoluten Häufigkeiten für die Variable `gruppe`. Die Säulen sollten weiß sein.
(2) Erstellen Sie ein gruppiertes Balkendiagramm für die Variablen Geschlecht (`geschl`) und Gruppe (`gruppe`). Fügen Sie eine Legende hinzu. Passen Sie den Wertebereich der y-Achse so an, dass die Legende keine Säulen verdeckt.
(3) Erstellen Sie ein Histogramm für die Variable Alter (`alter`). Verändern Sie die Anzahl der Säulen, sodass ca. 15 Säulen angezeigt werden. Fügen Sie eine fette Kerndichte-Kurve hinzu. *Tipp*: Ersetzen Sie dazu in dem hier vorgestellten Befehl die Funktion `plot` durch die Funktion `lines` und stellen Sie im Histogramm die Dichtewerte, nicht die absoluten Werte der Variablen `alter` dar.
(4) Fassen Sie die folgenden vier Diagramme auf einer Seite zusammen:
   a. Gruppierte Boxplots für die Variablen `gruppe` (x-Achse) und `prok` (y-Achse).
   b. Streudiagramm für die Variablen `prok` (x-Achse) und `lz.1` (y-Achse). Fügen Sie eine Lowess-Kurve hinzu. Beachten Sie, dass für die Kurve nur Personen mit gültigen Werten berücksichtigt werden können.
   c. Fehlerbalkendiagramm für die Variablen `gruppe` (x-Achse) und `prok` (y-Achse).
   d. Säulendiagramm, in dem die Mittelwerte der Variablen `gewiss` (y-Achse) für Frauen und Männer (`geschl`, x-Achse) getrennt dargestellt sind. Fügen Sie die Standardfehler als Fehlerbalken manuell hinzu. Passen Sie gegebenenfalls den Wertebereich der y-Achse an.
(5) Erstellen Sie zwei verschiedene Diagramme, mit denen Sie prüfen können, ob die Variable Prokrastination (`prok`) normalverteilt ist. Zu welchem Schluss kommen Sie?
(6) Erstellen Sie ein Streudiagramm für die Variablen `gewiss` (x-Achse) und `prok` (y-Achse). Berücksichtigen Sie dabei die folgenden Punkte:
   a. Der Titel des Diagramms ist „Gewissenhaftigkeit und Prokrastination".
   b. Die Beschriftung der x-Achse ist „Gewissenhaftigkeit".
   c. Die Beschriftung der y-Achse ist „Prokrastination".
   d. Die Achsenbeschriftungen sind rot und doppelt so groß wie normal.
   e. Sowohl die x-Achse als auch die y-Achse haben jeweils einen Wertebereich von 1 bis 5.
   f. Die Datenpunkte werden als ausgefüllte blaue Punkte dargestellt.

12 Grundlagen der Inferenzstatistik in R

In diesem Kapitel behandeln wir einige grundlegende Themen, die für die Inferenzstatistik wichtig sind. Wir schauen uns die wichtigsten statistischen Verteilungen an und behandeln, wie man manuell kritische Werte und *p*-Werte bestimmt (Abschn. 12.1). Anschließend besprechen wir, wie man in R den optimalen Stichprobenumfang für eine geplante Studie bestimmen und Poweranalysen durchführen kann (Abschn. 12.2). Die meisten Funktionen, die in diesem Kapitel besprochen werden, sind in SPSS übrigens nicht verfügbar. Für die Beispiele in diesem Kapitel werden keine Daten benötigt.

12.1 Verteilungen

Alle statistischen Tests beruhen auf einer bestimmten Verteilung der Stichprobenkennwerte. Die Verteilungen, die uns am häufigsten begegnen, sind die Normalverteilung, die *t*-Verteilung, die *F*-Verteilung und die *chi²*-Verteilung. Darüber hinaus stehen in R auch noch viele andere Verteilungen zur Verfügung (Tab. 12.1).

Tabelle 12.1 Ausgewählte statistische Verteilungen in R. Bei einigen Verteilungen müssen die Freiheitsgrade als zusätzliche Argumente aufgenommen werden.

Verteilung	Dichtefunktion	Quantile	Probability
Normalverteilung	dnorm	qnorm	pnorm
chi²-Verteilung	dchisq	qchisq	pchisq
t-Verteilung	dt	qt	pt
F-Verteilung	df	qf	pf
Logistische Verteilung	dlogis	qlogis	plogis
Log-normale Verteilung	dlnorm	qlnorm	plnorm
Poisson-Verteilung	dpois	qpois	ppois
Binomial-Verteilung	dbinom	qbinom	pbinom

Für jede Verteilung lassen sich verschiedene Funktionen anwenden. Mit der Dichtefunktion kann man die Form einer Verteilung darstellen lassen. Die Quantile dienen dazu, kritische Werte zu bestimmen. Schließlich kann man *p*-Werte mit der Probability-Funktion ausgeben lassen. Wir demonstrieren diese drei Anwendungen anhand der *t*-Verteilung. Für andere Verteilungen können die entsprechenden Funktionen analog eingesetzt werden.

12.1.1 Form der Verteilungen

Die Form einer Verteilung kann man über die Dichtefunktion dieser Verteilung bestimmen. Die Fläche unter der Kurve der Dichtefunktion gibt die Wahrscheinlichkeit dieser Werte unter der jeweiligen Verteilung an. In R kann man sich die Dichtefunktionen verschiedener Verteilungen graphisch darstellen lassen. Um die Dichte einer Verteilung zu erhalten, wird der Buchstabe d (*density*) vor dem Namen der Funktion ergänzt.

Die Dichtefunktion der *t*-Verteilung wird mit der Funktion dt() angefordert. Um die Dichtefunktion graphisch darzustellen, verwenden wir die curve-Funktion, die wir schon in Kapitel 11 kennen gelernt haben. Die Form der Dichtefunktion der *t*-Verteilung hängt von den Freiheitsgraden ab. Mit dem folgenden Befehl veranschaulichen wir die Dichtefunktion für eine *t*-Verteilung mit 100 Freiheitsgraden:

```
> curve(dt(x, 100), -3, 3)
```

Die curve-Funktion hat hier drei Argumente:

- dt(x, 100). Die Dichtefunktion der *t*-Verteilung. Im zweiten Argument werden die Freiheitsgrade festgelegt, hier also 100.
- -3. Der kleinste Wert der x-Achse.
- 3. Der größte Wert der x-Achse.

Wir können nun untersuchen, wie sich die Dichtefunktion verändert, wenn wir die Freiheitsgrade verändern. Mit den folgenden Befehlen lassen wir uns die Dichtefunktionen für 1 und 10 Freiheitsgrade darstellen:

```
> curve(dt(x, 1), lty = 2, add = TRUE)
> curve(dt(x, 10), lty = 3, add = TRUE)
```

Mit dem Argument lty legen wir den Linientyp fest, damit die drei Dichtefunktionen unterschiedlich dargestellt werden (s. Abschn. 11.5). Durch das Argument add = TRUE erreichen wir, dass diese Dichtefunktionen in das bereits erstellte Diagramm eingefügt werden.

Schließlich ergänzen wir noch eine Legende, damit wir nachvollziehen können, welche Linie zu welcher Dichtefunktion gehört (s. Abschn. 11.5). Wir erhalten das in Abbildung 12.1 dargestellte Diagramm:

```
> legend("topright", c("df = 1", "df = 10", "df = 100"),
+ lty = c(2,3,1))
```

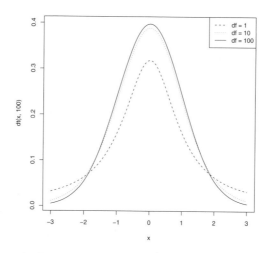

Abbildung 12.1 Die Dichtefunktionen für *t*-Verteilungen mit 1, 10 und 100 Freiheitsgraden

12.1.2 Berechnung der kritischen Werte

Die meisten von uns haben die folgenden Schritte bei der Durchführung eines statistischen Tests kennen gelernt: (1) Berechnung der empirischen Prüfgröße, (2) Bestimmung des kritischen Werts, (3) Vergleich der empirischen Prüfgröße mit dem kritischen Wert. Für Schritt 2 müssen wir die Freiheitsgrade der Verteilung und das gewünschte Signifikanzniveau kennen und können dann den kritischen Wert in einer Tabelle nachschauen.

Anstelle einer Tabelle kann man für Schritt 2 auch auf R zurückgreifen. (Bevor jetzt Panik aufkommt: Natürlich kann man auch den gesamten Test von R durchführen lassen, sodass man sich die einzelnen Schritte sparen kann.) Dazu fordern wir den Wert für ein bestimmtes Quantil der Verteilung an. Ein Quantil ist ein Wert einer Verteilung, unterhalb dessen sich ein bestimmter Anteil der Fälle befindet. Das Quantil 0.95 bezeichnet also den Wert, unterhalb dessen 95 % der Verteilung liegen. In R erhält man Quantile, indem man den Buchstaben q (*quantile*) vor den Namen der Verteilungsfunktion setzt.

Wir möchten nun einen zweiseitigen *t*-Test mit 128 Freiheitsgraden und einem Signifikanzniveau von 5 % durchführen. Wir suchen also die beiden *t*-Werte, die auf beiden Seiten der Verteilung jeweils 2.5 % der Fläche abschneiden bzw. den *t*-Wert für das Quantil 0.025 und den *t*-Wert für das Quantil 0.975. Dazu geben wir die folgenden Befehle ein:

```
> qt(0.025, 128)
[1] -1.978671
```

```
> qt(0.975, 128)
[1] 1.978671
```

Wir möchten nun zusätzlich den kritischen Wert für einen einseitigen *t*-Test mit einem Signifikanzniveau von 5 % bestimmen. Wir fordern also den *t*-Wert für das Quantil 0.05 (oder den *t*-Wert für das Quantil 0.95) an:

```
> qt(0.05, 128)
[1] -1.656845
```

12.1.3 *p*-Werte

Wenn wir einen statistischen Test manuell durchführen, besteht der letzte Schritt darin, die empirische Prüfgröße mit dem kritischen Wert zu vergleichen. Auf der Grundlage dieses Vergleichs entscheiden wir uns dann für oder gegen die Nullhypothese. Es ist allerdings meist üblich, das Ergebnis des Signifikanztests in Form des exakten *p*-Werts auszudrücken. Der *p*-Wert ist die Wahrscheinlichkeit, mit der wir die vorliegende oder eine extremere Prüfgröße erhalten würden, wenn die Nullhypothese gilt.

In R können wir die *p*-Werte für bestimmte Prüfgrößen berechnen lassen, indem wir den Buchstaben p (*probability*) vor die Funktion setzen. Mit diesem Befehl erhalten wir den Anteil der Fälle, die diesen oder einen geringeren Wert haben. Dieser Befehl ist also genau das Gegenstück zu den Quantilen, die wir oben angefordert haben. Ein Beispiel: Der Wert für das Quantil 0.95 der *t*-Verteilung (bei 128 Freiheitsgraden) lässt sich folgendermaßen berechnen:

```
> qt(0.95,128)
[1] 1.656845
```

Wenn wir jetzt ermitteln möchten, wie viel Prozent der Verteilung unterhalb dieses Werts liegen, geben wir Folgendes ein:

```
> pt(1.656845, 128)
[1] 0.95
```

Wir erhalten wieder den Wert 0.95, das heißt, 95 % der Werte der Verteilung betragen 1.66 oder weniger. Das heißt auch, dass der Anteil der Werte, die höher (d. h. noch extremer) ausfallen, bei 5 % liegt. Dies können wir auch ausrechnen lassen, indem wir den oben erhaltenen Wert von 1 abziehen. Damit erhalten wir den *p*-Wert für den *t*-Wert 1.66:

```
> 1 - pt(1.656845, 128)
[1] 0.05000002
```

Auf diese Art können wir nun auch die *p*-Werte für andere empirische Prüfgrößen bestimmen. Mit dem folgenden Befehl bestimmen wir den *p*-Wert für einen empirischen *t*-Wert von 0.89 bei 198 Freiheitsgraden:

```
> 1 - pt(0.89,198)
[1] 0.187273
```

Wenn wir den *p*-Wert für einen negativen *t*-Wert ermitteln möchten, können wir darauf verzichten, das Ergebnis von 1 zu subtrahieren. Hier berechnen wir den *p*-Wert für *t* = -1.79 bei 30 Freiheitsgraden:

```
> pt(-1.79, 30)
[1] 0.04177643
```

12.1.4 Verteilungen im R Commander

Die bisher vorgestellten Funktionen sind auch im R Commander unter VERTEILUNGEN → STETIGE VERTEILUNGEN implementiert. Der R Commander enthält noch einige andere Verteilungen, die wir hier nicht besprochen haben. Für jede Verteilung stehen vier Optionen zur Verfügung:

▶ QUANTILE DER VERTEILUNG: Hier können Werte für bestimmte Quantile bestimmt werden, z. B. kritische Werte für einen Signifikanztest. Die dafür verwendeten Funktionen beginnen mit dem Buchstaben q (s. auch Abschn. 12.1.2).

▶ WAHRSCHEINLICHKEITEN DER VERTEILUNG: Hier kann der Anteil der Verteilung bestimmt werden, der unterhalb oder oberhalb eines bestimmten Wertes liegt, z. B. für die Bestimmung von *p*-Werten. Die dafür verwendeten Funktionen beginnen mit dem Buchstaben p (s. auch Abschn. 12.1.3).

▶ GRAPHIK DER VERTEILUNG: Hier wird eine Graphik der Verteilung bzw. der Dichtefunktion der Verteilung erstellt (s. auch Abschn. 12.1.1).

▶ ZUFALLSSTICHPROBE AUS EINER VERTEILUNG: Hier kann man Daten generieren, die der jeweiligen Verteilung folgen. Die dafür verwendeten Funktionen beginnen mit dem Buchstaben r (*random*). Diese Funktion wird in diesem Kapitel nicht besprochen.

12.2 Stichprobenumfangsplanung

Wenn wir statistische Analysen durchführen, tun wir dies meist mit dem Ziel, Effekte (z. B. Unterschiede oder Zusammenhänge) durch ein statistisch signifikantes Ergebnis aufzudecken. Die Wahrscheinlichkeit, einen Populationseffekt mit einem bestimmten Test aufzudecken, nennt man Teststärke oder Power. Die Teststärke wird von drei Parametern beeinflusst:

- **Größe des Effekts.** Je größer der Populationseffekt ist, desto leichter ist es, ihn zu finden.
- **Signifikanzniveau.** Je größer das Signifikanzniveau α ist, desto eher liegt unsere empirische Prüfgröße jenseits des kritischen Werts.
- **Stichprobengröße.** Je größer die Stichprobe ist, desto kleiner ist der Standardfehler. Je kleiner der Standardfehler ist, desto größer ist die empirische Prüfgröße und umso eher wird der Test signifikant.

Da wir den Populationseffekt in der Regel nicht beeinflussen können und das Signifikanzniveau meist auf 5 % festgelegt ist, können wir die Teststärke nur über die Stichprobengröße beeinflussen. Es ist daher sinnvoll, vor der Durchführung der Untersuchung eine Stichprobenumfangsplanung durchzuführen. In dieser Analyse wird die Stichprobengröße ermittelt, die man für eine bestimmte Teststärke bei festgelegtem Populationseffekt und festgelegtem Signifikanzniveau braucht.

Das Paket `pwr` (Champely, 2009) ist speziell für Poweranalysen programmiert worden. Es enthält Funktionen, mit denen man die Teststärke oder den optimalen Stichprobenumfang für die am häufigsten eingesetzten Tests berechnen kann. Wir zeigen diese Funktionen für einige ausgewählte Verfahren.

12.2.1 Stichprobenumfangsplanung für *t*-Tests

Es gibt verschiedene Varianten des *t*-Tests, mit denen man unterschiedliche Hypothesen testen kann. Wir zeigen hier, wie man Poweranalysen für den *t*-Test für eine Stichprobe, den *t*-Test für unabhängige Stichproben sowie den *t*-Test für abhängige Stichproben durchführt.

t-Test für eine Stichprobe

Mit dem *t*-Test für eine Stichprobe wird überprüft, ob sich ein Stichprobenmittelwert signifikant von einem bekannten Populationsmittelwert unterscheidet. Im folgenden Beispiel möchten wir den optimalen Stichprobenumfang für einen *t*-Test für eine Stichprobe mit einem Effekt von Cohens $d = 0.5$ bei einem Signifikanzniveau von 5 % und einer Teststärke von 80 % bestimmen. Der Test soll zweiseitig durchgeführt werden:

```
> pwr.t.test(d=0.5, sig.level=0.05, power=0.8,
+ type="one.sample", alternative="two.sided")
```

```
          One-sample t test power calculation

              n = 33.36713
              d = 0.5
      sig.level = 0.05
          power = 0.8
    alternative = two.sided
```

Die vorher festgelegten Parameter werden als einzelne Argumente in die Funktion pwr.t.test aufgenommen:
- d. Gewünschte Effektgröße.
- sig.level. Gewünschtes Signifikanzniveau.
- power. Gewünschte Teststärke.
- type="one.sample". Legt fest, dass es sich bei dem Test um einen *t*-Test für eine Stichprobe handelt.
- alternative. Die Art der Alternativhypothese. Dabei steht "two.sided" für eine ungerichtete Alternativhypothese (bzw. für einen zweiseitigen Test). Gerichtete Alternativhypothesen können mit "greater" (der Effekt ist größer als Null) und "less" (der Effekt ist kleiner als Null) eingegeben werden.

Die Analyse zeigt, dass ein Stichprobenumfang von $N = 34$ optimal wäre.

t-Test für unabhängige Stichproben

Mit dem *t*-Test für unabhängige Stichproben wird überprüft, ob sich die Mittelwerte zweier unabhängiger Stichproben voneinander unterscheiden. Den optimalen Stichprobenumfang kann man für diesen Test ebenfalls mit der Funktion pwr.t.test ermitteln. Mit dem Argument type = "two.sample" wird festgelegt, dass es sich um einen *t*-Test für unabhängige Stichproben handelt.

t-Test für abhängige Stichproben

Mit dem *t*-Test für abhängige Stichproben wird überprüft, ob sich die Mittelwerte zweier abhängiger Stichproben voneinander unterscheiden. Auch hier kann man wiederum auf die Funktion pwr.t.test zurückgreifen. Mit dem Argument type = "paired" wird festgelegt, dass es sich um einen *t*-Test für abhängige Stichproben handelt.

12.2.2 Test eines Korrelationskoeffizienten

Korrelationskoeffizienten haben wir bereits in Kapitel 10 kennen gelernt. Auch für Korrelationskoeffizienten können statistische Tests durchgeführt werden. Hier wird in der Regel geprüft, ob die Korrelationskoeffizienten sich von Null unterscheiden.

Um den optimalen Stichprobenumfang oder die Teststärke für den Test eines Korrelationskoeffizienten zu bestimmen, kann man die Funktion `pwr.r.test` verwenden. Die Argumente dieser Funktion sind nahezu identisch mit denen der `pwr.t.test`-Funktion, die wir bereits besprochen haben. Der einzige Unterschied: Die Effektgröße wird hier nicht mit d, sondern mit r angegeben. Als Effektgrößemaß verwendet man einfach den Korrelationskoeffizienten selbst.

Mit dem folgenden Befehl bestimmen wir den Stichprobenumfang, den wir benötigen, um einen Zusammenhang von $r = 0.14$ mit einem Signifikanzniveau von 5 % und einer Teststärke von 80 % aufzudecken. Wir möchten einen zweiseitigen Test durchführen:

```
> pwr.r.test(r = 0.14, sig.level = 0.05, power = 0.8,
+ alternative = "two.sided")

approximate correlation power calculation (arctangh
transformation)

              n = 398.012
              r = 0.14
      sig.level = 0.05
          power = 0.8
    alternative = two.sided
```

Der Ausdruck `arctangh transformation` besagt, dass der Korrelationskoeffizient für die Analyse mit der arctan-Transformation nach Cohen (1988, Seite 546) transformiert wurde. Die Analyse zeigt, dass eine Stichprobe mit 399 Personen optimal wäre.

12.2.3 R^2 in der multiplen Regression

Im Rahmen einer multiplen Regressionsanalyse werden meist mehrere statistische Tests durchgeführt: Zum einen wird über eine Varianzanalyse geprüft, ob der Determinationskoeffizient R^2 signifikant von Null verschieden ist. Der Determinationskoeffizient ist ein Maß für die Modellgüte. Die Signifikanz von R^2 wird über einen F-Test bestimmt. Zum anderen werden die einzelnen Regressionskoeffizienten über t-Tests geprüft. Welchen Test soll man also als Grundlage für die Stichprobenumfangsplanung nehmen?

Die Antwort ist: den F-Test für den Determinationskoeffizienten. Für die Planung muss man vier Parameter festlegen: (1) die Anzahl der Prädiktoren im Modell k, (2) das erwartete R^2, (3) das gewünschte Signifikanzniveau α, (4) die gewünschte Teststärke 1−β. Dagegen muss man nicht wissen, welche spezifischen Regressionskoeffizienten man erwartet.

In R kann man den optimalen Stichprobenumfang für eine Regressionsanalyse mit der `pwr.f2.test`-Funktion berechnen. Im folgenden Beispiel ermitteln wir den optimalen Stichprobenumfang für 5 Prädiktoren, $R^2 = 0.30$, ein Signifikanzniveau von 5 % und einer Teststärke von 80 %:

```
> pwr.f2.test(u = 5, f2 = 0.3/(1-0.3), sig.level = 0.05,
+ power = 0.8)

    Multiple regression power calculation

              u = 5
              v = 29.89078
             f2 = 0.4285714
      sig.level = 0.05
          power = 0.8
```

Die Funktion enthält vier Argumente. Die Argumente `sig.level` und `power` beziehen sich wie zuvor auf das Signifikanzniveau bzw. die Teststärke. Im Argument `u` wird die Anzahl der Zählerfreiheitsgrade des F-Tests eingegeben. Sie entspricht genau der Anzahl der Prädiktoren. Im Argument `f2` wird die erwartete Effektstärke eingegeben. *Achtung*: Hier wird nicht der Determinationskoeffizient R^2 eingegeben, sondern die Effektstärke f^2. Diese berechnet sich direkt aus R^2:

$$f^2 = R^2 / (1 - R^2). \hspace{4cm} \text{(Formel 12.1)}$$

Diese Formel haben wir oben in die Funktion eingegeben: `f2 = 0.3/(1-0.3)`. In der Ausgabe erhalten wir den Wert `v = 29.89078`. Vorsicht, dies ist nicht der optimale Stichprobenumfang, sondern die Anzahl der Nennerfreiheitsgrade des F-Tests. Die Nennerfreiheitsgrade sind so definiert:

$$df_{\text{Nenner}} = n - k - 1 \hspace{4cm} \text{(Formel 12.2)}$$

Dabei ist n die Stichprobengröße und k die Anzahl der Prädiktoren. Um den optimalen Stichprobenumfang zu bestimmen, stellen wir diese Formel um:

$$n = df_{\text{Nenner}} + k + 1 \hspace{4cm} \text{(Formel 12.3)}$$

Für unser Beispiel liegt der optimale Stichprobenumfang also bei ca. 36 Personen:

```
> 29.89078 + 5 + 1
[1] 35.89078
```

12.2.4 Einfaktorielle Varianzanalyse ohne Messwiederholung

Bei der einfaktoriellen Varianzanalyse ohne Messwiederholung werden die Mittelwerte mehrerer Gruppen miteinander verglichen. Diese Gruppen können gleich groß (balanciertes Design) oder unterschiedlich groß (unbalanciertes Design) sein. Die Funktion, die wir hier besprechen, kann nur für balancierte Designs verwendet werden.

Für die Stichprobenumfangsplanung muss man vier Parameter festlegen: (1) die Anzahl der Gruppen k, (2) den erwarteten Effekt f, (3) das gewünschte Signifikanzniveau α, (4) die gewünschte Teststärke $1-\beta$. Wir berechnen nun den optimalen Stichprobenumfang für eine Varianzanalyse mit 4 Gruppen, einem mittleren Effekt $f = 0.25$, einem Signifikanzniveau von 5 % und einer Teststärke von 80 %:

```
> pwr.anova.test(k = 4, f = 0.25, sig.level = 0.05,
+ power = 0.80)

     Balanced one-way analysis of variance power calculation

              k = 4
              n = 44.5993
              f = 0.25
      sig.level = 0.05
          power = 0.8

NOTE: n is number in each group
```

Wir erhalten den Wert n = 44.5993. *Vorsicht:* Dieser Wert ist nicht etwa die Größe der gesamten Stichprobe, sondern die Größe jeder einzelnen Gruppe. Um zu ermitteln, wie viele Personen wir insgesamt rekrutieren müssen, multiplizieren wir n mit der Anzahl der Gruppen:

```
> 44.5993*4
[1] 178.3972
```

Insgesamt müssen also ca. 179 Personen rekrutiert werden.

> **Tipp**
>
> Die Stichprobenplanung kann auch mit dem Accuracy in Parameter Estimation (AIPE)-Ansatz durchgeführt werden (z. B. Kelley & Rausch, 2006). Dabei wird nicht eine bestimmte Teststärke, sondern eine spezifische Breite des Konfidenzintervalls vorher festgelegt. Das MBESS-Paket (Kelley & Lai, 2012) enthält Funktionen für diesen Ansatz der Stichprobenplanung.

12.3 Weitere Poweranalysen

Im vorherigen Abschnitt haben wir gezeigt, wie man den optimalen Stichprobenumfang für verschiedene Tests ermitteln kann. Mit den dort eingeführten Funktionen kann man noch weitere Analysen durchführen:

(1) Man kann post hoc die erreichte Teststärke eines Tests bestimmen. Dazu müssen die Stichprobengröße, die Effektgröße und das Signifikanzniveau bekannt sein.
(2) Man kann die Größe des Effekts bestimmen, den man gerade noch aufdecken kann bei gegebener Stichprobengröße, gegebenem Signifikanzniveau und gegebener Teststärke.
(3) Wenn man keinen Einfluss auf die Stichprobengröße hat (z. B. weil die Erhebung schon stattgefunden hat), man aber unbedingt eine bestimmte Teststärke erreichen möchte, kann man die Höhe des Signifikanzniveaus bestimmen. Dazu müssen die gewünschte Teststärke, der Stichprobenumfang und die Größe des Effekts angegeben werden.

12.4 Funktionen im Überblick

Funktion	Beschreibung
`dt(x, df)`	Dichtefunktion der t-Verteilung für einen bestimmten Wertebereich x und eine bestimmte Anzahl an Freiheitsgraden df. Die entsprechenden Funktionen für andere Verteilungen sind in Tabelle 12.1 zusammengefasst.
`qt(p, df)`	Gibt für eine bestimmte Wahrscheinlichkeit p das Quantil der t-Verteilung mit df Freiheitsgraden aus.
`pt(q, df)`	Gibt für ein bestimmtes Quantil q der t-Verteilung mit df Freiheitsgraden den p-Wert aus.
`pwr.t.test(...)`	Führt eine Poweranalyse für einen t-Test durch.
`pwr.r.test(...)`	Führt eine Poweranalyse für einen Korrelationskoeffizienten durch.
`pwr.f2.test(...)`	Führt eine Poweranalyse für einen bestimmten Determinationskoeffizienten in einer Regressionsanalyse durch.
`pwr.anova.test(...)`	Führt eine Poweranalyse für eine einfaktorielle Varianzanalyse durch.

12.5 Übungen

Für diese Übungen brauchen Sie keine Daten.

(1) Erstellen Sie ein Diagramm (Wertebereich der x-Achse von -3 bis 3), das die folgenden Verteilungsfunktionen enthält:
    a. die Standardnormalverteilung
    b. die *t*-Verteilung mit 20 Freiheitsgraden
    c. die *t*-Verteilung mit 100 Freiheitsgraden

(2) Bestimmen Sie die kritischen Werte für die folgenden Tests. Verwenden Sie im Zweifelsfall die `help`-Funktion, um herauszufinden, welche Argumente in die einzelnen Funktionen einfließen.
    a. zweiseitiger *t*-Test mit $\alpha = 5\,\%$ und $df = 19$
    b. einseitiger *z*-Test mit $\alpha = 1\,\%$
    c. *F*-Test mit $\alpha = 10\,\%$, $df1 = 3$ und $df2 = 150$
    d. chi²-Test mit $\alpha = 2.5\,\%$ und $df = 4$

(3) Bestimmen Sie die *p*-Werte für die folgenden empirischen Prüfgrößen.
    a. $z = 1.35$
    b. $t = 1.35, df = 20$
    c. $F = 2.9, df_1 = 1, df_2 = 38$
    d. $chi² = 5.17, df = 6$

(4) Bestimmen Sie den optimalen Stichprobenumfang für die folgenden Tests mit $\alpha = 0.05$ und Power $= 0.80$.
    a. *t*-Test für abhängige Stichproben, $d = 1.0$, ungerichtete Hypothese
    b. Test des Korrelationskoeffizienten $r = 0.45$
    c. Multiple Regression mit $R² = 0.03$ und 10 Prädiktoren
    d. Einfaktorielle Varianzanalyse mit $f = 0.05$ und 6 Gruppen

13 Mittelwertsvergleiche mit *t*-Tests

Jetzt geht es endlich richtig los mit den statistischen Tests! In diesem Kapitel werden verschiedene *t*-Tests für Mittelwertsvergleiche behandelt: der *t*-Test für eine Stichprobe (Abschn. 13.1), der *t*-Test für unabhängige Stichproben (Abschn. 13.2) sowie der *t*-Test für abhängige Stichprobe (Abschn. 13.3). Wir besprechen außerdem, wie man die Voraussetzungen für diese Tests überprüfen kann. Die Beispiele in diesem Kapitel beziehen sich auf den Datensatz `erstis.RData` (s. Anhang A: Datensätze). Um die Befehle zu verkürzen, haben wir diesen Datensatz mit der `attach`-Funktion aktiviert (s. Abschn. 7.1.1).

13.1 *t*-Test für eine Stichprobe

Mit dem *t*-Test für eine Stichprobe kann man den Stichprobenmittelwert einer Variablen mit einem bekannten Populationsmittelwert vergleichen. Dieser Test hat die folgenden Voraussetzungen:
- Metrisch skalierte abhängige Variable
- Bei $N < 30$: Normalverteilung der abhängigen Variablen in der Population

Als Beispiel möchten wir überprüfen, ob sich unsere studentische Stichprobe in ihrem Neurotizismus (Variable `neuro`) von diplomierten Psychologen unterscheidet. Wir nehmen an, dass der mittlere Neurotizismuswert in der Dipl.-Psych.-Population bei $\mu = 3.3$ liegt.

Die Variable `neuro` ist intervallskaliert, daher ist die erste Voraussetzung erfüllt. Die zweite Voraussetzung prüfen wir im folgenden Abschnitt etwas eingehender, bevor wir den eigentlichen *t*-Test für eine Stichprobe durchführen.

13.1.1 Überprüfung der Normalverteilungsannahme

Eine Annahme des *t*-Tests ist, dass die abhängige Variable in der Population normalverteilt ist. Unter bestimmten Umständen darf diese Voraussetzung jedoch verletzt sein, ohne dass das Ergebnis des *t*-Tests dadurch verzerrt ist. Wenn beide Stichproben jeweils mindestens 30 Personen umfassen, gilt der zentrale Grenzwertsatz: Die Stichprobenkennwerteverteilung nähert sich einer Normalverteilung an, selbst wenn die Verteilung des Merkmals nicht normal ist. Bevor wir die Normalverteilungsannahme prüfen, betrachten wir daher zunächst die Stichprobengröße, die diesem Test zugrunde liegen wird.

Stichprobengröße und deskriptive Statistiken

In den *t*-Test werden nur Personen einbezogen, die gültige Werte auf der Variablen haben. Um die Stichprobengröße für diesen Test zu ermitteln, verwenden wir die `describe`-Funktion aus dem `psych`-Paket (s. Abschn. 9.4.4). Damit erhalten wir auch gleich nützliche deskriptive Statistiken wie den Mittelwert und die Standardabweichung.

```
> describe(neuro)
   var   n mean   sd median trimmed  mad min max range  skew
1    1 188 3.45 0.75    3.5    3.45 0.74 1.5   5   3.5 -0.02

 kurtosis   se
    -0.56 0.05
```

Wir speichern diese Tabelle in einem neuen Objekt mit dem Namen `desc`, da wir einige Werte später noch brauchen.

```
> desc <- describe(neuro)
```

Graphische Prüfung der Normalverteilungsannahme

Es ist möglich, die Verteilung der abhängigen Variablen graphisch zu prüfen. Dies kann mit einem Histogramm, einem Kerndichte-Diagramm (s. Abschn. 11.2.2) oder einem Q-Q-Plot (s. Abschn. 11.2.7) geschehen.

Tests für die Prüfung der Normalverteilungsannahme

Das Paket `nortest` (Gross & Ligges, 2012) enthält fünf verschiedene statistische Tests, mit denen die Normalverteilungsannahme überprüft werden kann: den Anderson-Darling-Test (`ad.test`), den Cramer-von Mises-Test (`cvm.test`), den Lilliefors-Test (`lillie.test`), den *chi²*-Test nach Pearson (`pearson.test`) sowie den Shapiro-Francia-Test (`sf.test`).

Zur Veranschaulichung wenden wir nun den Lilliefors-Test an. Dieser Test ist eine Variante des Kolmogorov-Smirnov-Tests für den Fall, dass weder der Populationsmittelwert noch die Populationsvarianz bekannt sind. Dieser Test prüft die Nullhypothese, dass unsere Verteilung einer Normalverteilung entspricht. Das heißt, dass wir dann von einer Normalverteilung in der Population ausgehen, wenn das Ergebnis *nicht* signifikant ist.

```
> lillie.test(neuro)

    Lilliefors (Kolmogorov-Smirnov) normality test

data:  neuro
D = 0.0943, p-value = 0.0003368
```

Der Wert D = 0.0943 ist die Prüfgröße des Tests. Am *p*-Wert können wir erkennen, dass der Test signifikant ist, das heißt, die Variable `neuro` ist nicht normalverteilt. Da die Stichprobengröße jedoch deutlich größer als 30 ist, greift hier der zentrale Grenzwertsatz, sodass das Ergebnis des *t*-Tests durch diese Abweichung nicht betroffen ist.

13.1.2 Durchführung des *t*-Tests für eine Stichprobe

Wir möchten überprüfen, ob sich unsere Stichprobe in ihrem Neurotizismus (Variable `neuro`) von dem mittleren Neurotizismuswert in der Dipl.-Psych.-Population unterscheidet ($\mu = 3.3$). Wir können zwei Arten von Hypothesen testen:
- **Ungerichtete Hypothese.** Der mittlere Neurotizismuswert in unserer Stichprobe unterscheidet sich vom mittleren Neurotizismus in der Dipl.-Psych.-Population.
- **Gerichtete Hypothese.** Der mittlere Neurotizismuswert in unserer Stichprobe ist höher (niedriger) als der mittlere Neurotizismuswert in der Dipl.-Psych.-Population.

Ungerichtete Hypothese: Zweiseitiger Test
Bei der ungerichteten Hypothese wird nur angenommen, dass ein Unterschied existiert. Sie wird mit einem zweiseitigen *t*-Test überprüft. In diesem Fall lauten die statistischen Hypothesen wie folgt:

$H_0: \mu = 3.3$ und $H_1: \mu \neq 3.3$

Der *t*-Test für eine Stichprobe wird mit der `t.test`-Funktion angefordert. In dem Argument `mu` (für das griechische μ) wird der Populationsmittelwert eingegeben, mit dem wir unsere Stichprobe vergleichen wollen:

```
> t.test(neuro, mu = 3.3)

    One Sample t-test

data:  neuro
t = 2.824, df = 187, p-value = 0.005256
alternative hypothesis: true mean is not equal to 3.3
95 percent confidence interval:
 3.346661 3.562914
sample estimates:
mean of x
 3.454787
```

Die Ausgabe kann auf den ersten Blick etwas unübersichtlich wirken. Daher besprechen wir jetzt die einzelnen Bestandteile:

- `One Sample t-test`. Die englische Bezeichnung des durchgeführten Tests, in diesem Fall also der *t*-Test für eine Stichprobe.
- `data: neuro`. Der Name der abhängigen Variablen.
- `t = 2.824, df = 187, p-value = 0.005256`. Das Ergebnis des statistischen Tests, genauer gesagt, die empirische Prüfgröße `t`, die Freiheitsgrade `df` und der *p*-Wert `p-value`.
- `alternative hypothesis: true mean is not equal to 3.3`. Die ausformulierte Alternativhypothese des Tests, die auch den zu testenden Vergleichswert enthält.
- `95 percent confidence interval: 3.346661 3.562914`. Das 95 %-Konfidenzintervall für den Stichprobenmittelwert. Liegt der angenommene Populationsmittelwert nicht in diesem Intervall, kann die Nullhypothese auf einem Signifikanzniveau von 5 % verworfen werden.
- `sample estimates: mean of x 3.454787`. Der beobachtete Stichprobenmittelwert.

Aus dem Ergebnis des *t*-Tests können wir folgern, dass sich unsere Stichprobe in ihren Neurotizismuswerten signifikant von der Dipl.-Psych.-Population unterscheidet, $t(187) = 2.824$, $p = .005$.

> **Tipp**
>
> Die Stichprobengröße ist in der Ausgabe nicht enthalten. Wir können sie aber aus den Freiheitsgraden erschließen, denn beim *t*-Test für eine Stichprobe sind die Freiheitsgrade definiert mit $N - 1$. In diesem Beispiel haben wir 187 Freiheitsgrade, d. h. die Stichprobe umfasste $N = 188$ Personen.

Gerichtete Hypothese: Einseitiger Test

Bei der gerichteten Hypothese wird eine konkrete Annahme formuliert, in welche Richtung der Unterschied zu erwarten ist. Sie wird mit einem einseitigen *t*-Test überprüft. Wir möchten nun die gerichtete Alternativhypothese prüfen, dass Psychologie-Studierende neurotischer sind als die Dipl.-Psych.-Population. In diesem Fall lauten die statistischen Hypothesen wie folgt:

$H_0: \mu \leq 3.3$ und $H_1: \mu > 3.3$

Bei einer gerichteten Hypothese wird der *t*-Test für eine Stichprobe einseitig durchgeführt. Wenn wir annehmen, dass der Stichprobenmittelwert größer als der Populationsmittelwert ist, ergänzen wir in der `t.test`-Funktion das Argument `alternative = "greater"` oder kurz `alt = "g"`. Wenn wir umgekehrt annehmen, dass der Stichprobenmittelwert kleiner als der Populationsmittelwert ist, ergänzen wir das Argument `alternative = "less"` oder kurz `alt = "l"`.

Im folgenden Beispiel überprüfen wir die gerichtete Hypothese, dass die Studentenstichprobe im Mittel höhere Neurotizismuswerte als die Dipl.-Psych.-Population hat:

```
> t.test(neuro, mu = 3.3, alternative = "greater")

    One Sample t-test

data:  neuro
t = 2.824, df = 187, p-value = 0.002628
alternative hypothesis: true mean is greater than 3.3
95 percent confidence interval:
 3.364183      Inf
sample estimates:
mean of x
 3.454787
```

An drei Stellen unterscheidet sich diese Ausgabe von der Ausgabe des zweiseitigen t-Tests im vorherigen Abschnitt:
▶ Wir haben einen anderen *p*-Wert, der genau halb so groß ist wie der *p*-Wert des zweiseitigen Tests.
▶ Die Alternativhypothese lautet jetzt `true mean is greater than 3.3`.
▶ Das Konfidenzintervall ist jetzt ebenfalls einseitig und hat die Grenzen 3.36 (untere Grenze) bis unendlich (obere „Grenze").

Da der *p*-Wert kleiner als .05 ist und das Konfidenzintervall den Populationsmittelwert von 3.3 nicht enthält, verwerfen wir die Nullhypothese und nehmen die Alternativhypothese an: Die Neurotizismuswerte in unserer Stichprobe sind signifikant höher als die Neurotizismuswerte in der Dipl.-Psych.-Population, $t(187) = 2.824$, $p = .003$.

13.1.3 Konfidenzintervall anpassen

Mit der Voreinstellung wird immer ein 95 %-Konfidenzintervall ausgegeben. Wir können die Genauigkeit des Konfidenzintervalls mit dem Argument `conf.level = x` verändern. Für `x` wird der entsprechende Konfidenzkoeffizient eingesetzt. Im folgenden Beispiel wird ein 99 %-Konfidenzintervall angefordert:

```
> t.test(neuro, mu = 3.3, conf.level = 0.99)
```

13.1.4 Effektgröße

Um eine standardisierte Effektgröße für diesen Test zu berechnen, wird üblicherweise die Mittelwertsdifferenz durch die Standardabweichung geteilt. Diese Effektgröße ist auch als Cohens *d* bekannt (Cohen, 1988). In R bietet das MBESS-Paket (Kelley & Lai, 2012) einige hilfreiche Funktionen für Effektgrößen. Für den *t*-Test für eine Stichprobe bietet sich die ci.sm-Funktion an. Mit dieser Funktion wird nicht nur die Effektgröße selbst, sondern auch ein Konfidenzintervall für die Effektgröße berechnet.

Drei Kennwerte fließen in die Funktion ein: die Mittelwertsdifferenz, die Standardabweichung und die Stichprobengröße. Diese Kennwerte sind in der deskriptiven Tabelle desc enthalten, die wir in Abschnitt 13.1.1 erstellt und gespeichert haben. Wir führen nun die ci.sm-Funktion aus:

```
> ci.sm(Mean = desc$mean - 3.3, SD = desc$sd, N = desc$n)

[1] "The 0.95 confidence limits for the standardized mean
are given as:"
$Lower.Conf.Limit.Standardized.Mean
[1] 0.06123539

$Standardized.Mean
[1] 0.2059642

$Upper.Conf.Limit.Standardized.Mean
[1] 0.3501536
```

Beachte, dass in dem Argument mean die Mittelwertsdifferenz zwischen dem Stichprobenmittelwert desc$mean und dem Populationsmittelwert 3.3 angegeben werden muss.

Die Ausgabe besteht aus drei Teilen. Der erste Wert (Lower.Conf.Limit.Standardized.Mean) ist die untere Grenze des Konfidenzintervalls für die Effektgröße. Der zweite Wert (Standardized.Mean) ist die Effektgröße selbst. Der dritte Wert (Upper.Conf.Limit.Standardized.Mean) ist die obere Grenze des Konfidenzintervalls.

13.2 *t*-Test für unabhängige Stichproben

Mit dem *t*-Test für unabhängige Stichproben vergleicht man zwei Gruppen (bzw. Stichproben) in Bezug auf den jeweiligen Mittelwert auf der abhängigen Variablen. Im Folgenden möchten wir prüfen, ob sich Frauen und Männer hinsichtlich ihrer mittleren Neurotizismuswerte sowie hinsichtlich ihrer mittleren Gewissenhaftigkeitswerte unterscheiden. Wir führen also zwei *t*-Tests durch. Die unabhängige Variable ist in beiden Fällen das Geschlecht mit den Ausprägungen weiblich und männlich, die abhängigen Variablen sind Neurotizismus und Gewissenhaftigkeit. Bevor wir die Tests durchführen, sollten wir jedoch die Voraussetzungen des *t*-Tests für unabhängige Stichproben überprüfen:

▸ Metrisch skalierte abhängige Variable
▸ Bei $N_1 < 30$ und $N_2 < 30$: Normalverteilung der abhängigen Variablen in den beiden Populationen
▸ Varianzhomogenität, d. h. die Streuung der abhängigen Variablen ist in beiden Populationen gleich

Sowohl Neurotizismus als auch Gewissenhaftigkeit sind metrisch skalierte Variablen. Damit ist die erste Voraussetzung für den *t*-Test für unabhängige Stichproben erfüllt. Die Prüfung der Normalverteilungsannahme funktioniert genau so wie für den *t*-Test für eine Stichprobe (allerdings für beide Stichproben getrennt) und wird hier nicht noch einmal demonstriert. Wir schauen uns jedoch an, wie man die Stichprobengröße ermitteln kann und wie die Varianzhomogenitätsannahme überprüft wird.

13.2.1 Stichprobengröße

Bei dem *t*-Test werden nur Personen berücksichtigt, die sowohl auf der unabhängigen Variablen als auch auf der abhängigen Variablen gültige Werte (also keine fehlenden Werte) haben. Um die Anzahl der Personen zu ermitteln, auf die dies zutrifft, nutzen wir die `describeBy`-Funktion aus dem `psych`-Paket (s. Abschn. 9.6.1). Mit dieser Funktion erhalten wir zusätzlich die deskriptiven Statistiken für die beiden Gruppen. Wie in Abschnitt 13.1.1 speichern wir auch hier die Ausgabe wieder als neues Objekt, damit wir später auf einzelne Werte leichter zurückgreifen können:

```
> desc.2 <- describeBy(neuro, geschl, mat = TRUE)
> desc.2
   item group1   var   n    mean        sd median  trimmed
11    1 weiblich   1 112 3.587054 0.7068757  3.625 3.588889
12    2 männlich   1  55 3.181818 0.7208125  3.250 3.188889

       mad min  max range        skew   kurtosis         se
  0.555975 2.0 5.00  3.00  0.002857482 -0.6090882 0.06679347
  0.741300 1.5 4.75  3.25 -0.068721840 -0.4781228 0.09719434
```

Personen mit fehlenden Werten auf einer der Variablen werden in dieser Tabelle ignoriert. Für 112 Frauen und 55 Männer liegen sowohl die Angaben zum Geschlecht als auch die Neurotizismuswerte vor. Diese Personen gehen in die Analyse ein. Da die beiden Stichproben jeweils mehr als 30 Personen umfassen, gilt hier der zentrale Grenzwertsatz. Um die Größe der Gesamtstichprobe zu ermitteln, addieren wir alle Werte in der Spalte n mit der folgenden Funktion:

```
> sum(desc.2$n)
[1] 167
```

Wenn wir die Gewissenhaftigkeit als abhängige Variable untersuchen, erhalten wir dieselbe Stichprobengröße:

```
> describeBy(gewiss, geschl, mat = TRUE)$n
[1] 112  55
```

13.2.2 Überprüfung der Varianzhomogenität

Die Annahme der Varianzhomogenität besagt, dass die Varianzen der abhängigen Variablen in beiden Populationen gleich sein müssen. Diese Annahme kann mit dem Levene-Test überprüft werden. Dieser Test prüft die Nullhypothese, dass die Varianzen gleich sind. Ein signifikantes Ergebnis bedeutet also, dass die Varianzen ungleich sind und damit die Voraussetzung der Varianzhomogenität für den *t*-Test nicht gegeben ist. Wenn dies der Fall ist, steht mit dem Welch-Test ein alternativer Test zur Verfügung, der gegenüber Verletzungen der Varianzhomogenität robust ist (s. Abschn. 13.2.4). Anders als in SPSS wird der Levene-Test nicht automatisch durchgeführt, sondern muss explizit angefordert werden.

Wir überprüfen nun die Varianzhomogenität für die Variable neuro. Dazu verwenden wir die leveneTest-Funktion aus dem car-Paket (Fox & Weisberg, 2011). Zunächst muss das car-Paket geladen werden. Anschließend kann die Funktion angewandt werden:

```
> leveneTest(neuro, geschl)
Levene's Test for Homogeneity of Variance (center = median)
       Df F value Pr(>F)
group   1  0.0062 0.9372
      165
```

Die leveneTest-Funktion hat zwei Argumente: Das erste Argument ist der Name der abhängigen Variablen (hier neuro), das zweite Argument ist der Name der unabhängigen Variablen (hier geschl). Der Levene-Test basiert auf der *F*-Verteilung. Daher erhalten wir in der Ausgabe einen *F*-Wert als Prüfgröße (F value) und zwei Freiheitsgrade. Darüber hinaus wird der *p*-Wert für das Ergebnis angegeben (Pr(>F)). In unserem Beispiel erhalten wir das Ergebnis $F(1, 165) = 0.0062$, $p = .9372$. Wir behalten also die Nullhypothese bei und nehmen Varianzhomogenität an. Das heißt, dass wir im nächsten Schritt den ganz normalen *t*-Test rechnen können.

Anders sieht es aus, wenn wir uns die Varianzen für die Gewissenhaftigkeit anschauen. Hier liegt keine Varianzhomogenität vor, $F(1, 165) = 5.5552$, $p = .0196$. Das heißt, anstelle des normalen *t*-Tests sollte lieber der robuste Welch-Test durchgeführt werden. Der *t*-Test und der Welch-Test werden in den nächsten Abschnitten beschrieben:

```
> leveneTest(gewiss, geschl)
Levene's Test for Homogeneity of Variance (center = median)
       Df F value Pr(>F)
group   1  5.5552 0.0196 *
      165
---
Signif. codes:  0 '***' 0.001 '**' 0.01 '*' 0.05 '.' 0.1
```

13.2.3 *t*-Test bei Varianzgleichheit

Wir möchten nun prüfen, ob sich Frauen und Männer in ihren mittleren Neurotizismuswerten unterscheiden. Im vorherigen Abschnitt haben wir bereits gesehen, dass Varianzhomogenität gegeben ist, das heißt, wir können den normalen *t*-Test für unabhängige Stichproben durchführen. Dafür verwenden wir die t.test-Funktion. In den Argumenten dieser Funktion wird zunächst die abhängige Variable aufgeführt, hier also Neurotizismus (neuro). Nach der Tilde (~) wird die unabhängige Variable genannt, hier also Geschlecht (geschl). Diese Variable muss als Faktor definiert sein und darf nur zwei Ausprägungen haben. Mit dem Argument var.equal = TRUE wird angegeben, dass die Varianzen gleich sind und somit der normale *t*-Test durchgeführt werden soll:

```
> t.test(neuro ~ geschl, var.equal = TRUE)

    Two Sample t-test

data:  neuro by geschl
t = 3.4593, df = 165, p-value = 0.0006893
alternative hypothesis: true difference in means is not equal to 0
95 percent confidence interval:
 0.1739396 0.6365312
sample estimates:
mean in group weiblich mean in group männlich
             3.587054               3.181818
```

Diese Ausgabe ist sehr ähnlich zur Ausgabe des *t*-Tests für eine Stichprobe, daher gehen wir hier nicht auf alle Angaben ein. Wie wir zu Beginn des Outputs sehen können, ist der Test signifikant, $t(165) = 3.4593$, $p < .001$. Das heißt, Frauen und Männer unterscheiden sich signifikant in ihren mittleren Neurotizismuswerten. Am Ende des Outputs können wir sehen, dass der Mittelwert der Frauen höher ist ($M = 3.59$) als der Mittelwert der Männer ($M = 3.18$).

13.2.4 Welch-Test bei Varianzungleichheit

Uns interessiert, ob sich Frauen und Männer auch in ihrer mittleren Gewissenhaftigkeit unterscheiden. Der Levene-Test (s. Abschn. 13.2.2) hat ergeben, dass die Varianzhomogenitäts-Annahme für diese Variable nicht erfüllt ist. Anstelle des *t*-Tests für unabhängige Stichproben möchten wir daher den Welch-Test durchführen. Der Welch-Test ist robust gegenüber Verletzungen der Varianzhomogenität.

In R wird der Welch-Test ebenfalls mit der t.test-Funktion angefordert. Das Argument var.equal = TRUE (s. o.) wird einfach weggelassen:

```
> t.test(gewiss ~ geschl)

    Welch Two Sample t-test

data:  gewiss by geschl
t = 2.5441, df = 87.131, p-value = 0.01272
alternative hypothesis: true difference in means is not
equal to 0
95 percent confidence interval:
 0.07775722 0.63311941
sample estimates:
mean in group weiblich mean in group männlich
              3.700893               3.345455
```

Der Welch-Test ergibt ein signifikantes Ergebnis, $t(87.13) = 2.54$, $p = .013$. Das heißt, Frauen und Männer unterscheiden sich signifikant in ihrer mittleren Gewissenhaftigkeit. Am Ende des Outputs können wir sehen, dass der Mittelwert der Frauen höher ist ($M = 3.70$) als der Mittelwert der Männer ($M = 3.35$).

13.2.5 Weitere Einstellungen

Alle Einstellungen, die wir beim *t*-Anpassungstest kennen gelernt haben, funktionieren auch beim *t*-Test für unabhängige Stichproben, da in beiden Fällen die t.test-Funktion in R verwendet wird.

Einseitiger vs. zweiseitiger Test
Standardmäßig wird der *t*-Test zweiseitig durchgeführt, d. h. es wird eine ungerichtete Alternativhypothese getestet. Wenn man eine gerichtete Alternativhypothese prüfen möchte, kann man auch hier mit den Argumenten alternative = "less" bzw. alternative = "greater" einen einseitigen Test anfordern. Um dieses Argument korrekt anzuwenden, muss man die Reihenfolge der Ausprägungen kennen. Diese können wir uns zum Beispiel mit der levels-Funktion ausgeben lassen:

```
> levels(geschl)
[1] "weiblich" "männlich"
```

Die Ausprägung weiblich wird hier zuerst aufgeführt. Diese Reihenfolge wird in den statistischen Hypothesen übernommen. Wenn man also prüfen will, ob Männer höhere Werte als Frauen haben, muss man in unserem Fall die Option alternative = "less" verwenden.

Konfidenzintervall anpassen
Die Breite des Konfidenzintervalls können wir mit dem Argument conf.level verändern (s. Abschn. 13.1.3).

13.2.6 Effektgröße

Als standardisierte Effektgröße für zwei Mittelwerte wird üblicherweise Cohens *d* berechnet (Cohen, 1988). Diese Effektgröße ist auch als Standardized Mean Difference (SMD) bekannt. Sie wird berechnet, indem man die Mittelwertsdifferenz durch die gepoolte Standardabweichung teilt. Wir verwenden auch hier wieder eine Funktion aus dem MBESS-Paket (Kelley & Lai, 2012). Im folgenden Beispiel berechnen wir die Effektgröße für den Vergleich von Frauen und Männern bezüglich ihrer Neurotizismuswerte:

```
> ci.smd(ncp = t.test(neuro ~ geschl)$statistic,
+ n.1 = desc.2$n[1], n.2 = desc.2$n[2])

$Lower.Conf.Limit.smd
[1] 0.2365167

$smd
        t
0.5657717

$Upper.Conf.Limit.smd
[1] 0.8933697
```

Die `ci.smd`-Funktion enthält die folgenden Argumente:
- `ncp`. Der Nonzentralitätsparameter, in diesem Fall der empirische *t*-Wert. Dieser Wert kann mit Hilfe der Dollarzeichen-Funktion (s. Abschn. 7.1.2) direkt aus der Ausgabe des *t*-Tests herausgelesen werden. Natürlich kann man hier auch direkt den Wert per Hand eintragen. Die Verwendung dieser allgemeineren Funktion hat jedoch den Vorteil, dass man dieses Skript unverändert lassen kann, falls sich etwas in den Daten ändert, und man es problemlos auf andere Variablen übertragen kann.
- `n.1`. Die Stichprobengröße der ersten Gruppe. Diese Angabe wird aus der Tabelle mit den deskriptiven Statistiken entnommen.
- `n.2`. Die Stichprobengröße der zweiten Gruppe. Diese Angabe wird aus der Tabelle mit den deskriptiven Statistiken entnommen.

Die Effektgröße kann auch über die `smd.c`-Funktion bestimmt werden. Hier fließt nicht die gepoolte Standardabweichung, sondern die Standardabweichung der Kontrollgruppe in die Formel ein.

13.3 *t*-Test für abhängige Stichproben

Mit dem *t*-Test für abhängige Stichproben vergleicht man zwei Mittelwerte miteinander. Im Unterschied zum *t*-Test für unabhängige Stichproben liegen hier jedoch abhängige Stichproben vor. Abhängige Stichproben erkennt man daran, dass man Wertepaare bilden kann, d. h. jedem Wert kann genau ein bestimmter anderer Wert zugeordnet werden. Ein typisches Beispiel sind Längsschnittdaten, bei denen jede Person zweimal untersucht wurde. Der *t*-Test für abhängige Stichproben hat die folgenden Voraussetzungen:
- Metrisch skalierte abhängige Variable
- Bei $N < 30$: Normalverteilung der Variablen in der Population
- Abhängige Stichproben

Um die Normalverteilung zu prüfen, kann man die Verfahren einsetzen, die wir in Abschnitt 13.1.1 kennen gelernt haben. Der Grad der Abhängigkeit der Stichproben kann über die Korrelation zwischen den Werten geprüft werden: Wenn die Korrelation von Null verschieden ist, sind die Stichproben abhängig.

13.3.1 Bestimmung der Stichprobengröße

Wir möchten nun untersuchen, ob sich die Zufriedenheit mit den Studieninhalten vom 1. Semester (`zuf.inh.1`) zum 2. Semester (`zuf.inh.2`) verschlechtert hat. Für jede Person liegen zwei Werte vor, das heißt, wir haben abhängige Stichproben. Bevor wir die Stichprobengröße bestimmen und deskriptive Statistiken anfordern, müssen wir sicherstellen, dass nur Personen, die auf beiden Variablen gültige Werte haben, berücksichtigt werden. Wir erstellen dazu einen neuen Data Frame, der nur die uns interessierenden Variablen enthält, und entfernen Personen mit fehlenden Werten mit der `na.omit`-Funktion (s. Abschn. 8.3):

```
> auswahl <- na.omit(data.frame(zuf.inh.1, zuf.inh.2))
```

Nun können wir wieder die `describe`-Funktion einsetzen. Die Ausgabe ist hier verkürzt dargestellt:

```
> describe(auswahl)
          var  n mean   sd median trimmed  mad  min max
zuf.inh.1   1 49 3.31 0.50   3.33    3.34 0.49 2.33   4
zuf.inh.2   2 49 3.14 0.69   3.00    3.21 0.49 1.00   4
```

Bei abhängigen Stichproben interessiert uns außerdem häufig die Korrelation:

```
> cor(auswahl)
          zuf.inh.1 zuf.inh.2
zuf.inh.1 1.0000000 0.3656918
zuf.inh.2 0.3656918 1.0000000
```

13.3.2 Durchführung des *t*-Tests für abhängige Stichproben

Da wir eine gerichtete Hypothese haben, führen wir einen einseitigen Test durch. Für den *t*-Test für abhängige Stichproben verwenden wir in R wieder die `t.test`-Funktion:

```
> t.test(zuf.inh.1, zuf.inh.2, paired = TRUE,
+ alternative = "greater")
```

Die ersten beiden Argumente in dieser Funktion sind die beiden Variablen, die wir miteinander vergleichen wollen. Anders als beim *t*-Test für unabhängige Stichproben brauchen wir hier keine Tilde. Mit dem Argument `paired = TRUE` fordern wir den *t*-Test für abhängige Stichproben an. Wenn wir dieses Argument nicht verwenden, werden die Mittelwerte mit einem *t*-Test für unabhängige Stichproben verglichen!

Mit dem Argument `alternative = "greater"` wird der einseitige Test angefordert. Konkret stellen wir die Alternativhypothese auf, dass der Mittelwert der ersten Variablen (hier die Studienzufriedenheit im 1. Semester `zuf.inh.1`) höher ist als der Mittelwert der zweiten Variablen (hier die Studienzufriedenheit im 2. Semester `zuf.inh.2`). Wir erhalten die folgende Ausgabe:

13.3 t-Test für abhängige Stichproben

```
> t.test(zuf.inh.1, zuf.inh.2, paired = TRUE,
+ alternative = "greater")

    Paired t-test

data:  zuf.inh.1 and zuf.inh.2
t = 1.8008, df = 48, p-value = 0.03901
alternative hypothesis: true difference in means is greater
than 0

95 percent confidence interval:
 0.01213668        Inf
sample estimates:
mean of the differences
              0.1768707
```

Diese Ausgabe kennen wir schon von den vorherigen *t*-Tests, daher besprechen wir sie hier nicht im Detail, sondern gehen nur auf einige ausgewählte Werte ein. Am Ende der Ausgabe wird die Differenz der Mittelwerte angegeben (mean of the differences). In diesem Fall ist sie zuf.inh.1 − zuf.inh.2 = 0.18. Da der Wert positiv ist, können wir hier schon erkennen, dass die Studienzufriedenheit im 1. Semester höher war als im 2. Semester. Ob dieser Unterschied signifikant ist, erkennen wir oben in der Ausgabe: Die Studienzufriedenheit hat signifikant abgenommen, $t(48) = 1.80$, $p = .039$.

Wie immer bei der t.test-Funktion werden auch hier wieder die Alternativhypothese sowie das Konfidenzintervall angegeben. Da wir einseitig getestet haben, ist auch das Konfidenzintervall einseitig.

13.3.3 Effektgröße

Nach Cohen (1988) wird die Effektgröße für zwei abhängige Stichproben berechnet, indem man die Mittelwertsdifferenz durch die Standardabweichung dieser Mittelwertsdifferenz teilt. In den Nenner fließen also nicht die Standardabweichungen der Rohdaten ein, sondern die Standardabweichung der Differenzvariablen (vgl. auch Eid et al., 2013).

Das MBESS-Paket (Kelley & Lai, 2012) bietet keine eigene Funktion für abhängige Variablen an. Wir können aber die ci.sm-Funktion nutzen, die wir in Abschnitt 13.1.4 besprochen haben. Im ersten Schritt berechnen wir die Standardabweichung der Differenzvariablen und speichern diesen Wert in dem Objekt sd.diff ab:

```
> sd.diff <- sd(zuf.inh.1 - zuf.inh.2, na.rm=TRUE)
```

Anschließend können wir die `ci.sm`-Funktion wie oben anwenden. Bei `Mean` wird die Mittelwertsdifferenz angegeben, die wir zum Beispiel der Ausgabe des *t*-Tests entnehmen können. Wir können entweder direkt den Wert der Mittelwertsdifferenz eintragen oder den Wert aus der Ausgabe des *t*-Tests herauslesen. Wir zeigen hier die letztere Möglichkeit. Um den `ci.sm`-Befehl nicht zu überfrachten, speichern wir zunächst die Ausgabe des *t*-Tests als neues Objekt.

```
t.ausgabe <- t.test(zuf.inh.1, zuf.inh.2, paired = TRUE,
+ alternative = "greater")
```

Die Mittelwertsdifferenz erhalten wir nun so:

```
> t.ausgabe$estimate
mean of the differences
             0.1768707
```

Diese Werte geben wir nun in die `ci.sm`-Funktion ein, um die Effektgröße und das Konfidenzintervall zu berechnen:

```
> ci.sm(Mean= t.ausgabe$estimate, SD=sd.diff, N=49)

[1] "The 0.95 confidence limits for the standardized mean
are given as:"
$Lower.Conf.Limit.Standardized.Mean
[1] -0.02869875

$Standardized.Mean
[1] 0.257256

$Upper.Conf.Limit.Standardized.Mean
[1] 0.5406216
```

13.4 *t*-Tests im R Commander

Im R Commander findet man die *t*-Tests unter STATISTIK → MITTELWERTE VERGLEICHEN. Es ist möglich, gerichtete und ungerichtete Hypothesen zu testen und Konfidenzintervalle anzufordern.

13.5 Funktionen im Überblick

Funktion	Beschreibung
`t.test`	Funktion für verschiedene *t*-Tests, z. B. *t*-Test für eine Stichprobe, *t*-Test für unabhängige Stichproben und *t*-Test für abhängige Stichproben
`t.test(av, mu=x)`	*t*-Test für eine Stichprobe. *av* ist die abhängige Variable. Für *x* wird der Populationswert eingegeben, mit dem die Stichprobe verglichen werden soll.
`t.test(av~uv)`	Welch-Test für unabhängige Stichproben. *av* ist die abhängige Variable, *uv* ist die unabhängige Gruppenvariable.
`t.test(av~uv, var.equal=TRUE)`	*t*-Test für unabhängige Stichproben. *av* ist die abhängige Variable, *uv* ist die unabhängige Gruppenvariable.
`t.test(av1, av2, paired=TRUE)`	*t*-Test für abhängige Stichproben. *av1* und *av2* sind die beiden miteinander zu vergleichenden Variablen.
`leveneTest(av, uv)`	Levene-Test für Varianzgleichheit für zwei unabhängige Stichproben. Die durch die Variable uv definierten Gruppen werden bezüglich der Variable av verglichen.
`lillie.test(x)`	Kolmogorov-Smirnov-Test mit Lilliefors-Korrektur zur Überprüfung der Normalverteilungsannahme
`ci.sm(mean, sd, N)`	Berechnet das Konfidenzintervall für einen standardisierten Mittelwert.
`ci.smd(t, n.1, n.2)`	Berechnet das Konfidenzintervall für eine standardisierte Mittelwertsdifferenz.

13.6 Übungen

Diese Übungen beziehen sich auf den Datensatz `erstis.RData`. Eine ausführliche Beschreibung des Datensatzes finden Sie im Anhang A: Datensätze.

Überprüfen Sie die folgenden Hypothesen. Berechnen Sie für jede Fragestellung auch immer die Mittelwerte, Standardabweichungen, Stichprobengrößen sowie eine geeignete Effektgröße.

(1) Die Zufriedenheit mit der Belastung im Studium hat sich vom ersten Semester (`zuf.bel.1`) zum zweiten Semester (`zuf.bel.2`) verschlechtert.
(2) Frauen sind gewissenhafter (`gewiss`) als Männer (`geschl`).

(3) Personen mit Kindern und Personen ohne Kinder (`kinder`) unterscheiden sich in ihrer Lebenszufriedenheit (`lz.1`).
(4) Im zweiten Semester sind die Studierenden häufiger guter Stimmung (`gs.2`) als im ersten Semester (`gs.1`).
(5) Die mittlere Lebenszufriedenheit in der Stichprobe (`lz.1`) ist höher als die mittlere Lebenszufriedenheit in den USA ($\mu = 20.95$).

14 Varianzanalyse ohne Messwiederholung

Wenn wir zwei Mittelwerte miteinander vergleichen möchten, können wir das mit dem *t*-Test für unabhängige bzw. abhängige Stichproben tun. Wenn wir jedoch mehr als zwei Mittelwerte miteinander vergleichen möchten, ist der *t*-Test dafür nicht mehr geeignet. Stattdessen wird in der Regel eine Varianzanalyse gerechnet. Wenn die zu vergleichenden Mittelwerte aus unabhängigen Stichproben stammen, wird eine Varianzanalyse ohne Messwiederholung durchgeführt. Stammen die zu vergleichenden Mittelwerte dagegen aus abhängigen Stichproben, wird die Varianzanalyse mit Messwiederholung durchgeführt (Kap. 15).

Wir lernen in diesem Kapitel zwei Arten der Varianzanalyse ohne Messwiederholung kennen: die einfaktorielle Varianzanalyse (Abschn. 14.1) sowie die zweifaktorielle Varianzanalyse (Abschn. 14.2). Wir besprechen außerdem, wie man posthoc multiple Paarvergleiche in R durchführt (Abschn. 14.3), Kontraste definiert und testet (Abschn. 14.4) und geeignete Effektgrößen bestimmt (Abschn. 14.5). Die Beispiele in diesem Kapitel beziehen sich auf den Datensatz `erstis.RData` (s. Anhang A: Datensätze). Um die Befehle zu verkürzen, haben wir diesen Datensatz mit der `attach`-Funktion aktiviert (s. Abschn. 7.1.1).

14.1 Einfaktorielle Varianzanalyse ohne Messwiederholung

Die einfaktorielle Varianzanalyse ohne Messwiederholung dient dem Vergleich der Mittelwerte aus mehreren unabhängigen Stichproben bzw. Gruppen. Genau wie beim *t*-Test für unabhängige Stichproben wird auch hier die Gruppenzugehörigkeit durch eine nominalskalierte unabhängige Variable definiert. Im Gegensatz zum *t*-Test für unabhängige Stichproben muss die unabhängige Variable jedoch nicht dichotom sein, sondern kann auch mehr als zwei Ausprägungen haben. In der Varianzanalyse wird die unabhängige Variable als Faktor bezeichnet.

14.1.1 Test auf Varianzhomogenität

Eine wichtige Voraussetzung der Varianzanalyse ist die Varianzhomogenität, d. h. die Varianz der abhängigen Variablen in der Population sollte in allen Gruppen gleich sein. Es ist wichtig, diese Annahme zu überprüfen, bevor man die Varianzanalyse durchführt.

In dem folgenden Beispiel möchten wir untersuchen, ob sich die vier Kurse (Variable `gruppe`) in ihren mittleren Neurotizismuswerten (Variable `neuro`) unterscheiden. Die Varianzen der einzelnen Gruppen fordern wir mit der `tapply`-

Funktion an, die wir in Abschnitt 9.6 kennen gelernt haben. Wir runden die Ergebnisse auf zwei Nachkommastellen:

```
> round(tapply(neuro, gruppe, var, na.rm=TRUE), 2)
Kurs 1 Kurs 2 Kurs 3 Kurs 4
  0.65   0.40   0.72   0.57
```

Um zu prüfen, ob diese Varianzheterogenität statistisch bedeutsam ist, führen wir den Levene-Test mit der `leveneTest`-Funktion aus dem `car`-Paket (Fox & Weisberg, 2011) durch (s. auch Abschn. 13.2.2). Alternativ können auch der Bartlett-Test über die `bartlett.test`-Funktion und der Fligner-Killeen-Test über die `fligner.test`-Funktion durchgeführt werden. Beim Bartlett-Test ist jedoch zu beachten, dass dieser eher Abweichungen von der Normalverteilung prüft als die Varianzhomogenität:

```
> leveneTest(neuro ~ gruppe)
Levene's Test for Homogeneity of Variance (center = median)
        Df F value Pr(>F)
group    3  1.7729 0.1539
       184
```

Der Levene-Test prüft die Nullhypothese, dass die Varianzen in allen Gruppen gleich sind. Ein signifikantes Ergebnis bedeutet also, dass Varianzheterogenität vorliegt. In unserem Beispiel ist der Test nicht signifikant ($p > .05$), d. h. die Nullhypothese der Varianzhomogenität muss nicht verworfen werden.

14.1.2 Varianzanalyse bei Varianzhomogenität

Im folgenden Beispiel möchten wir untersuchen, ob sich die vier Kurse (Variable `gruppe`) hinsichtlich der Variablen `neuro` unterscheiden. Dazu verwenden wir die `aov`-Funktion. Die Abkürzung `aov` steht für Analysis of Variance. Das erste Argument in dieser Funktion ist die abhängige Variable. Das zweite Argument ist die unabhängige Variable bzw. der Faktor. Diese Variable sollte in R auch als Faktor definiert sein. Bei unserer unabhängigen Variablen `gruppe` ist dies der Fall. Das Ergebnis dieser Funktion speichern wir in einem neuen Objekt mit dem Namen `anova.1`:

```
> anova.1 <- aov(neuro ~ gruppe)
```

Das Objekt `anova.1` enthält alle möglichen statistischen Kennwerte des varianzanalytischen Modells. Dazu gehören nicht nur die Ergebnisse der Varianzanalyse selbst, sondern auch die deskriptiven Statistiken, die wir uns zuerst ausgeben lassen. Dazu wenden wir die `model.tables`-Funktion auf das Objekt an. Mit dem Argument `"means"` wird festgelegt, dass die Mittelwerte ausgegeben werden sollen:

```
> model.tables(anova.1, "means")
Tables of means
Grand mean

3.454787

 gruppe
     Kurs 1    Kurs 2    Kurs 3    Kurs 4
      3.380     3.536       3.4     3.479
rep  46.000    55.000      40.0    47.000
```

Die Ausgabe beginnt mit dem Grand Mean. Dabei handelt es sich um den Mittelwert über alle Gruppen hinweg. Im unteren Teil der Ausgabe sind für jeden Kurs der Gruppenmittelwert (erste Zeile) sowie die Stichprobengröße (`rep`, zweite Zeile) aufgeführt. Es fällt auf, dass der Mittelwert von Kurs 2 deutlich höher ist als die Mittelwerte der anderen Kurse.

Leider werden mit dieser Funktion nur die Mittelwerte, nicht jedoch die Standardabweichungen ausgegeben. Diese Kennwerte müssen daher separat mit der `describeBy`-Funktion berechnet werden (s. Abschn. 9.6.1).

Um das Ergebnis der Varianzanalyse zu erhalten, wenden wir die `summary`-Funktion auf das Objekt `anova.1` an:

```
> summary(anova.1)
             Df  Sum Sq  Mean Sq  F value  Pr(>F)
gruppe        3    0.77   0.2558    0.449   0.718
Residuals   184  104.85   0.5698
3 observations deleted due to missingness
```

Diese Tabelle besteht aus zwei Zeilen. Die erste Zeile enthält die Angaben zum Effekt des Faktors `gruppe` (bzw. zwischen den Gruppen), die zweite Zeile enthält die Angaben zum Fehler. `Residuals` steht für Rest und bezieht sich hier auf den Anteil der Varianz des Fehlers (bzw. innerhalb der Gruppen). Wir gehen nun die Spalten von links nach rechts durch:

- `Df`. Die Freiheitsgrade des *F*-Werts. Beim *F*-Wert gibt es immer zwei Freiheitsgrade: die des Zählers (obere Zeile) und die des Nenners (untere Zeile).
- `Sum Sq`. Die Quadratsummen zwischen den Gruppen (obere Zeile) bzw. innerhalb der Gruppen (untere Zeile).
- `Mean Sq`. Die mittleren Quadratsummen zwischen den Gruppen (obere Zeile) bzw. innerhalb der Gruppen (untere Zeile). Die mittleren Quadratsummen

werden berechnet, indem man die Quadratsummen durch die jeweiligen Freiheitsgrade teilt.
- `F value`. Die empirische Prüfgröße F. Sie wird berechnet, indem man die mittlere Quadratsumme zwischen den Gruppen (obere Zeile) durch die mittlere Quadratsumme innerhalb der Gruppen (untere Zeile) dividiert.
- `Pr(>F)`. Der p-Wert für die Varianzanalyse. Er drückt die Wahrscheinlichkeit aus, diesen oder einen größeren F-Wert zu finden, wenn die Nullhypothese gilt.

Schließlich wird noch angegeben, dass 3 Fälle nicht in die Analyse eingeflossen sind, da sie fehlende Werte auf mindestens einer der drei Variablen hatten (`3 observations deleted due to missingness`). In unserem Datenbeispiel ist der F-Test nicht signifikant, $F(3, 184) = 0.45$, $p = .718$. Das heißt, dass sich die Gruppen nicht statistisch bedeutsam in ihren mittleren Neurotizismuswerten unterscheiden.

14.1.3 Varianzanalyse bei Varianzheterogenität

Wenn keine Varianzhomogenität gegeben ist, können wir anstelle der normalen Varianzanalyse die Varianzanalyse nach Welch durchführen. Dieser Name ist uns schon beim t-Test für unabhängige Stichproben begegnet (Abschn. 13.2). Auch dort entsprach der Welch-Test einem alternativen Testverfahren bei Varianzheterogenität.

Im folgenden Beispiel möchten wir vier Gruppen untersuchen, die sich hinsichtlich ihres Wohnorts vor 12 Monaten (Variable `wohnort.alt`) unterscheiden. Uns interessiert, ob es signifikante Altersunterschiede gibt (Variable `alter`). Wenn man einen Levene-Test durchführt (hier nicht dargestellt), wird dieser signifikant, d. h. die Varianzhomogenitätsannahme ist nicht erfüllt. Um die Mittelwerte zu vergleichen, sollten wir daher nicht die `aov`-Funktion verwenden. Das alternative Verfahren nach Welch fordern wir mit der `oneway.test`-Funktion an:

```
> oneway.test(alter ~ wohnort.alt)

    One-way analysis of means (not assuming equal variances)

data:  alter and wohnort.alt
F = 6.9438, num df = 3.00, denom df = 55.35,
p-value = 0.0004756
```

Der Welch-Test ist signifikant, $F(3, 55.35) = 6.94$, $p < .001$. Daher verwerfen wir die Nullhypothese, dass keine Mittelwertsunterschiede vorliegen. Die Alternativhypothese des Welch-Tests besagt, dass sich mindestens zwei der vier Mittelwerte voneinander unterscheiden. Wir wissen nun aber noch nicht, welche das sind. Dies lässt sich durch Post-hoc-Verfahren feststellen (Abschn. 14.3).

14.2 Mehrfaktorielle Varianzanalyse ohne Messwiederholung

Bei der mehrfaktoriellen Varianzanalyse ohne Messwiederholung werden im Gegensatz zur einfaktoriellen Varianzanalyse nicht nur eine, sondern mehrere unabhängige Variablen (Faktoren) betrachtet. In diesem Kapitel betrachten wir lediglich den Fall der zweifaktoriellen Varianzanalyse. Für mehr als zwei Faktoren können die hier vorgestellten Befehle aber einfach erweitert werden.

Bei einer zweifaktoriellen Varianzanalyse liegen zwei kategoriale unabhängige Variablen (zwei Faktoren) und eine kontinuierliche abhängige Variable vor. Im folgenden Beispiel haben wir die Faktoren `job` und `kinder` gewählt. Die abhängige Variable ist das Alter (`alter`). Die folgenden Effekte werden getestet:

- **Haupteffekt für den ersten Faktor.** Gibt es Altersunterschiede zwischen Personen mit und ohne Nebenjob?
- **Haupteffekt für den zweiten Faktor.** Gibt es Altersunterschiede zwischen Personen mit und ohne Kinder?
- **Interaktionseffekt.** Gibt es weitere systematische Altersunterschiede zwischen den vier Gruppen, die wir nicht mit den Faktoren `job` und `kinder` alleine erklären können?

> **Tipp**
>
> Auch die mehrfaktorielle Varianzanalyse setzt Varianzhomogenität in den einzelnen Zellen voraus. Diese Annahme können wir wiederum mit dem Levene-Test überprüfen. Dabei ergänzen wir lediglich die Formel innerhalb der Funktion um den zweiten Faktor:
>
> ```
> leveneTest(av ~ factor.1 * factor.2)
> ```
>
> Wenn Varianzheterogenität vorliegt, sollte man auf robuste Verfahren zurückgreifen. Empfohlen werden zum Beispiel die `rlm`-Funktion im MASS-Paket (Venables & Ripley, 2002) und die `lmrob`-Funktion im `robustbase`-Paket (Rousseeuw et al., 2012). Weitere Informationen dazu findet man in den Hilfedateien zu den jeweiligen Paketen.

14.2.1 Quadratsummen-Typen

Bei einer mehrfaktoriellen Varianzanalyse können die Quadratsummen auf verschiedene Weisen berechnet werden. Als Folge kann man unterschiedliche Ergebnisse für die Haupteffekte erhalten, besonders wenn die Gruppen nicht balanciert, d. h. unterschiedlich groß sind.

In R (aber nicht in den meisten anderen Statistikprogrammen!) werden standardmäßig Typ-I-Quadratsummen berechnet. Bei diesem Quadratsummen-Typ werden die einzelnen Komponenten des Modells sequentiell evaluiert. Die Quadratsumme in der ersten Zeile bezieht sich auf den Haupteffekt der ersten Variable. Die zweite Quadratsumme reflektiert, inwiefern die zweite Variable *zusätzlich* zur ersten Variable zur Varianzaufklärung beiträgt. Dieser Ansatz ist vergleichbar mit der hierarchischen Regressionsanalyse, bei der ebenfalls Variablen hintereinander in das Modell aufgenommen werden. Eine wichtige Konsequenz ist, dass die Höhe der Quadratsummen und damit auch die *F*- und *p*-Werte davon abhängen, in welcher Reihenfolge die Variablen in das Modell aufgenommen wurden.

Die meisten Statistikprogramme (z. B. SPSS) verwenden stattdessen Typ-III-Quadratsummen. Dieser Ansatz wird vor allem bei unbalancierten Gruppen (d. h. bei unterschiedlichen Gruppengrößen) empfohlen. Hier werden alle Effekte simultan evaluiert. Dieser Ansatz ist vergleichbar mit einer Regressionsanalyse, bei der alle Variablen gleichzeitig in das Modell aufgenommen werden. Hier sind die Quadratsummen und die *F*- und *p*-Werte unabhängig von der Reihenfolge der Variablen im Modell. Die Typ-III-Quadratsummen können allerdings nur dann angemessen interpretiert werden, wenn für die einzelnen Faktoren lineare orthogonale Kontraste definiert wurden. In Abschnitt 14.4 gehen wir genauer auf Kontraste ein. Hier sei nur schon einmal erwähnt, dass R standardmäßig nicht-lineare Kontraste verwendet, d. h. die Kontrastgewichte der einzelnen Kontraste addieren sich nicht zu Null auf. Wir müssen daher die Kodierung der beiden Faktoren verändern. Der folgende Befehl wird in Abschnitt 14.4 genauer erläutert.

```
> contrasts(job) <- contr.sum(2)
> contrasts(kinder) <- contr.sum(2)
```

14.2.2 Durchführung der Varianzanalyse

Auch die zweifaktorielle Varianzanalyse wird mit der `aov`-Funktion angefordert. Für unser Beispiel sieht der Befehl folgendermaßen aus:

```
> anova.2 <- aov(alter ~ job * kinder)
```

Wie zuvor speichern wir das Modell in einem neuen Objekt ab, das hier den Namen `anova.2` erhält. Die `aov`-Funktion enthält drei Argumente. Das erste Argument `alter` ist wie immer die abhängige Variable. Hinter der Tilde werden die beiden unabhängigen Variablen bzw. Faktoren aufgeführt. Sie werden mit einem * verbunden. Mit diesem Symbol wird festgelegt, dass der Interaktionseffekt für die beiden Variablen bestimmt werden soll. Die Haupteffekte werden automatisch mit modelliert, denn der oben dargestellte Befehl ist eine Abkürzung für den folgenden Befehl:

```
> anova.2 <- aov(alter ~ job + kinder + job:kinder)
```

Wir können nun wieder die `model.tables`-Funktion auf das Modell anwenden, um die Mittelwerte zu erhalten.

```
> model.tables(anova.2, "means")
Tables of means
Grand mean

25.63006

 job
       ja   nein
    26.57  24.67
rep 87.00  86.00

 kinder
       ja   nein
    34.61  24.04
rep 26.00 147.00

 job:kinder
       kinder
job      ja   nein
  ja  33.36  25.59
  rep 11.00  76.00
  nein 35.27 22.44
  rep 15.00  71.00
```

Die Ausgabe ist etwas länger als zuvor. Sie beginnt wieder mit dem Grand Mean, also dem Gesamtmittelwert. Es folgt die Tabelle `job`, in der wir die Stichprobengrößen (`rep`) und die Mittelwerte für Personen mit und ohne Nebenjob erhalten, unabhängig davon, ob sie Kinder haben. In der Tabelle `kinder` erhalten wir die Stichprobengrößen für Personen mit und ohne Kinder, unabhängig davon, ob sie einen Nebenjob haben. Schließlich werden in der Tabelle `job:kinder` die Stichprobengrößen und Mittelwerte für jede der einzelnen Zellen angegeben. Die Standardabweichungen sind in der Ausgabe nicht enthalten. Sie müssen über die `describeBy`-Funktion angefordert werden (s. Abschn. 9.6.1).

Im vorangegangenen Abschnitt haben wir das Ergebnis der einfaktoriellen Varianzanalyse mit der `summary`-Funktion angefordert. Das funktioniert hier auch, allerdings werden dann Typ-I-Quadratsummen berechnet. Um die besser interpretierbaren Typ-III-Quadratsummen anzufordern, verwenden wir die `Anova`-Funktion aus dem `car`-Paket. In dem Argument `type` wird die gewünschte Quadratsumme festgelegt. Die `Anova`-Funktion beherrscht auch Typ-II-Quadratsummen. Bei diesem Ansatz werden die zunächst die Haupteffekte ohne den Interaktionseffekt evaluiert, während beim Typ-III-Ansatz der Interaktionseffekt von Anfang an im Modell berücksichtigt wird.

```
> Anova(anova.2, type = 3)
Anova Table (Type III tests)

Response: alter
              Sum Sq  Df   F value    Pr(>F)
(Intercept)    73636   1 2520.5154 < 2.2e-16 ***
job                8   1    0.2905   0.59060
kinder          2296   1   78.6056 1.035e-15 ***
job:kinder       138   1    4.7391   0.03087 *
Residuals       4937 169
---
Signif. codes:  0 '***' 0.001 '**' 0.01 '*' 0.05 '.' 0.1
```

Die Ausgabe enthält eine Varianzanalyse-Tabelle, wie wir sie schon in Abschnitt 14.1.2 kennen gelernt haben. Die Bedeutung der einzelnen Spalten wurde dort bereits erklärt. Wir haben hier aber mehr Zeilen als zuvor. Die einzelnen Zeilen beziehen sich auf die verschiedenen Effekte:

▶ (Intercept). Der Achsenabschnitt des Modells. Dieser ist für die Interpretation nicht weiter wichtig. Der Achsenabschnitt wird nur für Typ-III-Quadratsummen ausgegeben.
▶ job. Das Ergebnis für den Haupteffekt des Faktors job. Der Effekt ist nicht signifikant, $F(1,169) = 0.79$, $p = .376$.
▶ kinder. Das Ergebnis für den Haupteffekt des Faktors kinder. Der Effekt ist signifikant mit $F(1,169) = 19.87$, $p < .001$.
▶ job:kinder. Das Ergebnis für den Interaktionseffekt job × kinder. Der Effekt ist signifikant mit $F(1,169) = 4.74$, $p = .031$.
▶ Residuals. Die Freiheitsgrade und Quadratsumme für den Nenner bzw. die Unterschiede innerhalb der Gruppen.

In diesem Beispiel ist der Interaktionseffekt signifikant, d. h. im nächsten Schritt sollten wir diesen Interaktionseffekt interpretieren. Am leichtesten lassen sich Interaktionen interpretieren, indem man in einem Interaktionsdiagramm die Mittelwerte graphisch darstellt.

14.2.3 Interaktionsdiagramm

Für die Darstellung von Interaktionseffekten bietet R eine eigene Funktion an:

```
> interaction.plot(job, kinder, alter)
```

In der Klammer werden die drei Variablen genannt. Die erste Variable ist einer der beiden Faktoren und wird im Diagramm auf der x-Achse abgetragen. Die zweite Variable ist der zweite Faktor, der die separaten Linien in dem Diagramm definiert. Zum Schluss wird die abhängige Variable genannt.

Das Interaktionsdiagramm ist in Abbildung 14.1 dargestellt. Hier ist noch einmal deutlich zu erkennen, dass das mittlere Alter der Eltern höher ist als das mittlere Alter der Kinderlosen. Zudem können wir nun die Interaktion besser interpretieren: Die Höhe des Altersunterschieds zwischen Eltern und Kinderlosen fällt für Personen mit Nebenjob und Personen ohne Nebenjob unterschiedlich aus. Besonders deutlich ist der Altersunterschied bei den Personen, die keinen Job haben. Betrachtet man dagegen die Gruppe der Personen mit Nebenjob, besteht zwar immer noch ein Altersunterschied zwischen Eltern und Kinderlosen, er ist aber etwas geringer.

> **Tipp**
>
> Die `interaction.plot`-Funktion ermöglicht uns einen schnellen Eindruck der Interaktion. Für Publikationszwecke sollte man jedoch die Mittelwerte in Fehlerbalkendiagrammen darstellen (s. Abschn. 0).

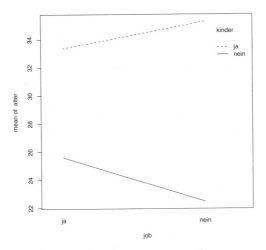

Abbildung 14.1 Interaktionsdiagramm für die Interaktion zwischen Kinder und Job. Die abhängige Variable ist das Alter.

14.3 Multiple Paarvergleiche mit Post-hoc-Verfahren

Ein signifikantes Ergebnis der Varianzanalyse besagt, dass sich mindestens zwei Mittelwerte voneinander unterscheiden. Wir wissen jedoch nicht, um welche Mittelwerte es sich handelt. In diesem Fall führen wir im nächsten Schritt multiple Paarvergleiche durch. Dabei werden alle Mittelwerte paarweise mit *t*-Tests für unabhängige Stichproben verglichen. Um die α-Fehler-Kumulierung zu verhindern, wird eine α-Fehler-Adjustierung durchgeführt. Es gibt verschiedene Verfahren zur α-Fehler-Adjustierung. Ihnen ist gemeinsam, dass die *p*-Werte vergrößert werden und damit die Tests konservativer werden. Wir stellen hier zwei Verfahren vor: multiple Paarvergleiche mit Bonferroni-Korrektur und den Tukey-HSD-Test.

Multiple Paarvergleiche mit Bonferroni-Korrektur

Wir führen nun multiple Paarvergleiche mit Bonferroni-Korrektur für unser Datenbeispiel aus Abschnitt 14.1.3 durch und verwenden dazu die `pairwise.t.test`-Funktion:

```
> pairwise.t.test(alter, wohnort.alt, p.adj = "bonferroni")
```

In diesem Befehl werden zunächst die abhängige Variable (`alter`) und die unabhängige Variable (`wohnort.alt`) aufgeführt. Im Argument `p.adj` wird die gewünschte α-Fehler-Adjustierung angegeben. Standardmäßig wird die Korrektur nach Holm (1979) verwendet. Eine Liste aller verfügbaren Korrekturverfahren bietet die Hilfedatei zu dieser Funktion.

Die Ausgabe enthält eine Tabelle, in der die adjustierten *p*-Werte für die jeweiligen paarweisen Vergleiche aufgeführt sind. Wir sehen, dass sich die Berliner signifikant in ihrem Alter von den Personen aus den alten Bundesländern ($p < .001$) und den Personen aus dem Ausland ($p = .004$) unterscheiden. Alle anderen paarweisen Vergleiche sind nicht signifikant:

```
        Pairwise comparisons using t tests with pooled SD

data:   alter and wohnort.alt

        alte BL  neue BL  Berlin
neue BL 1.000    -        -
Berlin  0.016    0.546    -
Ausland 1.000    1.000    0.035

P value adjustment method: bonferroni
```

Tukey's HSD-Test

Tukey's HSD-Test wird in R mit der Funktion `TukeyHSD` durchgeführt. Diese Funktion wird auf das ANOVA-Objekt angewandt. Im Gegensatz zur `pairwise.t.test`-Funktion funktioniert die `TukeyHSD`-Funktion auch für mehrfaktorielle Varianzanalysen:

```
> TukeyHSD(anova.2)

  Tukey multiple comparisons of means
    95% family-wise confidence level

Fit: aov(formula = alter ~ job * kinder)

$job
             diff       lwr        upr      p adj
nein-ja -1.900294 -3.522794 -0.2777937 0.0219788

$kinder
              diff       lwr        upr p adj
nein-ja -10.57201 -12.84212 -8.301888     0

$`job:kinder`
                       diff       lwr        upr      p adj
nein:ja-ja:ja       1.903030  -3.664287  7.4703478 0.8116430
ja:nein-ja:ja      -7.771531 -12.295898 -3.2471647 0.0000884
nein:nein-ja:ja   -10.927017 -15.471481 -6.3825524 0.0000000
ja:nein-nein:ja    -9.674561 -13.637064 -5.7120588 0.0000000
nein:nein-nein:ja -12.830047 -16.815482 -8.8446122 0.0000000
nein:nein-ja:nein  -3.155486  -5.470342 -0.8406295 0.0029121
```

Wir erhalten drei Tabellen, die alle denselben Aufbau haben. In der Spalte `diff` ist die Mittelwertsdifferenz für den jeweiligen Gruppenvergleich aufgeführt. Die Spalten `lwr` und `upr` enthalten die untere bzw. obere Grenze des Konfidenzintervalls um diese Mittelwertsdifferenz. Die Spalte `p adj` enthält den adjustierten p-Wert.

Die Tabellen `$job` und `$kinder` enthalten die Post-hoc-Vergleiche für die beiden Haupteffekte. In der Tabelle `$`job:kinder`` werden alle vier Einzelgruppen miteinander verglichen – in diesem Fall werden also sechs paarweise Vergleiche durchgeführt. Da wir einen signifikanten Interaktionseffekt hatten, ist nur diese letzte Tabelle für die Interpretation interessant.

14.4 Kontraste

Bei Kontrasten werden bestimmte Gruppen miteinander verglichen, ohne dass der α-Fehler adjustiert wird. Um eine α-Fehler-Kumulierung zu vermeiden, sollte man daher bereits vor dem Durchführen der Varianzanalyse festlegen, welche Kontraste getestet werden. In R kann man statistische Tests für Kontraste mit der summary.lm-Funktion anfordern. Diese Funktion wird auf das Modell anwendet. Standardmäßig werden die Kontrastgewichte so gewählt, dass sie einer Dummykodierung entsprechen. Um die aktuelle Kontrastkodierung einer Variablen abzurufen, verwenden wir die contrasts-Funktion.

```
> contrasts(wohnort.alt)
         neue BL Berlin Ausland
alte BL        0      0       0
neue BL        1      0       0
Berlin         0      1       0
Ausland        0      0       1
```

Die Kontrastgewichte innerhalb der Kontraste addieren sich hierbei nicht zu Null auf, d. h. die Kontraste sind nicht linear. Lineare Kontraste sind jedoch eine Voraussetzung, wenn man eine mehrfaktorielle Varianzanalyse mit Typ-III-Quadratsummen durchführen möchte. Um die Kontrastgewichte zu verändern, legen wir für jeden Kontrast einen Vektor mit den neuen Kontrastgewichten an. In dem folgenden Beispiel definieren wir drei Kontraste. Im Kontrast „Berlin" testen wir den Unterschied zwischen Berlin und allen anderen Gruppen. Damit der Kontrast linear ist, wird Berlin mit -3 und alle anderen Gruppen mit -1 kodiert. Im Kontrast „Ausland" testen wir den Unterschied zwischen Ausland einerseits und alten und neuen Bundesländern andererseits. Im Kontrast „Länder" testen wir den Unterschied zwischen alten und neuen Bundesländern. Wir definieren die folgende Kontrastmatrix:

```
> neue.kontraste <- cbind(Berlin = c(-1,-1,3,-1),
+ Ausland = c(-1,-1,0,2),
+ Länder = c(-1,1,0,0))

> neue.kontraste
     Berlin Ausland Länder
[1,]     -1      -1     -1
[2,]     -1      -1      1
[3,]      3       0      0
[4,]     -1       2      0
```

Diese Matrix überschreibt nun die ursprüngliche Kontrastmatrix:

```
> contrasts(wohnort.alt) <- neue.kontraste
```

Wir führen nun die Varianzanalyse durch und fordern die Kontraste mit der summary.lm-Funktion an. Die vollständige Ausgabe besprechen wir in Kapitel 16. Hier gehen wir nur auf die Koeffiziententabelle ein.

```
> anova.3 <- aov(neuro ~ wohnort.alt)
> summary.lm(anova.3)

Coefficients:
                    Estimate Std. Error t value Pr(>|t|)
(Intercept)         3.457410   0.066853  51.717  <2e-16 ***
wohnort.altBerlin   0.014197   0.028764   0.494   0.622
wohnort.altAusland  0.006334   0.065587   0.097   0.923
wohnort.altLänder  -0.119572   0.094588  -1.264   0.208
```

Die erste Zeile der Tabelle enthält den Intercept bzw. Achsenabschnitt des Modells, der hier nicht weiter interessant ist. In der folgenden Zeile steht das Ergebnis des Kontrasts „Berlin". Genau wie die folgenden Kontraste ist dieser Kontrast nicht signifikant von Null verschieden.

Tipp

Für die beliebtesten Kontraste muss man die Kontrastmatrix nicht selbst erstellen, sondern kann auf spezielle Funktionen zurückgreifen. Mit `contr.sum(4)` erhält man Kontrastgewichte für vier Gruppen, wobei in jedem Kontrast die erste Gruppe mit genau einer der anderen drei Gruppen kontrastiert wird. Das Argument 4 legt hier die Anzahl der Gruppen fest, d. h. mit `contr.sum(3)` erhält man die entsprechende Kontrastmatrix für drei Gruppen. Andere nützliche Funktionen sind die `contr.helmert`-Funktion für Helmert-Kontraste und die `contr.poly`-Funktion für orthogonale polynome Kontraste für Trendanalysen.

14.5 Effektgrößen

Eine sehr beliebte Effektgröße für die Varianzanalyse ist das partielle eta^2. Es wird folgendermaßen berechnet:

$$\text{Partielles } eta^2 = QS_{\text{Effekt}} / QS_{\text{Effekt}} + QS_{\text{Fehler}} \quad \text{(Formel 14.1)}$$

Dabei ist QS_{Effekt} die Quadratsumme des Effekts und QS_{Fehler} die Quadratsumme des Fehlers. Beide Werte sind in der Varianzanalyse-Tabelle angegeben. Um das partielle eta^2 in R zu berechnen, muss man lediglich diese Werte in die Formel einsetzen.

Im folgenden Beispiel berechnen wir das partielle *eta²* für den Haupteffekt des Faktors `kinder` auf die abhängige Variable `alter` (s. Abschn. 14.2). Zunächst speichern wir die Quadratsummen für den Effekt und den Fehler in einzelnen Objekten:

```
> QS.Effekt <- 580.4
> QS.Fehler <- 4937.3
```

Wir berechnen nun das partielle *eta²* und speichern das Ergebnis im Objekt `pes`:

```
> pes <- QS.Effekt/(QS.Effekt + QS.Fehler)
> pes
[1] 0.1051888
```

Aus dem partiellen *eta²* kann man nun die Effektgröße *f* nach Cohen berechnen:

$$f = \sqrt{\frac{\eta^2}{1-\eta^2}} \qquad \text{(Formel 14.2)}$$

In R sieht diese Formel so aus:

```
> f <- sqrt(pes/(1-pes))
> f
[1] 0.3428617
```

Die Effektgröße *eta²* neigt dazu, etwas zu groß auszufallen. Daher ist es sinnvoll, das Konfidenzintervall für den durch den Faktor erklärten Varianzanteil mit der `ci.pvaf`-Funktion aus dem MBESS-Paket (Kelley & Lai, 2012) zu berechnen. In diese Funktion fließen der *F*-Wert (`F.value`), die Zählerfreiheitsgrade (`df.1`), die Nennerfreiheitsgrade (`df.2`) sowie die Stichprobengröße (`N`) ein. Im Fall des Haupteffekts für `job` erhält man das folgende Ergebnis:

```
> ci.pvaf(F.value=19.8654, df.1=1, df.2=169, N=173)

[1] "The 0.95 confidence limits (and the actual confidence
interval coverage) for the proportion of variance of the
dependent variable accounted for by knowing group status are
given as:"
$Lower.Limit.Proportion.of.Variance.Accounted.for
[1] 0.0331153

$Probability.Less.Lower.Limit
[1] 0.025
```

```
$Upper.Limit.Proportion.of.Variance.Accounted.for
[1] 0.1947055

$Probability.Greater.Upper.Limit
[1] 0.025

$Actual.Coverage
[1] 0.95
```

> **Tipp**
>
> Während das *partielle eta²* den Beitrag eines bestimmten Effekts zur Gesamtvarianz wiedergibt, drückt *eta²* den gesamten Anteil der durch alle Effekte erklärten Varianz an der Gesamtvarianz aus. Bei der einfaktoriellen Varianzanalyse sind *eta²* und partielles *eta²* identisch. *eta²* entspricht zudem dem Determinationskoeffizienten R^2 in der Regressionsanalyse und kann daher angefordert werden, indem man sich das Ergebnis der Varianzanalyse im Regressionsanalysen-Format ausgeben lässt (s. Abschn. 14.4):
>
> ```
> > summary.lm(anova.1)
> ```

Als Alternative kann man auch die Unterschiede zwischen den einzelnen Gruppen jeweils paarweise mit Cohens *d* oder ähnlichen Effektgrößen angeben (vgl. Kap. 13).

14.6 Varianzanalyse ohne Messwiederholung im R Commander

Die Varianzanalyse ohne Messwiederholung findet man im R Commander unter STATISTIK → MITTELWERTE VERGLEICHEN. Bei der einfaktoriellen Varianzanalyse können paarweise Vergleiche mit Tukey-Kontrasten angefordert werden. Bei der mehrfaktoriellen Varianzanalyse ist dies nicht möglich.

14.7 Funktionen im Überblick

Funktion	Beschreibung
`leveneTest(av, uv)`	Levene-Test für Varianzgleichheit für unabhängige Stichproben. Die durch die Variable *uv* definierten Gruppen werden bezüglich der Variable *av* verglichen.
`aov(av ~ faktor)`	Führt eine einfaktorielle Varianzanalyse ohne Messwiederholung durch.
`aov(av ~ faktor1 * faktor2)`	Führt eine zweifaktorielle Varianzanalyse ohne Messwiederholung durch.

Funktion	Beschreibung
`modell <- aov()`	Speichert das Varianzanalyse-Modell in einem neuen Objekt mit dem Namen *modell* ab.
`model.tables(modell, "means")`	Gibt die Mittelwerte und Stichprobengröße für jede Zelle in einer Varianzanalyse an.
`summary(modell)`	Zusammenfassung. Wird diese Funktion auf ein Varianzanalyse-Modell angewendet, wird das Ergebnis der Varianzanalyse ausgegeben. Bei einer mehrfaktoriellen Varianzanalyse werden Typ-I-Quadratsummen verwendet.
`summary.lm(modell)`	Gibt die Ergebnisse einer Varianzanalyse als Regressionsmodell aus. Zur Überprüfung von linearen Kontrasten.
`Anova(modell, type=3)`	Gibt die Ergebnisse einer Varianzanalyse mit Typ-III-Quadratsummen aus.
`oneway.test(av ~ faktor)`	Alternative zur einfaktoriellen Varianzanalyse. Robust gegenüber Verletzungen der Varianzhomogenität.
`interaction.plot(faktor1, faktor2, av)`	Erstellt ein Interaktionsdiagramm für eine zweifaktorielle Varianzanalyse. Funktioniert am besten, wenn fehlende Werte vorher beseitigt wurden.
`pairwise.t.test(av, faktor)`	Funktion für multiple Paarvergleiche.
`TukeyHSD(modell)`	Gibt Tukey's HSD für alle paarweisen Vergleiche aus.
`contrasts(faktor)`	Gibt die aktuelle Kontrastkodierung eines Faktors aus.
`contr.sum(x), contr.helmert(x), contr.poly(x)`	Verschiedene Funktionen zur Erstellung von Kontrastmatrizen.
`ci.pvaf(F.value, df.1, df.2, N)`	Berechnet das Konfidenzintervall für das partielle *eta²*.

14.8 Übungen

Diese Übungen beziehen sich auf den Datensatz `erstis.RData`. Eine ausführliche Beschreibung des Datensatzes finden Sie im Anhang A: Datensätze.

(1) Unterscheiden sich die vier Kurse (Variable `gruppe`) in ihrer Prokrastination (Variable `prok`)? Überprüfen Sie vorher die Voraussetzung der Varianzhomogenität und berechnen Sie auch deskriptive Statistiken, die Stichprobengröße sowie die Effektgröße *eta²*.

(2) Für Erstis werden jedes Jahr eine Reihe von Veranstaltungen angeboten, die den Einstieg ins Studium erleichtern sollen. Überprüfen Sie, ob der Besuch der Studienberatung (`uni1`) und die Teilnahme an der Orientierungswoche (`uni3`) einen Effekt auf die Zufriedenheit mit den Studienbedingungen (`zuf.bed.1`) haben. Gehen Sie dabei wie folgt vor:
   a. Speichern Sie die drei Variablen zunächst in einem neuen Data Frame, aus dem alle Personen mit fehlenden Werten entfernt wurden.
   b. Berechnen Sie deskriptive Statistiken und die Stichprobengröße.
   c. Verwenden Sie Typ-III-Quadratsummen und passen Sie dementsprechend die Kontrastkodierung für die Variablen `uni1` und `uni3` an, bevor Sie das Modell schätzen.
   d. Stellen Sie die Ergebnisse graphisch dar.

15 Varianzanalyse mit Messwiederholung

So wie die Varianzanalyse ohne Messwiederholung eine Erweiterung des *t*-Tests für unabhängige Stichproben ist, ist die Varianzanalyse mit Messwiederholung eine Erweiterung des *t*-Tests für abhängige Stichproben. Um die messwiederholte Varianzanalyse durchführen zu können, müssen zunächst die Daten umformatiert werden (Abschn. 15.1). Danach besprechen wir die einfaktorielle Varianzanalyse mit Messwiederholung (Abschn. 15.2) sowie die gemischte Varianzanalyse mit einem nicht-messwiederholten und einem messwiederholten Faktor (Abschn. 15.3). Am Schluss gehen wir kurz auf Effektgrößen ein (Abschn. 15.4). Die Beispiele in diesem Kapitel beziehen sich auf den Datensatz `prüfung.RData` (s. Anhang A: Datensätze).

15.1 Vorbereitung der Daten

Wir demonstrieren die messwiederholte Varianzanalyse am Beispieldatensatz `prüfung.RData`. Dieser Datensatz enthält unter anderem die messwiederholten Variablen gute vs. schlechte Stimmung vor einer Klausur (`gs.1`), während der Klausur (`gs.2`) und nach der Klausur (`gs.3`) sowie die ruhige vs. unruhige Stimmung für dieselben Zeitpunkte (`ru.1`, `ru.2` und `ru.3`).

Die Daten sind zurzeit so organisiert, dass für jede Person eine einzelne Zeile und für jede Variable eine einzelne Spalte angelegt wurde. Bei Variablen, die mehrmals erhoben wurden, ist für jeden Messzeitpunkt eine eigene Spalte angelegt. Diese Art der Datenorganisation nennt man Wide-Format bzw. Subjekt × Variable-Matrix.

Anders als SPSS kann R die messwiederholte Varianzanalyse nicht durchführen, wenn die Daten im Wide-Format vorliegen. Wir müssen daher zunächst die Daten ins Long-Format bzw. in eine Messzeitpunkt × Subjekt-Matrix konvertieren. In dieser Art der Datenorganisation wird für jeden Messzeitpunkt eine eigene Zeile angelegt. Für jede Person gibt es also genau so viele Zeilen wie Messzeitpunkte. In unserem Fall haben wir drei Messzeitpunkte, d. h. für jede Person werden drei Zeilen angelegt (sofern diese Person an allen drei Messzeitpunkten teilgenommen hat).

Um die Daten zu konvertieren, gehen wir in zwei Schritten vor: Zunächst werden alle Personen mit fehlenden Werten aus dem Data Frame entfernt. Anschließend führen wir die Konvertierung mit der `reshape`-Funktion durch.

Fehlende Werte entfernen

Ein Nachteil der messwiederholten Varianzanalyse ist, dass nur Personen berücksichtigt werden können, die für alle Messzeitpunkte vollständige Daten haben. Daher müssen wir zunächst alle Personen aus dem Data Frame entfernen, die fehlende

Werte auf einer der Variablen haben. Dazu setzen wir die `na.omit`-Funktion ein (s. Abschn. 8.3):

```
> prüfung.reduz <- na.omit(prüfung)
```

Diesen Data Frame werden wir verwenden, um deskriptive Statistiken zu berechnen und die Mittelwerte graphisch darzustellen.

Long-Format

Die Daten sind im weiterhin Wide-Format gespeichert, d. h. für jeden Messzeitpunkt und für jedes Konstrukt wurde eine eigene Variable angelegt. Mit der `reshape`-Funktion transformieren wir diese Daten vom Wide-Format ins Long-Format. Diese Funktion ist sehr ähnlich zur VARSTOCASES-Funktion in SPSS:

```
> prüfung.long <- reshape(prüfung.reduz, idvar="nr",
+ varying=c("gs.1", "gs.2", "gs.3", "ru.1", "ru.2", "ru.3"),
+ timevar="zeitpunkt", direction="long")
```

Dieser Befehl setzt sich aus den folgenden Elementen zusammen:
- `prüfung.long`. Der Name der neuen Datenmatrix.
- `reshape`. Die Funktion zur Konvertierung der Daten.
- `prüfung.reduz`. Der Name der Ausgangsdaten.
- `idvar="nr"`. Der Name der Identifikationsvariablen, mit der die Personen unterschieden werden. Lässt man diese Argument weg, wird eine ID-Variable automatisch erstellt.
- `varying=c("gs.1", "gs.2", "gs.3", "ru.1", "ru.2", "ru.3")`. Gibt die messwiederholten Variablen an.
- `timevar="zeitpunkt"`. Gibt den Namen der Variablen an, die die unterschiedlichen Messzeitpunkte kennzeichnet. Diese Variable wird auch dann erstellt, wenn das Argument weggelassen wird. Sie heißt dann `time`.
- `direction="long"`. Gibt an, dass die Daten ins Long-Format transformiert werden sollen. Es ist auch möglich, Daten vom Long-Format ins Wide-Format zu transformieren. Dazu gibt man hier `direction="wide"` an. Diese Angabe ist eine Pflichtangabe.

In unserem Beispiel haben wir die Namen der messwiederholten Variablen systematisch festgelegt: Der erste Teil des Namens enthielt das Konstrukt (`gs` für gute vs. schlechte Stimmung und `ru` für ruhige vs. unruhige Stimmung), der zweite Teil enthielt den Messzeitpunkt (`.1` für Messzeitpunkt 1 und so weiter). Diese Variablennamen werden durch die `reshape`-Funktion gleich zweifach weiterverwertet: (1) Der Konstruktname `gs` wird im Long-Format für die neue Variable übernommen. (2) Die Nummer des Messzeitpunkts wird als Wert in die neue Variable `zeitpunkt` übernommen.

Der neue Data Frame `prüfung.long` enthält neun Variablen: Die automatisch generierte Variable `row.names`, die ID-Variable (`nr`), die vier nicht-messwiederholten Variablen Geschlecht (`sex`), eigene Kinder (`kind`), Alter (`alter`) und Gruppe (`gruppe`) sowie die messwiederholten Variablen Messzeitpunkt (`zeitpunkt`), gute vs. schlechte Stimmung (`gs`) und ruhige vs. unruhige Stimmung (`ru`). Die Daten sind nun in dem richtigen Format für die Durchführung der messwiederholten Varianzanalyse.

15.2 Einfaktorielle Varianzanalyse mit Messwiederholung

Im folgenden Beispiel möchten wir herausfinden, ob es Unterschiede in der guten vs. schlechten Stimmung zu den drei Messzeitpunkten gibt. Unsere abhängige Variable ist die Variable `gs`, der messwiederholte Faktor ist die Variable `zeitpunkt`.

15.2.1 Deskriptive Statistiken und Diagramm

Bevor wir die Varianzanalyse durchführen, betrachten wir zunächst die deskriptiven Statistiken. Dazu verwenden wir wieder die `describe`-Funktion aus dem `psych`-Paket (Revelle 2012). Um uns etwas Schreibarbeit zu sparen, haben wir hier den Data Frame `prüfung.reduz` mit der `attach`-Funktion aktiviert. Die Ausgabe ist hier verkürzt dargestellt.

```
> describe(data.frame(gs.1, gs.2, gs.3))
     var  n mean   sd median trimmed  mad min max range
gs.1   1 89 3.46 0.97   3.75    3.52 1.11   1   5     4
gs.2   2 89 3.90 0.68   4.00    3.95 0.74   2   5     3
gs.3   3 89 4.47 0.80   4.75    4.63 0.37   1   5     4
```

Mit der `error.bars`-Funktion aus dem `psych`-Paket können wir die Mittelwerte mit Fehlerbalken graphisch darstellen (s. Abschn. 0). Die Fehlerbalken stellen hier 95 %-Konfidenzintervalle dar. Durch das Argument `within = TRUE` bewirken wir, dass die Abhängigkeit der Variablen bei der Berechnung der Konfidenzintervalle berücksichtigt wird.

```
> error.bars(data.frame(gs.1, gs.2, gs.3),
+ within = T, type = "b", pch = 16)
```

Das so erstellte Diagramm ist in Abbildung 15.1 dargestellt. Man kann erkennen, dass es offenbar eine Stimmungsverbesserung über die drei Messzeitpunkte hinweg gab. Im nächsten Schritt schauen wir, ob diese Mittelwertsunterschiede statistisch bedeutsam sind. Vorher sollten wir jedoch den Data Frame `prüfung.reduz` wieder deaktivieren:

```
> detach(prüfung.reduz)
```

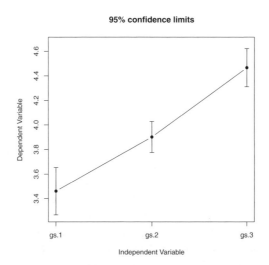

Abbildung 15.1 Diagramm für die einfaktorielle Varianzanalyse mit Messwiederholung. Die Fehlerbalken stellen korrigierte Konfidenzintervalle dar.

15.2.2 Durchführung der messwiederholten Varianzanalyse

Wir verwenden für die messwiederholte Varianzanalyse die `ezANOVA`-Funktion aus dem `ez`-Paket (Lawrence, 2012). Sowohl die unabhängige Variable als auch die ID-Variable müssen zunächst in Faktoren konvertiert werden (s. Abschn. 7.2.1). Anschließend fordern wir eine einfaktorielle messwiederholte Varianzanalyse für die gute vs. schlechte Stimmung als abhängige und den Zeitpunkt als unabhängige Variable an:

```
> anova.rm <- ezANOVA(prüfung.long, dv = gs, wid = nr,
+ within = zeitpunkt)
```

Dieser Befehl setzt sich aus den folgenden Argumenten zusammen:
- `prüfung.long`. Der Name des Data Frames. Die Daten müssen im Long-Format vorliegen und sollten keine fehlenden Werte enthalten (s. oben).
- `dv`. Der Name der abhängigen Variablen.
- `wid`. Der Name der ID-Variable, mit der die Daten bestimmten Personen zugeordnet werden können. Diese Variable sollte als Faktor definiert sein.
- `within`. Der Name des messwiederholten Faktors.

Wir haben hier das Ergebnis der Varianzanalyse in einem neuen Objekt mit dem Namen `anova.rm` gespeichert. Um das Ergebnis zu erhalten, geben wir den Namen des neuen Objekts `anova.rm` ein. Die Ausgabe beginnt mit dem Ergebnis der Varianzanalyse:

```
> anova.rm
$ANOVA
       Effect DFn DFd       F            p p<.05       ges
2 zeitpunkt    2 176 46.3353 6.819322e-17     * 0.2005085
```

Die Spalten enthalten die folgenden Kennwerte:
- `DFn`. Zähler-Freiheitsgerade. `n` steht für *numerator* (englisch für Zähler).
- `DFd`. Nenner-Freiheitsgrade. `d` steht für *denominator* (englisch für Nenner).
- `F`. Empirische Prüfgröße.
- `p` und `p<.05`. *p*-Wert. Das Sternchen markiert *p*-Werte, die kleiner als .05 sind.
- `ges`. Generalisiertes *eta²*. Effektgröße für die Varianzanalyse (s. Abschn. 14.5).

In unserem Beispiel können wir sehen, dass der Effekt des Zeitpunktes signifikant ist. Das heißt, dass sich mindestens zwei der drei Mittelwerte signifikant unterscheiden. Um herauszufinden, welche der Mittelwerte sich unterscheiden, müssen wir Post-hoc-Verfahren einsetzen (s. Abschn. 15.2.3).

Eine wichtige Annahme der messwiederholten Varianzanalyse ist die Sphärizität. Sphärizität ist dann gegeben, wenn die Varianzen der paarweisen Mittelwertsdifferenzen gleich sind (vgl. Eid et al., 2013). Die Sphärizität wird mit dem Mauchly-Test überprüft, der in der folgenden Tabelle ausgegeben wird:

```
$`Mauchly's Test for Sphericity`
       Effect         W           p p<.05
2 zeitpunkt 0.8769799 0.003311691     *
```

Unter `W` finden wir die Prüfgröße für diesen Test. In unserem Fall ist der Test signifikant, $W = 0.88$, $p = .003$, d. h. die Sphärizitätsannahme ist nicht erfüllt. In so einem Fall müssen die Freiheitsgrade um den Faktor Epsilon korrigiert werden. Es gibt mehrere Verfahren für die Berechnung von Epsilon. In der folgenden Ausgabe werden das Greenhouse-Geisser Epsilon (`GGe`) sowie das Huynh-Feldt Epsilon (`HFe`) verwendet. In beiden Fällen ist Epsilon kleiner als 1, d. h. die Freiheitsgrade werden durch die Korrektur kleiner. In der Konsequenz wird der *p*-Wert größer. Der *p*-Wert `p[GG]` ist der *p*-Wert nach der Greenhouse-Geisser-Korrektur. Der *p*-Wert `p[HF]` ist der *p*-Wert nach der Huynh-Feldt-Korrektur. In beiden Fällen markiert ein Sternchen *p*-Werte unter .05. Wie man sieht, ist der Effekt des Zeitpunkts auch dann signifikant, wenn man eine der beiden Korrekturen durchführt:

```
$`Sphericity Corrections`
     Effect       GGe          p[GG] p[GG]<.05
2  zeitpunkt 0.890456 2.596779e-15           *

      HFe       p[HF]   p[HF]<.05
0.9075785 1.469745e-15         *
```

15.2.3 Post-hoc-Verfahren

Ein signifikantes Ergebnis der Varianzanalyse bedeutet nur, dass sich mindestens zwei der Mittelwerte unterscheiden. Es bedeutet jedoch nicht zwangsläufig, dass sich alle Mittelwerte unterscheiden. Daher sollte man bei einem signifikanten F-Test anschließend (also post hoc) paarweise Vergleiche der Mittelwerte durchführen.

Fishers Least Significant Difference
Das `ez`-Paket verfügt über eine eigene Funktion für deskriptive Statistiken. Die Argumente in dieser Funktion sind identisch mit denen der `ezANOVA`-Funktion und werden daher hier nicht noch einmal besprochen.

```
> ezStats(prüfung.long, dv = gs, wid = nr,
+ within = zeitpunkt)

  zeitpunkt N     Mean        SD      FLSD
1         1 89 3.460674 0.9732931 0.2066795
2         2 89 3.901685 0.6759022 0.2066795
3         3 89 4.466292 0.8032171 0.2066795
```

In der Ausgabe erhalten wir für jeden Messzeitpunkt neben der Stichprobengröße (`N`), dem Mittelwert (`Mean`) und der Standardabweichung (`SD`) auch Fishers Least Significant Difference (`FLSD`). Dabei handelt es sich um die Mittelwertsdifferenz, die gerade noch signifikant ist. Um herauszufinden, ob sich die Mittelwerte signifikant voneinander unterscheiden, berechnen wir zunächst die jeweiligen Mittelwertsdifferenzen und speichern die Ergebnisse in neuen Objekten ab:

```
> t1.t2 <- 3.460674 - 3.901685
> t1.t3 <- 3.460674 - 4.466292
> t2.t3 <- 3.901685 - 4.466292
```

Anschließend können wir uns für jedes Objekt den Betrag ausgeben lassen. Wenn dieser Wert größer ist als die *FLSD*, ist der paarweise Vergleich signifikant. Im Falle des ersten und zweiten Messzeitpunkts ist dies der Fall:

```
> abs(t1.t2)
[1] 0.441011
```

Wir können uns hier auch der logischen Abfragen bedienen (s. Abschn. 4.2). Dazu speichern wir zunächst den *FLSD*-Wert in einem eigenen Objekt ab und vergleichen anschließend dieses Objekt mit der jeweiligen Mittelwertsdifferenz. Die Antwort TRUE bedeutet hier, dass die Mittelwertsdifferenz größer ist als der *FLSD*-Wert:

```
> flsd <- 0.2066795

> abs(t1.t2) > flsd
[1] TRUE

> abs(t1.t3) > flsd
[1] TRUE

> abs(t2.t3) > flsd
[1] TRUE
```

Beim *FLSD*-Verfahren wird der α-Fehler zwar kontrolliert, allerdings funktioniert dies nur dann, wenn man genau drei Mittelwerte vergleicht (Hayter, 1986). In unserem Beispiel ist dies der Fall. Wenn man jedoch mehr als drei Mittelwerte vergleichen möchte, sollte man alternative Post-hoc-Verfahren einsetzen.

Alternative Post-hoc-Verfahren

Die `pairwise.t.test`-Funktion (vgl. Abschn. 14.3) kann auch für multiple Mittelwertsvergleiche von messwiederholten Variablen eingesetzt werden. Dazu muss lediglich das Argument `paired = TRUE` in der Funktion ergänzt werden. Im folgenden Beispiel führen wir multiple Paarvergleiche mit Bonferroni-Korrektur durch. Um die Funktion zu vereinfachen, aktivieren wir den Data Frame `prüfung.long` mit der `attach`-Funktion. Nach dem Ausführen der Funktion muss der Data Frame wieder deaktiviert werden.

```
> attach(prüfung.long)

> pairwise.t.test(gs, zeitpunkt, p.adj="bonferroni",
+ paired=TRUE)
```

```
        Pairwise comparisons using paired t tests

data:  gs and zeitpunkt

  1       2
2 0.00019 -
3 2.0e-12 1.6e-08

P value adjustment method: bonferroni
```

Die Zahlen in der Tabelle in der Mitte der Ausgabe sind *p*-Werte. Wenn diese Werte kleiner als .05 sind, gibt es signifikante Unterschiede zwischen den jeweiligen Messzeitpunkten in Bezug auf die gute vs. schlechte Stimmung.

15.3 Mehrfaktorielle gemischte Varianzanalyse

Bisher haben wir die Varianzanalyse ohne Messwiederholung und die Varianzanalyse mit Messwiederholung kennen gelernt. Bei der Varianzanalyse ohne Messwiederholung werden Unterschiede zwischen Personen untersucht. Diese Effekte nennt man auch Between-Effekte. Bei der Varianzanalyse mit Messwiederholung betrachtet man dagegen Unterschiede innerhalb von Personen. Diese Effekte nennt man auch Within-Effekte.

Was wir bisher noch nicht verraten haben: Diese Effekte kann man auch mischen. In der mehrfaktoriellen gemischten Varianzanalyse haben wir mindestens einen nicht-messwiederholten Faktor und mindestens einen messwiederholten Faktor. Wie immer bei mehrfaktoriellen Varianzanalysen untersucht man für jeden Faktor den Haupteffekt (hier sowohl Between- als auch Within-Effekte) sowie die Interaktionseffekte zwischen den Faktoren.

Diese Art von Varianzanalyse braucht man sehr häufig in der Evaluationsforschung. Das beliebteste Design zur Evaluation einer psychologischen Intervention (z. B. einer Therapie oder eines Trainings) ist das Prätest-Posttest-Design mit einer Kontrollgruppe und einer oder mehreren Treatmentgruppen. Wir haben also zwei Faktoren: den messwiederholten Faktor Zeitpunkt (Prätest und Posttest) sowie den nicht-messwiederholten Faktor Gruppe (Kontrollgruppe, Treatmentgruppe).

15.3.1 Deskriptive Statistiken und Diagramm

Die deskriptiven Statistiken fordern wir dieses Mal über die `describeBy`-Funktion aus dem `psych`-Paket an (s. Abschn. 9.6.1). Wir verwenden hier wieder die Daten im Wide-Format, die im Data Frame `prüfung.reduz` gespeichert sind. Dieses Objekt wird zunächst mit der `attach`-Funktion aktiviert. Die Ausgabe ist hier verkürzt dargestellt:

```
> describeBy(data.frame(gs.1, gs.2, gs.3), sex)
group: weiblich
      var  n  mean   sd  median  trimmed  mad  min max range
gs.1   1  71  3.36 1.00   3.50    3.41   1.11   1   5    4
gs.2   2  71  3.84 0.69   4.00    3.90   0.74   2   5    3
gs.3   3  71  4.43 0.86   4.75    4.62   0.37   1   5    4
-------------------------------------------------------------
group: männlich
      var  n  mean   sd  median  trimmed  mad   min  max range
gs.1   1  18  3.86 0.76   4.00    3.89   0.74  2.25   5  2.75
gs.2   2  18  4.14 0.55   4.25    4.16   0.37  3.00   5  2.00
gs.3   3  18  4.60 0.53   4.75    4.67   0.37  3.00   5  2.00
```

Bei der Betrachtung der Stichprobengrößen fällt auf, dass die Gruppe der Männer wesentlich kleiner ist als die Gruppe der Frauen. Wir haben es hier also mit unbalancierten Gruppen zu tun und müssen dies später bei der Wahl der Quadratsummen der Varianzanalyse berücksichtigen.

Um die Mittelwertsunterschiede graphisch zu veranschaulichen, greifen wir auf die `error.bars.by`-Funktion aus dem `psych`-Paket zurück (s. Abschn. 0):

```
> error.bars.by(data.frame(gs.1, gs.2, gs.3), sex,
+ within = TRUE, lty = c(1,2))
```

Auch hier müssen wir wieder das Argument `within = TRUE` ergänzen, damit die Abhängigkeit der Variablen bei der Berechnung der Standardfehler und Konfidenzintervalle berücksichtigt wird. Mit dem Argument `lty = c(1,2)` erreichen wir, dass die Mittelwerte der ersten Gruppe mit einer durchgezogenen Linie und die Mittelwerte der zweiten Gruppe mit einer gestrichelten Linie verbunden werden. Wir ergänzen außerdem eine Legende, um die Linien auseinanderzuhalten (s. Abschn. 11.5). Das so erstellte Diagramm ist in Abbildung 15.2 dargestellt.

```
> legend("topleft", levels(sex), lty = c(1,2))
```

> **Tipp**
>
> Das `ez`-Paket verfügt mit der `ezPlot`-Funktion über eine eigene Funktion zur Erstellung von Interaktionsdiagrammen. Diese Funktion basiert auf dem Paket `ggplot2` (Wickham, 2009), das in diesem Buch aus Platzgründen leider nicht vorgestellt werden kann.

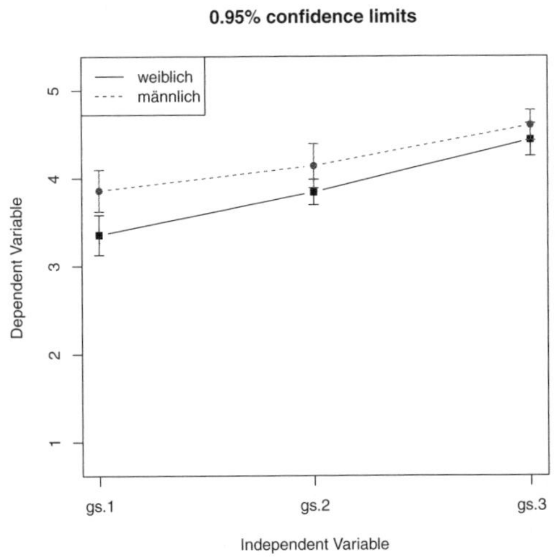

Abbildung 15.2 Interaktionsdiagramm für Zeitpunkt und Geschlecht. Die Fehlerbalken stellen korrigierte Konfidenzintervalle dar.

15.3.2 Durchführung der Varianzanalyse

Die gemischte Varianzanalyse fordern wir über die `ezANOVA`-Funktion an, die wir in Abschnitt 15.2.2 besprochen haben. Im Vergleich zur messwiederholten Varianzanalyse sind nun zwei Argumente dazugekommen. Der nicht-messwiederholte Faktor wird im Argument `between` festgelegt. Im Argument `type` legen wir fest, dass Typ-III-Quadratsummen verwendet werden sollen. Lässt man dieses Argument weg, werden Typ-II-Quadratsummen berechnet.

```
> anova.mixed <- ezANOVA(prüfung.long, dv=gs,
+ wid=nr, within=zeitpunkt, between=sex, type = 3)
```

Auch die Ausgabe ist so aufgebaut, wie wir sie schon von der einfaktoriellen messwiederholten Varianzanalyse kennen. Hier werden jedoch die Ergebnisse für drei Effekte berichtet: der Haupteffekt des Geschlechts, der Haupteffekt der Zeit sowie der Interaktionseffekt zwischen Zeit und Geschlecht. In unserem Beispiel sind beide Haupteffekte signifikant, der Interaktionseffekt jedoch nicht:

```
$ANOVA
          Effect DFn DFd         F            p
2            sex   1  87 4.2947034 4.119102e-02
3       zeitpunkt   2 174 42.0194870 1.291704e-15
4 sex:zeitpunkt   2 174  0.8505484 4.289488e-01
```

```
        p<.05          ges
           *   0.024749666
           *   0.190077467
               0.004727998

$`Mauchly's Test for Sphericity`
         Effect         W               p p<.05
2      zeitpunkt 0.8811062 0.004327284      *
3  sex:zeitpunkt 0.8811062 0.004327284      *

$`Sphericity Corrections`
         Effect       GGe       p[GG] p[GG]<.05
3      zeitpunkt 0.8937399 3.249163e-14      *
4  sex:zeitpunkt 0.8937399 4.180074e-01

           HFe        p[HF] p[HF]<.05
3    0.9112406 1.909762e-14     *
4    0.9112406 4.199067e-01
```

Die Sphärizitätskorrektur wird nur für die Effekte durchgeführt, an denen messwiederholte Faktoren beteiligt sind. Wir bekommen daher den korrigierten Haupteffekt des Zeitpunkts und den korrigierten Interaktionseffekt ausgegeben. Inhaltlich ändert sich dadurch nichts: Der Haupteffekt der Zeit ist weiterhin signifikant, der Interaktionseffekt ist weiterhin nicht signifikant.

> **Tipp**
>
> Eine mehrfaktorielle gemischte Varianzanalyse kann man auch im Rahmen einer Mehrebenenanalyse durchführen. In diesem Fall spricht man häufig von so genannten gemischten Modellen (*mixed models*). Pakete für Mehrebenenanalyse werden im Anhang B: Pakete aufgeführt.

15.4 Effektgrößen

Das partielle *eta²* (vgl. Abschn. 14.5) kann auch für die messwiederholte Varianzanalyse berechnet werden. Diese Effektgröße wird mit der `ezAnova`-Funktion automatisch ausgegeben (Spalte `ges`). Darüber hinaus ist es manchmal sinnvoll, die Kontraste der einzelnen Mittelwerte als Effektgrößen zu nehmen. Hier werden dieselben Effektgrößen wie beim *t*-Test für abhängige Stichproben berechnet (Abschn. 13.3).

15.5 Varianzanalyse mit Messwiederholung im R Commander

Der R Commander bietet zurzeit keine Funktion für die messwiederholte Varianzanalyse an. Man muss daher die Funktionen des `ez`-Pakets anwenden.

15.6 Funktionen im Überblick

Funktion	Beschreibung
`reshape(...)`	Transformiert die Daten vom Wide- ins Long-Format oder umgekehrt.
`ezStats(daten, dv, wid, within, between)`	Gibt deskriptive Statistiken für eine Varianzanalyse aus. Die Daten müssen im Long-Format vorliegen. *dv* bezeichnet die abhängige Variable, *wid* bezeichnet die Identifikationsnummer der Fälle, *within* bezeichnet die messwiederholten Faktoren, *between* bezeichnet die nicht-messwiederholten Faktoren.
`ezANOVA(daten, dv, wid, within, between)`	Führt eine Varianzanalyse mit oder ohne Messwiederholung durch. Zu den Argumenten s. ezStats-Funktion.

15.7 Übungen

Diese Übungen beziehen sich auf den Datensatz `prüfung.RData`. Eine ausführliche Beschreibung des Datensatzes finden Sie im Anhang A: Datensätze.

(1) Konvertieren Sie die Daten `prüfung.RData` ins Long-Format, falls Sie dies nicht schon beim Lesen des Kapitels getan haben.
(2) Führen Sie eine messwiederholte Varianzanalyse für die Variable `ru` durch. Berechnen Sie auch die deskriptiven Statistiken und stellen Sie die Ergebnisse graphisch dar.
(3) Überprüfen Sie, ob sich Frauen und Männer (`sex`) darin unterscheiden, wie sich ihre ruhige vs. unruhige Stimmung (`ru`) über die Zeit verändert. Führen Sie dazu eine gemischte Varianzanalyse mit Typ-III-Quadratsummen durch. Berechnen Sie auch die deskriptiven Statistiken und stellen Sie die Ergebnisse graphisch dar.

16 Grundlagen der Regressionsanalyse

Mit der Regressionsanalyse wird der Zusammenhang zwischen einer oder mehreren unabhängigen Variablen und einer abhängigen Variablen ermittelt. Die Regressionsanalyse ist vermutlich eines der wichtigsten statistischen Verfahren in den Sozialwissenschaften. Sie dient als Grundlage für komplexere Verfahren wie Strukturgleichungsmodelle oder Mehrebenenanalysen. Weil die Regressionsanalyse so wichtig und so vielseitig ist, widmen wir ihr in diesem Buch gleich zwei Kapitel: In diesem Kapitel werden die Grundlagen der Regressionsanalyse besprochen. Das nächste Kapitel behandelt spezielle Regressionsmodelle.

Wir schauen uns zunächst die bivariate Regression (Abschn. 16.1) und die multiple Regression (Abschn. 16.2) an. Anschließend beschäftigen wir uns mit einigen spezielleren Themen, nämlich Effektgrößen (Abschn. 16.3), Prüfung der Modellannahmen (Abschn. 16.4) sowie Partial- und Semipartialkorrelation (Abschn. 16.5). Die Beispiele in diesem Kapitel beziehen sich auf den Datensatz `erstis.RData` (s. Anhang A: Datensätze). Um die Befehle zu verkürzen, haben wir diesen Datensatz mit der `attach`-Funktion aktiviert (s. Abschn. 7.1.1).

16.1 Bivariate lineare Regression

In der bivariaten linearen Regression wird der lineare Zusammenhang zwischen einer metrischen unabhängigen Variablen (Prädiktor) und einer metrischen abhängigen Variablen (Kriterium) modelliert. Die Regressionsgleichung lautet:

$$Y = b_0 + b_1 \cdot X + E \hspace{4em} \text{(Formel 16.1)}$$

Das Regressionsgewicht b_1 drückt aus, welche Veränderung man in Y erwartet, wenn X um eine Einheit erhöht wird. Es ist damit ein Maß für den Zusammenhang zwischen X und Y. Der Achsenabschnitt b_0 ist der vorhergesagte Wert für Y, wenn X den Wert Null annimmt.

> **Tipp**
>
> Bevor wir die Regressionsanalyse durchführen, empfiehlt es sich, den Zusammenhang in einem Streudiagramm graphisch darzustellen und eine Lowess-Kurve hinzuzufügen (s. Abschn. 11.3). Damit kann man z. B. erkennen, ob der Zusammenhang linear ist.

16.1.1 Berechnung der unstandardisierten Regressionskoeffizienten

Im folgenden Beispiel untersuchen wir den Zusammenhang zwischen der Zufriedenheit mit den Studieninhalten (zuf.inh.1) und der Lebenszufriedenheit (lz.1). Die Lebenszufriedenheit ist die abhängige Variable. Regressionsanalysen werden in R mit der lm-Funktion (*linear models*) durchgeführt. Das Modell, das wir schätzen möchten, geben wir direkt in die lm-Funktion ein. Vor der Tilde ~ steht der Name der abhängigen Variable, hinter der Tilde steht der Name der unabhängigen Variablen. Wenn man diesen Befehl ausführt, erhält man die folgende Ausgabe:

```
> lm(lz.1 ~ zuf.inh.1)

Call:
lm(formula = lz.1 ~ zuf.inh.1)

Coefficients:
(Intercept)       zuf.inh.1
     14.753           3.011
```

Wie so häufig ist die Ausgabe auf das Notwendigste beschränkt. Sie enthält lediglich die beiden Regressionsparameter. Intercept ist der englische Begriff für Achsenabschnitt, d. h. b_0 beträgt hier 14.753. Der Wert unter zuf.inh.1 ist das Regressionsgewicht für diese Variable, d. h. b_1 beträgt hier 3.011.

16.1.2 Berechnung der standardisierten Regressionskoeffizienten

Manchmal kann es nützlich sein, die standardisierten Regressionskoeffizienten zu interpretieren. Dabei werden die Variablen vor der Durchführung der Regressionsanalyse z-standardisiert. Das Regressionsgewicht b_1 ist dann die Anzahl der Standardabweichungen, um die sich Y verändert, wenn man X um eine Standardabweichung erhöht.

In SPSS werden die standardisierten Regressionskoeffizienten automatisch ausgegeben. In R ist dies nicht der Fall. Wir können die standardisierten Regressionskoeffizienten jedoch selbst berechnen, indem wir die Variablen im Regressionsmodell standardisieren. Die Standardisierung wird mit der scale-Funktion durchgeführt (s. Abschn. 7.3.4). Der vollständige Befehl für die Regression lautet dann:

```
> lm(scale(lz.1) ~ scale(zuf.inh.1))

Call:
lm(formula = scale(lz.1) ~ scale(zuf.inh.1))

Coefficients:
    (Intercept)   scale(zuf.inh.1)
       0.001391           0.337057
```

Für den Achsenabschnitt erhalten wir einen Wert nahe Null. Dies ist immer so, da definitionsgemäß die standardisierte Regressionsgerade durch den Ursprung geht. Für das standardisierte Regressionsgewicht erhalten wir den Wert 0.34. Bei der bivariaten linearen Regression entspricht das standardisierte Regressionsgewicht genau der Korrelation zwischen den beiden Variablen.

> **Tipp**
>
> Streng genommen sollten die für die Standardisierung benötigten statistischen Kennwerte (also Mittelwert und Standardabweichung) nur mit den Personen berechnet werden, die auch in die Regressionsanalyse einfließen. Dazu speichert man alle verwendeten Variablen in einem neuen Data Frame und wendet anschließend die na.omit-Funktion an, um alle Personen mit mindestens einem fehlenden Wert auf einer der Variablen zu entfernen (s. Abschn. 8.3).

16.1.3 Signifikanztests für die Regressionskoeffizienten

Im nächsten Schritt möchten wir Signifikanztests für die Regressionskoeffizienten durchführen. Hierbei wird die Nullhypothese β = 0 (der Populations-Regressionskoeffizient ist Null) mit einem *t*-Test überprüft. Ein signifikantes Ergebnis bedeutet, dass sich der Regressionskoeffizient signifikant von Null unterscheidet.

Wir erhalten die Ergebnisse des Signifikanztests, indem wir die summary-Funktion auf die Regression anwenden. (Dieses Vorgehen kennen wir schon von der Varianzanalyse, auch hier musste die summary-Funktion auf die aov-Ausgabe angewandt werden, damit das Ergebnis des *F*-Tests ausgegeben wird.) Um den Befehl übersichtlich zu halten, speichern wir zunächst das Modell in einem neuen Objekt. Im folgenden Beispiel nennen wir das Objekt einf.reg:

```
> einf.reg <- lm(lz.1 ~ zuf.inh.1)
```

Anschließend wenden wir die summary-Funktion auf das Objekt an. Man kann natürlich die summary-Funktion auch direkt auf die lm-Ausgabe anwenden, ohne vorher ein neues Objekt anzulegen. Dies wird jedoch schnell unübersichtlich.

```
> summary(einf.reg)

Call:
lm(formula = lz.1 ~ zuf.inh.1)

Residuals:
    Min      1Q  Median      3Q     Max
-14.796  -3.785   1.204   4.204  10.226

Coefficients:
            Estimate Std. Error t value Pr(>|t|)
(Intercept)  14.7529     2.1869   6.746 2.52e-10 ***
zuf.inh.1     3.0107     0.6579   4.576 9.35e-06 ***
---
Signif. codes:  0 '***' 0.001 '**' 0.01 '*' 0.05 '.' 0.1

Residual standard error: 5.192 on 163 degrees of freedom
  (26 observations deleted due to missingness)
Multiple R-squared: 0.1138,  Adjusted R-squared: 0.1084
F-statistic: 20.94 on 1 and 163 DF,  p-value: 9.35e-06
```

Diese Ausgabe ist recht umfangreich, daher gehen wir Schritt für Schritt durch:
- `Call`. An dieser Stelle wird die Modellgleichung noch einmal aufgeführt.
- `Residuals`. Dies ist eine Fünf-Punkte-Zusammenfassung der Residuen, d. h. wir erhalten Minimum, 1. Quartil, Median, 3. Quartil und Maximum der Residuen. Hier kann man sich einen ersten Eindruck davon verschaffen, wie stark die Residuen streuen. In unserem Fall liegen die mittleren 50 % der Residuen zwischen -3.785 und 4.204.
- `Coefficients`. In dieser Tabelle werden für jeden Regressionskoeffizienten (`Estimate`) der Standardfehler (`Std. Error`), die empirische Prüfgröße (`t Value`) sowie der p-Wert (`Pr(>|t|)`) aufgeführt. Die erste Zeile bezieht sich auf den Achsenabschnitt b_0, die zweite Zeile bezieht sich auf das Regressionsgewicht b_1. In beiden Fällen wird ein t-Test mit der Nullhypothese $\beta = 0$ durchgeführt. Die Sternchen kennzeichnen statistisch signifikante Ergebnisse. In unserem Beispiel sind beide Regressionskoeffizienten signifikant von Null verschieden.
- `Residual standard error`. Dies ist der Standardschätzfehler. Dabei handelt es sich um die geschätzte Standardabweichung der Residuen. Inhaltlich sagt uns dieser Wert, um wie viele Einheiten der abhängigen Variablen wir uns mit der Regression im Durchschnitt verschätzen. Je kleiner der Standardschätzfehler ist, desto besser passt das Modell.
- `Degrees of freedom`. Die Freiheitsgrade sind definiert mit $df = N - k - 1$, wobei N die Stichprobengröße und k die Anzahl der Prädiktoren ist. Diese

Freiheitsgrade sind genau die Freiheitsgrade der *t*-Tests für die Regressionskoeffizienten.

▸ Schließlich werden noch der Determinationskoeffizient R^2 (Multiple R-squared), der korrigierte Determinationskoeffizient (Adjusted R-squared) und der dazugehörige *F*-Test (F-statistic) aufgeführt. Auf diese Werte gehen wir ein, wenn wir die multiple Regression besprechen (Abschn. 16.2).

16.1.4 Konfidenzintervalle für die Regressionskoeffizienten

Konfidenzintervalle für die Regressionskoeffizienten werden nicht automatisch ausgegeben, sondern müssen explizit angefordert werden. Dazu wenden wir die confint-Funktion auf das Regressionsmodell an:

```
> confint(einf.reg)
                 2.5 %      97.5 %
(Intercept) 10.434502   19.071305
zuf.inh.1    1.711520    4.309894
```

Gemäß der Voreinstellung wird ein 95 %-Konfidenzintervall ausgegeben. Dies können wir mit dem Argument level = x verändern. Für x wird der gewünschte Konfidenzkoeffizient eingesetzt. Im folgenden Beispiel berechnen wir die 99 %-Konfidenzintervalle für den Achsenabschnitt und das Regressionsgewicht:

```
> confint(einf.reg, level=0.99)
                0.5 %      99.5 %
(Intercept) 9.053001   20.452807
zuf.inh.1   1.295896    4.725517
```

16.1.5 Vorhergesagte Werte und Residuen

Wenn wir eine Regressionsanalyse durchgeführt haben, haben wir für jede Person zwei neue Werte: (1) die durch die Regression vorhergesagten Werte und (2) die Residuen, d. h. die Abweichungen der vorhergesagten von den beobachteten Werten.

Die vorhergesagten Werte kann man sich über die fitted-Funktion ausgeben lassen. Die Residuen fordert man über die resid-Funktion an. Wenn man diese Funktionen ausführt, erhält man eine vollständige Liste aller vorhergesagten Werte bzw. aller Residuen (hier nicht dargestellt):

```
> fitted(einf.reg)
```

```
> resid(einf.reg)
```

Diese Werte braucht man manchmal für weitere Berechnungen. Zum Beispiel braucht man die Residuen, wenn man eine Partial- oder Semipartialkorrelation „zu Fuß" berechnen möchte (s. Abschn. 16.5).

Man kann auch den vorhergesagten Wert für einen bestimmten Wert auf der Prädiktorvariablen ausgeben lassen. Dazu wird die `predict`-Funktion eingesetzt. Im folgenden Beispiel lassen wir uns den vorhergesagten Wert für einen Studienzufriedenheitswert von 4 ausgeben:

```
> predict(einf.reg, data.frame(zuf.inh.1=4))
       1
26.79573
```

16.2 Multiple Regression und multiple Korrelation

In der multiplen linearen Regression wird der lineare Zusammenhang zwischen *mehreren* Prädiktoren und einer Kriteriumsvariablen modelliert. Die Modellgleichung der multiplen Regression mit zwei Prädiktoren lautet:

$$Y = b_0 + b_1 \cdot X_1 + b_2 \cdot X_2 + E \qquad \text{(Formel 16.2)}$$

Der Achsenabschnitt b_0 ist der vorhergesagte Wert für Y, wenn sowohl X_1 als auch X_2 den Wert Null annehmen. Das Regressionsgewicht b_1 ist der Wert, um den sich Y erhöht, wenn man X_1 um eine Einheit erhöht und gleichzeitig X_2 konstant hält. Analog dazu ist b_2 der Wert, um den sich Y erhöht, wenn man X_2 um eine Einheit erhöht und gleichzeitig X_1 konstant hält. Die Prädiktoren in dem Modell kontrollieren sich also gegenseitig.

16.2.1 Multiple Regression in R

Die multiple Regression wird in R ebenfalls mit der `lm`-Funktion durchgeführt. Im folgenden Beispiel wird die Kriteriumsvariable Lebenszufriedenheit (`lz.1`) durch die Zufriedenheit mit den Studieninhalten (`zuf.inh.1`) und der Zufriedenheit mit den Studienbedingungen (`zuf.bed.1`) vorhergesagt. Das Modell wird in einem neuen Objekt mit dem Namen `mult.reg` gespeichert. Die beiden Prädiktoren werden wie in der Regressionsgleichung mit einem + verknüpft:

```
> mult.reg <- lm(lz.1 ~ zuf.inh.1 + zuf.bed.1)
```

Um das Ergebnis der Regression zu erhalten, wenden wir die summary-Funktion auf das Modell an:

```
> summary(mult.reg)

Call:
lm(formula = lz.1 ~ zuf.inh.1 + zuf.bed.1)

Residuals:
    Min      1Q  Median      3Q     Max
-15.2274 -3.7319  0.8666  3.8354  8.5019

Coefficients:
            Estimate Std. Error t value Pr(>|t|)
(Intercept)  12.7910     2.3392   5.468 1.70e-07 ***
zuf.inh.1     2.4993     0.6870   3.638 0.000369 ***
zuf.bed.1     1.3128     0.5743   2.286 0.023572 *
---
Signif. codes:  0 '***' 0.001 '**' 0.01 '*' 0.05 '.' 0.1

Residual standard error: 5.137 on 161 degrees of freedom
  (27 observations deleted due to missingness)
Multiple R-squared: 0.141, Adjusted R-squared: 0.1303
F-statistic: 13.21 on 2 and 161 DF,  p-value: 4.87e-06
```

Diese Ausgabe kennen wir schon von der einfachen linearen Regression. Daher besprechen wir nur einige ausgewählte Elemente:

- Coefficients. In dieser Tabelle stehen die einzelnen Regressionskoeffizienten sowie ihre Standardfehler und die jeweiligen Ergebnisse des *t*-Tests.
- Multiple R-squared. Dies ist der Determinationskoeffizient R^2, ein Maß für die Modellgüte. In dem Beispiel ist $R^2 = .141$, das heißt, die beiden Prädiktoren erklären zusammen 14,1 % der beobachteten Varianz in der Lebenszufriedenheit.
- Adjusted R-squared. Der Determinationskoeffizient R^2 ist kein erwartungstreuer Schätzer für die Varianzaufklärung in der Population. Daher wird zusätzlich noch das korrigierte R^2 berichtet. Das korrigierte R^2 ist immer kleiner als das normale R^2.
- F statistic. Der Determinationskoeffizient kann inferenzstatistisch geprüft werden. Dies geschieht über einen *F*-Test. In unserer Ausgabe liefert der *F*-Test ein signifikantes Ergebnis, $F(2, 161) = 13{,}21$, $p < .001$, d. h. der Determinationskoeffizient ist signifikant von Null verschieden.

> **Tipp**
>
> Wendet man die `str`-Funktion auf das Regressions-Objekt an, erhält man eine Liste mit allen Elementen, die man per Dollarzeichen-Funktion gezielt anfordern kann (s. Abschn. 7.1.2). Das ist zum Beispiel dann praktisch, wenn man die Koeffiziententabelle exportieren möchte. Hier exportieren wir die Koeffiziententabelle als csv-Datei. Wir verwenden dafür die `write.csv2`-Funktion, die mit dem deutschsprachigen System kompatibel ist.
> ```
> > write.csv2(summary(mult.reg)$coefficients,
> + file = "regression.csv")
> ```

16.2.2 Multiple Korrelation

Die Höhe des Zusammenhangs zwischen einer abhängigen Variablen und mehreren unabhängigen Variablen kann auch über die multiple Korrelation R bestimmt werden. Die multiple Korrelation ist nicht in der `summary`-Ausgabe enthalten. Wir können sie aber sehr einfach aus R^2 berechnen. Wir verwenden die Dollarzeichen-Funktion, um diesen Wert aus der `summary`-Ausgabe zu nehmen:

```
> summary(mult.reg)$r.squared
[1] 0.1409741
```

Um die multiple Korrelation zu erhalten, wenden wir die `sqrt`-Funktion auf den oben vorgestellten Befehl an:

```
> sqrt(summary(mult.reg)$r.squared)
[1] 0.3754652
```

16.2.3 Hierarchische Regression

Anstatt alle Prädiktoren auf einmal in das Regressionsmodell aufzunehmen, kann man auch schrittweise vorgehen. Dabei werden die Prädiktoren in zwei oder mehr Blöcke aufgeteilt und nacheinander in das Modell aufgenommen. Diese Vorgehensweise ist als blockweise oder hierarchische Regression bzw. *hierarchical regression* bekannt.

Das zentrale statistische Maß beim hierarchischen Vorgehen ist der Determinationskoeffizient. Vergleicht man den Determinationskoeffizienten des ersten Modells mit dem Determinationskoeffizienten des zweiten Modells, so kann man bestimmen, wie viel Varianz die im zweiten Modell hinzugekommenen Prädiktoren über die im ersten Modell aufgenommenen Prädiktoren hinaus erklären.

Man kann diesen Zuwachs des Determinationskoeffizienten über einen *F*-Test prüfen. Ein signifikantes Ergebnis bedeutet, dass das zweite Modell signifikant mehr Varianz aufklärt als das erste Modell. Ein nicht-signifikantes Ergebnis dagegen bedeutet, dass das zweite Modell nicht signifikant mehr Varianz aufklärt als das erste Modell, obwohl es mehr Prädiktoren enthält. In diesem Fall sollte man das sparsamere erste Modell bevorzugen.

Stichprobe auswählen
Damit zwei Regressionsmodelle miteinander verglichen werden können, ist es wichtig, dass beide auf derselben Stichprobe basieren. Um dies sicherzustellen, wählen wir zunächst die Personen aus, die gültige Werte auf allen Variablen haben, die in den beiden Regressionsmodellen vorkommen. Diese Teilstichprobe wird in einem neuen Data Frame gespeichert.

Im folgenden Beispiel möchten wir in das oben gerechnete Modell mit den Prädiktoren zuf.inh.1 und zuf.bed.1 zusätzlich die Prädiktoren neuro und gewiss aufnehmen. Zunächst fassen wir diese Variablen und die abhängige Variable lz.1 in einem neuen Data Frame zusammen. Mit der na.omit-Funktion erreichen wir, dass alle Personen gelöscht werden, die irgendwo in diesem neuen Data Frame fehlende Werte haben (s. Abschn. 8.3). Der reduzierte neue Data Frame wird unter dem Namen data.fuer.regression gespeichert:

```
> data.fuer.regression <- na.omit(data.frame(lz.1,
+ zuf.inh.1, zuf.bed.1, neuro, gewiss))
```

Über die nrow-Funktion können wir uns die neue Stichprobengröße ausgeben lassen:

```
> nrow(data.fuer.regression)
[1] 162
```

Anschließend bestimmen wir wiederum den Zusammenhang zwischen der Lebenszufriedenheit (lz.1) und den Studienzufriedenheiten zuf.inh.1 und zuf.bed.1 (s. Abschn. 16.2.1). Dieses Mal verwenden wir jedoch die reduzierten Daten data.fuer.regression. Das Modell wird unter dem Namen red.model (reduziertes Modell) gespeichert:

```
> red.model <- lm(lz.1 ~ zuf.inh.1 + zuf.bed.1,
+ data = data.fuer.regression)
```

Der Determinationskoeffizient R^2 für dieses Modell ist $R^2 = .14$:

```
> summary(red.model)$r.squared
[1] 0.1414782
```

16.2 Multiple Regression und multiple Korrelation

Jetzt definieren wir das zweite Modell. Dieses Modell enthält zusätzlich zu den Variablen des ersten Modells noch die Variablen Neurotizismus (neuro) und Gewissenhaftigkeit (gewiss). Wir verwenden wieder die Daten data.fuer.regression. Das Modell wird unter dem Namen vol.model gespeichert:

```
> vol.model <- lm(lz.1 ~ zuf.inh.1 + zuf.bed.1 + neuro +
+ gewiss, data = data.fuer.regression)
```

Beachte: Das + am Ende der ersten Zeile ist das Verknüpfungszeichen für das Regressionsmodell. Das + zu Beginn der zweiten Zeile verknüpft lediglich die erste mit der zweiten Zeile. Um den Determinationskoeffizienten des zweiten Modells zu erhalten, verwenden wir wieder die summary-Funktion:

```
> summary(vol.model)$r.squared
[1] 0.2249669
```

Das vollständige Modell erklärt ca. 23 % der Varianz. Wir können nun ausrechnen, dass der Zuwachs in R^2 gegenüber dem ersten Modell ca. 8 % beträgt:

```
> summary(vol.model)$r.squared-summary(red.model)$r.squared
[1] 0.08348875
```

Der Determinationskoeffizient ist also größer geworden. Nun ist aber wichtig zu wissen, ob dieser Zuwachs auch statistisch bedeutsam ist. Nur wenn das weniger sparsame Modell signifikant mehr Varianz aufklärt, sollten wir uns für dieses Modell als endgültiges Modell entscheiden. Ist der Zuwachs dagegen nicht signifikant, sollten wir das sparsamere Modell mit weniger Prädiktoren bevorzugen.

Der Zuwachs in R^2 wird mit einem F-Test auf Signifikanz geprüft. Dieser F-Test wird mit der anova-Funktion angefordert:

```
> anova(red.model, vol.model)
Analysis of Variance Table

Model 1: lz.1 ~ zuf.inh.1 + zuf.bed.1
Model 2: lz.1 ~ zuf.inh.1 + zuf.bed.1 + neuro + gewiss
  Res.Df    RSS  Df Sum of Sq      F    Pr(>F)
1    159 4220.2
2    157 3809.8   2     410.4 8.4562 0.0003252 ***
---
Signif. codes:  0 '***' 0.001 '**' 0.01 '*' 0.05 '.' 0.1
```

Die Prüfgröße F (F) und der p-Wert Pr(>F)) lassen sich leicht in dem Modell finden. Wenn man das Ergebnis eines F-Tests berichtet, muss man außerdem die Zähler- und Nennerfreiheitsgrade angeben. Für diesen *F*-Test zum Vergleich zweier Determinationskoeffizienten sind die Zählerfreiheitsgrade mit $df_1 = k_u - k_e$ und die Nennerfreiheitsgrade mit $df_2 = n - k_u - 1$ definiert. Dabei ist k_u die Anzahl der Prädiktoren im größeren (uneingeschränkten) Modell und k_e die Anzahl der Prädiktoren im kleineren (eingeschränkten) Modell. Die Zählerfreiheitsgrade entsprechen also genau der Anzahl zusätzlich aufgenommener Prädiktoren (hier 2), und die Nennerfreiheitsgrade sind identisch mit den Nennerfreiheitsgraden des zweiten Modells (hier 157). Diese Werte finden wir in der zweiten Zeile der Tabelle in der Ausgabe. In der Spalte `Res.Df` stehen die Nennerfreiheitsgrade, in der Spalte `Df` stehen die Zählerfreiheitsgrade.

Wir können also schreiben: Der Zuwachs in R^2 ist signifikant mit $F(2, 157) = 8.46$, $p < .001$. Das heißt, das vollständige Modell erklärt signifikant mehr Varianz als das reduzierte Modell. Die beiden Prädiktoren Neurotizismus und Gewissenhaftigkeit haben zusammen einen signifikanten Effekt auf die Kriteriumsvariable.

> **Tipp**
>
> Der Vergleich zweier Regressionsmodelle mit dem *F*-Test ist nur möglich, wenn diese Modelle ineinander geschachtelt sind. Das heißt, dass das reduzierte Modell komplett in dem vollständigen Modell enthalten sein muss. Es ist nicht erlaubt, einzelne Variablen auszuschließen, gleichzeitig andere aufzunehmen und diese Modelle dann mit einem *F*-Test zu vergleichen.
>
> Um nicht-verschachtelte Regressionsmodelle zu vergleichen, kann man auf Informationskriterien zurückgreifen, z. B. Akaikes Information Criterion (AIC). Dieses Maß kann man mit der folgenden Funktion anfordern:
>
> ```
> > AIC(red.model, vol.model)
> ```

16.2.4 Schrittweise Regression

Bei den bisher vorgestellten Regressionsverfahren mussten wir selbst entscheiden, welche Prädiktoren in das Modell aufgenommen werden. Bei der schrittweisen Regression überlässt man diese Entscheidung dem Computer. Es handelt sich hierbei um eine datengeleitete Auswahl von Prädiktoren, bei der in einem schrittweisen Verfahren nach und nach die Prädiktoren in das Modell aufgenommen werden, die das Modell am stärksten (d. h. am signifikantesten) verbessern. Das endgültige Modell enthält somit nur Prädiktoren, die einen signifikanten Effekt auf die Kriteriumsvariable haben.

Allgemein ist von datengeleiteten Vorgehen abzuraten, da die Auswahl der Prädiktoren stark von der aktuellen Stichprobe beeinflusst wird und somit relevante Prädiktoren weggelassen oder irrelevante Prädiktoren aufgenommen werden kön-

16.2 Multiple Regression und multiple Korrelation

nen. Man sollte sich darüber im Klaren sein, dass es sich hierbei um ein sehr exploratives Vorgehen handelt, und die damit erzielten Ergebnisse sollten mit einer anderen Stichprobe kreuzvalidiert werden.

Im folgenden Beispiel betrachten wir alle Big Five-Variablen zur Vorhersage der Lebenszufriedenheit. Zunächst müssen wir diese Variablen als neuen Data Frame speichern und alle Personen mit fehlenden Werten entfernen, da genau wie bei der hierarchischen Regressionsanalyse auch hier alle Modelle auf derselben Stichprobe beruhen müssen.

```
> auswahl <- na.omit(data.frame(lz.1, neuro, extra, gewiss,
+ vertraeg, intell))
```

Anschließend definieren wir das Startmodell. Dieses Modell enthält nur einen Achsenabschnitt. Wir speichern das Modell in dem Objekt step.input.

```
> step.input <- lm(lz.1 ~ 1, data = auswahl)
```

Im abschließenden Schritt wenden wir die step-Funktion auf das Startmodell an. Im Argument scope werden alle Variablen aufgelistet, die als Prädiktoren berücksichtigt werden sollen.

```
> step.output <- step(step.input,   scope = ~ neuro +
+ extra + gewiss + vertraeg + intell)
```

Wenn wir diesen Befehl ausführen, erhalten wir eine Liste mit Tabellen. Hier haben wir nur die letzte Tabelle in dieser Liste dargestellt:

```
Step:  AIC=608.72
lz.1 ~ neuro + gewiss + extra

            Df Sum of Sq    RSS    AIC
<none>                   4876.2 608.72
+ vertraeg   1      1.31 4874.9 610.67
+ intell     1      0.53 4875.7 610.70
- extra      1    179.15 5055.4 613.33
- gewiss     1    345.37 5221.6 619.25
- neuro      1    411.55 5287.8 621.55
```

R verwendet zum Vergleich der verschiedenen Modelle das Informationskriterium AIC (s. o.). Je kleiner dieser Wert, desto besser ist das Modell. In der Tabelle sehen wir für jede Variable, wie sich die Zähler-Quadratsumme (Sum of Sq), die Nenner-Quadratsumme (RSS) sowie der AIC (AIC) verändern würden, wenn diese Variable in das Modell aufgenommen bzw. aus dem Modell entfernt würde. Das finale Modell können wir mit der `summary`-Funktion anfordern:

```
> summary(step.output)
```

16.3 Effektgrößen

Der Determinationskoeffizient R^2 ist ein standardisiertes Maß und kann daher als Effektgröße für ein Regressionsmodell verwendet werden. Als Effektgrößen für einzelne Prädiktoren werden meist die standardisierten Regressionskoeffizienten (Abschn. 16.1.2) verwendet.

16.4 Modellannahmen prüfen

Die lineare Regressionsanalyse beruht auf einer Reihe von Annahmen, die erfüllt sein sollten, damit man korrekte Ergebnisse erhält. Eid et al. (2013) zählen unter anderem die folgenden Annahmen auf:

- **Korrekte Spezifikation des Modells.** Enthält das Modell alle relevanten und keine überflüssigen Prädiktoren? Dazu gehört auch, dass ggf. kurvilineare Zusammenhänge sowie Interaktionseffekte modelliert wurden.
- **Normalverteilung der Residuen.** Sind die Residuen normalverteilt, d. h. kommen mittlere Residuen häufiger vor als sehr kleine und sehr große Residuen?
- **Homoskedastizität.** Ist die Varianz der Residuen über alle Ausprägungen der Prädiktoren hinweg gleich?
- **Ausreißer und einflussreiche Datenpunkte.** Gibt es Ausreißer oder andere Datenpunkte, die einen starken Einfluss auf die Schätzung haben und diese daher verzerren können?

Diese Annahmen können in R mit verschiedenen Diagrammen graphisch geprüft werden (Abschn. 16.4.1). Darüber hinaus gibt es noch einige Annahmen, die man meist mit Hilfe statistischer Kennwerte prüft:

- **Multikollinearität.** Sind die Prädiktoren untereinander nur gering korreliert? (Abschn. 16.4.3)
- **Unabhängigkeit der Residuen.** Sind die Residuen unkorreliert? (Abschn. 16.4.4)

16.4.1 Diagramme zur Prüfung der Annahmen

In Kapitel 11 haben wir bereits die `plot`-Funktion kennen gelernt. Diese Funktion ist sehr flexibel. Je nachdem, auf welche Art von Objekten man sie anwendet, erhält man ganz unterschiedliche Diagramme. Die `plot`-Funktion kann man auch auf ein

Regressionsmodell anwenden, das mit der `lm`-Funktion erstellt wurde. Wir fordern nun die Diagramme für das Regressionsmodell `mult.reg` an, das wir in Abschnitt 16.2.1 definiert haben. Mit der `par`-Funktion erreichen wir, dass die vier Diagramme gleichzeitig dargestellt werden (s. Abschn. 11.5):

```
> par(mfrow = c(2,2))
> plot(mult.reg)
```

Bei den vier Diagrammen (Abb. 16.1) handelt es sich um so genannte Residuenplots, d. h. hier werden die Residuen des Regressionsmodell auf verschiedene Weisen graphisch dargestellt. Mit diesen Diagrammen kann man die korrekte Spezifikation, die Normalverteilung der Residuen und die Homoskedastizitätsannahme prüfen sowie Ausreißer und einflussreiche Werte diagnostizieren.

Korrekte Spezifikation des Modells

Im Residuals vs. Fitted-Diagramm (oben links) werden die vorhergesagten Werte (`fitted values`) auf der x-Achse und die unstandardisierten Residuen (`Residuals`) auf der y-Achse abgetragen. Die rote Linie ist eine Lowess-Linie, die eine nonparametrische Anpassung des Zusammenhangs zwischen den beiden Variablen darstellt. In diesem Diagramm können wir sehen, ob das Modell korrekt spezifiziert wurde. Dies ist dann der Fall, wenn die Werte möglichst unsystematisch verteilt sind und die Lowess-Linie möglichst parallel zur x-Achse verläuft. Wichtig: Dieses Diagramm gibt keine Aussage darüber, ob wichtige Kontrollvariablen im Modell fehlen.

Normalverteilung der Residuen

Im Normal-Q-Q-Plot (oben rechts) kann überprüft werden, ob die Residuen normalverteilt sind. Auf der x-Achse werden die Quantile abgetragen, die man erwarten würde, wenn Normalverteilung gegeben ist. Auf der y-Achse werden die tatsächlich beobachteten Quantile abgetragen. Wenn die Residuen normalverteilt sind, liegen sie genau auf einer Diagonalen (s. auch Abschn. 11.2.7).

Homoskedastizität

Das Scale-Location-Diagramm (unten links) dient zur Überprüfung der Homoskedastizitätsannahme. In diesem Diagramm werden die vorhergesagten Werte (`Fitted values`) auf der x-Achse und die standardisierten Residuen (`Standardized Residuals`) auf der y-Achse abgetragen. Homoskedastizität ist dann gegeben, wenn die Residuen möglichst unsystematisch im Diagramm verteilt sind.

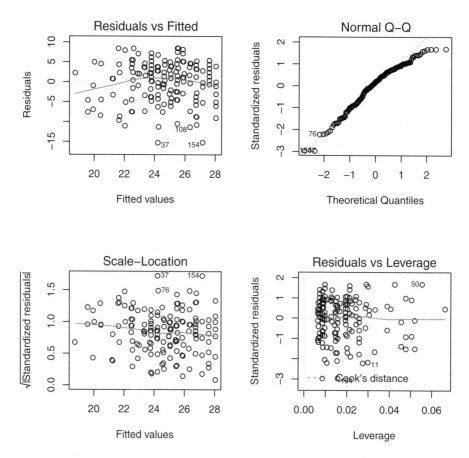

Abbildung 16.1 Verschiedene Residuenplots für ein Regressionsmodell. Diese Diagramme werden erstellt, wenn man die `plot`-Funktion auf ein lineares Modell anwendet.

Ausreißer und einflussreiche Werte

In den ersten drei Diagrammen werden Ausreißerwerte automatisch mit ihrer Zeilennummer identifiziert. Besonders geeignet zur Diagnose von Ausreißern und einflussreichen Werten ist jedoch das Residual vs. Leverage-Diagramm (unten rechts). Auf der x-Achse dieses Diagramms werden die Hebelwerte (`Leverage`) abgetragen. Der Hebelwert ist ein Maß für die Abweichung einzelner Werte auf den unabhängigen Variablen. Ausreißer kann man an ihren großen Hebelwerten erkennen.

Ausreißerwerte sind aber an sich noch nicht schlimm, solange sie sich einigermaßen konform verhalten – das heißt, nicht zu sehr von den durch die Regression vorhergesagten Werten abweichen. Diese Abweichung ist auf der y-Achse in Form der standardisierten Residuen (`Standardized Residuals`) abgetragen. In diesem

Diagramm kann man also für Ausreißer (definiert durch hohe Hebelwerte) erkennen, ob sie auffällige Residuen haben. In unserem Beispiel werden die beiden extremsten Werte (d. h. die Werte mit großen Residuen und großen Hebelwerten) über ihre Zeilennummer identifiziert. In manchen Diagrammen ist außerdem eine oder mehrere rote gestrichelte Linien unten bzw. oben rechts eingetragen. Diese Linien markieren bestimmte Werte für Cook's Distance. Mit diesem Maß können einflussreiche Werte identifiziert werden. Liegen einzelne Datenpunkte jenseits dieser gestrichelten Linien, so handelt es sich dabei um Werte, die die Regressionsgleichung in einem hohen Maß beeinflussen. In unserem Beispiel trifft dies auf keine Datenpunkte zu.

16.4.2 Identifizierung von Ausreißern und einflussreichen Werten

Zusätzlich zu den oben dargestellten Diagrammen kann man auch bestimmte Funktionen verwenden, um Ausreißer und einflussreiche Werte zu identifizieren. Diese Funktionen sind in Tabelle 16.1 zusammengefasst. Zur Interpretation der Werte siehe Eid et al. (2013).

Tabelle 16.1 Funktionen zur Identifizierung von Ausreißern und einflussreichen Werten

Funktion	Beschreibung
resid(modell)	Unstandardisierte Residuen
rstandard(modell)	Standardisierte Residuen
rstudent(modell)	Ausgeschlossene studentisierte Residuen
dfbeta(modell)	DfBETA
dfbetas(modell)	DfBETAS
dffits(modell)	DfFits
cooks.distance(modell)	Cook's Distance

16.4.3 Kollinearitätsdiagnosen

Unter Multikollinearität versteht man die multiple Korrelation eines Prädiktors mit allen anderen (unabhängig davon, wie stark die Prädiktoren jeweils mit der abhängigen Variablen korrelieren). Das Ausmaß der Multikollinearität wird über die Toleranz und den Variance Inflation Factor (*VIF*) quantifiziert (vgl. Eid et al., 2013). Die Toleranz hat einen Wertebereich von 0 bis 1 und sollte möglichst nahe 1 liegen und nicht kleiner als 0.10 werden. Der *VIF* ist der Kehrwert der Toleranz. Auch der *VIF* sollte nahe 1 liegen und nicht größer als 10 werden.

Den *VIF* kann man mit der `vif`-Funktion aus dem `car`-Paket berechnen. Diese Funktion wird auf das Regressionsmodell angewandt:

```
> vif(mult.reg)
zuf.inh.1 zuf.bed.1
  1.112512  1.112512
```

Die Toleranz basiert auf dem *VIF* (s. o.) und lässt sich daher leicht berechnen. Wir modifizieren den Befehl wie folgt:

```
> 1/vif(mult.reg)
zuf.inh.1  zuf.bed.1
0.8988664  0.8988664
```

16.4.4 Unabhängigkeit der Residuen

Die Annahme der Unabhängigkeit der Residuen ist in den folgenden Fällen häufig verletzt: (1) Die Stichprobe besteht aus mehreren Gruppen, d. h. die Daten haben eine hierarchische Struktur. (2) Bei Längsschnittdaten stehen die Werte der einzelnen Messzeitpunkte in einer serialen Abhängigkeit.

Bei diesen Fällen handelt es sich um Spezialfälle, die wir hier aus Platzgründen nicht detailliert behandeln können. Wir gehen daher nur kurz auf die Besonderheiten dieser Fälle ein und nennen die Funktionen, mit denen man die Unabhängigkeit der Residuen in beiden Fällen prüfen kann. Nähere Informationen zu den Funktionen findet man wie immer mit der `help`-Funktion.

Hierarchische Daten

Die Unabhängigkeit der Residuen ist meistens verletzt, wenn wir geschachtelte (hierarchische) Designs haben. In solchen Designs besteht die Gesamtstichprobe aus mehreren Gruppen, z. B. Schulklassen, Organisationseinheiten oder Therapiegruppen. Die einzelnen Personen lassen sich eindeutig bestimmten Gruppen zuordnen, z. B. gehören Schüler zu bestimmten Schulklassen, Mitarbeiter gehören zu bestimmten Teams und Patienten gehören zu einzelnen Therapiegruppen. Die einzelnen Personen sind ihren Gruppenmitgliedern häufig ähnlicher als Personen aus anderen Gruppen. Diese Ähnlichkeit drückt sich statistisch in der Intraklassenkorrelation aus. Je größer die Intraklassenkorrelation ist, desto unterschiedlicher sind die einzelnen Gruppen und desto ähnlicher sind sich die Personen innerhalb der Gruppen.

Es gibt mehrere Pakete, die entsprechende Funktionen enthalten, z. B. die `icc`-Funktion aus dem `psy`-Paket (Falissard, 2012). Wenn die Intraklassenkorrelation größer als Null ist, muss man die Gruppenzugehörigkeit in dem Regressionsmodell berücksichtigen, z. B. indem man Mehrebenenanalysen durchführt (Eid et al.,

2013). Dafür steht u. a. die `lmer`-Funktion aus dem `lme4`-Paket (Bates, Maechler & Bolker, 2012) zur Verfügung.

Seriale Abhängigkeit
Bei längsschnittlichen Erhebungen kann es vorkommen, dass die Ausprägung eines Residuums zu einem bestimmten Messzeitpunkt von den zeitlich früheren Residuen beeinflusst wird. Dies nennt man auch Autokorrelation der Residuen. Wenn eine solche Abhängigkeit vorliegt, sollte man geeignete längsschnittliche Verfahren einsetzen.

Die seriale Abhängigkeit der Residuen wird mit dem Durbin-Watson-Test überprüft. Dieser Test kann mit der `durbinWatsonTest`-Funktion aus dem `car`-Paket (Fox & Weisberg, 2011) angefordert werden.

16.5 Partial- und Semipartialkorrelation

Die Partial- und Semipartialkorrelation sind Koeffizienten zur Beschreibung des Zusammenhangs zwischen zwei Variablen unter Kontrolle einer oder mehrerer Drittvariablen.

16.5.1 Partialkorrelation

Die Partialkorrelation beschreibt den Zusammenhang zwischen zwei Variablen X und Y, wenn der Einfluss einer Drittvariablen Z kontrolliert wird. In R kann man die Partialkorrelation mit der `partial.r`-Funktion aus dem `psych`-Paket (Revelle, 2012) anfordern. Bevor wir die Funktion anwenden können, müssen wir zunächst die drei Variablen auswählen, die in die Partialkorrelation eingehen, und diese in einem Objekt zusammenfügen.

Im folgenden Beispiel möchten wir den Zusammenhang zwischen der Zufriedenheit mit den Studienbedingungen (`zuf.bed.1`) und der Zufriedenheit mit den Studieninhalten (`zuf.inh.1`) berechnen, wenn die Lebenszufriedenheit (`lz.1`) auspartialisiert ist. Wir speichern die drei Variablen zunächst in einem neuen Objekt mit dem Namen `var.auswahl` und entfernen alle Personen mit fehlenden Werten.

```
> var.auswahl <- na.omit(data.frame(lz.1, zuf.inh.1,
+ zuf.bed.1))
```

Aus Interesse lassen wir uns die gerundeten bivariaten Korrelationen nullter Ordnung mit der `cor`-Funktion ausgeben. So können wir sehen, ob sich die bivariate Korrelation von der Partialkorrelation unterscheidet. Für den Zusammenhang zwischen den beiden Studienzufriedenheits-Variablen erhalten wir einen Wert von $r = .32$:

```
> round(cor(var.auswahl), 2)
           lz.1   zuf.inh.1   zuf.bed.1
lz.1       1.00   0.34        0.27
zuf.inh.1  0.34   1.00        0.32
zuf.bed.1  0.27   0.32        1.00
```

Jetzt wird es langsam Zeit für die Partialkorrelation. Dafür verwenden wir die `partial.r`-Funktion aus dem `psych`-Paket.

```
> partial.r(var.auswahl, c(2,3), 1)
partial correlations
           zuf.inh.1   zuf.bed.1
zuf.inh.1  1.00        0.25
zuf.bed.1  0.25        1.00
```

Die Funktion hat hier drei Argumente.
▶ `var.auswahl`. Der Name des Data Frames, der die drei Variablen enthält.
▶ `c(2,3)`. Die Spaltennummern der Variablen, deren Korrelation uns interessiert. Die Variablen `zuf.inh.1` und `zuf.bed.1` sind in den Spalten 2 und 3 gespeichert.
▶ `1`. Die Spaltennummer der Variablen, die auspartialisiert werden soll, in diesem Fall die Variable `lz.1`, die in der ersten Spalte des Data Frames gespeichert ist. Gibt man hier mehrere Variablen an, werden Partialkorrelationen höherer Ordnung berechnet, d. h. es werden mehrere Variablen gleichzeitig auspartialisiert.

In der Ausgabe erhalten wir eine Korrelationsmatrix mit der Partialkorrelation. Die Partialkorrelation zwischen den beiden Studienzufriedenheiten ist also $r_{xy.z} = .25$. Im Vergleich zur bivariaten Korrelation ist der Zusammenhang durch die Auspartialisierung der Lebenszufriedenheit etwas schwächer geworden.

16.5.2 Semipartialkorrelation

Die Semipartialkorrelation ist der Zusammenhang zwischen zwei Variablen X und Y, wenn eine Drittvariable Z aus nur einer der beiden Variablen auspartialisiert wurde. Es gibt bisher keine eigene Funktion für die Semipartialkorrelation in R, daher müssen wir sie selbst berechnen. Das ist aber gar nicht so schwer.

Formal entspricht die Partialkorrelation der Korrelation der Regressionsresiduen, die man erhält, wenn man die interessierenden Variablen X und Y jeweils aus Z vorhersagt. Bei der Semipartialkorrelation führt man die Regressionsanalyse nur für eine der beiden Variablen durch und korreliert diese Regressionsresiduen dann mit den beobachteten Werten der anderen Variablen.

Genau so machen wir das in R. Wir möchten jetzt die Semipartialkorrelation zwischen `lz.1` und `zuf.inh.1` berechnen, wobei `zuf.bed.1` aus `zuf.inh.1` auspartialisiert werden soll. Im folgenden Befehl führen wir eine Regression mit `zuf.inh.1` als abhängiger und `zuf.bed.1` als unabhängiger Variablen durch. Mit der `resid`-Funktion (s. Abschn. 16.1.5) fordern wir für dieses Modell die Residuen an und speichern sie in dem neuen Objekt `zsi.resid`:

```
> zsi.resid <- resid(lm(zuf.inh.1 ~ zuf.bed.1,
+ data = var.auswahl))
```

Jetzt müssen wir nur noch die Korrelation zwischen `lz.1` und der neuen Variablen `zsi.resid` berechnen, und schon haben wir die Semipartialkorrelation:

```
> cor(var.auswahl$lz.1, zsi.resid)
[1] 0.2657435
```

16.6 Regressionsanalyse im R Commander

Der R Commander bietet sehr viele Optionen für die Regressionsanalyse. Um eine lineare Regression mit der `lm`-Funktion durchzuführen, gehen wir auf STATISTIK → REGRESSIONSMODELLE → LINEARE REGRESSION. Es öffnet sich ein Fenster, in dem wir den Namen des Modells, die abhängige Variable sowie die unabhängige(n) Variable(n) festlegen.

Abbildung 16.2 Die Menüleiste des R Commanders. Das Regressionsmodell einf.reg ist aktiviert.

Wenn wir auf OK klicken, wird das Ergebnis dieser Regressionsanalyse mit der `summary`-Funktion ausgegeben. Darüber hinaus erscheint der Name unseres Modells in der Menüleiste des R Commanders (Abb. 16.2). Das heißt, dass dieses Modell jetzt aktiviert ist. Es bleibt solange aktiviert, bis wir es durch ein anderes Modell ersetzen. Mit diesem aktivierten Modell können wir jetzt noch eine Menge anstellen. Die notwendigen Menüoptionen dazu finden sich unter dem Punkt MODELLE:

▶ WÄHLE AKTIVES MODELL AUS. Hier werden alle statistischen Modelle angezeigt, die im Workspace vorhanden sind. Wenn wir ein Modell auswählen, wird es aktiviert. Alternativ kann man diese Liste auch aufrufen, indem man in der Menüleiste auf den Namen des aktivierten Modells klickt.

- ZUSAMMENFASSUNG DES MODELLS. Die `summary`-Funktion wird auf das aktuelle Modell angewandt, sodass die Regressionskoeffizienten etc. ausgegeben werden (s. Abschn. 16.1.3).
- ADD OBSERVATION STATISTICS TO DATA. Hier können wir neue Variablen mit bestimmten Werten anlegen, z. B. die Residuen oder die vorhergesagten Werte (s. Abschn. 16.1.5).
- KONFIDENZINTERVALLE. Hiermit fordern wir Konfidenzintervalle für die Regressionskoeffizienten an. Dazu wird die `confint`-Funktion angewandt (s. Abschn. 16.1.4).
- AKAIKE INFORMATION CRITERION (AIC). Der AIC ist ein deskriptives Informationskriterium zur Beschreibung der Modellgüte. Hiermit kann man den AIC für das aktivierte Modell bestimmen.
- BAYESIAN INFORMATION CRITERION (BIC). Der BIC ist ebenfalls ein deskriptives Informationskriterium, das auf dem AIC beruht.
- HYPOTHESENTESTS. Hier kann man u. a. den *F*-Test für den Vergleich von zwei hierarchischen Regressionsmodellen anfordern (s. Abschn. 16.2.3).
- NUMERICAL DIAGNOSTICS. Diese Option enthält eine Reihe von statistischen Kennwerten zur Überprüfung der Modellannahmen, u. a. den Variance Inflation Factor (Abschn. 16.4.3) und den Durbin-Watson-Test (Abschn. 16.4.4).
- GRAPHIKEN. Mit der Menüoption GRUNDLEGENDE DIAGNOSTISCHE GRAPHIKEN wird die `plot`-Funktion auf das aktivierte Modell angewandt (s. Abschn. 16.4.1). Darüber hinaus stehen andere, spezifischere Diagramme zur Überprüfung der Modellannahmen zur Verfügung, die wir in diesem Kapitel nicht besprochen haben.

16.7 Funktionen im Überblick

Funktion	Beschreibung
`lm(y ~ x)`	Lineare Regression der abhängigen Variablen *y* auf den Prädiktor *x*.
`lm(y ~ x1 + x2)`	Multiple Regression mit einer abhängigen Variablen *y* und zwei Prädiktoren *x1* und *x2*.
`modell <- lm(y ~ x)`	Speichert das Regressionsmodell in einem neuen Objekt mit dem Namen *modell* ab.
`summary(modell)`	Zusammenfassung. Wird diese Funktion auf ein Regressionsmodell angewandt, so erhält man die Ergebnisse der Regressionsanalyse.
`confint(modell)`	Konfidenzintervalle für die einzelnen Regressionskoeffizienten des Regressionsmodells.
`fitted(modell)`	Vorhergesagte Werte des Regressionsmodells.

Funktion	Beschreibung
`resid(modell)`	Residuen des Regressionsmodells.
`anova(modell, model2)`	Vergleicht die Modellgüte von zwei Regressionsmodellen mit einem *F*-Test.
`step(modell, scope)`	Führt eine schrittweise Regressionsanalyse durch. *modell* ist das Ausgangsmodell, *scope* definiert die zu berücksichtigenden Prädiktoren.
`plot(modell)`	Gibt verschiedene Diagramme zur Überprüfung der Modellannahmen des Regressionsmodells aus.
`vif(modell)`	Gibt die Variance Inflation Factors (*VIF*) für jeden Prädiktor des Regressionsmodells an.
`partial.r(daten, c(x,y), z)`	Gibt die Partialkorrelationen für die Variablen *x* und *z* unter Auspartialisierung der Variablen *z* an. Alle Variablen sind im Objekt *daten* gespeichert.

Funktionen zur Identifizierung von Ausreißern und einflussreichen Werten sind in Abschnitt 16.4.2 zusammengefasst.

16.8 Übungen

Diese Übungen beziehen sich auf den Datensatz `erstis.RData`. Eine ausführliche Beschreibung des Datensatzes finden Sie im Anhang A: Datensätze.

(1) **Modell 1.** Berechnen Sie eine lineare Regression mit guter vs. schlechter Stimmung (`gs.1`) als abhängige Variable und ruhiger vs. unruhiger Stimmung (`ru.1`) als Prädiktor. Bestimmen Sie den vorhergesagten `gs.1`-Stimmungswert für eine Person mit einem `ru.1`- Stimmungswert von 4.
(2) **Modell 2.** Nehmen Sie zusätzlich den Prädiktor `wm.1` (wache vs. müde Stimmung) auf. Berechnen Sie für dieses Modell die multiple Korrelation *R*. Überprüfen Sie die Modellannahmen.
(3) **Modell 3.** Nehmen Sie zusätzlich die Variable `neuro` als Prädiktor auf. Prüfen Sie, ob der Zuwachs des Determinationskoeffizienten R^2 signifikant ist, indem Sie einen *F*-Test durchführen. Tipp: Damit eine solche hierarchische Regressionsanalyse funktioniert, dürfen keine Personen mit fehlenden Werten auf den zu analysierenden Variablen im Data Frame enthalten sein (s. Abschn. 16.2.3).

17 Spezielle Regressionsmodelle

Die multiple Regressionsanalyse ist im engeren Sinne ein Verfahren, mit dem man Zusammenhänge zwischen metrischen Variablen analysieren kann. Sie lässt sich jedoch auf vielfältige Weisen erweitern. Im Rahmen des Allgemeinen Linearen Modells können auch kategoriale Variablen als Prädiktoren aufgenommen werden (Abschn. 17.1). Darüber hinaus ist es möglich, Interaktionen zwischen Prädiktoren (Abschn. 17.2) und nicht-lineare Zusammenhänge (Abschn. 17.3) zu modellieren. In der Kovarianzanalyse werden metrische und kategoriale Prädiktoren kombiniert (Abschn. 17.4). Zum Schluss behandeln wir die logistische Regression, bei der eine dichotome abhängige Variable vorliegt (Abschn. 17.5).

Die Beispiele in diesem Kapitel beziehen sich auf den Datensatz erstis.RData (s. Anhang A: Datensätze). Um die Befehle zu verkürzen, haben wir diesen Datensatz mit der attach-Funktion aktiviert (s. Abschn. 7.1.1).

17.1 Kategoriale Prädiktoren

Im Rahmen des allgemeinen linearen Modells (ALM) lassen sich sowohl kontinuierliche Prädiktoren (wie in der einfachen Regressionsanalyse) als auch kategoriale Prädiktoren (wie in der Varianzanalyse) analysieren. Kategoriale Variablen werden häufig als Dummyvariablen kodiert. In R wird ein Prädiktor, der als Faktor definiert ist, automatisch in Dummyvariablen umgewandelt. Das heißt, man muss – anders als in SPSS – die Dummyvariablen nicht selbst erstellen. Die von R automatisch gewählte Kodierung können wir mit der contrasts-Funktion anfordern:

```
> contrasts(gruppe)
       Kurs 2 Kurs 3 Kurs 4
Kurs 1      0      0      0
Kurs 2      1      0      0
Kurs 3      0      1      0
Kurs 4      0      0      1
```

In dieser Tabelle kann man erkennen, dass für die vier Ausprägungen der Variablen gruppe drei Dummyvariablen gebildet wurden. Dummyvariablen können nur die Werte 0 oder 1 annehmen. Die Referenzkategorie (hier die Ausprägung Kurs 1) wird auf allen drei Dummyvariablen mit 0 kodiert. Die drei anderen Kategorien erhalten auf je einer der Dummyvariablen den Wert 1 und auf allen anderen Dummyvariablen den Wert 0.

Tipp

Die Auswahl der Referenzgruppe sollte am besten auf der Grundlage theoretischer Überlegungen geschehen. R kann zwar viel, aber sozialwissenschaftliche Theorien gehören nicht dazu. Daher wählt R die Ausprägung als Referenzkategorie, die bei den deskriptiven Statistiken zuerst aufgeführt wird. Wenn man eine andere Ausprägung als Referenzkategorie haben möchte, kann man diese Einstellung mit der `relevel`-Funktion verändern:

```
erstis$gruppe.2 <- relevel(gruppe, "Kurs 2")
```

Mit diesem Befehl legt man eine neue Variable mit dem Namen `gruppe.2` an. Dieses Objekt enthält dieselben Werte wie die Variable `gruppe`, die in der Klammer zuerst aufgeführt wird. Die Referenzkategorie für die neue Variable ist jetzt jedoch die Gruppe `Kurs 2`.

Um eine Regressionsanalyse mit kategorialen Prädiktoren in R durchzuführen, verwendet man wieder die `lm`-Funktion. Die kategoriale Variable wird ganz normal als Prädiktor aufgenommen. R erkennt von selbst, dass es sich um einen Faktor handelt und erstellt automatisch Dummyvariablen:

```
> reg.kat <- lm(alter ~ gruppe)
```

Im Folgenden zeigen wir nur den Teil der Ausgabe, der die Koeffizienten enthält:

```
> summary(reg.kat)

Coefficients:
                 Estimate Std. Error t value Pr(>|t|)
(Intercept)       25.4783     0.9730  26.185   <2e-16 ***
gruppe[T.Kurs 2]  -1.1925     1.3548  -0.880    0.380
gruppe[T.Kurs 3]   2.4360     1.4802   1.646    0.102
gruppe[T.Kurs 4]  -0.1304     1.3760  -0.095    0.925
---
Signif. codes:  0 '***' 0.001 '**' 0.01 '*' 0.05 '.' 0.1
```

Der Achsenabschnitt hat den Wert 25.48. Dies ist das durchschnittliche Alter in der Referenzgruppe „Kurs 1". Der *p*-Wert und die Sternchen zeigen, dass dieser Koeffizient von Null verschieden ist. Die anderen Koeffizienten drücken die Unterschiede zwischen den jeweiligen Gruppen und der Referenzgruppe aus. Sie sind nicht signifikant, d. h. es gibt keine Gruppenunterschiede in den Mittelwerten.

Es ist selbstverständlich auch möglich, andere Kodierungen zu verwenden, z. B. die Effektkodierung, bei der die Referenzkategorie nicht den Wert 0, sondern den Wert -1 auf allen Kodiervariablen erhält (s. Eid et al., 2013). Wie man diese Kodierung zuweist, wurde in Abschnitt 14.4 besprochen. Für die Effektkodierung kann man auf die `contr.sum`-Funktion zurückgreifen.

17.2 Moderierte Regression

Mit der moderierten Regression kann man überprüfen, ob die Höhe des Zusammenhangs zwischen zwei Variablen von der Ausprägung einer dritten Moderatorvariablen abhängt. Statistisch entspricht dies einer Interaktion zwischen der Moderatorvariablen und einer der anderen beiden Variablen. Interaktionen zwischen zwei Variablen werden mathematisch immer als das Produkt zwischen den Variablen behandelt:

$$Y = b_0 + b_1 \cdot X + b_2 \cdot Z + b_3 \cdot X \cdot Z + E \qquad \text{(Formel 17.1)}$$

17.2.1 Zentrierung der Prädiktoren

Für die korrekte Interpretation der einzelnen Effekte ist es meistens notwendig, die Variablen zu zentrieren, bevor sie in das Regressionsmodell aufgenommen werden (Aiken & West, 1991). In SPSS muss man dies per Hand tun. In R kann man die `scale`-Funktion verwenden (s. Abschn. 7.3.4).

Im folgenden Beispiel möchten wir den Effekt der Prädiktoren wache vs. müde Stimmung (`wm.1`) und gute vs. schlechte Stimmung (`gs.1`) auf die Lebenszufriedenheit (`lz.1`) untersuchen. Zusätzlich interessiert uns der Interaktionseffekt der beiden Prädiktoren. Im ersten Schritt zentrieren wir die beiden Prädiktoren und speichern die Werte in den neuen Objekten `wm_cen` und `gs_cen` ab:

```
> wm_cen <- as.numeric(scale(wm.1, scale = FALSE))
> gs_cen <- as.numeric(scale(gs.1, scale = FALSE))
```

Mit der Funktion `as.numeric` wurden die Variablen als numerische Vektoren angelegt. Dies ist für die Verwendung der Variablen in der `lm`-Funktion nicht notwendig. Wir werden jedoch später ein paar Funktionen aus dem Paket `rockchalk` (Johnson, 2012) anwenden, und dieses Paket verträgt nur die numerischen Versionen.

17.2.2 Berechnung der Regressionskoeffizienten

Nun können wir das Regressionsmodell mit den zentrierten Prädiktoren spezifizieren:

```
> mod.reg <- lm(lz.1 ~ wm_cen * gs_cen)
```

Die beiden Variablen werden mit einem * verknüpft. Damit werden automatisch sowohl die beiden Haupteffekte als auch der Interaktionseffekt bestimmt. Diese Option haben wir bereits bei der zweifaktoriellen Varianzanalyse kennen gelernt, auch hier wurden die beiden unabhängigen Variablen mit dem Sternchen verknüpft. Das Ergebnis der moderierten Regression fordern wir wie gewohnt mit der summary-Funktion an. Wir zeigen hier eine verkürzte Ausgabe, die nur die Koeffizienten enthält:

```
> summary(mod.reg)

Coefficients:
               Estimate Std. Error t value Pr(>|t|)
(Intercept)     24.2953     0.3364  72.226   <2e-16 ***
wm_cen          -0.9087     0.4826  -1.883   0.0613 .
gs_cen           6.4723     0.5790  11.179   <2e-16 ***
wm_cen:gs_cen    1.2602     0.6332   1.990   0.0480 *
---
Signif. codes:  0 '***' 0.001 '**' 0.01 '*' 0.05 '.' 0.1
```

Der Haupteffekt für die gute vs. schlechte Stimmung ist signifikant, d. h. die Lebenszufriedenheit ist umso höher, je häufiger sich die Personen eher gut als schlecht fühlen, bei einem durchschnittlichen Wert auf der wachen vs. müden Stimmung. Der Haupteffekt für wache vs. müde Stimmung ist nicht signifikant, d. h. es gibt keinen Zusammenhang zwischen wacher vs. müder Stimmung und der Lebenszufriedenheit, wenn die gute vs. schlechte Stimmung durchschnittlich ausgeprägt ist.

Der Interaktionseffekt ist signifikant, das heißt, es lohnt sich, hier genauer nachzuschauen. Es ist allerdings recht schwierig, die Interaktion anhand des entsprechenden Regressionskoeffizienten zu interpretieren. Einfacher geht das, wenn man sich die bedingten Regressionsgleichungen ausgeben und graphisch darstellen lässt.

17.2.3 Bedingte Regressionsgleichungen und Interaktionsdiagramm

Interaktionseffekte sind häufig schwierig zu interpretieren. Daher empfehlen Aiken und West (1991), den Interaktionseffekt über so genannte bedingte Regressionsgleichungen (*simple regression equations*) zu veranschaulichen. Dabei wird der Zusammenhang zwischen dem einen Prädiktor (X) und der abhängigen Variable (Y) für verschiedene Ausprägungen der Moderatorvariablen (Z) berechnet. Typischerweise nimmt man für die Variable Z die Werte $-1\,SD$ (Standardabweichung), den Mittelwert (hier Null, da wir zentriert haben) sowie $+1\,SD$. Für jeden dieser drei Werte auf der Variable Z werden dann die bedingten Regressionsgleichungen für den Zusammenhang zwischen X und Y berechnet. Diese bedingten Regressionsgleichungen kann man als Regressionsgeraden in einem Interaktionsdiagramm darstellen und zudem testen, ob sich die bedingten Regressionsgewichte (*simple slopes*) signifikant von Null unterscheiden.

Interaktionsdiagramm

Im Paket `rockchalk` (Johnson, 2012) gibt es verschiedene nützliche Funktionen für die moderierte Regression. Mit der `plotSlopes`-Funktion werden die bedingten Regressionsgleichungen berechnet und in einem Streudiagramm dargestellt:

```
> slopes = plotSlopes(mod.reg, plotx = "wm_cen",
+ modx = "gs_cen")
```

In diesem Beispiel wurden nur die drei erforderlichen Argumente verwendet:
- `mod.reg`. Der Name des Regressionsmodells, das den Interaktionseffekt enthält.
- `plotx = "wm_cen"`. Der Name der Variablen, die auf der x-Achse dargestellt werden soll bzw. die Variable X.
- `modx = "gs_cen"`. Der Name der Variablen, für die bedingte Regressionsgleichungen erstellt werden sollen bzw. die Variable Z.

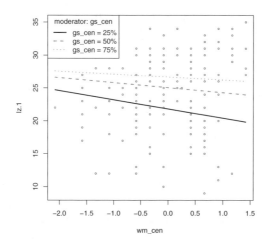

Abbildung 17.1 Streudiagramm mit bedingten Regressionsgeraden

Das mit diesem Befehl erstellte Diagramm ist in Abbildung 17.1 dargestellt. Wie man in der Legende sieht, wurden die drei bedingten Regressionsgleichungen für die Quartile der Moderatorvariablen erstellt, also für das 1. Quartil (bzw. 25. Perzentil), den Median (bzw. 50. Perzentil) und das 3. Quartil (bzw. 75. Perzentil). Möchte man stattdessen die Werte −1 *SD*, 0 und +1 *SD* verwenden, muss man das Argument `modxVals = "std.dev."` ergänzen. Mit den Argumenten `plotPoints = TRUE` and `plotLegend = TRUE` unterdrückt man die Darstellung der Datenpunkte bzw. der Legende. Letzteres macht dann Sinn, wenn man selbst eine Legende hinzufügen möchte, um beispielsweise die Position der Legende und die Beschriftung selbst festzulegen. Mit den Argumenten `col` und `lty` kann man die Farbe bzw. den Linientyp der Regressionsgeraden verändern. Auch alle anderen Argumente, mit denen man Graphiken verändern kann, können hier verwendet werden (s. Abschn. 11.5). Beim Ausführen der `plotSlopes`-Funktion haben wir oben ein neues Objekt mit dem Namen `slopes` definiert. Dieses Objekt enthält drei Elemente:

```
> slopes
$call
plotSlopes(model = mod.reg, plotx = "wm_cen",
modx = "gs_cen")

$newdata
    wm_cen    gs_cen     pred
1 -2.082451 -0.383157 24.71311
2  1.417549 -0.383157 19.84285
3 -2.082451  0.116843 26.63712
4  1.417549  0.116843 23.97218
5 -2.082451  0.366843 27.59912
6  1.417549  0.366843 26.03684

$modxVals
       25%       50%       75%
-0.383157  0.116843  0.366843
```

Das Element `$call` enthält den Befehl, mit dem dieses Objekt erstellt wurde. Das Element `$newdata` enthält die Werte, mit denen die Regressionsgeraden in das Diagramm eingezeichnet wurden. In dieser Funktion wurden dazu für jede Gerade jeweils zwei Punkte definiert und diese miteinander verbunden. Die erste Regressionsgerade beruht beispielsweise auf den Werten der ersten beiden Zeilen. In beiden Zeilen ist der Wert der mittleren Spalte (die den Wert der Moderatorvariablen enthält) identisch, d. h. diese Werte gehören zur selben Regressionsgeraden. Die erste Spalte enthält die x-Werte der beiden Punkte. Die dritte Spalte enthält die y-Werte der beiden Punkte, genauer gesagt, die vorhergesagten (deshalb `pred`) Werte der Kriteriumsvariablen für diese spezifischen Werte auf dem Prädiktor (1. Spalte) und dem Moderator (2. Spalte). Das dritte Element `$modxVals` enthält die Werte der Moderatorvariablen, die für die Berechnung der bedingten Regressionsgleichungen eingesetzt wurden.

> **Tipp**
>
> In diesem Beispiel enthält das Modell nur zwei Prädiktoren. Die `plotSlopes`-Funktion funktioniert jedoch auch, wenn das Modell weitere Prädiktoren enthält. Diese Variablen müssen bei der Berechnung der bedingten Regressionsgleichungen berücksichtigt werden, d. h. es müssen bestimmte Werte für diese Variablen gewählt werden. Bei Vektoren wird der Mittelwert gewählt, bei Faktoren der Modalwert.

Test der bedingten Regressionsgewichte

Wir möchten nun wissen, ob die Regressionsgewichte der drei bedingten Regressionsgleichungen signifikant von Null verschieden sind. Dieser Test kann die Interpretation der Interaktion erleichtern, zum Beispiel wenn man feststellt, dass ein bestimmter Prädiktor nur für niedrige Werte, jedoch nicht für hohe Werte auf der Moderatorvariablen signifikant mit der Kriteriumsvariablen zusammenhängt. Diese Tests fordert man mit der `testSlopes`-Funktion an, die auf das oben mit der `plotSlopes`-Funktion erstellte Objekt angewandt wird:

```
> testSlopes(slopes)
These are the straight-line "simple slopes" of the variable
wm_cen for the selected moderator values.

    "gs_cen"      slope Std. Error   t value    Pr(>|t|)
25%  -0.383157 -1.3915024  0.5128648 -2.713195 0.007293118
50%   0.116843 -0.7614123  0.4971459 -1.531567 0.127337515
75%   0.366843 -0.4463673  0.5607073 -0.796079 0.427006459

Values of modx OUTSIDE this interval:
        lo          hi
-0.03131907 93.93089839
cause the slope of (b1 + b2modx)plotx to be statistically
significant
```

In der Koeffiziententabelle sehen wir, dass nur das Regressionsgewicht für 25 % signifikant ist, die Regressionsgewichte für 50 % und 75 % jedoch nicht. Die Variable wach vs. müde ist also nur bei eher schlecht gelaunten Personen (d. h. bei Personen mit Werten um das 1.Quartil auf der Moderatorvariablen gut vs. schlecht) signifikant mit der Lebenszufriedenheit assoziiert.

Im unteren Teil der Ausgabe wird angegeben, für welchen Wert der Moderatorvariablen das Regressionsgewicht die Signifikanzgrenze unter- bzw. überschreitet. In diesem Beispiel ist das Regressionsgewicht signifikant von Null verschieden, wenn der Wert auf der Moderatorvariablen kleiner als 0.03 ist (oder größer als 93.9, da dieser Wert jedoch nicht im Wertebereich der Variablen gut vs. schlecht enthalten ist, können wir ihn ignorieren).

Dieser Signifikanzbereich (auch Johnson-Neyman-Intervall genannt) ist auch in dem Diagramm dargestellt, das mit dieser Funktion automatisch erstellt wird (Abb. 17.2). Auf der x-Achse sind die Werte der Moderatorvariablen dargestellt, auf der y-Achse die Differenz zwischen dem empirischen *t*-Wert (definiert als der Quotient zwischen Regressionsgewicht und Standardfehler) und dem kritischen *t*-Wert. Die Kurve zeigt also den Wert dieser Differenz für alle Werte der Moderatorvariablen an. Ist die Differenz positiv, bedeutet dies, dass der empirische *t*-Wert größer als der kritische *t*-Wert ist und somit die Nullhypothese verworfen wird.

Bei der Interpretation dieses Diagramms darf man nicht vergessen, dass der Standardfehler von der Stichprobengröße abhängt und somit der Signifikanzbereich für eine andere Stichprobe ganz anders aussehen kann.

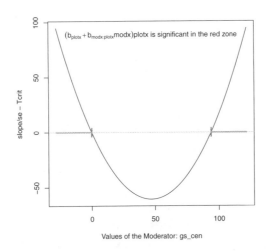

Abbildung 17.2 Darstellung des Johnson-Neyman-Intervalls für den Test der bedingten Regressionsgewichte

17.3 Nicht-lineare Regression

Nicht-lineare Zusammenhänge können im Rahmen der Regressionsanalyse modelliert werden, indem Polynome höherer Ordnung in die Gleichung aufgenommen werden. Im einfachsten Fall nimmt man einen zusätzlichen quadratischen Term in die Gleichung auf:

$$Y = b_0 + b_1 \cdot X + b_2 \cdot X^2 + E \qquad \text{(Formel 17.2)}$$

Die einzelnen Polynome werden als eigene Prädiktoren behandelt. Um die Interpretation zu erleichtern und einen Teil der Multikollinearität zu entschärfen, ist es meistens sinnvoll, die Prädiktoren vorher zu zentrieren.

Im folgenden Beispiel möchten wir den quadratischen Zusammenhang zwischen Alter (`alter`, unabhängige Variable) und ruhige vs. unruhige Stimmung (`ru.1`, abhängige Variable) modellieren. Zunächst zentrieren wir die unabhängige Variable und speichern die Werte in einem neuen Objekt mit dem Namen `alter.cen` ab:

```
> alter.cen <- scale(alter, scale=FALSE)
```

Anschließend spezifizieren wir das quadratische Modell mit dem Namen `quadr`. Hier wird die zentrierte Alters-Variable zweimal aufgenommen: einmal normal (`alter.cen`) und einmal quadriert (`alter.cen^2`). Der quadrierte Term wird in die Funktion `I()` eingegeben. Dadurch erreichen wir, dass dieser Term als zweiter Prädiktor behandelt wird. Mit der `summary`-Funktion erhalten wir wieder die Ausgabe (hier verkürzt dargestellt):

```
> quadr <- lm(ru.1 ~ alter.cen + I(alter.cen^2))

> summary(quadr)

Coefficients:
                Estimate  Std. Error  t value  Pr(>|t|)
(Intercept)     3.1641734 0.0726095   43.578   <2e-16 ***
alter.cen      -0.0362905 0.0124372   -2.918   0.0040 **
I(alter.cen^2)  0.0021316 0.0009099    2.343   0.0203 *
---
Signif. codes:  0 '***' 0.001 '**' 0.01 '*' 0.05 '.' 0.1
```

Beide Regressionsgewichte der Prädiktoren sind signifikant von Null verschieden, d. h. es liegt ein kurvilinearer Zusammenhang vor. Doch wie sieht dieser genau aus? Am besten erstellen wir ein Diagramm, das die Interpretation erleichtert. Wir beginnen mit einem Streudiagramm für die beiden Variablen:

```
> plot(alter.cen, ru.1, xlab = "Alter zentriert",
+ ylab = "Ruhige vs. unruhige Stimmung")
```

In dieses Streudiagramm zeichnen wir nun mit der `curve`-Funktion die Anpassungskurve für das kurvilineare Modell ein. Dazu gibt man die Regressionsgleichung als erstes Argument ein. In diesem Beispiel haben wir die Werte der einzelnen Regressionskoeffizienten aus der Koeffiziententabelle per Hand kopiert und eingefügt. Alternativ kann man diese Werte auch mit Hilfe der Index-Funktion (s. Abschn. 7.1.3) direkt aus der Tabelle herauslesen. Mit `coef(quad)[1,1]` erhält man beispielsweise den Achsenabschnitt, mit `coef(quad)[2,1]` das erste Regressionsgewicht und so weiter. Mit dem Argument `add = TRUE` erreichen wir, dass die Kurve in das bereits erstellte Diagramm eingefügt wird.

```
> curve(3.1641734 - 0.036290*x + 0.0021316*(x^2), add=TRUE)
```

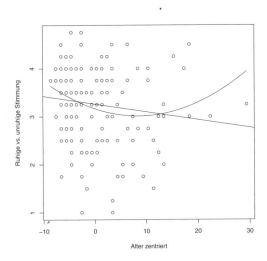

Abbildung 17.3 Streudiagramm mit Kurven für den linearen und quadratischen Zusammenhang

Außerdem ergänzen wir die Regressionsgerade für den linearen Zusammenhang:

```
> abline(lm(ru.1 ~ alter.cen))
```

Sowohl die `abline`-Funktion als auch die `curve`-Funktion haben wir in Kapitel 11 kennen gelernt. Das vollständige Diagramm ist in Abbildung 17.3 dargestellt. Wir sehen, dass es einige Ausreißer gibt, die vermutlich die Schätzung des Zusammenhangs beeinflussen. Es wäre sinnvoll, die Regressionsanalyse erneut ohne diese Ausreißer durchzuführen, um zu prüfen, ob sich die Ergebnisse dadurch verändern.

17.4 Kovarianzanalyse

Bei der Kovarianzanalyse kombiniert man kategoriale und metrische Prädiktoren in einem einzigen linearen Modell. Dabei kann man neben den Haupteffekten der einzelnen Prädiktoren auch die Interaktionseffekte analysieren. Wir besprechen hier nur ein Modell mit Interaktion.

> **Tipp**
>
> In einer Kovarianzanalyse ohne Interaktionseffekte ist man meist daran interessiert, die so genannten adjustierten Mittelwerte zu berechnen, d. h. die vorhergesagten Mittelwerte verschiedener Gruppen unter Kontrolle der Kovariaten. In R kann man dazu die `effect`-Funktion aus dem `effects`-Paket (Fox, 2003) einsetzen.

17.4.1 Berechnung der Regressionskoeffizienten

Im folgenden Beispiel führen wir eine Kovarianzanalyse mit der kontinuierlichen Variablen Neurotizismus (`neuro`) und der kategorialen Variablen Geschlecht (`geschl`) als Prädiktoren durch. Die abhängige Variable ist die Lebenszufriedenheit (`lz.1`). Um die Ergebnisse besser interpretieren zu können und um Multikollinearitäts-Probleme bei der Interaktion zu vermeiden, zentrieren wir zunächst die kontinuierliche Variable. Wie bei der moderierten Regression speichern wir diese Variable als numerischen Vektor, damit wir später die `plotSlopes`-Funktion aus dem `rockchalk`-Paket anwenden können:

```
> neuro.cen <- as.numeric(scale(neuro, scale = FALSE))
```

Anschließend definieren wir ein neues Objekt mit dem Namen `cov.analyse.1`, welches das allgemeine lineare Modell enthält. Da wir neben den Haupteffekten auch an der Interaktion zwischen den Variablen interessiert sind, werden die Prädiktoren in der Gleichung mit einem Sternchen verknüpft:

```
> cov.analyse.1 <- lm(lz.1 ~ neuro.cen * geschl)
```

Das Ergebnis erhalten wir wie immer mit der `summary`-Funktion. Im Folgenden stellen wir eine verkürzte Ausgabe dar, die nur die Koeffizienten enthält. Der Achsenabschnitt ist der vorhergesagte Wert für Frauen (`geschl` = 0) mit durchschnittlichem Neurotizismus (`neuro.cen` = 0). Der Koeffizient für die Variable `neuro.cen` beschreibt den Zusammenhang zwischen Neurotizismus und Lebenszufriedenheit für Frauen. Der Koeffizient für die Variable `geschl` drückt den Unterschied zwischen Frauen und Männern hinsichtlich der Lebenszufriedenheit bei durchschnittlichen Neurotizismuswerten aus. Schließlich beschreibt der Interaktionseffekt das Ausmaß, in dem sich die Stärke des Zusammenhangs zwischen Neurotizismus und Lebenszufriedenheit für Männer von den Frauen unterscheidet. In unserem Beispiel ist lediglich der Haupteffekt für Neurotizismus signifikant. Der Haupteffekt für das Geschlecht sowie der Interaktionseffekt sind dagegen nicht signifikant.

```
> summary(cov.analyse.1)

Coefficients:
                            Estimate  Std. Error  t value
(Intercept)                  25.0896      0.5135   48.859
neuro.cen                    -2.4998      0.7172   -3.486
geschl[T.männlich]           -1.0884      0.9263   -1.175
neuro.cen:geschl[T.männlich]  1.8380      1.2374    1.485

Pr(>|t|)
 < 2e-16 ***
0.000631 ***
0.241730
0.139360
---
Signif. codes:  0 '***' 0.001 '**' 0.01 '*' 0.05 '.' 0.1
```

17.4.2 Bedingte Regressionsgleichungen und Interaktionsdiagramm

Um einen signifikanten Interaktionseffekt besser interpretieren zu können, ist es wie bei der moderierten Regression sinnvoll, die bedingten Regressionsgleichungen zu berechnen und in einem Interaktionsdiagramm darzustellen. Dies machen wir nun für unser Beispiel (auch wenn hier der Interaktionseffekt leider nicht signifikant ist und es daher nichts zu interpretieren gibt). Wir können hier wiederum auf die plotSlopes-Funktion aus dem rockchalk-Paket zurückgreifen:

```
> slopes <- plotSlopes(cov.analyse.1, plotx = "neuro.cen",
+ modx = "geschl")
```

Das damit erstellte Interaktionsdiagramm ist in Abbildung 17.4 dargestellt. Wenden wir die testSlopes-Funktion auf das soeben erstellte Objekt an, erhalten wir die Signifikanztests für beide Regressionsgewichte.

```
> testSlopes(slopes)
 These are the straight-line "simple slopes" of the variable
neuro.cen for the selected moderator values.
                        "geschl"        slope  Std. Error
 weiblich               neuro.cen  -2.4998239   0.7171634
 männlich  neuro.cen:geschlmännlich -0.6618064   0.6969051

               t value     Pr(>|t|)
 weiblich   -3.4857105  0.000630746
 männlich   -0.9496363  0.343702942
```

In dieser Ausgabe erfahren wir, dass Neurotizismus bei Frauen signifikant mit der Lebenszufriedenheit zusammenhängt, bei Männern jedoch nicht.

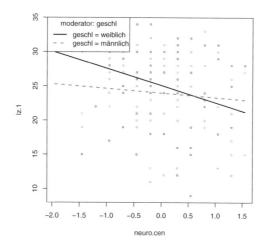

Abbildung 17.4 Streudiagramm mit bedingten Regressionsgeraden für Frauen und Männer

17.5 Logistische Regression

Die bisher besprochenen Regressionsmodelle hatten gemeinsam, dass die abhängige Variable metrisch war. Bei der logistischen Regression ist die abhängige Variable dagegen kategorial. Wir behandeln in diesem Kapitel lediglich den einfachsten Fall für eine dichotome abhängige Variable. Es ist grundsätzlich auch möglich, eine abhängige Variable mit mehr als zwei Ausprägungen in das Modell aufzunehmen.

Im folgenden Beispiel möchten wir Unterschiede zwischen Studierenden untersuchen, die vor ihrem Studium schon in Berlin wohnten, und Studierenden, die für das Studium nach Berlin gezogen sind. Der Einfachheit halber sprechen wir ab jetzt von Berlinern und Nicht-Berlinern. Die Variable berlin ist also unsere abhängige Variable. Sie ist dichotom mit den Ausprägungen ja (hat vorher in Berlin gewohnt) und nein (hat vorher nicht in Berlin gewohnt). Bevor wir die eigentliche logistische Regression durchführen, wenden wir zunächst die summary-Funktion auf die abhängige Variable an:

```
> summary(berlin)
  ja nein NA's
 146   21   24
```

Wir erhalten nicht nur die absoluten Häufigkeiten für die beiden Kategorien der Variablen, sondern erfahren auch etwas über deren Kodierung. Die Ausprägung ja wird als erstes aufgeführt, die Ausprägung nein als zweites. Für die logistische Regression wird die erste Kategorie mit 0 und die zweite Kategorie mit 1 kodiert. Auf diese Information kommen wir später zurück, wenn wir die Regressionskoeffizienten interpretieren.

17.5.1 Berechnung der Regressionskoeffizienten

Modelle mit nicht-metrisch skalierten abhängigen Variablen werden als Generalisierte Lineare Modelle bezeichnet. Solche Modelle kann man in R mit der `glm`-Funktion (für Generalized Linear Model) berechnen. Die meisten Funktionen, die wir auf `lm`-Modelle anwenden konnten (z. B. `summary`, `confint`, `predict`), funktionieren auch für `glm`-Modelle.

Im folgenden Beispiel rechnen wir eine logistische Regression mit der abhängigen Variablen `berlin` und der unabhängigen Variablen `lz.1` (Lebenszufriedenheit). Das Modell wird wie gewohnt als neues Objekt gespeichert, das in unserem Beispiel den Namen `log.reg` erhält:

```
> log.reg <- glm(berlin ~ lz.1, family = binomial)
```

Das erste Argument in der `glm`-Funktion ist die Regressionsgleichung. Die Gleichung sieht genauso aus wie bei der `lm`-Funktion, d. h. sie beginnt mit der abhängigen Variablen und hinter der Tilde folgen die Prädiktoren (hier nur einer). Die `lm`-Funktion hört an dieser Stelle meistens auf, die `glm`-Funktion braucht aber noch eine obligatorische Zusatzinformation: Das Argument `family = binomial` legt fest, dass hier eine logistische Regression durchgeführt werden soll. Es stehen auch eine Reihe anderer Analyseverfahren zur Verfügung, z. B. `family = poisson` für die Poisson-Regression.

Wenn wir nun die `summary`-Funktion auf dieses Objekt anwenden, erhalten wir das Ergebnis der logistischen Regression. Die Ausgabe erinnert an die Ausgabe des `lm`-Befehls, daher gehen wir hier nur auf die Teile ein, die neu oder besonders zentral sind:

```
> summary(log.reg)

Call:
glm(formula = berlin ~ lz.1, family = binomial)

Deviance Residuals:
    Min      1Q   Median      3Q      Max
-0.7998  -0.5922  -0.4800  -0.3471   2.4272
```

```
Coefficients:
            Estimate Std. Error z value Pr(>|z|)
(Intercept) -4.80775    1.42446  -3.375 0.000738 ***
lz.1         0.11271    0.05285   2.132 0.032971 *
---
Signif. codes:  0 '***' 0.001 '**' 0.01 '*' 0.05 '.' 0.1

(Dispersion parameter for binomial family taken to be 1)

    Null deviance: 125.79  on 164  degrees of freedom
Residual deviance: 120.47  on 163  degrees of freedom
  (26 observations deleted due to missingness)
AIC: 124.47

Number of Fisher Scoring iterations: 5
```

Nach der Modellgleichung (Call) und den Residuenstatistiken (Deviance Residuals) erhalten wir eine Tabelle mit den Regressionskoeffizienten (Coefficients) sowie den Standardfehlern, z-Werten und p-Werten. Für den Prädiktor lz.1 erhalten wir den Regressionskoeffizienten $b_1 = 0.11$, $z = 2.13$, $p = .033$. Die Lebenszufriedenheit ist also ein signifikanter Prädiktor für die Variable berlin. Doch wie genau wird dieser Koeffizient nun interpretiert?

Wir rufen uns nun noch einmal in Erinnerung, in welcher Reihenfolge die beiden Ausprägungen der Variablen berlin kodiert wurden. Die Ausprägung nein (wohnte vorher nicht in Berlin) wurde mit 1 kodiert. Der Regressionskoeffizient wird daher so interpretiert: Wenn man die Lebenszufriedenheit um eine Einheit erhöht, erhöht sich der Logit um 0.11. Der Logit ist der natürliche Logarithmus des Wettquotienten (zu der Herleitung und Interpretation dieser Werte siehe Eid et al., 2013). Der Achsenabschnitt (Intercept) drückt die Höhe des Logits für eine Lebenszufriedenheit von Null aus.

Die Ausgabe enthält außerdem Angaben zu den Devianzen. Die Devianz ist ein Maß für die Modellgüte . Je kleiner die Devianz ist, desto besser passt das Modell auf die Daten, d. h. desto besser ist die Modellgüte. Die Null deviance ist die Devianz des so genannten Nullmodells, also eines Modells, das keine Prädiktoren enthält. Die Residual deviance ist die Devianz für unser Modell. Die Devianz sollte deutlich kleiner sein als die Devianz des Nullmodells. AIC steht für Akaikes Information Criterion und ist ebenfalls ein Indikator für die Modellgüte. Je kleiner der AIC, desto besser ist das Modell. Die Devianz ist vor allem dann interessant, wenn man mehrere miteinander verschachtelte Modelle miteinander vergleichen möchte (s. Abschn. 17.5.3).

Der Ausdruck Number of Fisher Scoring iterations: 5 zeigt an, wie viele Iterationen benötigt wurden, um die Modellparameter zu schätzen. Eine hohe

Anzahl von Iterationen (> 25) deutet daraufhin, dass das Modell nicht gut auf die Daten passt.

17.5.2 Berechnung der Odds Ratios

Meistens werden zusätzlich zu den Regressionskoeffizienten auch die Odds Ratios berichtet. Diese dienen auch als Effektgrößen für die einzelnen Koeffizienten. Wir lassen uns zunächst noch einmal die Regressionskoeffizienten ausgeben. Dies geschieht mit der `coef`-Funktion:

```
> coef(log.reg)
(Intercept)         lz.1
 -4.8077474    0.1127072
```

Die Odds Ratios lassen sich aus den Koeffizienten berechnen, indem man diese exponiert. Genau das machen wir jetzt mit unseren Regressionskoeffizienten:

```
> exp(coef(log.reg))
(Intercept)         lz.1
 0.008166234  1.119304150
```

Außerdem können wir Konfidenzintervalle für die Odds Ratios anfordern:

```
> exp(confint(log.reg))
                 2.5 %        97.5 %
(Intercept)  0.0003706014   0.1031157
lz.1         1.0160205471   1.2519542
```

17.5.3 Modellvergleiche mit dem Likelihood Ratio-Test

Ähnlich wie bei der multiplen Regression kann man auch bei der logistischen Regression hierarchisch vorgehen, d. h. man schätzt mehrere ineinander geschachtelte Modelle und vergleicht diese miteinander. Meistens beginnt man mit einem Modell mit wenigen Prädiktoren und fügt in den folgenden Modellen weitere Prädiktoren hinzu. Es wird dann überprüft, ob die zusätzlichen Prädiktoren die Modellgüte signifikant verbessern.

Bei der logistischen Regression ist die Devianz ein Maß für die Modellgüte (s. Abschn. 17.5.1). Die Devianzen zweier ineinander geschachtelter Modelle kann man mit dem Likelihood Ratio-Test vergleichen. Dafür wird die Differenz der Devianzen berechnet. Praktischerweise ist diese Differenz chi^2-verteilt. Die Freiheitsgrade für den Likelihood Ratio-Test entsprechen der Differenz der Freiheitsgrade der einzelnen Modelle.

Im folgenden Beispiel möchten wir das bereits berechnete Modell um den Prädiktor neuro ergänzen. Dieses erweiterte Modell soll dann über einen Likelihood Ratio-Test mit dem reduzierten Modell verglichen werden. Eine Bedingung des Likelihood Ratio-Tests ist, dass beide Modelle mit denselben Daten geschätzt werden. Genau wie bei der hierarchischen Regressionsanalyse (Abschn. 16.2.3) erstellen wir zunächst wieder einen Data Frame, der nur Personen mit gültigen Werten auf allen uns interessierenden Variablen enthält:

```
> data.log.reg <- na.omit(data.frame(berlin, lz.1, neuro))
```

Nun berechnen wir noch einmal das reduzierte Regressionsmodell, diesmal aber mit den neuen Daten data.log.reg. Wir nennen das Modell log.reg.1, damit wir es nicht mit dem oben geschätzten Modell verwechseln:

```
> log.reg.1 <- glm(berlin ~ lz.1, family = binomial,
+ data = data.log.reg)
```

Anschließend schätzen wir das zweite Regressionsmodell, das die Prädiktoren lz.1 und neuro enthält. Dieses Modell wird unter dem Namen log.reg.2 gespeichert:

```
> log.reg.2 <- glm(berlin ~ lz.1 + neuro, family = binomial,
+ data = data.log.reg)
```

Im Folgenden ist die verkürzte Zusammenfassung des Modells dargestellt. Der zusätzliche Prädiktor neuro ist nicht signifikant, $b_2 = 0.21$, $z = 0.62$, $p = .534$:

```
> summary(log.reg.2)

Coefficients:
            Estimate Std. Error z value Pr(>|z|)
(Intercept) -5.66830    2.02213  -2.803  0.00506 **
lz.1         0.11821    0.05368   2.202  0.02765 *
neuro        0.21009    0.33800   0.622  0.53423
---
Signif. codes:  0 '***' 0.001 '**' 0.01 '*' 0.05 '.' 0.1
```

Den Likelihood Ratio-Test fordern wir mit der anova-Funktion an, die wir auch bei der hierarchischen Regressionsanalyse angewandt haben. Hier enthält die Funktion zusätzlich das Argument test = "Chi". Damit wird festgelegt, dass der Vergleich der Modelle über den chi^2-Test erfolgt:

```
> anova(log.reg.1, log.reg.2, test = "Chi")
Analysis of Deviance Table

Model 1: berlin ~ lz.1
Model 2: berlin ~ lz.1 + neuro
  Resid. Df Resid. Dev Df Deviance P(>|Chi|)
1       162     120.21
2       161     119.83  1  0.38853    0.5331
```

Die Ausgabe ist kurz und prägnant. Sie beginnt mit den beiden Modellgleichungen. In der anschließenden Tabelle erscheinen die Freiheitsgrade (`Resid. df`) und die Residualdevianzen (`Resid. Dev`) der beiden Modelle. Wir sehen, dass die Residualdevianz des zweiten Modells (D_2 = 119.83) etwas kleiner ist als die Residualdevianz des ersten Modells (D_1 = 120.21). Das zweite Modell passt also etwas besser auf die Daten. Doch ist diese Verbesserung signifikant?

Die Antwort darauf steht in den letzten drei Spalten der Tabelle. Die Spalte `deviance` enthält die Differenz der beiden Devianzen, also den chi^2-Wert. Die Freiheitsgrade für den Test stehen in der Spalte `Df`. Sie entsprechen genau der Differenz der Freiheitsgrade der beiden Modelle, hier also 162 − 161 = 1 Freiheitsgrad. Der chi^2-Test ist nicht signifikant mit chi^2 = 0.39, df = 1, p = .533. Das heißt, das zweite Modell passt *nicht* signifikant besser auf die Daten als das erste Modell. Wir bevorzugen daher das sparsamere erste Modell.

17.6 Spezielle Regressionsmodelle im R Commander

Im R Commander kann man unter STATISTIK → REGRESSIONSMODELLE → LINEARES MODELL ein Menüfenster öffnen, indem man die Gleichung eines linearen Regressionsmodells eingeben kann. Hier kann man beispielsweise nicht-lineare Zusammenhänge modellieren. Unter STATISTIK → REGRESSIONSMODELLE → GENERALISIERTES LINEARES MODELL stehen verschiedene Regressionsmodelle für nicht-metrische abhängige Variablen zur Verfügung, u. a. die logistische Regression.

17.7 Funktionen im Überblick

Funktion	Beschreibung
`lm(y ~ x1 * x2)`	Moderierte Regression mit einer abhängigen Variablen *y* und zwei Prädiktoren *x1* und *x2*. Es werden sowohl die Haupteffekte für *x1* und *x2* als auch der Interaktionseffekt berechnet. Ist eine der Variablen ein Faktor, so wird automatisch eine Kovarianzanalyse durchgeführt.

`lm(y ~ x + I(x^2))`	Regression zur Modellierung des quadratischen Zusammenhangs zwischen x und y.
`contrasts(faktor)`	Gibt die aktuelle Kontrastkodierung eines Faktors aus.
`relevel(faktor, "Ausprägung")`	Legt eine bestimmte Faktorstufe eines Faktors als Referenzkategorie fest.
`plotSlopes()`	Berechnet die bedingten Regressionsgleichungen für bestimmte Werte einer Moderatorvariablen und erstellt ein Interaktionsdiagramm.
`testSlopes()`	Statistische Tests für die bedingten Regressionsgewichte.
`glm(y ~ x, family=binomial)`	Logistische Regression mit der abhängigen Variablen y und dem Prädiktor x.
`anova(model1, model2, test="Chi")`	Likelihood Ratio-Test für den Vergleich von zwei logistischen Regressionsmodellen.

17.8 Übungen

Diese Übungen beziehen sich auf den Datensatz `erstis.RData`. Eine ausführliche Beschreibung des Datensatzes finden Sie im Anhang A: Datensätze.

(1) Überprüfen Sie regressionsanalytisch, ob sich Personen mit und ohne Kinder (`kinder`) in ihrer Prokrastination (`prok`) unterscheiden. Die Prokrastination ist Ihre abhängige Variable.

(2) Berechnen Sie den Interaktionseffekt von Gewissenhaftigkeit (`gewiss`) und Neurotizismus (`neuro`) auf die Prokrastination (`prok`). Vergessen Sie nicht, die unabhängigen Variablen zu zentrieren. Stellen Sie die bedingten Regressionsgeraden graphisch dar.

(3) Führen Sie eine Kovarianzanalyse durch mit der abhängigen Variablen Prokrastination (`prok`) und den Prädiktoren `kinder` und `gewiss`. Überprüfen Sie auch, ob es einen Interaktionseffekt gibt. Verwenden Sie wieder die zentrierte Version der Variablen `gewiss` und stellen Sie wiederum die bedingten Regressionsgeraden graphisch dar.

(4) Überprüfen Sie, ob es einen quadratischen Zusammenhang zwischen der Prokrastination (`prok`; Prädiktor) und der Lebenszufriedenheit (`lz.1`; abhängige Variable) gibt. Stellen Sie die Kurve in einem Streudiagramm dar.

(5) Versuchen Sie vorherzusagen, welche Personen einen Nebenjob (`job`; abhängige Variable) haben. Prüfen Sie die folgenden Variablen als Prädiktoren: `kinder`, `gewiss`, `lz.1`.

18 Nonparametrische Verfahren

Bei den bisher vorgestellten inferenzstatistischen Tests handelte es sich stets um so genannte parametrische Verfahren, die bestimmte Eigenschaften der abhängigen Variablen voraussetzen, z. B. Intervallskalenniveau oder Normalverteilung. Wenn die Voraussetzungen für diese Tests nicht erfüllt sind, kann man auf die nonparametrischen Verfahren zurückgreifen. Diese Verfahren haben weniger strenge Voraussetzungen bezüglich der Verteilungseigenschaften der abhängigen Variablen, ihre Aussagekraft und statistische Teststärke ist allerdings eingeschränkter.

Wir besprechen hier nur einige ausgewählte nonparametrische Verfahren: den *chi²*-Test (Abschn. 18.1), den Wilcoxon-Test (Abschn. 18.2) sowie den Kruskal-Wallis-Test (Abschn. 18.3). Die Beispiele in diesem Kapitel beziehen sich auf den Datensatz `erstis.RData` (s. Anhang A: Datensätze). Um die Befehle zu verkürzen, haben wir diesen Datensatz mit der `attach`-Funktion aktiviert (s. Abschn. 7.1.1).

18.1 Der *chi²*-Test

Der *chi²*-Test ist einer der wichtigsten nonparametrischen Tests. Allgemein dient dieser Test dazu, beobachtete Werte mit erwarteten Werten zu vergleichen. Der *chi²*-Wert ist umso größer, je stärker die beobachteten Werte von den erwarteten Werten abweichen. Wir besprechen hier zwei einfache Beispiele für den Test, den *chi²*-Anpassungstest sowie den *chi²*-Test für zwei Stichproben. Der *chi²*-Test begegnet uns aber auch in vielen anderen Bereichen, z. B. als Indikator für den Modellfit bei Strukturgleichungsmodellen. Es lohnt sich daher, die Grundidee dieses Tests zu verstehen.

18.1.1 Der *chi²*-Anpassungstest

Mit dem *chi²*-Anpassungstest wird überprüft, ob die beobachtete Häufigkeitsverteilung einer Variablen von einer vorgegebenen Häufigkeitsverteilung abweicht. Wir untersuchen im folgenden Beispiel, ob die Häufigkeitsverteilung des Geschlechts in unserer Stichprobe der Häufigkeitsverteilung in der Population entspricht. Wir erstellen zunächst eine Häufigkeitstabelle für das Geschlecht und speichern diese in einem neuen Objekt ab:

```
> geschl.tab <- table(geschl)
```

Wir können uns nun die absoluten und relativen Häufigkeiten für Frauen und Männer ausgeben lassen (vgl. Abschn. 9.1):

```
> geschl.tab
geschl
weiblich männlich
     115      55

> prop.table(geschl.tab)
geschl
  weiblich  männlich
 0.6764706 0.3235294
```

Wie wir sehen, liegt der Frauenanteil in unserer Stichprobe bei ca. 67 %. Wir führen nun den chi^2-Anpassungstest durch, um die Nullhypothese zu prüfen, dass der Frauen- bzw. Männeranteil bei jeweils 50 % liegt. Dazu wenden wir die chisq.test-Funktion auf die Häufigkeitstabelle an (d. h. nicht auf die Rohdaten!):

```
> chisq.test(geschl.tab)

    Chi-squared test for given probabilities

data:  geschl.tab
X-squared = 21.1765, df = 1, p-value = 4.189e-06
```

Das Ergebnis des Tests ist signifikant mit $chi^2 = 21.18$, $df = 1$, $p < .001$. Das heißt, dass die Häufigkeitsverteilung in unserer Stichprobe bedeutsam von der Häufigkeitsverteilung in der Population abweicht.

Die chisq.test-Funktion prüft standardmäßig, ob eine Gleichverteilung der Gruppen vorliegt. Wenn man andere Proportionen testen möchte, ergänzt man das Argument p. Mit p=c(.7,.3) prüfen wir beispielsweise, ob die Verteilung in der Stichprobe signifikant von einer Verteilung mit 70 % Frauen und 30 % Männern abweicht.

18.1.2 Der chi^2-Test für zwei Variablen

Der chi^2-Test kann auch verwendet werden, um die Höhe des Zusammenhangs zwischen zwei nominalskalierten Variablen zu beschreiben. Dabei werden die beobachteten Werte mit den Werten verglichen, die man erwarten würde, wenn es keinen Zusammenhang zwischen den Variablen gäbe. Je größer die Abweichungen zwischen den beobachteten und den erwarteten Werten sind, desto größer wird der chi^2-Wert und desto stärker ist der Zusammenhang zwischen den Variablen.

Wir untersuchen nun, ob es einen Zusammenhang zwischen dem Statistikkurs (`gruppe`) und dem Geschlecht (`geschl`) gibt. Wir erstellen zunächst eine Kontingenztabelle mit den absoluten Häufigkeiten und speichern diese Tabelle als neues Objekt:

```
> tabelle <- table(geschl, gruppe)
```

Mit der `addmargins`-Funktion können wir uns zusätzlich zu den Zellhäufigkeiten auch die Randsummen sowie die Gesamtgröße der Stichprobe ausgeben lassen:

```
> addmargins(tabelle)
          gruppe
geschl     Kurs 1 Kurs 2 Kurs 3 Kurs 4 Sum
  weiblich     33     29     22     31 115
  männlich     13     18     12     12  55
  Sum          46     47     34     43 170
```

Wir sehen, dass insgesamt deutlich mehr Frauen als Männer an der Befragung teilgenommen haben. Daher ist es nicht überraschend, dass in jedem Kurs die Zahl der Männer geringer als die Zahl der Frauen ist. Um herauszufinden, ob es einen systematischen Zusammenhang zwischen dem Geschlecht und der Kurswahl gibt, führen wir den *chi²*-Test durch. Dazu verwenden wir wieder die `chisq.test`-Funktion, die wir im vorherigen Abschnitt kennen gelernt haben:

```
> chisq.test(tabelle)

    Pearson's Chi-squared test

data:  tabelle
X-squared = 1.6337, df = 3, p-value = 0.6518
```

Der Test ist nicht signifikant, $chi^2 = 1.63$, $df = 3$, $p = .652$. Es besteht also kein Zusammenhang zwischen dem Geschlecht und der Kurswahl.

Einige Besonderheiten der `chisq.test`-Funktion sollten noch erwähnt werden: Es ist manchmal sehr nützlich, die erwarteten Werte und die Residuen (d. h. die Abweichungen zwischen den beobachteten und erwarteten Werten) anzuschauen. Die erwarteten Werte erhält man, indem man den Ausdruck `$expected` hinter der `chisq.test`-Funktion ergänzt. Die Residuen erhält man über die Ergänzung `$residuals`:

```
> chisq.test(tabelle)$expected
> chisq.test(tabelle)$residuals
```

Wenn man den *chi²*-Test bei einer 2 × 2 Tabelle anwendet, führt R standardmäßig die Korrektur von Yates durch. Dies demonstrieren wir im folgenden Beispiel für die dichotomen Variablen `geschl` und `berlin`:

```
> chisq.test(table(geschl, berlin))

    Pearson's Chi-squared test with Yates' continuity
    correction

data:  table(geschl, berlin)
X-squared = 0.4949, df = 1, p-value = 0.4818
```

Um den klassischen *chi²*-Test nach Pearson anzufordern, muss man die `chisq.test`-Funktion um das Argument `correct = FALSE` ergänzen. Dies gilt aber nur für 2 × 2 Tabellen. Sobald eine der Variablen mehr als zwei Ausprägungen hat, wird automatisch der *chi²*-Test nach Pearson durchgeführt.

> **Tipp**
>
> Wenn die erwartete Häufigkeit in mehr als 20 % der Zellen unter 5 liegt, sollte man den *chi²*-Test nicht anwenden. Als Alternative steht der exakte Test nach Fisher zur Verfügung. Diesen Test kann man mit der Funktion `fisher.test` anfordern.

18.2 Der Wilcoxon-Test

Der Wilcoxon-Test ist eine nonparametrische Alternative zu den *t*-Tests, die wir in Kapitel 13 besprochen haben. Dieser Test wird mit der `wilcox.test`-Funktion angefordert. Diese Funktion funktioniert genauso wie die `t.test`-Funktion, d. h. die meisten Argumente der `t.test`-Funktion können hier genauso eingesetzt werden.

18.2.1 Eine Stichprobe

Der hier vorgestellte Wilcoxon-Test ist eine Alternative zum *t*-Test für eine Stichprobe. Mit diesem Test wird die zentrale Tendenz der Stichprobe mit der (bekannten) zentralen Tendenz in der Population verglichen. Im folgenden Beispiel betrachten wir das Item `stim1` („zufrieden"). Dieses Item wurde auf einer fünfstufigen Antwortskala mit den Ausprägungen 1 (überhaupt nicht) bis 5 (sehr) beantwortet. Wir glauben, dass die zentrale Tendenz dieses Items ungefähr bei 3 liegen müsste, da dies die mittlere Antwortkategorie ist.

Zunächst lassen wir uns deskriptive Statistiken für das Item ausgeben. Als Maße der zentralen Tendenz werden uns der Median und der Mittelwert ausgegeben. Beide Werte liegen über dem Wert der mittleren Antwortkategorie:

```
> summary(stim1)
   Min. 1st Qu.  Median    Mean 3rd Qu.    Max.    NA's
  1.000   3.000   4.000   3.537   4.000   5.000       3
```

Als nächstes führen wir den Wilcoxon-Test durch. Die Argumente der `wilcox.test`-Funktion sind identisch mit denen der `t.test`-Funktion: Als erstes wird die Variable aufgeführt, anschließend der Vergleichswert. In unserem Fall ist der Vergleichswert $\mu = 3.0$:

```
> wilcox.test(stim1, mu = 3.0)

        Wilcoxon signed rank test with continuity correction

data:  stim1
V = 7456, p-value = 1.645e-12
alternative hypothesis: true location is not equal to 3
```

Wir erhalten eine Ausgabe mit der empirischen Prüfgröße V und dem p-Wert. Der p-Wert ist deutlich kleiner als .05, daher können wir die Nullhypothese verwerfen und die Alternativhypothese annehmen: Die zentrale Tendenz in unserer Stichprobe ist ungleich 3.0.

18.2.2 Zwei unabhängige Stichproben

Wir möchten untersuchen, ob sich Männer und Frauen in ihrer zentralen Tendenz auf der Variablen `stim1` unterscheiden. Zunächst lassen wir uns die deskriptiven Statistiken für die Variable `stim1` getrennt für Frauen und Männer ausgeben. Der Median ist bei Frauen und Männern gleich. Der Mittelwert der Männer ist etwas höher als der Mittelwert der Frauen:

```
> tapply(stim1, geschl, summary)
$weiblich
   Min. 1st Qu.  Median    Mean 3rd Qu.    Max.    NA's
  1.000   3.000   4.000   3.509   4.000   5.000       3

$männlich
   Min. 1st Qu.  Median    Mean 3rd Qu.    Max.
  2.000   3.000   4.000   3.564   4.000   5.000
```

Der Befehl für den Wilcoxon-Test für zwei unabhängige Stichproben sieht dem entsprechenden Befehl für den *t*-Test sehr ähnlich. Er enthält zwei Argumente, die mit der Tilde verbunden sind. Das erste Argument ist die abhängige Variable bzw. die Variable, für die die zentrale Tendenz festgestellt werden soll, hier also `stim1`. Das zweite Argument ist die unabhängige Variable bzw. die Variable, die die Gruppenzugehörigkeit definiert, hier also das Geschlecht (`geschl`):

```
> wilcox.test(stim1 ~ geschl)

Wilcoxon rank sum test with continuity correction

data:  stim1 by geschl
W = 3123.5, p-value = 0.8722
alternative hypothesis: true location shift is not equal
to 0
```

Wir erhalten eine Ausgabe mit der empirischen Prüfgröße *W* und dem *p*-Wert. Der *p*-Wert ist .8722 und damit größer als .05, daher behalten wir die Nullhypothese bei: Männer und Frauen unterscheiden sich nicht in Bezug auf die Variable `stim1`.

18.2.3 Zwei abhängige Stichproben

Wenn die Voraussetzungen für den *t*-Test für abhängige Stichproben nicht erfüllt sind, kann man ebenfalls auf eine Variante des Wilcoxon-Tests zurückgreifen. Wir möchten untersuchen, ob die zentrale Tendenz der Variablen `stim1` (zufrieden) und `stim8` (gut) etwa gleich ist. Wir lassen uns zunächst wieder die deskriptiven Statistiken für die beiden Items ausgeben. Dabei berücksichtigen wir nur Personen, die auf beiden Variablen gültige Werte haben. Der Median liegt bei beiden Variablen bei 4. Der Mittelwert der Variable `stim8` ist größer als der Mittelwert der Variable `stim1`, aber der Unterschied ist nur gering:

```
> summary(na.omit(data.frame(stim1, stim8)))
     stim1           stim8
 Min.   :1.000   Min.   :1.000
 1st Qu.:3.000   1st Qu.:3.000
 Median :4.000   Median :4.000
 Mean   :3.537   Mean   :3.644
 3rd Qu.:4.000   3rd Qu.:4.000
 Max.   :5.000   Max.   :5.000
```

Der Befehl für den Wilcoxon-Test für zwei abhängige Stichproben sieht dem entsprechenden Befehl für den *t*-Test wieder sehr ähnlich. Er enthält drei Argumente.

Die ersten beiden Argumente sind die Variablen, für die die zentrale Tendenz verglichen werden soll, hier also `stim1` und `stim8`. Das dritte Argument `paired = TRUE` legt fest, dass es sich um gepaarte Werte bzw. um abhängige Stichproben handelt:

```
> wilcox.test(stim1, stim8, paired = TRUE)

Wilcoxon signed rank test with continuity correction

data:  stim1 and stim8
V = 839, p-value = 0.03828
alternative hypothesis: true location shift is not equal to 0
```

Wir erhalten eine Ausgabe mit der empirischen Prüfgröße V und dem p-Wert. Der p-Wert ist .04, daher verwerfen wir die Nullhypothese und nehmen die Alternativhypothese an: Die Variablen `stim1` und `stim8` unterscheiden sich in ihrer zentralen Tendenz.

> **Tipp**
>
> Die `wilcox.test`-Funktion lässt sich analog zur `t.test`-Funktion erweitern. Beispielsweise kann man auch gerichtete Alternativhypothesen prüfen, indem man das Argument `alternative` ergänzt. Weitere Informationen dazu gibt es unter `help(wilcox.test)`.

18.3 Der Kruskal-Wallis-Test

Der Kruskal-Wallis-Test ist eine nonparametrische Alternative zur einfaktoriellen Varianzanalyse ohne Messwiederholung. Wir möchten nun untersuchen, ob sich die vier Kurse (definiert durch die Variable `gruppe`) hinsichtlich der Variable `stim1` unterscheiden. Zunächst lassen wir uns wieder die deskriptiven Statistiken für die Gruppen ausgeben:

```
> tapply(stim1, gruppe, summary)
$`Kurs 1`
   Min. 1st Qu.  Median    Mean 3rd Qu.    Max.    NA's
  2.000   3.000   4.000   3.674   4.000   5.000       2

$`Kurs 2`
   Min. 1st Qu.  Median    Mean 3rd Qu.    Max.
  1.000   3.000   4.000   3.564   4.000   5.000
```

```
$`Kurs 3`
   Min. 1st Qu.  Median    Mean 3rd Qu.    Max.
  1.000   3.000   4.000   3.475   4.000   5.000

$`Kurs 4`
   Min. 1st Qu.  Median    Mean 3rd Qu.    Max.    NA's
  1.000   3.000   4.000   3.426   4.000   5.000       1
```

Alle vier Gruppen haben denselben Median, und auch die Mittelwerte unterscheiden sich kaum. Als nächstes prüfen wir diese Unterschiede inferenzstatistisch mit dem Kruskal-Wallis-Test. Diesen Test rufen wir mit der `kruskal.test`-Funktion auf. Die Funktion enthält zwei Argumente: Das erste Argument ist die abhängige Variable, hier also `stim1`. Das zweite Argument ist die unabhängige Variable, die die einzelnen Gruppen definiert, hier also die Variable `gruppe`:

```
> kruskal.test(stim1 ~ gruppe)

    Kruskal-Wallis rank sum test

data:  stim1 by gruppe
Kruskal-Wallis chi-squared = 1.5076, df = 3,
p-value = 0.6805
```

Der Kruskal-Wallis-Test gibt eine chi^2-verteilte Prüfgröße aus. Die Freiheitsgrade sind die Anzahl der Faktorstufen bzw. die Anzahl der Gruppen minus Eins. Wir erhalten hier ein nicht-signifikantes Ergebnis mit $chi^2 = 1.51$, $df = 3$, $p = .681$. Das heißt, wir behalten die Nullhypothese bei: Die vier Kurse unterschieden sich nicht in ihrer Stimmung.

Wichtiger Hinweis: Die Alternativhypothese des Kruskal-Wallis-Tests ist identisch mit der Alternativhypothese der Varianzanalyse. Ist der Test signifikant, so unterscheidet sich mindestens ein Paar signifikant. Keineswegs kann man daraus jedoch schließen, dass sich alle Gruppen signifikant voneinander unterscheiden.

> **Tipp**
>
> Es gibt eine Reihe von Paketen für robuste statistische Verfahren. Die wichtigsten sind im Anhang B: Pakete aufgeführt. Weitere Informationen erhält man auf der CRAN Task View Website zu robusten Verfahren: http://cran.r-project.org/web/views/Robust.html

18.4 Nonparametrische Verfahren im R Commander

Der *chi²*-Anpassungstest befindet sich im R Commander unter STATISTIK → DESKRIPTIVE STATISTIK → HÄUFIGKEITSVERTEILUNG. Den *chi²*-Test für zwei Variablen kann man unter STATISTIK → KONTINGENZTABELLEN → KREUZTABELLE anfordern. Die weiteren nonparametrischen Verfahren findet man unter STATISTIK → NICHTPARAMETRISCHE TESTS. Der Wilcoxon-Test für eine Stichprobe steht allerdings nicht zur Verfügung. Darüber hinaus findet man in diesem Menü den Friedman-Rangsummen-Test, der in diesem Kapitel nicht besprochen wurde.

18.5 Funktionen im Überblick

Funktion	Beschreibung
`chisq.test(tabelle)`	Wendet den *chi²*-Test auf eine Tabelle an.
`chisq.test(tabelle)$expected`	Gibt die erwarteten Werte einer Kontingenztabelle aus.
`chisq.test(tabelle)$residuals`	Gibt die Residuen (Abweichungen der erwarteten von den beobachteten Werten) einer Kontingenztabelle aus.
`wilcox.test(x, mu=y)`	Wilcoxon-Test für eine Stichprobe. *x* ist die Variable, *y* ist der Vergleichswert.
`wilcox.test(y ~ x)`	Wilcoxon-Test für zwei unabhängige Stichproben. *y* ist die abhängige Variable, *x* ist die dichotome unabhängige Variable.
`wilcox.test(x1, x2, paired = TRUE)`	Wilcoxon-Test für zwei abhängige Stichproben. *x1* und *x2* sind die miteinander zu vergleichenden Variablen.
`kruskal.test(y ~ x)`	Kruskal-Wallis-Test. *y* ist die abhängige Variable, *x* ist die kategoriale unabhängige Variable.

18.6 Übungen

Diese Übungen beziehen sich auf den Datensatz `erstis.RData`. Eine ausführliche Beschreibung des Datensatzes finden Sie im Anhang A: Datensätze.

(1) Untersuchen Sie, ob sich Frauen und Männer (`geschl`) signifikant darin unterscheiden, ob sie die Studienberatung (`uni1`) in Anspruch genommen haben.
(2) Die Items zur Lebenszufriedenheit (`lz13` bis `lz17`) wurden auf einem siebenstufigen Antwortformat beantwortet. Überprüfen Sie, ob beim Item `lz13` im Mittel die mittlere Antwortkategorie mit der Ausprägung 4 angekreuzt wurde.
(3) Unterscheiden sich Personen mit Kindern und Personen ohne Kinder (`kinder`) in Bezug auf das Item `lz17`?
(4) Unterscheiden sich die Antworten auf das Item `lz13` von den Antworten auf das Item `lz17`? Beantworten Sie diese Frage mit Hilfe eines Wilcoxon-Tests für abhängige Stichproben.
(5) Prüfen Sie, ob der Wohnort vor 12 Monaten (`wohnort.alt`) einen Effekt auf die Antworten auf das Item `lz14` hat.

19 Verfahren für die Testkonstruktion

Kein psychologischer Test ist von Anfang an perfekt, sondern meist das Ergebnis eines langen Revisionsprozesses. In diesem Prozess wird der vorläufige Test mehrmals von Personen bearbeitet. Die so erhobenen Daten verwendet man, um den Test zu überarbeiten. Was geschieht da genau?

Zunächst werden die einzelnen Items überprüft. Items müssen bestimmte Anforderungen erfüllen, die im Rahmen der Itemanalyse überprüft werden. In diesem Zusammenhang besprechen wir auch die interne Konsistenz als Schätzer der Reliabilität (Abschn. 19.1). Schließlich sollte gerade bei Tests, die mehrere Subskalen enthalten, die faktorielle Validität geprüft werden, zum Beispiel mit einer exploratorischen Faktorenanalyse (Abschn. 19.2) oder mit einer Hauptkomponentenanalyse (Abschn. 19.3). Die Beispiele in diesem Kapitel beziehen sich auf den Datensatz `bigfive.items.RData` (s. Anhang A: Datensätze). Um die Befehle zu verkürzen, haben wir diesen Datensatz mit der `attach`-Funktion aktiviert (s. Abschn. 7.1.1).

> **Tipp**
>
> Wir besprechen in diesem Kapitel überwiegend Verfahren, die im Rahmen der Klassischen Testtheorie entwickelt wurden. Verfahren der probabilistischen Testtheorie sind in R ebenfalls verfügbar (s. Anhang B: Pakete).

19.1 Itemanalyse und interne Konsistenz

Das Ziel eines psychologischen Tests ist immer, Unterschiede zwischen Personen hinsichtlich bestimmter Konstrukte aufzudecken. Um sicherzustellen, dass man die Unterschiede zwischen den Personen möglichst gut im Test abbilden kann, muss man bei der Auswahl der Items ansetzen. Die Güte eines Items kann auf verschiedene Weisen beurteilt werden:

- **Beitrag zur Reliabilität.** Das Item sollte die Reliabilität der Skala verbessern.
- **Schwierigkeit.** Das Item sollte weder zu leicht (nur positive Antworten) noch zu schwer (nur negative Antworten) sein, sondern eine mittlere Schwierigkeit haben.
- **Trennschärfe.** Das Item sollte die Skala möglichst gut repräsentieren.
- **Verteilungsform.** Die Häufigkeitsverteilung der Antworten sollte möglichst symmetrisch sein.

Wir führen nun eine Itemanalyse für die Items durch, die die Big Five-Subskala Gewissenhaftigkeit messen sollen. Bevor wir loslegen, speichern wir zunächst die dazugehörigen Items in einem neuen Objekt mit dem Namen `gewiss` ab:

```
> gewiss <- data.frame(bf03, bf07, bf11, bf20)
```

Für die Itemanalyse verwenden wir die `alpha`-Funktion aus dem `psych`-Paket (Revelle, 2012):

```
> alpha(gewiss)
```

Die Ausgabe beginnt mit Maßen der internen Konsistenz. Die erste Spalte (`raw_alpha`) enthält das klassische Cronbach's α. Die folgenden zwei Spalten enthalten alternative Maße für die interne Konsistenz (für mehr Informationen, siehe die Hilfedatei zu dieser Funktion). Die Spalte `average_r` enthält die durchschnittliche Interkorrelation der Items. In den letzten beiden Spalten werden der Skalenmittelwert und die Standardabweichung aufgeführt.

```
Reliability analysis
Call: alpha(x = gewiss)

 raw_alpha std.alpha G6(smc) average_r mean   sd
      0.84      0.84    0.81      0.56  3.5 0.83
```

Der Beitrag zur Reliabilität kann der folgenden Tabelle entnommen werden. In der ersten Spalte erfährt man die interne Konsistenz der Skala, wenn diese das betreffende Item nicht enthält. Je kleiner dieser Wert im Vergleich zur internen Konsistenz für die Gesamtskala, desto größer ist der Beitrag dieses Items zur Reliabilität. Wie oben werden auch hier wieder zusätzlich zu Cronbach's α zwei alternative Maße der internen Konsistenz sowie die durchschnittliche Interkorrelation der Items berechnet.

```
Reliability if an item is dropped:
     raw_alpha std.alpha G6(smc) average_r
bf03      0.76      0.75    0.69      0.51
bf07      0.75      0.75    0.68      0.50
bf11      0.86      0.86    0.82      0.67
bf20      0.80      0.80    0.76      0.57
```

Die folgende Tabelle beginnt mit der Anzahl gültiger Werte für jedes Item (n). Es folgen drei Korrelationen. Die Spalten `r` und `r.cor` enthalten die Korrelation des Items mit der Gesamtskala, wobei bei der korrigierten Version in der Spalte `r.cor` die Itemreliabilität sowie die Tatsache, dass das Item Teil der Gesamtskala ist, berücksichtigt wurde. Auch die Spalte `r.drop` ist die Korrelation des Items mit der Gesamtskala. Hier wurde jedoch das Item nicht in die Gesamtskala aufgenommen. Die Werte `r.cor` und `r.drop` geben die Trennschärfe des Items wieder.

Die Tabelle enthält außerdem die Mittelwerte und Standardabweichungen der einzelnen Items. Die Mittelwerte können als Indikator der Schwierigkeit der Items herangezogen werden. Je höher der Mittelwert eines Items ist, desto „leichter" ist es, diesem Item zuzustimmen. Items mit sehr hohen oder sehr niedrigen Mittelwerten sollten aus der Skala ausgeschlossen werden, da sie zu leicht bzw. zu schwer sind. Ideal ist eine mittlere Schwierigkeit.

```
Item statistics
       n    r r.cor r.drop mean  sd
bf03 480 0.87  0.84   0.76  3.4 1.0
bf07 480 0.87  0.85   0.77  3.3 1.1
bf11 480 0.72  0.55   0.51  4.0 0.9
bf20 480 0.82  0.72   0.67  3.2 1.0
```

Die letzte Tabelle in dieser Ausgabe enthält die relativen Häufigkeiten der einzelnen Antwortkategorien für jedes Item. Diese Tabelle kann verwendet werden, um die Verteilungsform der Items zu bestimmen. Die Interpretation ist etwas einfacher, wenn man die relativen Häufigkeiten in einem Säulendiagramm darstellt (s. Abschn. 11.1). Damit kann man schnell erkennen, ob extreme Abweichungen von der angestrebten Symmetrie vorliegen. Auch die Inspektion der deskriptiven Statistiken für das Item kann hilfreich sein. Die Abweichung von der Symmetrie kann durch die Schiefe berechnet werden (s. Abschn. 9.4.3).

```
Non missing response frequency for each item
        1    2    3    4    5 miss
bf03 0.03 0.16 0.35 0.32 0.14    0
bf07 0.05 0.19 0.33 0.30 0.12    0
bf11 0.01 0.05 0.19 0.40 0.35    0
bf20 0.04 0.21 0.32 0.32 0.10    0
```

19.2 Exploratorische Faktorenanalyse

Eine Faktorenanalyse läuft typischerweise in mehreren Schritten ab. Zunächst wird die Anzahl der zu extrahierenden Faktoren bestimmt. Anschließend wird die eigentliche Faktorenanalyse durchgeführt. In unserem Beispiel untersuchen wir eine Skala zur Messung der Big Five-Persönlichkeitseigenschaften.

19.2.1 Bestimmung der Anzahl der Faktoren

Bei der Durchführung einer Faktorenanalyse in R müssen wir selbst vorgeben, wie viele Faktoren extrahiert werden sollen. Im Idealfall können wir die Anzahl der Faktoren aus der Theorie ableiten.

Wenn die Anzahl der Faktoren vorher nicht festgelegt ist, kann man sie empirisch bestimmen. Wir stellen hier fünf Verfahren vor. (1) Eigenwert-Kriterium, (2) Scree-Test nach Cattell, (3) Parallelanalyse, (4) Very Simple Structure und (5) Minimal Average Partial-Kriterium. Die ersten drei Verfahren können mit der fa.parallel-Funktion aus dem psych-Paket (Revelle, 2012) durchgeführt werden:

```
> fa.parallel(bigfive.items, fa="fa")
```

Diese Funktion enthält zwei Argumente. Das Argument bigfive.items benennt die Daten, mit der die Analyse durchgeführt werden soll. Im zweiten Argument wird die Extraktionsmethode festgelegt. Wir haben hier die Auswahl zwischen Hauptachsenanalyse (fa="fa") und Hauptkomponentenanalyse (fa="pc"). Die Hauptkomponentenanalyse ist keine Faktorenanalyse im strengen Sinn und wird daher in Abschnitt 19.3 nur kurz behandelt.

Wir erhalten das in Abbildung 19.1 dargestellte Diagramm. In diesem Diagramm ist der Eigenwertverlauf dargestellt. Jedes Kreuz stellt den Eigenwert eines Faktors dar. Die Werte sind sortiert. Der größte Eigenwert wird als erstes (d. h. ganz links) eingetragen. Je weiter man auf der x-Achse nach rechts geht, desto kleiner werden die Eigenwerte. Diese Art von Diagramm nennt man auch Screeplot.

Eigenwert-Kriterium

Der Eigenwert eines Faktors sagt aus, wie viel Varianz dieser Faktor an der Gesamtvarianz aller Items aufklärt. Laut dem Eigenwert-Kriterium sollen nur Faktoren mit einem Eigenwert größer 1 extrahiert werden. In dem Diagramm wird dieser Wert durch eine horizontale Gerade verdeutlicht. Wir zählen also die Faktoren, deren Eigenwert oberhalb dieser Geraden liegt. In unserem Beispiel trifft dies auf vier Faktoren zu. Das Eigenwert-Kriterium wurde häufig kritisiert, da es recht willkürlich ist und sowohl zur Über- als auch zur Unterfaktorisierung führen kann (Eid et al., 2013; Fabrigar, Wegener, MacCallum & Strahan, 1999).

Scree-Test

Der Scree-Test ist kein Test mit Prüfgröße und *p*-Wert, sondern eine graphische Überprüfung des Screeplots. Man möchte die Stelle finden, ab der die Eigenwerte der Faktoren deutlich kleiner sind. Je kleiner der Eigenwert eines Faktors ist, desto weniger Varianz erklärt dieser Faktor.

Wir suchen nun im Screeplot nach so genannten „Ellbogen", d. h. nach Stellen im Eigenwertverlauf, an denen die Kurve plötzlich nach unten wegknickt. In unserem Beispiel haben wir einen solchen Ellbogen beim fünften Faktor. Der fünfte Faktor hat definitionsgemäß einen kleineren Eigenwert als der vierte Faktor, aber der Unterschied ist nicht so groß wie der Unterschied zwischen dem fünften und dem sechsten Faktor. Wir würden daher den fünften Faktor noch extrahieren, den sechsten aber nicht mehr. In unserem Beispiel ist der Ellbogen sehr gut zu erkennen, dies ist aber nicht die Regel. Bei weniger deutlichen Eigenwertverläufen ist die Auswahl der Faktoren sehr subjektiv.

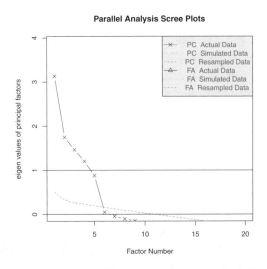

Abbildung 19.1 Parallelanalyse für die Bigfive-Items. In der Legende sind auch die Eigenwertverläufe der Hauptkomponentenanalyse (PC; Principal Components) vorgesehen, diese sind im Diagramm selbst jedoch nicht dargestellt.

Parallelanalyse

Die Parallelanalyse ist ein Verfahren zur Auswahl der Faktoren, das weniger willkürlich bzw. subjektiv ist als die oben vorgestellten Verfahren. Bei der Parallelanalyse werden die beobachteten Eigenwerte mit den Eigenwerten verglichen, die wir bei einer Faktorenanalyse mit Zufallsdaten erwarten würden. Der Eigenwertverlauf von Zufallsdaten ist typischerweise flach, da zwischen den Variablen nur zufällige (und geringe) Korrelationen auftreten. Die Eigenwerte der Zufallsdaten sind in dem Diagramm als gestrichelte Linie dargestellt. Wir möchten, dass unsere Faktoren höhere Eigenwerte aufweisen, als man unter der Zufallsbedingung erwarten würde. Wir extrahieren daher nur die Faktoren, deren Eigenwerte größer sind als die zufälligen Eigenwerte. Im Diagramm suchen wir daher die Faktoren, deren Eigenwerte oberhalb der simulierten Eigenwerte bzw. links vom Schnittpunkt der beiden Kurven liegen. In unserem Beispiel kommen wir auf 5 Faktoren. Diese Information wird uns auch in der Ausgabe in der R Console gegeben:

```
Parallel analysis suggests that the number of factors =  5
and the number of components =  5
```

VSS und MAP

Zwei weitere Kennwerte für die Beurteilung der Faktorenanzahl sind der Very Simple Structure-Wert (*VSS*, Revelle & Rocklin, 1979) sowie das Minimal Average Partial-Kriterium (*MAP*, Velicer, 1976). Der *VSS* drückt aus, wie gut eine vereinfachte Faktoren-Matrix (d. h. eine Matrix, die nur große Ladungskoeffizienten enthält) die vollständige Faktorenmatrix reproduziert. Der *MAP* gibt die durchschnittliche quadrierte Partialkorrelation zwischen den Faktoren an.

Um die optimale Anzahl der Faktoren zu bestimmen, werden für eine bestimmte Anzahl von Faktorenlösungen jeweils der *VSS* und der *MAP* berechnet. Am besten ist die Faktorenlösung mit dem größten *VSS* und dem kleinsten *MAP* geeignet. Die beiden Kriterien kommen meistens, aber nicht immer zur selben Faktorenanzahl. In R können beide Kriterien mit der `VSS`-Funktion aus dem `psych`-Paket angefordert werden:

```
> VSS(bigfive.items, 8, rotate="promax", fm="mle")
```

Dieser Befehl setzt sich hier aus vier Argumenten zusammen:
- `bigfive.items`. Der Name der Datenmatrix.
- `8`. Die maximale Anzahl an Faktoren, die getestet werden soll.
- `rotate`. Die gewünschte Rotationsmethode (s. u.). Zur Auswahl stehen `"none"`, `"varimax"`, `"oblimin"` und `"promax"`.
- `fm`. Die gewünschte Extraktionsmethode (s. u.). Zur Auswahl stehen u. a. `fm="pa"` (Hauptachsenanalyse), `fm="mle"` (Maximum-Likelihood-Faktorenanalyse) und `fm="pc"` (Hauptkomponentenanalyse).

Das Ausführen dieser Funktion kann ein paar Sekunden dauern, da hier viele Faktorenlösungen getestet werden. Die Funktion produziert sowohl eine Textausgabe als auch ein Diagramm der *VSS*-Werte (hier nicht dargestellt). Die Textausgabe beginnt mit der wichtigsten Information: Wie viele Faktoren brauchen wir nun? Wir erhalten zwei Ergebnisse für den *VSS*-Wert: Bei `VSS complexity 1` ist pro Item nur eine (1) Ladung auf einem einzigen Faktor zugelassen, die Ladungskoeffizienten für die anderen Faktoren sind auf Null gesetzt. Bei `VSS complexity 2` sind pro Item Ladungen auf zwei (2) Faktoren zugelassen. Für beide Komplexitätsgrade des *VSS* erhalten wir eine Faktorenzahl von 5. Auch der *MAP* legt eine Fünf-Faktoren-Lösung nach:

```
Very Simple Structure
Call: VSS(x = bigfive.items, n = 8, rotate = "promax",
fm = "mle")
```

19.2 Exploratorische Faktorenanalyse

```
VSS complexity 1 achieves a maximimum of 0.73  with
5  factors
VSS complexity 2 achieves a maximimum of 0.78  with
6  factors

The Velicer MAP criterion achieves a minimum of 0.03  with
5  factors
```

Der untere Teil der Ausgabe enthält die einzelnen *MAP*- und *VSS*-Werte für die verschiedenen Faktorlösungen. Der erste Wert bezieht sich immer auf die Ein-Faktor-Lösung, der zweite Wert auf die Zwei-Faktor-Lösung, und so weiter. Wir können noch einmal nachvollziehen, dass der kleinste *MAP*-Wert bei der Fünf-Faktoren-Lösung beobachtet werden kann. Die größten *VSS*-Werte finden wir ebenfalls bei den Fünf-Faktoren-Lösungen:

```
Velicer MAP
[1] 0.04 0.05 0.04 0.04 0.03 0.03 0.03 0.04

Very Simple Structure Complexity 1
[1] 0.30 0.39 0.57 0.67 0.73 0.68 0.69 0.68

Very Simple Structure Complexity 2
[1] 0.00 0.40 0.58 0.71 0.78 0.78 0.77 0.76
```

19.2.2 Durchführung der Faktorenanalyse

Wenn wir die Anzahl der zu extrahierenden Faktoren festgelegt haben, können wir die eigentliche Faktorenanalyse angehen. Aber auch hier müssen wir noch einige Entscheidungen treffen:

- **Wahl der Extraktionsmethode.** Zur Verfügung stehen u. a. die Maximum-Likelihood-Faktorenanalyse und die Hauptachsenanalyse (zur Unterscheidung und Bewertung dieser Verfahren s. Eid et al., 2013).
- **Wahl der Rotationsmethode.** Bei der Rotationsmethode unterscheidet man zwischen orthogonaler Rotation (die Faktoren dürfen nicht korrelieren) und obliquer Rotation (die Faktoren dürfen korrelieren). Das gängigste orthogonale Rotationsverfahren ist die Varimax-Rotation. Bei der obliquen Rotation wird meistens die Promax-Methode verwendet.

Die Maximum-Likelihood-Faktorenanalyse kann mit der `factanal`-Funktion durchgeführt werden, die in der Basisversion von R enthalten ist. Wir stellen hier jedoch die `fa`-Funktion aus dem `psych`-Paket (Revelle, 2012) vor, da diese Funktion sowohl hinsichtlich der Extraktions- als auch der Rotationsmethode flexibler ist.

Im folgenden Beispiel führen wir eine Maximum-Likelihood-Faktorenanalyse mit Promax-Rotation für die 20 Bigfive-Items durch, die im Objekt `bigfive.items` zusammengefasst sind. Das Ergebnis wird in einem Objekt mit dem Namen `fa.ml` (für Faktorenanalyse mit Maximum-Likelihood-Schätzung) gespeichert:

```
> fa.ml <- fa(bigfive.items, 5, fm="ml", rotate="promax")
```

Die `fa`-Funktion hat hier vier Argumente:
- `bigfive.items`. Der Name der Matrix, in der die zu analysierenden Variablen enthalten sind.
- `5`. Die Anzahl der zu extrahierenden Faktoren, hier also fünf. Lässt man dieses Argument weg, wird nur ein Faktor extrahiert.
- `fm`. Die gewünschte Extraktionsmethode. Insgesamt stehen fünf Extraktionsmethoden zur Auswahl, u. a. `fm="ml"` für Maximum Likelihood und `fm="pa"` für Hauptachsenanalyse.
- `rotate`. Die gewünschte Rotationsmethode. Insgesamt stehen zehn Rotationsmethoden zur Auswahl, u. a. `rotate="varimax"` als orthogonale Rotation (Standardeinstellung), `rotate="promax"` als oblique Rotation und `rotate="none"`, wenn keine Rotation durchgeführt werden soll.

> **Tipp**
>
> Man muss nicht unbedingt eine Matrix mit Rohwerten verwenden. Es ist auch möglich, eine Korrelationsmatrix zu analysieren. Das ist besonders dann sinnvoll, wenn man ordinalskalierte Variablen analysiert. In solch einem Fall kann man mit der `polychor`-Funktion (s. Abschn. 10.3) eine Matrix der polychorischen Korrelationen erstellen und diese dann in der Faktorenanalyse weiterverwenden.

Das Ergebnis der Faktorenanalyse wird ausgegeben, wenn wir den Namen des Modells `fa.ml` eingeben und ausführen. Eine etwas schönere Ausgabe erhalten wir jedoch über die `print`-Funktion:

```
> print(fa.ml, digits=2, cut=.3, sort=TRUE)
```

Dieser Befehl enthält einige Argumente, mit denen die Ausgabe verändert werden kann:
- `digits=2`. Legt fest, dass alle Zahlen auf zwei Nachkommastellen gerundet werden sollen.
- `cut=.3`. Es werden nur Faktorladungen größer als 0.30 angezeigt.
- `sort=TRUE`. Die Tabelle mit den Faktorladungen wird so sortiert, dass die Items, die auf demselben Faktor laden, direkt untereinander stehen.

Die erste Tabelle in der Ausgabe enthält die Faktorladungen der einzelnen Variablen auf den Faktoren (`ML1` bis `ML5`). Ideal ist, wenn die Variablen möglichst hoch auf einem und möglichst niedrig auf allen anderen Faktoren laden, sodass keine bedeutsamen Nebenladungen vorhanden sind. Ein solches Muster nennt man Einfachstruktur. In unserem Beispiel liegt eine solche Einfachstruktur vor.

```
      item   ML2   ML5   ML1   ML3   ML4    h2   u2
bf07     7  0.90                            0.79 0.21
bf03     3  0.85                            0.75 0.25
bf20    20  0.72                            0.53 0.47
bf11    11  0.51                            0.34 0.66
bf08     8        0.74                      0.52 0.48
bf15    15        0.72                      0.44 0.56
bf17    17        0.69                      0.50 0.50
bf02     2        0.63                      0.47 0.53
bf09     9              0.93                0.83 0.17
bf05     5              0.89                0.77 0.23
bf18    18              0.47                0.33 0.67
bf14    14              0.46                0.27 0.73
bf13    13                    0.85          0.66 0.34
bf16    16                    0.72          0.50 0.50
bf01     1                    0.62          0.41 0.59
bf06     6                    0.54          0.40 0.60
bf04     4                          0.77    0.63 0.37
bf10    10                          0.76    0.58 0.42
bf19    19                          0.52    0.29 0.71
bf12    12                          0.51    0.34 0.66
```

Darüber hinaus sind in dieser Tabelle für jede Variable die Kommunalität (h2) und der Uniqueness-Wert (u2) angegeben. Die Kommunalität h^2 drückt aus, wie viel Prozent der Varianz dieses Items durch alle fünf Faktoren erklärt wird. Die Uniqueness eines Items ist mit $1 - h^2$ definiert. Die Uniqueness ist daher der Anteil der Varianz des Items, der nicht durch die Faktoren erklärt wird. Je höher der Uniqueness-Wert ist, desto weniger hat das Item mit den anderen Items gemeinsam.

Die nächste Tabelle enthält die quadrierten und aufsummierten Ladungen der einzelnen Faktoren (SS loadings) sowie Angaben, wie viel Prozent der Gesamtvarianz durch die einzelnen Faktoren erklärt wird. Die Zeile Proportion Var gibt den Anteil der Varianz dieses Faktors an der Gesamtvarianz wieder. In der Zeile Cumulative Var werden diese Werte addiert. Hier kann man erkennen, dass die fünf Faktoren zusammen 52 % der Gesamtvarianz aufklären. Dieser 52 % der Gesamtvarianz sind die Basis für die folgenden zwei Zeilen. In der Zeile Proportion Explained steht, wie viel jeder Faktor zur erklärten Varianz beiträgt. In der Zeile Cumulative Proportion werden diese Werte wiederum aufaddiert.

```
                    ML2  ML5  ML1  ML3  ML4
SS loadings         2.36 2.13 2.09 2.02 1.77
Proportion Var      0.12 0.11 0.10 0.10 0.09
Cumulative Var      0.12 0.22 0.33 0.43 0.52
Proportion Explained 0.23 0.21 0.20 0.19 0.17
Cumulative Proportion 0.23 0.43 0.63 0.83 1.00
```

Da wir eine Promax-Rotation durchgeführt haben, können die Faktoren korreliert sein. Die folgende Tabelle enthält die Interfaktor-Korrelationen. Wir sehen, dass fast alle Korrelationen klein bis mittel ausfallen. Lediglich der Faktor ML4 ist mit allen anderen Faktoren unkorreliert:

```
With factor correlations of
      ML2   ML5   ML1   ML3   ML4
ML2  1.00  0.27  0.24  0.09   0.04
ML5  0.27  1.00  0.15  0.34  -0.02
ML1  0.24  0.15  1.00  0.24  -0.07
ML3  0.09  0.34  0.24  1.00   0.01
ML4  0.04 -0.02 -0.07  0.01   1.00
```

Anschließend werden eine Reihe von Fit-Statistiken ausgegeben, mit denen die Modellgüte beurteilt werden kann, beispielsweise der RMSEA und der *chi²*-Test für das Modell. Zur Bedeutung und Interpretation der Fit-Statistiken siehe help(factor.stats).

```
Test of the hypothesis that 5 factors are sufficient.

The degrees of freedom for the null model are  190   and the
objective function was  7.46 with Chi Square of  3516.05
The degrees of freedom for the model are 100   and the
objective function was  0.54

The root mean square of the residuals (RMSR) is  0.03
The df corrected root mean square of the residuals is  0.06

The harmonic number of observations is  480 with the
empirical chi square  167.03  with prob <  3e-05
The total number of observations was  480  with
MLE Chi Square =  252.59  with prob <  3.5e-15

Tucker Lewis Index of factoring reliability =  0.912
RMSEA index =  0.058  and the 90 % confidence intervals are
0.048 0.065
BIC =  -364.79
Fit based upon off diagonal values = 0.98
```

Die Ausgabe endet mit Angaben zur Güte der Faktorwerte. Dahinter steckt die Idee, dass es unendlich viele Möglichkeiten gibt, Faktorwerte zu berechnen (Grice, 2001). Im besten Fall führen verschiedene Berechnungswege zu ähnlichen Faktorwerten, aber dies muss nicht unbedingt der Fall sein.

```
Measures of factor score adequacy
                                                ML2  ML5
Correlation of scores with factors              0.94 0.90
Multiple R square of scores with factors        0.89 0.81
Minimum correlation of possible factor scores   0.79 0.62

ML1  ML3  ML4
0.95 0.91 0.89
0.90 0.82 0.79
0.80 0.64 0.59
```

In der ersten Zeile der Tabelle wird für jeden Faktor die multiple Korrelation zwischen den Faktorwerten einerseits und den Item-Rohwerten andererseits berichtet. Werte kleiner als .71 deuten auf problematische Faktorwerte hin (Grice, 2001). In der zweiten Zeile stehen die jeweiligen Determinationskoeffizienten, die sich aus dem Quadrat der multiplen Korrelationen in der ersten Zeile berechnen. Die Determinationskoeffizienten drücken den Anteil der Varianz in den Faktorwerten aus, der durch die Item-Rohwerte erklärt werden. Die dritte Zeile gibt die minimale Korrelation zwischen alternativen Faktorwerten wieder. Im schlimmsten Fall können zwei auf unterschiedliche Weisen berechnete Faktorwerte gar nicht oder negativ korreliert sein. In unserem Beispiel erhalten wir für alle Faktoren hohe Werte, daher können die Faktorwerte – so wir sie denn berechnen – gut interpretiert werden.

> **Tipp**
>
> Wenn man bereits eine genaue Vorstellung von der Faktorenstruktur einer Skala hat, sollte man statt der exploratorischen eine konfirmatorische Faktorenanalyse durchführen. Dazu kann man Pakete für Strukturgleichungsmodelle verwenden, die im Anhang B: Pakete aufgeführt werden.

19.3 Hauptkomponentenanalyse

Die Hauptkomponentenanalyse wird manchmal zu den faktorenanalytischen Verfahren gezählt, allerdings unterscheidet sie sich von der explorativen Faktorenanalyse in einem wichtigen Punkt: In der Hauptkomponentenanalyse wird versucht, die gesamte Varianz mit den Komponenten zu erklären, während die Verfahren der exploratorischen Faktorenanalyse die beobachteten Korrelationen zwischen den

Variablen auf latente Faktoren zurückführen – dies impliziert, dass nicht die gesamte Varianz erklärt wird.

Am bequemsten lässt sich die Hauptkomponentenanalyse mit der `principal`-Funktion aus dem `psych`-Paket (Revelle, 2012) durchführen. Mit dieser Funktion kann die Zahl der zu extrahierenden Komponenten festgelegt werden. Darüber hinaus können die Komponenten rotiert werden. Wie immer ist die Hilfedatei zu der Funktion eine nützliche Informationsquelle.

19.4 Verfahren für die Testkonstruktion im R Commander

Die in diesem Kapitel behandelten Funktionen findet man im R Commander unter STATISTIK → DIMENSIONSREDUKTION UND KLASSIFIZIEREN. Unter dem Punkt SKALEN-RELIABILITÄT kann die interne Konsistenz einer Skala angefordert werden. Darüber hinaus kann hier die Maximum-Likelihood-Faktorenanalyse sowie die Hauptkomponentenanalyse ausgewählt werden.

19.5 Funktionen im Überblick

Funktion	Beschreibung
`alpha(daten)`	Interne Konsistenz und Itemanalyse für die Variablen im Data Frame *daten*.
`fa.parallel(daten)`	Führt eine Parallelanalyse für *daten* durch. Das Ergebnis wird graphisch dargestellt.
`VSS(daten, ...)`	Very Simple Structure-Wert (VSS) und Minimal Average Partial-Kriterium (MAP) zur Bestimmung der optimalen Faktorenzahl.
`fa(daten, faktoren, methode, rotation)`	Führt eine Faktorenanalyse mit einer vorgegebenen Anzahl von Faktoren, einer bestimmten Schätzmethode und einer festzulegenden Rotationsmethode durch.

19.6 Übungen

Diese Übungen beziehen sich auf den Datensatz `erstis.RData`. Eine ausführliche Beschreibung des Datensatzes finden Sie im Anhang A: Datensätze.

(1) Führen Sie eine Itemanalyse für die Lebenszufriedenheits-Items (`lz13` bis `lz17`) durch. Auf welches der fünf Items könnte man am ehesten verzichten?

(2) Untersuchen Sie die faktorielle Struktur der Stimmungs-Items (`stim1` bis `stim12`). Fassen Sie zunächst diese Items in einem neuen Data Frame zusammen, der keine fehlenden Werte enthält. Bestimmen Sie anschließend die Anzahl der zu extrahierenden Faktoren mit einer Parallelanalyse und führen Sie dann eine exploratorische Faktorenanalyse mit Maximum-Likelihood-Schätzung und obliquer Rotation durch.

20 Crash-Kurs für SPSS-Umsteiger

Wenn Sie bisher mit anderen Statistikprogrammen gearbeitet haben, kommen Sie vermutlich wegen ganz bestimmter Funktionen zu R. Vielleicht möchten Sie schlichtweg kein Geld mehr für Software ausgeben. Oder Sie möchten Tests anwenden, die in SPSS nicht implementiert sind. Möglicherweise möchten Sie die berühmten Graphikfunktionen von R selbst ausprobieren. Vor allem möchten Sie aber nicht erst ein komplettes Lehrbuch von vorne bis hinten lesen müssen, bevor Sie mit R loslegen können. Dieses Kapitel ist extra für Sie geschrieben.

Dieses Kapitel ersetzt nicht den Rest des Buchs. Es soll Ihnen aber als Wegweiser dienen, sodass Sie sich auf die wesentlichen Kapitel konzentrieren können. Zunächst werden grundlegende Unterschiede zwischen R und SPSS erklärt (Abschn. 20.1). Am schnellsten gelingt der Einstieg in R mit dem R Commander, einer Benutzeroberfläche (Abschn. 20.2). Sie finden hier außerdem eine Übersicht der wichtigsten SPSS-Befehle und ihren Pendants in R (Abschn. 20.3).

20.1 Grundlegende Unterschiede zwischen R und SPSS

SPSS und R unterscheiden sich in einigen Dingen. In den einzelnen Kapiteln werden diese Unterschiede immer wieder hervorgehoben. Hier sind die wichtigsten Punkte:

- **Benutzeroberfläche.** Die Basisversion von R verfügt über keine detaillierte Benutzeroberfläche, d. h. man kann die gewünschten Operationen nicht über Menü auswählen, sondern muss die dazugehörigen Funktionen kennen. Es gibt jedoch Benutzeroberflächen, die man zusätzlich installieren kann. Eine davon ist der R Commander (s. Abschn. 20.2).
- **Syntaxfenster.** Das Fenster, das beim Starten des Programms zuerst geöffnet wird, heißt R Gui. In diesem Fenster kann man Befehle eingeben. Die Ausgaben erscheinen direkt darunter. Es gibt aber auch die Möglichkeit, die Befehle in ein separates Fenster zu schreiben und von dort auszuführen, wie man es in SPSS vom Syntaxfenster kennt. In R wird dieses Fenster als Skriptfenster bezeichnet. Skripte können – wie SPSS-Syntaxen – separat gespeichert werden. Mehr Informationen zu den verschiedenen Fenstern gibt es in Kapitel 3.
- **Ausgaben.** Die Ausgaben sehen recht simpel aus, es sind lediglich Textdateien. Diese lassen sich jedoch meistens problemlos als csv-Dateien exportieren und können dann in Excel geöffnet und weiter bearbeitet werden (s. Abschn. 6.5). Die Graphiken sind dafür umso schöner.
- **Pakete.** Wenn man R öffnet, wird lediglich die Basisversion gestartet. Mit dieser Version kann man schon einige statistische Analysen durchführen. Häufig

braucht man jedoch zusätzliche Funktionen. Diese Funktionen sind in so genannten Paketen gespeichert. Die Pakete müssen einmalig heruntergeladen und installiert werden. Wenn man eine Funktion aus einem Paket verwenden möchte, muss man das Paket zunächst laden. Es gibt hunderte von Paketen, und es werden ständig mehr. Mehr Informationen zum Umgang mit Paketen gibt es in Kapitel 2.

▶ **Objekte.** R ist ein objektbasiertes Programm. Fast alles kann als Objekt gespeichert und später wieder aufgerufen werden: einzelne Werte, Variablen, Datenmatrizen und sogar statistische Modelle. Die Arbeit mit Objekten ist für SPSS-Nutzer neu, aber es ist lohnenswert, sich damit auseinanderzusetzen. Dies ist eine große Stärke von R! Eine Einführung gibt Kapitel 5.

▶ **Variablentypen.** Auch Variablen sind Objekte (s. oben). Kontinuierliche Variablen werden als Vektoren gespeichert, während kategoriale Variablen als Faktoren gespeichert werden. Die Unterschiede zwischen diesen und weiteren Objekttypen werden in Kapitel 5 erläutert.

▶ **Auswahl von Variablen.** Es reicht meistens nicht aus, den Variablennamen in einen Befehl zu schreiben. Wie man die Variablen für die Funktionen korrekt auswählt, wird in Abschnitt 7.1 beschrieben.

▶ **Umfang der Ausgaben.** Die Ausgaben sind meist sehr sparsam und auf das Wesentliche reduziert. Es ist daher häufig notwendig, durch zusätzliche Befehle die gewünschten Ausgaben explizit anzufordern.

20.2 Arbeiten mit dem R Commander

Am leichtesten fällt der Einstieg mit Hilfe des R Commanders. Der R Commander ist eine Benutzeroberfläche, mit der man die häufigsten Analysen durchführen kann, ohne die Programmiersprache kennen zu müssen. Wie Sie den R Commander installieren und starten, wird in den Kapiteln 2 und 3 beschrieben. Die Menüs im R Commander erinnern an die Menüs, die Sie aus SPSS kennen. Sie werden die meisten Funktionen daher sehr einfach finden.

Der R Commander hat allerdings zwei Nachteile: Erstens ist er auf die am häufigsten eingesetzten statistischen Verfahren beschränkt. Wenn Sie R wegen der vielen Spezialfunktionen oder wegen der Graphiken nutzen möchten, kommen Sie nicht darum herum, sich auch mit der Programmiersprache zu beschäftigen. Eine erste Einführung in die Programmiersprache gibt Kapitel 4. Zweitens sind manche Pakete nicht kompatibel mit dem R Commander, sodass man auf die herkömmliche Benutzeroberfläche von R zurückgreifen muss.

20.3 Zentrale Funktionen in R und SPSS

In Tabelle 20.1 finden Sie eine vergleichende Übersicht der zentralen Funktionen in SPSS und R. Unter http://de.wikibooks.org/wiki/GNU_R:_SPSS_Cross-Reference werden weitere SPSS- und R-Funktionen gegenübergestellt. Nähere Informationen zu den Funktionen erhalten Sie in den angegebenen Kapiteln. Wenn Sie die Zeile `help(NameDerFunktion)` in R eingeben, wird eine Hilfe-Datei mit Details zu der jeweiligen Funktion geöffnet.

Tabelle 20.1 Vergleich von zentralen Funktionen in R und SPSS

Beschreibung	SPSS	R	Kapitel
Variablen berechnen	COMPUTE	`var.neu <- var.alt`	7.3
Variablen umkodieren	RECODE	`recode()`	7.3
Fälle auswählen	FILTER	`subset()`	8
Häufigkeitstabelle	FREQUENCIES	`table()`	9.1
Deskriptive Statistiken	DESCRIPTIVES	`describe()`, `describeBy()`	9
Korrelation	CORRELATION	`cor()`, `corr.test()`	10
Graphiken	GGRAPH	`barplot()`, `boxplot()`, `plot()` etc.	11
t-test	T-TEST	`t.test()`	13
Varianzanalyse ohne Messwiederholung	ONEWAY, UNIANOVA	`aov()`	14
Varianzanalyse mit Messwiederholung	GLM	`ezANOVA()`	15
Regressionsanalyse	REGRESSION	`lm()`	16, 17
Exploratorische Faktorenanalyse	FACTOR	`fa()`	19.2

Anhang A: Datensätze

Die in diesem Lehrbuch verwendeten Datensätze stehen auf der begleitenden Internetseite **www.beltz.de/r-fuer-einsteiger** zur Verfügung.

Bigfive
Diese Daten wurden 2001 im Rahmen eines DFG-Projekts erhoben (Eid, Lischetzke, Nussbeck & Geiser, 2004). Die Daten enthalten die folgenden Variablen:
- `nr`. Personennummer.
- `bf01` bis `bf20`. Items zur Erfassung der Bigfive-Persönlichkeitsdimensionen.
- `sex`. Geschlecht mit 1 = weiblich und 2 = männlich.
- `nation`. Nationalität mit 1 = deutsch. Die Bedeutungen der anderen 40 Werte sind auf der Homepage verfügbar.
- `schule`. Schulabschluss mit 1 = Hauptschule, 2 = Realschule/FH-Reife und 3 = Abitur.

Die genauen Itemformulierungen können den Datendateien entnommen werden, die auf der Internetseite verfügbar sind. Die Daten stehen in verschiedenen Dateiformaten zur Verfügung:
- `bigfive.RData`. R Datenformat, kann direkt in R geöffnet werden.
- `bigfive.sav`. SPSS-Datendatei mit Variablen- und Wertelabels.
- `bigfive_excel.xls`. Excel-Daten.
- `bigfive_tab.dat`. Textdateien mit Tabulatoren als Datenfeldtrennzeichen.
- `bigfive.items.RData`. Reduzierte Bigfive-Daten im R Datenformat. Diese Daten werden in Kapitel 19 verwendet.

Erstis
Diese Daten wurden im Wintersemester 2008/2009 sowie im Sommersemester 2009 von Psychologie-Studierenden im ersten Semester an der Freien Universität Berlin erhoben. Variablen, die zu beiden Messzeitpunkten erhoben wurden, haben denselben Variablennamen und unterscheiden sich in der Nummerierung, z. B. `lz.1` (erster Messzeitpunkt) und `lz.2` (zweiter Messzeitpunkt). Die Daten sind auf der Internetseite auch als SPSS-Datei mit vollständigen Variablen- und Wertelabels verfügbar.
- `code`. Personennummer.
- `gruppe`. Gruppenzugehörigkeit (Kurs 1 bis Kurs 4).
- `geschl`. Geschlecht.
- `gebjahr`. Geburtsjahr.
- `alter`. Alter zum Zeitpunkt der Erhebung.
- `abi`. Jahr des Erwerbs der Hochschulreife.
- `kinder`. Haben Sie Kinder?

- `job`. Haben Sie einen Job?
- `berlin`. Leben Sie zurzeit in Berlin?
- `wohnort.alt`. Wo haben Sie vor 12 Monaten gelebt?
- `uni1`. Studienberatung: Angebot genutzt?
- `uni2`. Bibliotheken: Angebot genutzt?
- `uni3`. Orientierungswoche: Angebot genutzt?
- `uni4`. PC-Pool: Angebot genutzt?
- `uni5`. Mensa: Angebot genutzt?
- `uni6`. Studentische Cafés: Angebot genutzt?
- `uni7`. Unisport: Angebot genutzt?
- `uni8`. Unipartys: Angebot genutzt?
- `stim1` bis `stim12`. Verschiedene Items zur Messung der Stimmung.
- `lz13` bis `lz17`. Verschiedene Items zur Messung der Lebenszufriedenheit.
- `prok`. Prokrastination bzw. „Aufschieberitis".
- `extra`. Extraversion.
- `vertraeg`. Verträglichkeit.
- `gewiss`. Gewissenhaftigkeit.
- `neuro`. Neurotizismus.
- `intell`. Intellekt.
- `gs.1` und `gs.2`. Gute vs. schlechte Stimmung.
- `wm.1` und `wm.2`. Wache vs. müde Stimmung.
- `ru.1` und `ru.2`. Ruhige vs. unruhige Stimmung.
- `lz.1` und `lz.2`. Lebenszufriedenheit.
- `zuf.inh.1` und `zuf.inh.2`. Zufriedenheit mit den Studieninhalten.
- `zuf.bed.1` und `zuf.bed.2`. Zufriedenheit mit den Studienbedingungen.
- `zuf.bel.1` und `zuf.bel.2`. Zufriedenheit mit der Bewältigung von Studienbelastungen.

Prüfung

In dieser Studie wurde das Befinden von Lehramtsreferendaren am Abend vor, während und nach einer wichtigen Prüfung erfasst. Darüber hinaus wurden einige soziodemographische Variablen erhoben:
- `nr`. Personennummer.
- `sex`. Geschlecht
- `kind`. Haben Sie Kinder?
- `alter`. Alter.
- `gs.1`. Gute vs. schlechte Stimmung am Abend vor der Prüfung.
- `ru.1`. Ruhige vs. unruhige Stimmung am Abend vor der Prüfung.
- `gs.2`. Gute vs. schlechte Stimmung während der Prüfung.
- `ru.2`. Ruhige vs. unruhige Stimmung während der Prüfung.
- `gs.3`. Gute vs. schlechte Stimmung nach der Prüfung.
- `ru.3`. Ruhige vs. unruhige Stimmung nach der Prüfung.

- gruppe. Gruppenzugehörigkeit mit 1 = Daten für beide MZP vorhanden und 2 = nur Daten für MZP 1 vorhanden.

Die Daten stehen in den folgenden Dateiformaten zur Verfügung:
- prüfung.sav. SPSS-Datendatei mit Variablen- und Wertelabels.
- prüfung_excel.xls. Excel-Daten.
- prüfung_tab.dat. Textdaten mit Tabulatoren als Datenfeldtrennzeichen.
- prüfung.RData. R Datenformat, kann direkt in R geöffnet werden.
- prüfung.gruppe.1.RData. Reduzierte Daten im R Datenformat.
- prüfung.gruppe.2.RData. Reduzierte Daten im R Datenformat.
- prüfung.mzp.2.RData. Reduzierte Daten im R Datenformat.

Anhang B: Pakete

In diesem Buch verwendete Pakete

Eine vollständige Liste der in diesem Buch verwendeten Funktionen und Pakete können Sie auf der begleitenden Internetseite **www.beltz.de/r-fuer-einsteiger** herunterladen.

Pakete für komplexere Analysen

Dieses Buch ist für Einsteiger konzipiert, daher können und sollen komplexere Verfahren nicht im Detail behandelt werden. Tabelle B.1 enthält einige Pakete, mit denen man komplexere Verfahren durchführen kann. Weitere Informationen zu den Paketen und den einzelnen Informationen findet man in den jeweiligen Hilfedateien.

Tabelle B.1 Pakete für komplexere statistische Verfahren

Verfahren	Pakete
Beurteilerübereinstimmung	`irr`
Clusteranalyse	`cluster`, `flashClust`, s. Task View zu dem Thema
Imputation fehlender Werte	`mitools`, `mix`, `pan`, `mice`, `Hmisc` etc.
Item Response Theory	`eRm`, `ltm`, `plink`, `plRasch`, `lme4` und viele mehr
Klassische Testtheorie	`psych`, `CTT`, `psychometric`, `psy`, `MiscPsycho`
Latente Klassenanalyse	`OpenMx`, `e1071`, `randomLCA`, `mmlcr`, `poLCA`
Mediationsanalyse	`RMediation`, `bmem`, `mediation`, `powerMediation`, `MedTextR`
Mehrebenen-Analyse	`lme4`, `nlme`, `multilevel`
Meta-Analyse	`metafor`, `meta`, `rmeta`
Pfadanalysen	`sem`, `lavaan`
Robuste Statistiken	`robust`, `robustbase`, `quantreg`, `WRS`
Strukturgleichungsmodelle	`lavaan`, `OpenMX`, `sem`
Survival Analysis	`survival`

Hinweise zu den Online-Materialien

Auf der Internetseite **www.beltz.de/r-fuer-einsteiger** finden Sie eine Reihe von Zusatzmaterialien, die Sie bei der Arbeit mit R unterstützen sollen.

- **Datensätze** für die Beispiele und Übungsaufgaben in diesem Buch
- **Lösungen** zu den Übungsaufgaben
- **Links** zu wichtigen Webseiten wie CRAN, R-Seek und so weiter
- Übersicht mit den wichtigsten **Funktionen** zum Ausdrucken
- Liste aller **Pakete**, die in diesem Buch verwendet werden

Literatur

Einige weiterführende Bücher

Crawley, M. J. (2007). The R book. Chichester: Wiley.
Everitt, B. S. & Hothorn, T. (2010). A Handbook of Statistical Analyses Using R. Boca Raton, FL: Chapman & Hall/CRC.
Field, A. P., Miles, J. N. V. & Field, Z. C. (2012). Discovering statistics using R. London: Sage publications.
Kabacoff, R. I. (2011). R in action. Data analysis and graphics in R. Shelter Island: Manning.
Ligges, U. (2008). Programmieren mit R. Berlin: Springer.
Muenchen, R. A. (2009). R for SAS and SPSS Users. New York: Springer.
Murrell, P. (2005). R Graphics. Boca Raton, FL: Chapman & Hall/CRC.

Zitierte Literatur

Aiken, L. S. & West, S. G. (1991). Multiple regression: Testing and interpreting interactions. Newbury Park, CA: Sage.
Bates, D., Maechler, M. & Bolker, B. (2012). lme4: Linear mixed-effects models using S4 classes. R package version 0.999999-0.
Champely, S. (2012). pwr: Basic functions for power analysis. R package version 1.1.1.
Cohen, J. (1988). Statistical power analysis for the social sciences. Mahwah, NJ: Erlbaum.
Crawley, M. J. (2007). The R book. Chichester: Wiley.
Dahl, D. B. (2012). xtable: Export tables to LaTeX or HTML. R package version 1.7-0.
Eid, M., Gollwitzer, M. & Schmitt, M. (2013). Statistik und Forschungsmethoden (3. Auflage). Weinheim: Beltz.
Eid, M., Lischetzke, T., Nussbeck, F. & Geiser, G. (2004). Die Multitrait-Multimethod-Analyse: Entwicklung neuer Modelle und ihre Anwendung in der Differentiellen und Diagnostischen Psychologie. Unveröffentlichter Abschlussbericht zum DFG-Projekt Ei 379/5-2.
Fabrigar, L. R., Wegener, D. T., MacCallum, R. C. & Strahan, E. J. (1999). Evaluating the use of exploratory factor analysis in psychological research. Psychological Methods, 4, 272-299.
Falissard, B. (2012). psy: Various procedures used in psychometry. R package version 1.1.
Field, A. P., Miles, J. N. V. & Field, Z. C. (2012). Discovering statistics using R. London: Sage publications.
Fletcher, T. D. (2012). QuantPsyc: Quantitative Psychology Tools. R package version 1.5.
Fox, J. (2003). Effect displays in R for generalised linear models. Journal of Statistical Software, 8(15), 1-27.
Fox, J. (2005). The R Commander: A basic statistics graphical user interface to R. Journal of Statistical Software, 14(9), 1-42.

Fox, J. (2010). polycor: Polychoric and Polyserial Correlations. R package version 0.7-8.
Fox, J., Nie, Z. & Byrnes, J. (2013). sem: Structural Equation Models. R package version 3.1-1.
Fox, J. & Weisberg, S. (2011). An {R} Companion to Applied Regression. Thousand Oaks CA: Sage.
Grice, J. W. (2001). Computing and evaluating factor scores. Psychological Methods, 6, 430-450.
Gross, J. & Ligges, U. (2012). nortest: Tests for Normality. R package version 1.0-2.
Harrell, F. E. (2012). Hmisc: Harrell Miscellaneous. R package version 3.10-1.
Johnson, P. E. (2012). rockchalk: Regression estimation and presentation. R package version 1.6.2.
Kabacoff, R. I. (2011). R in action. Data analysis and graphics in R. Shelter Island: Manning.
Kelley, K. & Lai, K. (2012). MBESS: MBESS. R package version 3.3.3.
Kelley, K. & Rausch, J. R. (2006). Sample size planning for the standardized mean difference: Accuracy in Parameter Estimation via narrow confidence intervals. Psychological Methods, 11(4), 363-385.
Lawrence, M. A. (2012). ez: Easy analysis and visualization of factorial experiments.. R package version 4.1-1.
Lemon, J. (2006). plotrix: a package in the red light district of R. R-News, 6(4): 8-12.
Meyer, D., Zeileis, A. & Hornik, K. (2012). vcd: Visualizing Categorical Data. R package version 1.2-13.
Muenchen, R. A. (2009). R for SAS and SPSS users. New York: Springer.
Murrell, P. (2005). R graphics. Boca Raton, FL: Chapman & Hall/CRC.
Plate, T. & Heiberger, R. (2011). abind: Combine multi-dimensional arrays. R package version 1.4-0.
R Core Team (2013). R installation and administration. Verfügbar unter http://cran.r-project.org/doc/manuals/R-admin.pdf [Februar 2013].
R Core Team (2013). Writing R extensions. Verfügbar unter http://cran.r-project.org/doc/manuals/R-exts.pdf [Februar 2013].
R Core Team (2012). foreign: Read Data Stored by Minitab, S, SAS, SPSS, Stata, Systat, dBase, ... R package version 0.8-51.
Revelle, W. (2012). psych: Procedures for Psychological, Psychometric, and Personality Research. R package version 1.2.12.
Revelle, W. & Rocklin, T. (1979). Very simple structure - alternative procedure for estimating the optimal number of interpretable factors. Multivariate Behavioral Research, 14, 403–414.
Rousseeuw, P. et al. (2012). robustbase: Basic robust statistics. R package version 0.9-4.
Sarkar, D. (2008). lattice: Multivariate Data Visualization with R. New York: Springer.
Velicer, W. (1976). Determining the number of components from the matrix of partial correlations. Psychometrika, 41, 321-327.
Venables, W. N. & Ripley, B. D. (2002). Modern Applied Statistics with S. Springer, New York.
Venables, W. N., Smith, D. M. & R Core Team (2013). An introduction to R. Verfügbar unter http://cran.r-project.org/doc/manuals/r-release/R-intro.pdf [Februar 2013].

Warnes, G. R. (2012a). gmodels: Various R programming tools for model fitting. R package version 2.15.3.

Warnes, G. R. (2012b). gplots: Various R programming tools for plotting data. R package version 2.11.0.

Wickham, H. (2009). ggplot2: Elegant graphics for data analysis. New York: Springer.

Wickham, H. (2011). The split-apply-combine strategy for data analysis. Journal of Statistical Software, 40(1), 1-29.

Willse, J. T. & Shu, Z. (2008). CTT: Classical Test Theory Functions. R package version 1.0.

Zitierte Webseiten

http://cran.r-project.org
http://cran.r-project.org/web/packages
http://de.wikibooks.org/wiki/GNU_R
http://de.wikibooks.org/wiki/GNU_R:_SPSS_Cross-Reference
http://search.r-project.org
http://www.beltz.de/r-fuer-einsteiger
http://www.personality-project.org/R/
http://www.r-project.org
http://www.r-project.org/mail.html
http://www.rseek.org
http://www.rstudio.com/ide
http://www.statmethods.net

Sachwortverzeichnis

~ 151, 157, 165
Abfrage, logische 37, 91, 100
`abind`-Paket 129
`abline()` 161, 165, 172, 175, 267
`abs()` 36
Absoluter Wert 36
Addieren 36
`addmargins()` 128, 129, 139, 279
Adjustierte Mittelwerte 268
`AIC()` 246
Akaikes Information Criterion 246, 272
Allgemeines lineares Modell 258
`alpha()` 288, 298
Anführungszeichen 43, 73
ANOVA 207, 224
`anova()` 245, 257, 275, 276
`Anova()` 214, 222
`aov()` 208, 212, 221, 302
Arbeitsverzeichnis 50
Argument 38
Arrays 47
`arrows()` 161, 172, 175
`as.data.frame()` 58, 75
`as.numeric()` 85, 95, 260
`assocstats()` 138
`attach()` 77, 94
`attributes()` 65, 75
Ausgabe 55
Ausreißer 152, 250, 251
`axis()` 172
Balkendiagramm 143
`barplot()` 142, 144, 155, 160, 174
Bedingte Regressionsgleichungen 261, 269
Befehle
  ausführen 34
  eingeben 34
Benutzeroberflächen 26
Betrag 36
Beurteilerübereinstimmung 306
Binomial-Verteilung 178
Biseriale Korrelation 138
Bonferroni-Korrektur 216, 230
Boxplot 149, 166
`boxplot()` 149, 175
`c()` 38, 44, 47, 56
`car`-Paket 93, 163, 197, 208, 252, 253
`cbind()` 47, 56, 108, 134
chi^2-Koeffizient 138
chi^2-Test
  Anpassungstest 277
  Logistische Regressionsanalyse 274
  zwei Variablen 278
chi^2-Verteilung 178
`chisq.test()` 278, 279, 285
`ci.pvaf()` 220, 222
`ci.sm()` 195, 204, 205
`ci.smd()` 200, 205
`class()` 48, 56, 64
Clusteranalyse 306
Cohens d 195, 200, 203
`colMeans()` 81, 95
`colPercents()` 130, 139
`colSums()` 128, 139
`confint()` 240, 256
`contr.helmert()` 219, 222
`contr.poly()` 219, 222
`contr.sum()` 212, 222
`contrasts()` 212, 218, 222, 258, 276
Cook's Distance 251
`cooks.distance()` 251
`cor()` 132, 138, 139, 202, 302

cor.test() 135, 138, 140
corr.test() 133, 140, 302
cov() 136, 140
Cramers V 138
CRAN 16
Cronbach's α 288
CrossTable() 131
csv-Datei
    exportieren 71, 134
    importieren 68
CTT-Paket 112
cumsum() 107, 125
curve() 148, 149, 175, 179, 267
Data Frames 45
    Daten eingeben 61
    erstellen 58
    Fälle hinzufügen 68
    Variablen hinzufügen 69
data.frame() 46, 47, 56, 82, 88, 132, 136
Daten
    betrachten 61
    eingeben 61
    exportieren 71
    importieren 62
    speichern 49
Datenfeldtrennzeichen 66, 67, 72
Datenmatrix *s.* Data Frames
density() 149, 175
describe() 118, 124, 191, 202, 226, 302
describeBy() 120, 124, 160, 196, 232, 302
Deskriptive Statistiken
    Dezile 116
    Exzess 117, 118
    Getrimmter Mittelwert 118
    Interquartilsabstand 115
    Interquartilsbereich 115
    Maximum 118
    Median 113, 118
    Median Absolute Deviation 118
    Minimum 118

Mittelwert 116, 118
Modalwert 109
Perzentile 116
Prozentränge 112
Quantile 114
Quartile 114
Range 118
Relativer Informationsgehalt 110
Schiefe 117, 118
Standardabweichung 117, 118
Standardfehler des Mittelwerts 118
Varianz 117
Wertebereich 114
detach() 78, 94
Determinationskoeffizient 242, 244
dev.off() 173
Devianz 272
Dezile 116
Dezimaltrennzeichen 67
DfBETA 251
dfbeta() 251
DfBETAS 251
dfbetas() 251
DfFits 251
dffits() 251
Diagramme *s.* Graphiken
diff() 114
dir() 50, 56
Dividieren 36
dnorm() 148, 178
Dollarzeichen 79, 94, 243
Download
    Daten 303
    Pakete 18
    R 16
dt() 179, 188
Dummykodierung 218
Dummyvariablen 258
Durbin-Watson-Test 253
durbinWatsonTest() 253
edit() 58, 75
effects-Paket 268

Effektgröße
  Cohen's *d* 195, 200, 203
  Cohen's *f* 220
  *eta*² 221
  Odds Ratio 273
  partielles *eta*² 219, 234
  *R*² s. Determinationskoeffizient
Effektkodierung 259
Eigenwert-Kriterium 290
Einflussreiche Werte 250, 251
`error.bars()` 159, 175, 226
`error.bars.by()` 159, 175, 232
*eta*² 221
`exp()` 36
Exponentialfunktion 36
Exportieren
  Daten 71
  Graphiken 173
  Tabellen 73
Exzess 117, 118
`ezANOVA()` 227, 233, 235, 302
ez-Paket 227, 232
`ezStats()` 229, 235
`fa()` 294, 298, 302
`fa.parallel()` 290, 298
`factor()` 45, 47, 56, 83, 95
Faktoren 44, 85
Faktorenanalyse
  Anzahl der Faktoren 290
  Eigenwert-Kriterium 290
  exploratorische 289
  Hauptachsenanalyse 293
  Hauptkomponentenanalyse 297
  kategoriale Variablen 294
  konfirmatorische 297
  Maximum-Likelihood-Methode 293
  Minimal Average Partial (MAP) 292
  Modellgüte 296
  Parallelanalyse 291
  Scree-Test 290
  Very Simple Structure (VSS) 292

Fälle
  auswählen 99
  filtern 99
  sortieren 97
Fehlende Werte
  eingeben 61
  entfernen 101
  imputieren 306
  kodieren 64, 67, 72
  listenweiser Ausschluss 132
  paarweiser Ausschluss 132
Fehlerbalkendiagramm 156, 226, 232
Filtern 99
Fishers Least Significant Difference 229
`fitted()` 240, 256
`fix()` 61, 75
`for()` 162
`foreign`-Paket 63
Fünf-Punkte-Zusammenfassung 119
Funktionen
  Aufbau 38
  Hilfe 39
F-Verteilung 178
gamma-Koeffizient 138
Gestapeltes Säulendiagramm 144
Getrimmter Mittelwert 118
`getwd()` 50, 56
`ggplot2`-Paket 174
`glm()` 271, 276
`gmodels`-Paket 131
`gplots`-Paket 157, 160
`graphics`-Paket 141
Graphiken 141
  Balkendiagramm 143
  Boxplot 149, 166
  Fehlerbalkendiagramm 156, 226
  Histogramm 146
  Index-Diagramm 166
  Interaktionsdiagramm 214, 232, 262, 269
  Kerndichte-Diagramm 148
  Kreisdiagramm 145

Lowess-Kurve 165
Mosaik-Diagramm 166
Q-Q-Plot 163
Regressionsgerade 165
Residuenplot 248
Säulendiagramm 142, 155, 166
Stamm-Blatt-Diagramm 153
Streudiagramm 163, 166
Graphiken bearbeiten 167, 176
    Achsen hinzufügen 172
    Achsenbeschriftung 169
    Achsenskalierung 169
    Farben 170
    Funktionskurve hinzufügen 266
    Koordinaten 172
    Legende 171
    Linien 168
    Lowess-Kurve hinzufügen 165
    Pfeile 172
    Punkte 167
    Regressionsgerade hinzufügen 165
    Schriftart 170
    Schriftgröße 170
    Schriftschnitt 170
    Symbole einfügen 173
    Text einfügen 173
    Titel 169
    Untertitel 169
    zusätzliche Elemente 172
Graphiken speichern 173
Gruppenvergleiche 120
Gruppiertes Säulendiagramm 144
Häufigkeiten
    absolute 105, 127, 142
    relative 105, 128, 142
Häufigkeitstabellen
    drei oder mehr Variablen 131
    eine Variable 104
    zwei Variablen 127
Hauptachsenanalyse 293
Hauptkomponentenanalyse 297
Hebelwert 250
`help()` 31, 39

`help.search()` 40
Hierarchische lineare Modelle *s.*
    Mehrebenen-Analyse
Hilfe zu R 30
    Bücher 33
    Funktionen 39
    Hilfedateien 31
    Internet 32
`hist()` 146, 175
Histogramm 146
`Hmisc`-Paket 137
Homoskedastizität 249
`I()` 266
`identify()` 152, 166, 176
`ifelse()` 92, 95
Importieren
    csv-Datei 68
    Datenfeldtrennzeichen 66, 67
    Dezimaltrennzeichen 67
    Excel-Datei 68
    SPSS-Datei 62
    Textdatei 66
Imputation fehlender Werte 306
Index-Diagramm 166
Index-Funktion 80, 82, 94, 100, 103, 161
`install.packages()` 20, 23
Installation 16
    MacOS 17
    Windows 16
`interaction.plot()` 214, 222
Interaktionsdiagramm
    Kovarianzanalyse 269
    Moderierte Regressionsanalyse 262
    Varianzanalyse mit Messwiederholung 232
    Varianzanalyse ohne Messwiederholung 214
Interne Konsistenz 287
Interquartilsabstand 115
Interquartilsbereich 115
Intraklassenkorrelation 252

Item Response Theory 306
Itemanalyse 287
Item-Schwierigkeit 289
Johnson-Neyman-Intervall 265
`jpeg()` 173
Kendalls tau 138
Kerndichte-Diagramm 148
Klammer
  eckige 80
  geschweifte 162
  runde 38
Klassische Testtheorie 306
Kollinearitätsdiagnosen 251
Kolmogorov-Smirnov-Test 191
Kommentare 40
Konfidenzintervall
  Cohen's d 195, 204
  eta² 220
  Fehlerbalkendiagramm 156
  Korrelationskoeffizient 135
  Mittelwert 193, 194
  Mittelwertsdifferenz 203, 217
  Odds Ratio 273
  Q-Q-Plot 163
  Regressionskoeffizienten 240
Kontingenzkoeffizient 138
Kontingenztabellen
  mehrdimensionale 131
  zweidimensionale 127
Kontraste 212, 218
Konvertieren
  Faktoren in Vektoren 85
  Vektoren in Faktoren 83
Koordinaten im Diagramm 172
Korrelation
  biseriale 138
  multiple 243
  Partial- 253
  polychorische 138
  polyseriale 138
  Produkt-Moment 132
  punkt-biseriale 138
  Semipartial- 254

Stichprobenumfangsplanung 184
  tetrachorische 138
Korrelationsmatrix 132
Kovarianz 136
Kovarianzanalyse 267
Kreisdiagramm 145
Kritische Werte 180
`kruskal.test()` 284, 285
Kruskal-Wallis-Test 283
Latente Klassenanalyse 306
`lattice`-Paket 174
`legend()` 171, 175
Legende in Graphiken 171
`length()` 44, 56
`levels()` 85, 95
Levene-Test 197, 207, 211
`leveneTest()` 197, 205, 208, 211, 221
`library()` 21, 22, 23
Likelihood Ratio Test 273
`lillie.test()` 191, 205
Lilliefors-Test 191
`lines()` 165, 173, 175
Listen 47
`lm()` 241, 256, 259, 261, 268, 275, 302
`lme4`-Paket 253
`load()` 52, 56
`locator()` 172, 176
`log()` 36
Logarithmus, natürlicher 36
Logische Abfrage 37, 91, 100
Logistische Regression 270
Logistische Verteilung 178
Log-normale Verteilung 178
Long-Format 224
`lowess()` 165
Lowess-Kurve 165
Mailinglisten 33
`MASS`-Paket 211
Mathematische Operanden 36
Matrizen 47
Mauchly-Test 228

max() 110, 124
Maximum 118
Maximum-Likelihood-Faktoren-
   analyse 293
MBESS-Paket 187, 195, 200, 203, 220
mean() 38, 116, 124
Median 113, 118
Median Absolute Deviation 118
median() 113, 124
Mehrebenen-Analyse 306
merge() 70, 76
Meta-Analyse 306
min() 124
Minimal Average Partial (MAP) 292
Minimum 118
Mittelwert 116, 118
Modalwert 109
model.tables() 209, 213, 222
Modellgüte
   Faktorenanalyse 296
   Logistische Regressionsanalyse 272
   Regressionsanalyse 242
Modellvergleiche
   hierarchische Regressionsanalyse
      243
   logistische Regressionsanalyse 273
Moderierte Regression 260
Mosaik-Diagramm 166
Multikollinearität 251
Multilevel-Modelle s. Mehrebenen-
   Analyse
Multiple Paarvergleiche 216
Multiplizieren 36
na.omit() 102, 103, 159
na.rm=TRUE 88, 114, 116, 124
names() 49, 56, 59, 75
Natürlicher Logarithmus 36
Nonparametrische Verfahren 277
norm() 118, 124
Normalverteilung 178, 190
Normalverteilungskurve 147
nortest-Paket 191
nrow() 102, 103

objects() 48, 51, 56
Objekte 41
   anlegen 41
   auflisten 48
   bearbeiten 77
   konvertieren 83
   löschen 49
   umbenennen 59
   verändern 83
Objekteigenschaften 48
Objekttypen
   Arrays 47
   Data Frames 45
   Faktoren 44
   Listen 47
   Matrizen 47
   Vektoren 42, 43
Odds Ratio 138, 273
oddsratio() 138
Öffnen
   Ausgabe 55
   Daten 53
   Skript 54
   Workspace 51
oneway.test() 210, 222
Operanden, mathematische 36
options() 136, 140
order() 97, 103
Paarvergleiche, multiple 216
pairwise.t.test() 216, 222, 230
Pakete
   aktualisieren 22
   installieren 18
   laden 20
par() 167, 176
Parallelanalyse 291
partial.r() 254, 257
Partialkorrelation 253
Partielles eta^2 219, 234
pdf() 174
Perzentile 116
Pfadanalysen 306
Phi-Koeffizient 138

pie() 145, 175
plot() 149, 164, 166, 174, 249, 257
plotmeans() 157, 175
plotrix-Paket 160
plotSlopes() 262, 269, 276
plyr-Paket 69
Poisson-Verteilung 178
polychor() 138, 294
Polychorische Korrelation 138
polycor-Paket 137
polyserial() 138
Polyseriale Korrelation 138
Post-hoc-Verfahren 216, 229
Potenzieren 36
Poweranalysen 183, 188
Prädiktoren
   kategoriale 258
   standardisieren 237
   zentrieren 260
predict() 241
print() 294
print.xtable() 109
Probabilistische Testtheorie 306
Prompt 25, 35
prop.table() 106, 125, 129, 143
Prozenträge 112
Prozentwerte 128
psych-Paket 118, 120, 133, 138, 158, 159, 191, 226, 231, 253, 288, 290, 292, 293, 298
psy-Paket 252
pt() 181, 188
Punkt-biseriale Korrelation 138
p-Wert 181
pwr.anova.test() 187, 188
pwr.f2.test() 186, 188
pwr.r.test() 185, 188
pwr.t.test() 183, 188
pwr-Paket 183
qqnorm() 163, 175
Q-Q-Plot 163
qqPlot() 163, 175
qt() 180, 188

Quadratsummen 211
Quantile 114, 115, 178, 180
quantile() 114, 115, 124
QuantPsyc-Paket 117
Quartile 114
R Commander 27, 35, 73, 94, 102, 123, 138, 174, 182, 221, 235, 255, 275, 285, 298, 301
R Console 25, 34
R Dateneditor 58
R Editor 25, 35
R Gui 24
R Studio 26, 35, 48
R^2 221, 242, 244
Range 114, 118
range() 114, 124
Rangfolge 97
rank() 98
rbind() 47, 56, 69, 76
rbind.fill() 69, 76
Rcmdr-Paket 28, 129
rcorr.cens() 138
read.csv2() 68, 75
read.spss() 63, 75
read.table() 67, 75
recode() 93, 95, 302
Reference Cards 32, 39
Regressionsanalyse
   bivariate 236
   Effektgrößen 248
   hierarchische 243
   Interaktionsdiagramm 262, 269
   kategoriale Prädiktoren 258
   logistische 270
   Modellannahmen 248
   Modellgüte 242
   moderierte 260
   multiple 241
   nicht-lineare 265
   Residuen 240
   Residuenplot 248
   schrittweise 246
   Signifikanztests 238

Stichprobenumfangsplanung 185
vorhergesagte Werte 240
Regressionsgerade 165
Regressionskoeffizienten
   standardisierte 237
   unstandardisierte 237
Relativer Informationsgehalt 110
relevel() 259, 276
remove() 49, 51, 56
reshape() 225, 235
resid() 241, 251, 255, 257
Residuen
   *chi*²-Test 279
   Normalverteilung 249
   Regressionsanalyse 249, 252
   standardisierte 251
   studentisierte 251
   Unabhängigkeit 252
   unstandardisierte 251
Residuenplot 248
R-Homepage 32
rm() 49
robustbase-Paket 211
Robuste Statistiken 306
rockchalk-Paket 260, 262, 269
round() 38, 106, 125
rowMeans() 87, 95
rowPercents() 130, 139
rowSums() 89, 95, 128, 139
rstandard() 251
rstudent() 251
Säulendiagramm 142, 155, 166
save() 53, 56
save.image() 52, 56
scale() 90, 95, 237, 260
Schiefe 117, 118
score.transform() 112, 125
Scree-Test 290
sd() 117, 124
search() 22, 23, 78, 94
Semipartialkorrelation 254
seq() 115
setwd() 50, 56

Simple Slopes *s*. Bedingte
   Regressionsgleichungen
Skalenwerte berechnen 87
Skript 25, 50, 54
Somers *d* 138
somers2() 138
sort() 105, 125
Sortieren 97, 105
Spearmans rho 138
Speichern 49
   Ausgabe 55
   Daten 53, 71
   Einzelne Objekte 53
   Graphiken 173
   Skript 54
   Workspace 51
Sphärizität 228
SPSS 300
   Daten importieren 62
   Fehlende Werte 64
   Variablenlabels 65
   Vergleich mit R 300, 301
   Wertelabels 64
sqrt() 36
Stamm-Blatt-Diagramm 153
Standardabweichung 117, 118
Standardfehler 156
Standardfehler des Mittelwerts 118
Standardisieren 89, 237
Standardisierte Mittelwertsdifferenz
   195, 200, 203
Standardnormalverteilung 178
Standardschätzfehler 239
stem() 153, 175
Stem-Leaf-Plot 153
step() 247, 257
Stichprobengröße 118, 191, 196, 201
Stichprobenumfangsplanung 183
str() 49, 56, 243
Streudiagramm 163, 166, 266
Strukturgleichungsmodelle 306
subset() 82, 95, 100, 103, 302
Subtrahieren 36

Suchmaschinen 32
`sum()` 36, 124
`summary()` 119, 124, 209, 222, 239, 256, 271
`summary.lm()` 219, 222
Summe 36
Survival Analysis 306
`symbols()` 173
`t.test()` 192, 198, 202, 205, 302
`table()` 105, 125, 127, 131, 139, 142, 302
`tapply()` 122, 125, 155
Taschenrechner 36
Tcl/Tk-Erweiterung 21, 28
`tcltk`-Paket 21
Testkonstruktion 287
`testSlopes()` 264, 269, 276
Testtheorie
   klassische 287, 306
   probabilistische 306
Tetrachorische Korrelation 138
`text()` 173
Textdatei
   exportieren 71
   importieren 66
Tilde 151, 157, 165
Toleranz 251
Tortendiagramm 145
Trennschärfe 288
t-Test
   abhängige Stichproben 201
   Effektgröße 195, 200, 203
   eine Stichprobe 190
   Stichprobenumfangsplanung 183
   unabhängige Stichproben 195
Tukey's HSD-Test 217
`TukeyHSD()` 217, 222
t-Verteilung 178
Typ-III-Quadratsummen 212, 213, 233
Typ-II-Quadratsummen 213, 233
Typ-I-Quadratsummen 211, 213
Umkodieren 90, 91

Untergruppen auswählen 99
`update.packages()` 22, 23
`use="complete"` 132
`use="pairwise"` 132
`var()` 117, 124, 137
Variablen
   auswählen 77
   bearbeiten 77
   erstellen 86
   hinzufügen 95
   standardisieren 89
   transformieren 86, 87
   umbenennen 59
   umkodieren 90, 91
   zentrieren 89
Variablenlabels 65
Variance Inflation Factor 251
Varianz 117
Varianzanalyse
   Effektgrößen 219, 234
   einfaktorielle 207, 226
   Fehlerbalkendiagramm 226, 232
   Interaktionsdiagramm 214, 232
   Kontraste 218
   mehrfaktorielle 211
   mehrfaktorielle gemischte 231
   mit Messwiederholung 224
   ohne Messwiederholung 207
   Quadratsummen-Typen 211
   Stichprobenumfangsplanung 187
   Typ-III-Quadratsummen 233
   Typ-II-Quadratsummen 233
Varianzhomogenität
   t-Test 197
   Varianzanalyse 207
Varianz-Kovarianz-Matrix 137
`vcd`-Paket 137
Vektoren 42, 43, 83
Verteilungen, statistische 178
Very Simple Structure (VSS) 292
`View()` 63, 75, 98
`vif()` 252, 257
`VSS()` 292, 298

Welch-Test 199, 210
Wert, absoluter 36
Wertebereich 114
Wertelabels 64, 84
`which()` 91, 95, 101, 103
`which.max()` 110, 124
`which.min()` 124
Wide-Format 224
`wilcox.test()` 281, 282, 283, 285
Wilcoxon-Test
　abhängige Stichproben 282
　eine Stichprobe 280
　unabhängige Stichproben 281
`win.metafile()` 174
Workspace 48, 50, 51
`write.csv()` 73
`write.csv2()` 73, 76, 134, 243
`write.table()` 72, 76, 109
Wurzel ziehen 36
`xtable`-Paket 109
`Yule()` 138
Yules Q 138
Zentrieren 89, 260
Zusammenfügen von Data Frames
　Fälle hinzufügen 68
　Variablen hinzufügen 69
Zusammenhangsmaße
　metrische Variablen 131
　nicht-metrische Variablen 137
Zuweisungspfeil 41, 56, 222, 256
z-Werte 89